多角的視点から見た

日中戦争

Second Sino-Japanese War

政治・経済・軍事・文化・民族の相克

馬場　毅＝編

集広舎

装丁／design POOL

序　文

本書は、ＮＩＨＵ現代中国地域研究の愛知大学拠点である国際中国学研究センター（ＩＣＣＳ・高橋五郎所長）下の社会・歴史的アプローチ班の行っている日中戦争史研究会での研究成果である。日中戦争史の時期については、一九三一年の満洲事変の時からとする説と一九三七年の盧溝橋事件の時からとするという説の二つが学界であるが、本研究会では、その点は厳密に規定せず、研究対象の時期を一九三一年の時期から一九四五年の時期までにした。したがって研究会メンバーの中でも、一九三一年から一九三七年までを日中戦争の前史と見る立場と、日中戦争中と見る立場の者が混在している。

ところで本年は、日中戦争から拡大したアジア太平洋戦争の終結後、七〇周年である。日本では戦後の平和憲法のもとで平和を維持していた枠組みが、安倍首相による戦後レジュームからの脱却や積極的平和主義の提唱、さらには尖閣諸島での日中の対立を契機にしての集団的自衛権行使容認に象徴される動きにより変更されつつある。またアジア太平洋戦争の一環であった日中戦争と戦後七〇年をどう総括するかが問われている。また中国では、尖閣諸島をめぐる対立に関連して、安倍首相の政策は、本質的に世界反ファシスト戦争の勝利の成果を否認するものであり、戦後国際秩序と国際連合の趣旨と原則に挑戦するものであると批判している。さらに中国にとって今年は抗日戦争勝利七〇周年であり、抗日戦争は世界反ファシズムの戦いの東の主戦場とし、国際的にも日本への批判網を形成しようとしている。このように日中の国家的言説のレベルでの対立の中で、国民レベルにおいては日本における「嫌中論」、中国における「反日論」の高まりの中で、そもそも歴史認識の起点になり、戦後の国際秩序形成の一環となった日中戦争についての実相の関心は、決して高くない。これは特に日本で顕著であり、本書をあえて世に問う理由である。

学界においても、日中戦争に関して個々の研究者が、著作や論文を発表することは別にして、多くの研究者が結集して多角的に日中戦争を論じることは管見の限りでは、日本、中国、台湾をはじめ欧米の研究者が結集して行った大規模な国際的研究(1)、および軍事史学会が行った特集(2)ぐらいであり、まだまだ共同研究すべき事が残っていると思う。

本書は、以下のように日中戦争中の政治、経済、軍事、文化、民族の相克の諸側面から、日中戦争を多角的に論じたものであるが、後述する研究会の記録に記した二〇一四年三月に行った国際シンポジウム「多角的観点からみた日中戦争」が、本書の企画の骨格となった。

次に本書の内容を簡単に紹介する。「満洲事変前後」所収の論文では、

菊池一隆論文は、一九三一年七月に起き、満洲事変の背景、もしくは導因とされた中朝農民の衝突事件である万宝山事件に連動し、当時の日本の植民地朝鮮で、多くの朝鮮華僑が襲われた朝鮮事件について、従来あまり用いられていない朝鮮事件関係の訊問調書、裁判記録を用いながら、仁川を対象にし、朝鮮人、朝鮮華僑、民間日本人、日本人警察の四極からの証言を分析し、この事件の実態、構造を明らかにするものである。

張鴻鵬論文は、一九三二年一月、日本海軍陸戦隊が始めた第一次上海事変に際し、当時、陸軍参謀本部に勤務していた作戦参謀遠藤三郎の記した「遠藤日誌」によりながら、戦局が膠着状態になった時に、彼の果たした役割を明らかにするとともに、更に第一次上海事変の原因、規模と戦域の拡大の経過、さらに軍事面においてその後の日

中戦争への影響を述べたものである。

橋本浩一論文は、満洲国樹立以後の一九三三年一一月、日本の華南における権益の集中していた福建省で「反蔣抗日」、「民主政治の確立」を唱えて起きた中華共和国人民革命政府（福建人民革命政府）成立から崩壊までの福建事変時において、蔣介石の国民政府の行った臨検・封鎖問題と国民党の行った抗日的論調に対しての取り締まり問題についての日本政府、特に外務省と軍部の政策を分析したものである。

岡﨑清宜論文は、一九三五年一一月に国民政府が行った幣制改革前後の四川（ここは日中戦争中には国民政府の臨時首都が置かれ大後方とされた）を取り上げ、幣制改革の管理通貨制度下で小額貨幣がどのように回収され、どのように補助貨幣が供給され、それと国民政府の管理下の法幣とがどのように結びつけられたのか検討することを通して、国民政府は社会をどのように包摂したのかを明らかにするものである。

次に「盧溝橋事件後」所収の論文では、

森久男論文は、盧溝橋事件後の一九三七年八月に関東軍参謀から支那駐屯軍・北支那方面軍参謀に異動して、日中戦争初期に活躍した辻政信大尉の行動の軌跡を、八月からのチャハル作戦および一〇月からの山西作戦における役割に焦点を合わせて明らかにし、盧溝橋事件後、関東軍が戦局の推移に果たした役割について、特に日中戦争の全体的構図に与えた重要な役割について明らかにするものである。

田中剛論文は、盧溝橋事件後、関東軍がチャハル作戦、山西作戦を発動し、内モンゴル西部と華北の一部をあわせた「蒙疆」地区に、一九三七年に日本に協力して樹立した一連の「蒙疆政権」（「察南自治政府」、「晋北自治政府」、「蒙古聯盟自治政府」の樹立が始まり）が行った家畜・畜産物統制政策について重要な軍需物資であった獣毛・獣皮などを中心に明らかにするものである。

葛西周論文は、「文化帝国主義」の観点から、満洲において隆盛となった多様なジャンルの音楽について、その時の社会的状況を反映してそれぞれのジャンルをめぐる価値観が変化し続けた様相を、音楽界の状況と、時局に不適切なものを排除しようとする消極的統制と時局に即したものを創出・奨励しようとする積極的統制の二面が並行して存在する文化工作に関する言説を整理し述べたものである。

張新民論文は、日本軍占領下の華北において盧溝橋事件以後の一九三八年一月に設立され、宣撫映画制作や映画配給網整備の映画活動を行った国策映画機構である新民映画協会について、北支那方面軍（「北支軍」と略称）の映画工作という角度から、満洲映画協会（満映）史の一部という観点ではなく、独自に果たした役割を明らかにするという意図で、その設立と活動状況について考察している。

馬場毅論文は、一九四一年から一九四二年にかけて日本軍の北支那方面軍が、対日協力した華北政務委員会とともに、華北で中共が樹立した抗日根拠地の中共と八路軍に対して「軍事、政治、経済、思想、文化」を動員し「総力戦」として行った華北治安強化運動について、山東省を対象にし、従来あまり重視されていなかった華北政務委員会山東省公署の活動を主にして、それとの関連で副次的に日本軍の軍事活動を述べたものである。

三好章論文は、対日協力政権として成立した汪兆銘政権について、その性格を「買弁政権」であるという試論に基づき、その自立性を検討するという視角から、汪政権自身が目指した自立性の表出である「国際関係」の構築のうち、すでに「日満華共同宣言」で「国交」を結んだ「満洲国」に対して、一九四二年に行われた汪兆銘の「満洲国」訪問について、主として現地の邦字紙を中心に分析したものである。

楊韜論文は、印刷業という観点から、中国共産党根拠地である晋綏辺区における紙幣製造について、一九四〇年以後の洪濤印刷廠による西農幣の印刷を事例に、当時の状況を考察する。すなわち洪濤印刷廠の設立経緯、組織形態、管理規定について分析し、さらに戦時下における印刷製造の困難と対応、西農幣の製造工程を述べたものである。

星野幸代論文は、抗日文芸運動研究において蓄積のある文学・絵画・漫画、音楽・話劇・映画の分野に続いて、舞踊史という分野を軸にすえ、一九四〇年代、教育家・陶行知の抗戦教育に舞踊家・戴愛蓮および呉暁邦の抗日舞踊が如何なる経過で陶行知に協力したか明らかにすることによって、抗日舞踊と抗日教育活動のネットワークとして描き直し、またその背景にはどのような団体、知識人たちが関わっていたのかを概観したものである。

呂芳上論文は、史料としてスタンフォード大学にある「蔣中正日記」をもとにし、台湾・国史館の「開羅会議専檔」のうちの中国代表団員の随行日誌を参考に用いながら、一九四三年一一月に行われ、蔣介石自らも参加したカイロ会議時の蔣の考えを、蔣介石－ルーズベルト、蔣介石－チャーチル会談の内容も含めて、第二次大戦期中国と東アジア秩序の再構想という視点から、分析したものである。

最後に研究会の記録を記しておく。

愛知大学名誉教授　馬場　毅

注

(1) すでに研究成果として以下の著書が公刊されている。姫田光義、山田辰雄編『中国の地域政権と日本の統治』(日中戦争の国際共同研究　一) 慶應義塾大学出版会　二〇〇六年、波多野澄雄、戸部良一編『日中戦争の軍事的展開』(日中戦争の国際共同研究　二) 慶應義塾大学出版会　二〇〇六年、エズラ・ヴォーゲル、平野健一郎編『日中戦争期中国の社会と文化』(日中戦争の国際共同研究　三) 慶應義塾大学出版会　二〇一〇年、西村成雄、石島紀之、田嶋信雄編『国際関係のなかの日中戦争』(日中戦争の国際共同研究　四) 慶應義塾大学出版会　二〇一一年、久保亨、波多野澄雄、西村成雄『戦時期中国の経済発展と社会変容』(日中戦争の国際共同研究　五) 慶應義塾大学出版会　二〇一四年。

(2) 軍事史学会編『日中戦争再論』(『軍事史学』第四三巻第三・四号合併号　二〇〇八年)、軍事史学会編『特集　日中戦争の時代』(『軍事史学』第四五巻第三号　二〇〇九年)。

■日中戦争史研究会の記録

*肩書きは報告当時のもの。

第一回　二〇一〇年三月八日（土）　愛知大学車道校舎
報告①「汪精衛政権下の新国民運動と青少年・公務員」
報告者：堀井弘一郎（東京都立国際高等学校教諭）
報告②「冀魯豫区の大衆動員における政治等級と民俗」
報告者：丸田孝史（広島大学総合科学研究科准教授）

第二回　二〇一〇年五月二二日（土）　愛知大学車道校舎
報告①「張作霖・張学良政権の対ソ観と辺境植民政策」
報告者：大野太幹（三重大学・愛知学院大学非常勤講師）
報告②「中華民国臨時政府の成立と特務部―王克敏の擁立について―」
報告者：広中一成（愛知大学中国研究科博士後期課程・愛知大学東亜同文書院記念センターＲＡ）

第三回　二〇一〇年一〇月九日（土）　愛知大学車道校舎
報告①「ノモンハン事件の前段階におけるフルンボイルの政治情勢について」
報告者：暁敏（愛知大学非常勤講師）
報告②「戦時期北米華僑の抗日活動」
報告者：菊池一隆（愛知学院大学文学部教授）

第四回　二〇一一年一月二二日（土）　愛知大学名古屋校舎
報告①「中華人民共和国六〇年と二一世紀の東アジア」
報告者：田中仁（大阪大学教授）
報告②「『日本陸軍と内蒙工作』について」
報告者：森久男（愛知大学経済学部教授）

第五回　二〇一一年五月一四日（土）　愛知大学名古屋校舎
報告①「満洲国の誕生と崩壊――『遠藤日誌』を中心に」
報告者：張鴻鵬（名城大学法学研究科院生）
報告②「延安革命再考」
報告者：井上久士（駿河台大学法学部教授）

第六回　二〇一一年九月一〇日（土）　愛知大学車道校舎
報告①「馬占山の抗日活動に対する支援について――生活週刊社の募金活動を中心に」
報告者：楊韜（名古屋大学国際言語文化研究科助教）
報告②「山東省の傀儡軍について」
報告者：馬場毅（愛知大学現代中国学部教授）

第七回　二〇一一年一一月二六日（土）　愛知大学名古屋校舎
報告①「『水滸伝』、『三国志』の和訳について：「信」と「達」の間の問題点――黄得時と楊逵の翻訳を中心に」
報告者：王敬翔（愛知大学大学院中国研究科博士後期課程）
報告②「「順口溜」から読み解く日中戦争の集合的記憶」

報告者：石井弓（東京大学教養教育高度化機構特任講師）
第八回　二〇一二年一月二八日（土）　愛知大学車道校舎
報告①「堀井弘一郎著『汪兆銘政権と新国民運動――動員される民衆』」（創土社）書評
報告者：柴田哲雄（愛知学院大学教養部准教授）
報告②「関東軍とチャハル作戦」
報告者：森久男（愛知大学経済学部教授）
第九回　二〇一二年四月二一日（土）　愛知大学車道校舎
報告「日中戦争期上海の朝鮮人社会について」
報告者：武井義和（愛知大学非常勤講師）
報告②「日中戦争のもう一つの戦後――撫順・太原の戦犯たちの生き様を思う」
報告者：姫田光義（中央大学名誉教授、「撫順の奇蹟を受け継ぐ会」代表）
第一〇回　二〇一二年六月二三日（土）　愛知大学車道校舎
報告①「元陸軍中将遠藤三郎の肖像」
報告者：吉田曠二（名城大学非常勤講師）
報告②「抗日根拠地における党と民衆――太行抗日根拠地を事例に」
報告者：石島紀之（フェリス女学院大学名誉教授）
第一一回　二〇一二年九月一五日（土）　愛知大学車道校舎
報告①「日中戦争期の音楽にみる『大陸』表象」
報告者：葛西周（東京藝術大学音楽学部教育研究助手）
報告②「抗日舞踊における呉暁邦～日本を通じたドイツ表現舞踊の受容を中心に」
報告者：星野幸代（名古屋大学国際言語文化研究科准教授）
第一二回　二〇一二年一一月二四日(土)　愛知大学名古屋校舎
報告①「中国専門記者　太田宇之助の中国認識――『中国統一像』認識を中心に――」
報告者：島田大輔（早稲田大学大学院）
報告②「山西作戦と辻政信」
報告者：森久男（愛知大学経済学部教授）
第一三回　二〇一三年一月二六日（土）　愛知大学名古屋校舎
報告①「史料整理を通じて得た新たな父のイメージ――今井武夫関係文書整理の現状と今」
報告者：今井貞夫（人間・栗林忠道と今井武夫を顕彰する会顧問）
報告②「戦前における満洲旅行　満州産業建設学徒研究団を中心に」
報告者：長谷川怜（学習院大学大学院博士後期課程）
第一四回　二〇一三年五月一八日（土）　愛知大学名古屋校舎
報告①「『北支軍』の映画工作と新民映画協会」
報告者：張新民（大阪市立大学准教授）

報告②「「支那派遣軍」の復員について」
報告者：三好章（愛知大学教授）

第一五回　二〇一三年七月二〇日（土）　愛知大学名古屋校舎
報告①「抗日軍政大学に関する一考察―中国共産党の抗日統一戦略の表象―」
報告者：安都根（愛知県立大学非常勤講師）
報告②「近代日本在華領事制度」
報告者：曹大臣（南京大学歴史系副教授）

第一六回　二〇一三年一〇月一二日（土）　愛知大学名古屋校舎
報告①「中国幣制改革と補助貨幣―四川省の事例を中心に―」
報告者：岡崎清宜（愛知県立大学非常勤講師）
報告②「日中戦争期の中国民間団体と「国民外交」――国際反侵略運動大会中国分会の事例」
報告者：土田哲夫（中央大学教授）

第一七回　二〇一三年一二月二一日(土)　愛知大学名古屋校舎
報告①「遠藤三郎と熱河作戦―『遠藤日誌』を中心に―」
報告者：張鴻鵬（名城大学法学研究科院生）
報告②「日中戦争と上海領事館警察の研究について」
報告者：孫安石（神奈川大学教授）

国際シンポジウム「多角的観点からみた日中戦争」　二〇一四年三月八日（土）　愛知大学名古屋校舎
開会挨拶：高橋五郎（愛知大学国際中国学研究センター（ICCS）所長）
報告①「第二次世界大戦期中国のカイロ会談参加と東亜秩序再構築の構想――蔣介石日記にもとづく討論」
報告者：呂芳上（台湾・国史館館長）
報告②「抗戦期間敵後方農村の国共両党の力の比較―晋（山西省）東南地区の農村における国共の力の消長を主要な考察対象として―」
報告者：楊奎松（北京大学・華東師範大学教授）
報告③「日中戦争史をどのように研究するのか」
報告者：森久男（愛知大学経済学部教授）
報告④「『万宝山・朝鮮事件』の尋問調書・裁判記録からのアプローチ」
報告者：菊池一隆（愛知学院大学文学部教授）
報告⑤「汪兆銘の『満洲国』訪問」
報告者：三好章（愛知大学現代中国学部教授）
報告⑥「八路軍の兵員拡大について―山東抗日根拠地を中心に―」
報告者：馬場毅（愛知大学現代中国学部教授）
閉会挨拶：馬場毅（愛知大学現代中国学部教授・NIHU―ICCS社会歴史班責任者）

第一八回　二〇一四年五月一七日（土）　愛知大学名古屋校舎

報告①「遠藤三郎の華北戦場体験」
報告者：張鴻鵬（名城大学法学研究科院生）
報告②「ヨ中戦争期のチンギス・ハーン祭祀―国民政府と中国共産党を中心に―」
報告者：田中剛（大阪教育大学非常勤講師）

第一九回　二〇一四年七月一二日（土）　愛知大学名古屋校舎
報告①「福建事変時における日本政府の対応に関する一考察」
報告者：橋本浩一（守口市立佐太小学校教諭、大阪教育大学非常勤講師）
報告②「中国幣制改革と補助貨幣」
報告者：岡﨑清宣（愛知県立大学、愛知大学非常勤講師）

第二〇回　二〇一四年一〇月一一（土）　愛知大学名古屋校舎
報告①「遠藤三郎と重慶爆撃―《遠藤日誌》を中心に―」
報告者：張鴻鵬（名城大学法学研究科院生）
報告②「近代中国民衆の実相の探求―『中国民衆にとっての日中戦争』を執筆して」
報告者：石島紀之（フェリス女学院大学名誉教授）

第二一回　二〇一四年一二月二〇日（土）　愛知大学名古屋校舎
報告①「日本占領下の華中における交通網支配の実相について―華中鉄道を中心に―」
報告者：大野絢也（愛知学院大学大学院）
報告②「蒙疆政権の建国理念―金井章次の民族協和論―」
報告者：森久男（愛知大学経済学部教授）

第二二回　二〇一五年二月二一（土）　愛知大学名古屋校舎
報告①「戦前（満洲事変前）と戦後の遠藤三郎―軍国主義から平和主義への思想転換―」
報告者：張鴻鵬（名城大学法学研究科院生）
報告②「海軍の日中戦争」
報告者：笠原十九司（都留文科大学名誉教授）

多角的視点から見た日中戦争――政治・経済・軍事・文化・民族の相克◉目次

I 満洲事変前後

万宝山・朝鮮事件

訊問調書・裁判記録からのアプローチ

菊池一隆

はじめに

万宝山事件とは、一九三一年七月吉林省長春県で水利争いから生じた中朝農民の衝突事件で、満洲（九・一八）事変の背景、もしくは導因とされ、有名な事件である。したがって、満洲事変を論じる際、必ず論及、もしくは触れられる。にもかかわらず万宝山事件とそれに連動した形で勃発した朝鮮事件について専著、専論は少なく(1)、多くの未解明部分を残している。万宝山・朝鮮事件の背景や実態と推移、および中国側の反発についてはすでに別稿で明らかにした(2)。したがって、本稿では万宝山事件よりも朝鮮事件に焦点を合わせる。そして、その背景、実態を構造的に解明するため、朝鮮事件関係の訊問調書、裁判記録からアプローチし、研究を深化させたい。従来、訊問調書、裁判記録はあまり使用されていないが、襲撃した朝鮮民衆側や被害華僑の意識等を分析する上で看過できない重要史料といえる。襲撃した朝鮮民衆はいかなる階層に所属し、教育をどの程度受け、職業、家族構成はどのようなものか。暴動参加の民衆、および新聞記者、府会議員、学生（学生は被疑者というより、証人・参考人として扱われている）など、各種各様の立場にいる何人かをピックアップする。のみならず、直接被害を受けた朝鮮華僑、さらに民間日本人、警官など日本人側の証言も重視する。いわば朝鮮人、華僑、民間日本人、日本人警察の四極から構造的に分析することで複雑な状況にアプローチしたい。なお、紙幅と史料の関係から地域的には最初に暴動が起きた仁川をとりあげる。

一　朝鮮事件の被害状況と仁川暴動

朝鮮事件での朝鮮全体での被害状況は、原拓相報告では華僑死者九一人、重傷者一〇二人である。他方、当初、中国側発表では、死亡一四二人、重傷五四六人、行方不明者九一人、財産被害総額「四億一六三一万二〇七円」、および、領事館避難者一万六八〇〇人とする。(3) また、リットン報告書では、(一)中国側の主張は前述の数字とは異なり、①中国人(華僑)一二七名が虐殺され、三九三名が負傷し、二五〇万円に達する財産が破壊された(おそらく不明点や推測を捨象し、リットンに提出した時点で確定した数字)、②日本官憲が暴動阻止に適当な手段を講ぜず、多大の責任があるとした。他方、(二)日本側の主張は、①暴動は民族的感情の自然的爆発によるもので、日本官憲はでき得る限り速やかに鎮圧した、②日本政府は遺憾の意を表し、かつ死者の家族に対し賠償金を提供した、(4) とされている。

では、仁川暴動の状況を新聞史料などから再現したい。一九三一年七月三日払暁から持ち越した衝突事件は四日夜に至り先鋭化し、仁川全市に五人から三〇〇人の群衆が出没し、華僑街防備の警官隊と至る所で衝突した。仁川署は計画通り四日夜から第一線を本町の古田商店前、第二線を安田銀行支店前、第三線を本町四丁目交差点として待機した。午後九時半、約三〇〇人が第二警戒線を襲い、警官と衝突したが、騎馬隊により追い払われた。仁川府内外に居住する華僑は恐怖にかられ、当局の保護を受けている。仁川華商総会、華僑学校、領事館には計一千余人が収容され、警官が保護し、かつ華僑街一帯を警戒中である。なお、華僑街の各戸は万一を警戒し、武器を備えた。(5)

仁川府内に散在する華僑の家三六軒は激しく破壊され、家財、商品がまき散らされた。五日仁川署は警官護衛の下、長意里にある王承農場二〇〇人、東山農場八〇人、平山農場五〇人など華農三五〇人を自動車で領事館に連れていく途中、盛んに投石された。また、野菜行商の華僑三人が群衆に襲われ、一人が負傷した。仁川府民六万人への華農による野菜供給がストップし、各家庭は野菜が欠乏している。[6]なお、国聞週報記者は、「日本警察が暴民の後を付いていき、暴行が終わった後、駆逐した」[7]と告発する。七月七日付けの『京城日報』によれば、仁川の華僑街、領事館などに避難した華僑は三千二百人余に達しているが、中国「奥地」から朝鮮にやってきた華農は六日出航の汽船利通号に乗船しているという。仁川署は万一を慮り、利通号を沖合に停泊させ、艀で乗船させている。帰国者は一三〇〇人に上る。[8]

二　訊問調書、裁判記録から見る仁川華僑襲撃

上述の状況を今度は訊問調書、裁判記録などからアプローチし直したい。まず「検察調書」（一九三一年七月一八日）によれば、七月三日午前一時頃、「仁川府内各所ニ鮮人暴動事件勃発シ、四日夜ハ暴戻其極ニ達」し、「被害甚大ナ現場」を検証をした。

①内里一八九番地　旅館業王仙舫方、同布木（反物？）・雑穀商王金華方、薬局王玉昆方（同居の）家屋は外廓煉瓦二階建てで、被害総額約五二〇円、②同二〇〇番地　旅館業王世官方、煉瓦造り二階建て、被害額約一一二円、③同二〇二番地　布木商の被害状況は、①王世宗、王日礼（の家屋）を除くと、すべて外廓・煉瓦造りで比較的堅牢であったが、表口は各戸ともすべて破壊され、殊に王仙舫、王世官の両宿屋内部は足の踏み場もないほどに破壊された。

②街路一帯は各戸より持ち出した「諸道具」（仕事道具、家具など）が路面を覆い、尽く破壊されている。なお、街路上に布木を縦横に張り、交通を遮断し、警察官の追跡を阻止しようとした。かつ穀物商王金華方にあったという石油、あるいは揮発油を街路に流し、その空き缶が散在し、臭気鼻を突く。放火計画があったこと想像に難くないとする。

③原因は、七月二日北満洲の万宝山付近における「在留鮮農民ハ支那人ヨリ暴行迫害」と報道されたことであり、同月三日『朝鮮日報』夕刊を三日午前零時三〇分頃より府内に配布されると、「鮮人等ハ茲ニ敵愾心ヲ起シ、仁川在住支那人ヲ駆逐センコトヲ企テ復讐的ニ敢テ暴動ヲ惹起」した。[9]

警察の被害も甚大で、①外里、内里は派出所を中心に、七月四日午後一一時頃、「猛ク狂フ群衆」の警戒に努め、解散を命じるも「群衆ハ雪崩ヲ打ッテ殺到」し、配置された警察官は一〇名内外の少数で、到底制止できず、「死力ヲ尽シテ防止ニ努ムルモ群衆ハ雨霰ノ如ク投石シ、窓硝子、門燈ハ全部破壊サレ、急ヲ警戒本部ニ報告シ、応援隊ノ急派ニ依リ漸ク群衆ヲ退散セシメル」。②群衆は警官に投石し、（警官に）多数の負傷者を出した。群衆は警察官の隙に乗じ、派出所内の電燈、電話器、時計等を破壊し、門標、看板等も「滅茶（苦茶）ニ破毀シ影タニ無シ」とする。[10] このように官憲も攻撃の主要対象とされた。

「犯罪事実」によれば、七月二日『朝鮮日報』号外が、万宝山で「中国官民八百名襲撃、多数同胞危急」と報道、仁川在住の多数の朝鮮人は憤慨し、同地の中国人に「敵愾心」を惹起し、「復讐」のため、二日から五日まで仁川府内各所で多数聚合した。警官による数十回の命令にも解散せず、「支那人ノ住宅店舗ヲ襲撃シ是ヲ破壊シ、総ユル暴行ヲ為シ」、被疑者らは該騒擾に対し「共謀ノ上又ハ単独」で以下の「犯罪行為」をしたとする。

第一に、被疑者鄭伯万、金泰俊、朴大興、尹承儀、洪雲龍は友人の金基玉、宋龍培（両名は逃亡）は二〇〜三〇人と共に、七月四日午後五時頃、富川郡の野菜商董聚有方を襲撃、破壊後、隣家小松ツキエ方の倉庫に隠れていた董を引きずり出し、棒で殴打、足蹴にし、土塊を投げつけ、頭部に全治二週間の傷害を与えたが、殺害目的を達さなかった。これは、いわば「殺人未遂」罪に当たるといえよう。

第二に、鄭伯万、池山峯、梁奎星、金泰俊、李万吉、安順昌、金万孫は五日午後一一時頃、多数群衆と共に仁川府花町の中国人林基有、林輝菊の共同家屋を襲撃、殺害しようとしたが、すでに逃走していた。そこで、藁束を屋内に運び入れ、マッチで点火、家屋を焼き払った。これは、「放火」罪に当たる。

第三に、（1）被疑者鄭伯万は友人宋龍培と共に四日午後一〇時頃、群衆に率先して仁川金融組合付近に至り、王棣棠など数軒の雑貨店を襲撃、破壊後、午後一二時頃、金谷里で金基玉と共に多数の群衆に加わり、岩本牧場の裏にある中国人農民王承輝方を襲撃した。その際、王承輝方に隠れていた王有智（智有?）、盧煥信、連奎山を屋外に引きずり出し、宋龍培、金基玉ら多数の者が棒、石で殴打、または足蹴にした。暴行を加える際、被害者が逃げ出さないように見張りをし、連奎山を死に至らしめた。王有智、盧煥信に対しては頭部その他に治療三カ月の傷害を与えたが、殺害目的は達さなかった。いわば「騒擾」、「殺人」、「殺人未遂」、「傷害」各罪に当たる。

（2）被疑者崔晋夏（朝鮮日報仁川支局長）は外里警察官派出所付近から龍里の平壌館付近を行き来し、玉植商店前の道路で多数の群衆、並びに学生崔三成、金炯源、白昌鉉、崔東珪、金容白、金孟烈等に対して、今回の騒擾原因は「警察当局ガ余リ支那人ヲ保護シ鮮人ニ圧迫ヲ加ヘタルニ起因スルヲ以テ支那人住宅ニ投石スルハ其ノ理由ナク、警察官ニ対シテ投石スヘキ筋合」と述べ、「今回平壌ヨリ二百名、京城ヨリ数名ノ労働者ガ応援ニ来ル」と指揮、煽動した。これは煽動による「騒擾」に当たるが、後述する「殺人」罪とするのは当初から無理があった。強引に言えば、「国家転覆」罪に該当するといえないこともない。

（3）被疑者千先東、徐福男、金英鎮は四日夕食後（午後七時頃）、多数の群衆に加わり、率先して外里の中国人パン屋畢霖栄方を襲撃し、破壊し、同家の竈にあった三尺位の鉄棒を携帯し、その鉄棒で同店の門扉を叩き壊し、制止する警官に投石した。王棣棠を含む数軒の中国人雑貨商店に投石、破壊しながら、外里派出所を破壊しただけでなく、そこから龍里の平壌館に至るまでの間、布木商王金華などから布木を持ち出し、電柱と木との間を結びつけ、家財道具を積み重ね、石油を注ぎ、警官を阻止しようとした。これは「騒擾」罪、さらに「交通妨害」罪に当たるといえよう。

（4）被疑者金芳運は「昭和二年鮮支人衝突事件」の際、騒擾罪で懲役八年に処せられたにもかかわらず、四日午後一二時頃多数の群衆に加わり、新町のスピード自動車部前方、反物雑貨商の孫丕喬方より持ち出した反物を三叉路において電柱と電柱の間に結びつけ、通行妨害をおこなった。彼は「騒擾」罪の再犯であり、かつ④と同じ「交通妨害」罪に当たたろう。

（5）被疑者鄭用洛は三日午後九時頃、多数の群衆に加わり率先して「支那町」（中華街）を襲撃しようとした。仁川府庁前で府会議員孫亮漢が群衆を制止した際、反駁し、「在満鮮人ノ多数カ支那人ノ為メニ虐待セラレタル以上、朝鮮在住ノ支那人ニ対シ暴行ヲ為スハ当然」と煽動した。四日午後九時頃、仲町理髪店呉和生方を群衆が破壊する際、制止する警官に石を投げつけ、全治二週間の傷害を加えた。一〇時頃、平壌館前の道路で同府会議員が群衆を解散させるため、演説した際、反発し、群衆を煽動した。[11] これは「騒擾」、「傷害」各罪に当たる。

三　朝鮮事件における四つの立場

朝鮮事件では、当事者はおおきく四つの立場に分かれる。換言すれば、四つの視角から事件を再考察でき、立体的、構造的分析が可能となる。

第一に、被疑者朝鮮人の証言

では、被疑者朝鮮人はどのように答えているか。襲撃した朝鮮人も種々の立場があり、それぞれ家庭環境、教育など共通性も差異もある。

（1）煽動したとされる鄭伯万から採りあげていきたい。【問】金基玉ら二〇～三〇名と四日午後五時頃、富川郡の野菜商「支那人」董聚有方を襲撃、破壊し、同人を殴打、危害を与えたのか。

【答】相違ありません。私と金基玉、宋龍培、洪雲龍、朴大鉉ら数名で同「支那人」宅を襲撃したが、煙突より煙が出ているのに不在であった。必ず隣の内地人の処にいると思い、大勢でその倉庫を取り囲み、金基玉、宋龍培、洪雲龍らが中に入って捜したところ、一人の「支那人」がいたので引きずり出し、大勢で殴った。「私ハ殴リマセンテシタ。唯其倉庫ヨリ支那人カ逃出シタナラ之ヲ捕ヘテ殴ル積リテ番ヲシテ居リマシタ」。このように、暴行はしておらず、主導的ではなかったと主張しているのである。

【問】四日午後一一時頃より翌五日の間に多数の群衆と共に松林里の岩本牧場裏手の「支那人」方を襲撃し、三名を多数と共に殴打し、殺害したのか。

【答】私は友人宋龍培と共に四日午後一〇時頃、自宅を出て市内魚市場から金融組合のところに出て、その辺の「支那人雑貨商宅」に投石した。警官に追われて外里派出所、平壌館の裏を通り、牛角里派出所の方に行った。「多数ノ者カ公立普通学校付近ノ鮮人料理屋」前に集まり、その内の一人が「支那人ヲ打撲ラウ（殴ろう）テハナイカ」と大声で煽動した。そこで、七〇～八〇名と共に向かった。その中で知り合いは宋龍培、金基玉だけであった。大勢の者が岩本牧場裏の「支那人農家ヲ襲撃」し殴打していた。私は四〇名許りの者と三〇歩位離れたところで見張りをしていた。

【問】五日午後一一時頃、花町の林基有ら二人共同家屋に放火したのか。

【答】最初に金弘基がマッチで屋根に火をつけていたが、大勢が表に積んであった藁束をもって中に入り、「火ヲ付ケロ」と言ったので、梁奎星ら二人がマッチで火をつけた。ここでは、自分は放火していないと主張し、罪逃れの意識が働いている。

【問】こうした行動をとったのはなぜか。

【答】「同胞鮮人カ満洲ニ於テ支那人ヨリ多数虐殺サレタ」と聞き憤慨し、「復讐」のためにやった。[12] ここでは、いつの間にか「多数虐殺サレタ」と大きく誇張されている。
（2）朝鮮日報仁川支局長の崔晋夏に対しては【問】爵位、勲章、記章はあるか。
【答】「日韓併合記念章ヲ持ッテ居リマス」。このことは日本に敵対心はないことを間接的に表明することになるであろう。

【問】家族、財産、教育程度はどうか。

【答】「本籍地ニ両親カ居リ、当仁川ニハ私夫婦子供二人、弟一人、全部テ七人家族テ、財産ハ不動産カ約六百円位アリマス。教育ハ元仁川ニ在リマシタ官立日語学校ヲ卒業シ、其後京城ノ師範学校促成科ヲ卒業致シマシタ。其後普通学校ノ教員ヲ致シマシタ」。このように、学歴、日本語習得、安定した生活、および教員という経歴から犯罪とは無関係と主張している。

【問】二日の『朝鮮日報』号外は何時仁川府内に配達したのか。

【答】「当日午後八時半頃京城ノ本社ヨリ唯今号外ヲ汽車テ発送シタカラ直ク読者ニ配達セヨトノ電話テアリマシタカラ午後一一時ノ到着ヲ待ッテ直クニ配達シマシタ」。

【問】騒擾事件を惹起するとは思わなかったのか。

【答】「私ハ号外ノ表題ヲ見テ其ノ内容ヲ詳細ニ読ミマセンテシタカラ斯様ナ重大ナ騒擾事件ノ導火線トナルコトハ思ヒマセンテシタ」。号外が「騒擾」の原因となるとは思わなかったと言い、「騒擾」とは無関係と強調する。

【問】号外配達後、いかなる行動をとったか。

【答】二日号外の配達後、市中に事件が起こったことは知らなかった。三日午前中に二日晩内里付近で「支那人ノ家屋」が襲撃されたことを知った。三日の事件は四日午前に知った。四日午後八時半頃自宅を出て、仁川警察署に行き、それから牧瀬病院に行ったところ、多数の群衆が理髪店を破壊していた。危険なので裏道を通って帰宅した。

【問】四日午後一二時頃、外里の富潤商会付近、および龍里の平壌館付近で、群衆の中の内地人某に対して、「騒動カ起ルノハ警察当局カ余り支那人ヲ保護シ鮮人ヲ圧迫スルカラ」と話し、学生崔三成、金炯源、白昌鉉、崔東基、金東白等に対し、「支那人住宅ニ投石シテモ何モナラナイ。警官ニ向ッテ投石スルノカ当リ前タ」と煽動した。なお、「平壌カラ多数ノ労働者カ応援ニ来テ居ルカラ、ウントヤレ」と煽動したのか。

【答】「私ハ左様ナ事ヲ云ッタ事ハアリマセン」[13]と次々と否定した。

【問】「其ノ時恰度、警官カ群衆ヲ追ヒ散ス為メ抜剣シ居リタルカ、夫ヲ見テ其ノ方ハ、今回ノ騒擾ハ警察当局カ余リ支那人ヲ保護シ、朝鮮人ヲ圧迫スルノテ遂ニ警官ト群衆トノ争ニナリタリト井下（「内地人」としているが、実は日本人ではなく、府会議員の朝鮮人金成運）ニ語リタル事アリヤ」。

【答】「左様ナ事ハ云ヒマセヌ」[14]。なお、崔晋夏によれば、仁川府内の『朝鮮日報』購読者は三二〇人くらいで、号外も同部数くらいとする。また、「調査ヲスル為」歩き回っていたという。

それに対して、学生たちは崔晋夏が煽動的な言動を述べていたと証言した。
（3）崔東珪（京城電気学校生徒、二九歳）は、四日夜一一時頃、外里交番の付近で崔晋夏の煽動的言葉を聞いたとする。「崔三成、金炯源、白昌鉉、金容白等ノ私等学生ニ対シ、特ニ同人カ今度ノ暴動ハ警察当局カ余リ支那人ヲ保護シ、朝鮮人ヲ圧迫スルカラ起ッタ事テ、平壌ヨリ労働者カ三〇名応援ニ来テ居リ、京城ヨリモ青年団カ応援ニ来テ居ル故、後テハ鮮人ト警官トノ争ニナルト申シテ居リマシタ」。これらの言を鑑みると、崔晋夏の上述の話の出所は学生の可能性が強い。その上、学生たちは、崔晋夏が「後テハ鮮人ト警官トノ争ニナル」との問題発言をしていたと証言した。

また、崔三成（京城実業専修学校生徒、一九歳）も「証人等ハ其［崔晋夏］ノ言葉［ウントヤレ］ニヨリ昂奮シ、投石シタ」と質問され、「左様」と答えている。[15] 他の学生たちもそれと同様な証言をした。

（4）孫亮漢（米穀商、府会議員、四九歳）によれば、三日私は大声で群衆に対して「今問題ニナッテ居ル北満（万宝山）事件ニ付、未タ真相カ判明セサル内、騒クハ良クナイカラ解散シタカヨイ」と言うと、群衆の先頭にいた男［鄭用洛］が「北満在住鮮人ハ支那人ノ為メ虐待セラテ居ルカ、吾々ハ朝鮮在住ノ支那人ニ対シ、暴行ハ当然テハナイカ」と反言した。私はその男を帰らせ、そのうち群衆も解散した。同日府内には「支那町ヲ襲撃スル」という流言があった。午後九時頃には一〇〇〇名ほどの者が府庁前から「支那町」「中国領事館があった」の方に行こうとしているので、公職者たる私等や警官多数がそこで群衆を喰い止め、私は群衆に対して前と同様なことを述べると、丁度警官が一人の男を検挙したこともあって、またもや朝の男が「公職タル君等ハ何故引張ッテ行ク巡査ヲ引止メヌノカ」と反言した。群衆が私に向かって投石し始めたこともあって、「其ノ男ハ群衆ヲ煽動」していると思った。私は危険を感じて自宅に帰った。[16] 当初から朝鮮人の中に万宝山事件の真相が判明しない内の軽挙妄動を諌める良識派が存在したことを押さえておく必要があろう。

表1によれば、二二人中、没落両班を除けば、ほとんどが「常民・平民」で一般民衆である。年齢は一〇代と二〇代が一七人（八四・四％）、三〇代が四人、四〇代が一人である。職業面では、土木局人夫など肉体労働と見なせる

千先東	28	常民	京畿道	仁川府龍里	飲食店（酒屋）店員	母はいるが、氏名不詳。生活状態不明	学校教育は受けてないが、朝鮮語を少々解せる	性格温順を装うも「陰険」。仕事は真面目で評判は悪くない。「無」	騒擾 初犯
徐福男	20	常民	仁川府	仁川府外里	大工見習い	父母、兄夫婦、弟と６人家族。父は佐官で月収約20円。兄は店員で月５円の計25円で生活	無学	性格温順。酒、賭博もせず、評判は悪くない。「有」	騒擾等 初犯
金英鎮	19	常民	忠清北道	住所不定	無職（種々の工場職工、飲食店店員を経て無職）	父母、兄３人と各妻３人、甥３人いるが、所在不明、音信不通	書堂で１年間学ぶ	性格温順なようで、短気。やや「有」	騒擾 前科不明（本籍地に問い合わせる必要あり）
姜相基（仮名「姜俊植」）	23	常民	忠清南道	仁川府内里	「労働」	兄は農業、母は家庭の雇人。本人は母と同居せず、貧窮	無教育（幼少の時から貧窮）	性格温順、素行普通。「有」	騒擾・公務執行妨害・傷害罪 初犯
金光彦	18	常民	仁川府	仁川府新花水里	無職	父母、弟と４人。家庭円満	父母から７歳の頃から「漢文」を学ぶ。仁川（公立？）普通学校に３年間通学後、貧窮のため中途退学	性格普通。悪評なし。父の「監督」（言うこと）に服従せず。「有無」の記載なし。	騒擾・建造物破壊・往来妨害 1930年窃盗罪で仁川警察署において訓戒放免処分
金仁学	27	常民	京城府	仁川府寺町	アイスクリーム商	父母死亡、兄弟なし。独身。日給８、90銭で、月平均約20円	無教育。 カトリックを信仰	性格不良。近隣者との交際なし。「有」	騒擾・建造物破壊・往来妨害 初犯
金芳運	30	常民	全北高敞郡	仁川府寺町	「労働」	単身。本籍地に父	普通学校３年間で中途退学。本家で農業従事後、「労働」	性格温順で悪評なし。「有」	騒擾等 「初犯」（実は前科「懲役８カ月）
田明俊	22	常民	仁川府	仁川府新花水里	無職	記載なし	仁川私立水花普通学校で３年間学び、その後、精米所に勤めたが長続きせず。宗教なし	激しやすい。不良青年と交わり、素行悪し。「仁川思想界ノ大立者権忠一ノ手先」との風評あり。「無」	騒擾等 初犯
鄭用洛	32	常民	平安南道	仁川府花町	加藤精米所監督	当地では本人夫婦のほか男１人で、生活は普通。夏は仕事が少なく日給１円50銭。冬は同３、４円。その他、本籍地に父母のほか兄４人	教育不明であるが、本籍地で公立普通学校卒後、２年間「漢文」を学習した模様	多言にして短気。飲酒して喧嘩、評判は悪い。「無」	騒擾等 初犯

〔出典〕「中国人襲撃事件裁判記録」、国史編纂委員会（韓国京畿道）『韓国民族独立運動史資料集』56、2003年、230～238、244～252、259、262～266、270～275、277～305、311、316頁等から作成。

（１）金光彦自身は尋問で「放免処分」（300頁）について述べているが、不思議なことに「素行調査」ではそれは記載されておらず（302頁）、かつ「犯罪動機」も「不明」（303頁）とされている。なお、金芳運は「初犯」ではなく、1927年「鮮支人衝突事件」にも参加し、28年３月９日「騒擾罪」で、京城覆審法院において懲役８カ月に処せられている（325、328頁）。なお、「常民」と「平民」の違いがよくわからないが、例えば、金万孫は「報告」では「常民」とされ、「訊問調書」では「平民」とされている。このことから「常民」と「平民」は同じと考えてよいのかもしれない。また、宗教を有しているのは金仁学のみのようでカトリックを信仰している。

表１　朝鮮人被疑者の年齢、住所、学歴、職業、性格など

姓名	年齢	階層	本籍	住所	職業	家庭	教育程度・経歴等	改悛の見込み有無	被疑罪名
鄭伯万	22	常民	京畿道	仁川府桃山町	土木局人夫	母と２人、日給60銭、貧困	６年間「漢文」を学ぶ。新聞を読める。本籍地で農業を経て現職	性格温順・寡黙・怜悧。改悛の見込み「有」（以下、「改悛の見込み」を略し、「有」「無」とのみ記す）	放火 初犯
金泰俊	32	常民	仁川府	仁川府松林里	簾商	彼ら夫婦のほか、「女」２人。簾商で月収入 20 円	教育歴なく、無学	素行不良。好色。「無」	放火 初犯
朴大興	21	常民	富川郡	仁川府桃山町	精米所人夫	母、兄と３人。日給60銭	朝鮮語で自分、他人の名前を書ける程度	素行善良「有」	騒擾・傷害 初犯
洪雲龍	21	常民	仁川府	仁川府桃山町	「労働」	祖父、両親、弟１人、妹２人と私の７人。私が「労働」で日１円が家族の全収入	書堂に２年通う	性格温順、素行善良、悪評なし。「有」	騒擾・傷害 初犯
尹承儀	23	平民	仁川府	仁川府桃山町	牛車挽き・精米所人夫	妹１人。実兄夫婦の４人。実兄が木材組合運送人夫で月収は24、25円	公立普通学校２年で退学	やや短気であるが、素行普通。悪評なし。やや「有」	騒擾・傷害 初犯
池山峯	26	常民	江華郡	仁川府桃山町	畳職工	妻と２人。月収25、26円	無教育	性格温順、悪評なし。「有」	騒擾・放火 初犯
梁奎星	21	両班	忠清南道	仁川府桃山町	土木局人夫	独身（単身？）で下宿、日給70銭。本籍地には妻、父母、兄弟、妹、姪２人の計８人がいる	公立普通学校卒後、１年余、「面」所事務員	不良青年、近隣の評判はよくない。「無」	騒擾・放火 初犯
李万吉	22	両班	京畿道	仁川府桃山町	土木局人夫	下宿、日給60銭。「家族不明」。各地で「（肉体？）労働」後、現職	無教育。ただし、朝鮮語を少し読むことができる	資質や素行不良、喧嘩好き、悪評。「無」	騒擾・殺人・放火 初犯
安順昌	32	常民	京畿道	仁川府桃山町	精米所人夫	夫婦と同居女の３人。家庭円満。日給１円15銭	無教育。本籍地で農業従事後、現職	性格温順で善良、同情心・人情あり。飲酒せず。「有」	騒擾・殺人・放火 初犯
金万孫	22	平民・常民	京畿道	仁川府桃山町	「労働」	記載なし	書堂で２年間「漢文」（中国語？）を学ぶ。本籍地の塩田で労働	不明（本籍地に問い合わせ中）	騒擾・殺人・放火 初犯
崔七鳳	23	常民	忠南瑞山郡	仁川府桃山町	「労働」（日雇い）	夫婦・父母の４人。父と本人とが日雇いで月収30～40円で「下等生活」	本籍地で９～15歳に「漢文」学習	性格温順、悪評なし。「有」	騒擾・放火 初犯
李三福	21	常民	仁川府	仁川府金谷里	印刷所職工	母、兄夫妻と４人で家庭円満。兄は朝鮮運送会社より月給40円、本人は築地印刷所より月給20円	ほとんど教育を受けたことなく、自分の氏名を解すのみ	性格温順、業務に精励、評判は悪くない。「有無」記載なし	騒擾 初犯
崔晋夏	45	両班	慶尚北道	仁川府龍岡町	新聞記者兼朝鮮日報支局長	夫婦、子供２人の４人家族で円満。月収50余円で生活困難なし	仁川公立普通学校卒後、府内北商業卒。５年間同仁川公立普通学校訓導、４年間商工会議所勤務を経て新聞記者、1930年２月から支局長	性格温順を装うも「陰険」。裏面に民族主義濃厚、同主義者と交際しており、「世評宜敷カラス」とある。「無」	騒擾（煽動） 初犯

のが一一人（五〇％）、畳職工、印刷所職工二人、商人二人、その他四人、および無職三人（一三・六％）などである。全く教育を受けていない者が一〇人に、書堂で一、二年が三人、普通学校二、三年での退学者四人を加えると、計一七人がまともな学校教育を受けていない。その結果、自分の名前を書ける程度の非識字者が何人か含まれ、当然のことながら号外を読むことができない。そして、多くが家族持ちで父母兄弟と同居、もしくは夫婦であり、どちらかと言えば、安定指向が強いはずなのに、彼らは暴動に参加した。なお、二人を除いてすべて初犯である。いわば、若い世代で、肉体労働者などを主勢力に各種職業、無職の者を巻き込んで展開されたといえそうである。彼らは教育を十分受けておらず、また非識字者、貧窮者もおり、貧窮な家庭も少なくない。そうしたことを背景に口コミで一挙に拡大していったとみなせよう。

このように見てくると、やはり特異な位置にあるのは崔晋夏であり、表1の「改悛の見込み」を見ると、「民族主義濃厚」と否定的に記述されている。社会的評判の「有無」に関しては周囲の人々の意識もあるが、同時に官憲が「反権力」と見なした者に対して「評判が悪い」とレッテルを貼っていることは押さえておく必要がある。

第二に、被害華僑の証言

では、今度は被害華僑側から襲撃事件に照射したい。一九三一年七月二八日より石川荘四郎、楠木一夫の依頼により中国語ができる通事として清田惣平（仁川南公立商業学校講師）が被害者華僑の通訳に当たった。

（1）李仙航（王棣堂支配人、四〇歳）は次のようにいう。（主人）王棣堂は現在、中国に帰国している。三日夜は一〇〇人ほどから投石され、窓ガラスを破壊された程度だったが、四日夜は一一時頃になると、数千の者が押し寄せてきて雨のような投石をした。その時、主人の外、一二名が家に隠れていたが、そのうち表戸が破壊され、屋内に闖入する者がいたので、裏から逃げて野菜市場に行き、命だけは助かった。損害は二〇〇円くらい。（同家以外に内里から外里交番への道路の両側にある徳発永、源成詳、同成泰、公聚徳、天成興等々も軒並み）同様に破壊された[17]。このことから主人らは中国に帰国できるが、従業員の多くは朝鮮に残留していたことを示唆する。

（2）董楊亭（農業、四二歳）によれば、その頃（四日午後五時頃）数十名の朝鮮人が谷の方から登ってくるので危険と思い、夕食の用意をそのままにして隣の小松方の倉庫に隠れた。外をうかがうと、一人は斧、一人は棒を持った者がおり、私の家の窓や家の中を破壊していた。その後、隠れているところにやってきて弟だけを引き出し、棒で頭と右手の「胛」（甲）を殴打した。弟は頭を酷く殴られたため馬鹿のようになり、手の「胛」が折れて働けなくなり、現在中国にいる。訊問で、弟だけが殴られてすんだのは、小松の妻が（警察に）電話をかけに行ったので、群衆が「恐レテ帰ッタノテ助カッタ」からかとの問いに「そうだ」と答えている[18]。このように、暴行の際、頭を狙い打ちされた。また、群衆は警察に抵抗しながら、警察を恐れているという二面性を有していた。

（3）張序蒸（農業、二四歳、仁川府松林里）によれば、三日午後、形勢不穏と聞いたが、昭和二（一九二七）年には私ら「百姓家」（この場合、日本語の「百姓」で農民の家）にはあまり被害がなかったので、今回も大丈夫と思った。ただ雇員四人と共に三日晩交互に警戒していた。ますます不穏な状況になってきたので、四日正午頃から近くの畑に隠れた。午後八時頃、各所で被害が出ていると聞き危険を感じたが、もはや「支那町」には避難できず、近隣の山中に避難した。西の方から無数の朝鮮人が声をあげて回ってきたので、私は怖くなって我が家前の岩本牧場に避難した[19]。

（4）王智有（連奎山経営のパン屋雇人、一七歳、仁川府牛角里）の場合は深刻である。三日午後三時頃、不穏であったが、「支那町」の方は避難不能のため、主人（連奎山）の知り合いの松林里の王正煇宅が安全と考え、主人、盧煥信、私の三人で避難した。なおも危険を感じ、同日松林里の岩本牧場に避難した。四日も一日中、避難していた。五日午前二時、もはや大丈夫と思い、三人で王宅に行って就寝した。前日からの疲れですぐに熟睡した。午前三時頃、突然、数十名の群衆が屋内の入ってきて（主人連奎山は殺害され）、私は頭部などを棍棒のようなもので数回殴打された。それから屋外に引き出されたが、沢山の人がいて逃げることもできず、その場で人事不省に陥った。一〇日くらいしてから、この病院（牧瀬病院）で治療を受けていることに気づいた。その間、意識不明であった。なお、王智有は、後頭部一三センチ、右頭部六センチと三センチ、左頭部二四センチと二センチ、頂部八センチの外、三六カ所負傷していた。その他、無数の打撲傷あり。医師牧瀬武男によれば、約二カ月で完治する見込みだが、出血多量のため、貧血衰弱が甚だしいという。また、盧煥信（連奎山経営のパン屋雇人、一七歳、仁川府牛角里）も王智有と行動を共にし、重傷を負った。同医師によれば、二カ月で全治する見込みだが、精神状態の回復は困難という。[20]

このように、より安全なところを求めて移動したが、戻ったことで襲撃を受けた。ここでも頭を狙い殴打されている。

（5）孫棟臣（靴下・メリヤス・帽子製造販売業、三三歳、仁川府桃山町）は、三日正午頃から多数の群衆が表通りを右往左往し不穏と思い、同日午後七時頃、「支那町」の華商商会の方へ自動車で避難した。翌四日午前一〇時頃、自宅工場に帰り、損害を検査すると、表工場の表門、並びに窓は全部破壊され、靴下編み器三台、および家具の一部が破壊されていた。危険が増すばかりなので、一一時頃、再び「支那町」に避難した。私は五日午後二時仁川港出帆の汽船利通号で中国の芝罘《ジーフ》に一時避難していたが、一五日に仁川に戻り、一六日に自宅工場に帰ってみると、工場は柱も引き抜かれ、壁も毀され、諸機器類、並びに家具一切残らず破壊されていた。倉庫も門、窓も破壊され、倉庫内の機械、商品も一部紛失していた。被害は家屋三二〇円、帽子編み器と靴下編み器各三台で六八四円、靴下と糸類三五〇円、機械付属品一五〇円、その他、店用備品と家具等が約四〇〇円とする。[21]

各人の証言だけを見る限り、一部の略奪はあった模様だが、他所を含めて本格的な略奪があったという報告はない。つまり略奪目的ではないということだ。

第三に、民間日本人の証言

では、当時の状況を民間日本人はどのように証言しているか。

（1）証人小松ツキエ（農業、四二歳）によれば、七月四日午後五時頃、「主人ハ不在テ、子供ハ隣ノ岩本牧場ニ遊ヒニ行キ、私一人居リマシタ処、数十名ノ朝鮮人カ下ノ方カラ来ル様テアリマシタカ、間モナク三人ノ支那人カ走ッテ来テ、私ノ倉庫ニ隠レタ」。隣の方で破壊音が聞こえ、「四、五人ノ鮮人カ奥サンノ処ニ支那人カ隠レテ居ラヌカト聞クノテ、左様ナ者ハ居ラヌト云フト、嘘タト云フテ立チ去ラヌ」。そこで、警察に電話をかけようと岩本牧場に行き、帰ってみると、台所に頭と手の甲から血を流した「知ラヌ支那人カ居リマシタカ、後ノ二人ハ倉庫ニ未タ隠レテ居リマシタ」。その時は群衆はすでに立ち去った後でした。負傷者は隣の「支那人」の家に逃げてきた弟で、中国に帰ったそうです。[22] ここから読みとれることは、朝鮮人たちに民間日本人に対する敵愾心が見られず、襲撃する意思がないことである。そして、華僑は日本人の倉庫に逃げ込み、日本人も彼らを保護しようとする意識が働いている。

（2）証人横田玉吉（薬種商、四〇歳）によると、七月四日夜、「支那人ヲ襲撃スルト云フ評カアッテ心配シテ居リマシタカ、八時頃私ハ如何ナル模様テアルカ、家ヲ出テ内里金融組合ノ所迄来ルト、向ノ支那町ノ方カラ数千人ノ人々カ押シ寄セテ来テ、金融組合前ノ布木商店数軒ニ石ヲ投ケ、屋内ニ闖入シテ商品、道具等ヲ取出シ道路ニ播キ散シ、窓ヲ破壊シ乱暴レ、警官ニモ投石」していた。次第に危険になったので私は急ぎ帰宅し、家の前に幕を張った。間もなく「暴民」は外里交番内の電話線を切断し、窓を破壊し始めた。そこで、「警官ハ今度ハ武装シテ来テ空砲ヲ放チ」、群衆を解散させようとしたが、ますます警官に投石した。その時、「暴民」は布木を電柱と並木の間に結びつけ、綱の如く道路に張り巡らし、通行不能にし、その上、車や道具を持ち出し、積み重ね、石油を散布する者がいた。段々乱暴が激しくなったので、子供を他に避難させ、私も靴を履き逃げ出す準備をして外の様子を伺っていた。すると、警官二〇名ほどが銃剣をもって走って交番の方に突撃すると、群衆は外里の方に逃げて投石する者も次第にいなくなった。[23]結局、華僑宅と誤認されなければ、近隣の日本人宅には被害はなかった。

第四に、日本人警察官の証言

平下喜代吉（道警部補、三八歳）によれば、群衆が次第に増加し、道路一杯になり、通行できないくらいとなり、「支那町」方面に行くようであったが、警戒の警官に追い散らされたと見え、逆に外里方面に引き返してきた。高須部長より金融組合前の「王棣堂など数軒が襲撃された」との電話があり、内里の道路に出た瞬間、群衆の中から右肩に石を投げつけられた。私が振り向くと、一人（姜相基）が逃げ出し、警戒に当たっていた高須部長と岡村巡査に取り押さえてもらった。皮下出血のため、痛みは一〇日間ほどあったが、全治した。もう一つの傷はこの者（姜相基）ではなく、五分後に（誰か不明？）やはり石を顎部に投げつけられ、かなりの出血で上衣は血だらけになった。小石は雨のように投下し、群衆は刻々と増加した。内里、外里方面の道路は一杯の群衆で一同に喊声を上げ、土塊、小石等を投げた。零時になって警官と群衆は押し合いとなった。制止の効なく、全くの無警察状態が現出した。外里交番を中心に上仁川に行く道路、内里の魚市場に通じる道路、外里の牛角方面に通じる道路には数千の民衆が「支那人」の家財を積み上げ、車を横倒しにし、布木を並木と電柱に結びつけ、交通を遮断した。その上、石油を散布した。まさに一大事が起ころうとする時、（警官が）空砲を放ち、群衆を威嚇、解散させた。警官は四一名の負傷者を出し、なかには今も全治しない者もいる。[24]出動警官は精一杯警備に当たっており、その結果、負傷者も多く、かろうじて空砲により大惨事を阻止したと言っているのである。また、緊急事態であり、当然「過剰警備」批判は当たらないと主張しているのである。

四　予審・地方法院・覆審・判決確定

一九三一年八月一〇日仁川警察署で石川荘四郎、楠木一夫列席の下、予審判事による鄭伯万に対する第二回目の訊問がおこなわれた。通訳は総督府裁判所通訳生の姜信旭である。

鄭伯万によれば、棍棒は自宅からではなく、「支那人方ノ前ニアッタ薪」とする。そして、「皆カ殴リニ行カウト云フノテ私ハ夫レニ従イテ行キマシタ」。つまり、ここでも計画性はなく、かつ自分が煽動したのではなく、受動的と言っている。

【問】警察で二日夜、「満洲ニテ鮮人カ多数殺サレタト云フ新聞」を見て青年二〇名位を連れて、長意里にある内地人経営の「支那素麺」（ラーメン？）製造所に「多数ノ支那人」が雇用されていると知って襲った。だが、逆襲され、朝鮮人の方が殴られた。金基玉、宋龍培が再びそこに行って「皆殺し」にしようと言うので、三日夜一一時頃、三〇〜四〇名で襲ったが、「支那人ノ方テ皆棍棒ヲ持ッテ対抗シ、且ツ警官モ沢山来テ警戒シ居リタル故、目的ヲ果サス」帰った。被告尹承儀が松林里で仕事中の「支那人」がいるというので、途中、不在「支那人」の家の前にあった一寸四、五分位の薪を携え、董楊亭方を襲撃した。こちらも多数の者を従え、殺す目的で行った可能性がある（明らかになることは、華僑はやられっぱなしのイメージがあるが、場所によっては抵抗していることである）。

【答】三日夜は私は行かず、金基玉、宋龍培から聞いただけとする。四日董楊亭方に行ったのは不在か否かを確認しに行ったに過ぎない。すなわち、殺害目的ではないと主張する。

【問】五日午後一一時頃、池山奉（峯の誤りとみなせ、以下、「池山峯」で統一）、梁奎星ら数十名の者と共に、「支那人ヲ殴リ殺サウ」と花町にある林基有、林基菊の共同家屋を襲ったが、両人は逃げていなかった。そこで、外にあった藁束を屋内に持ち込み、火を放った。池山峯と梁奎星は火を付けたのは鄭伯万と検事に言っている。

【答】私は火を付けません。梁奎星と金弘基が火を付けました。[25]このように、犯罪を互いに押しつけあった。

「予審終結処分ニ付意見書」（三一年八月二八日）では、罪名は騒擾、放火、殺人未遂、建造物損壊、往来妨害、傷害である。被告人は鄭伯万、千先束、金泰俊、徐福男、朴大興、崔晋夏など計二〇名である。①被告全員に「騒擾」、②被告鄭伯万、宋用奉（表1に未掲載。略歴など不明）に「殺人」・「殺人未遂」、③被告金泰俊、朴大興、尹承儀、洪雲龍に「殺人未遂」、④被告鄭伯万、金泰俊、朴大興、梁奎星、池山峯、李万吉に「放火」、⑤被告梁奎星、千先東、金栄鎮、金光彦、金仁学、金芳運（再犯）に「往来妨害」。これらに付き、以下の決定をする。

「主文」で「京城地方法院合議部公判ニ付ス」とし、その「理由」として「被告人等ハ近時隣邦中華民国カ排外的国権恢復ニ熱狂ノ余、満洲ニ移住セル朝鮮人ニ対シ、屢次暴圧ヲ加フルコトアル為、中国人ニ対シ予テヨリ不快ノ念ヲ抱キ居リタルモノナルトコロ、昭和六年七月三日午前零時頃、突如南満洲長春北方ナル万宝山山麓ニ借地権ヲ得テ、水田ヲ開墾シ居リタル朝鮮人二百余名カ用水溝構鑿ノコトヨリ該地方付近ノ中国農民ト紛糾生シ、中国人数百名ヨリ襲撃セラレ多大ノ損害ヲ受ケ、右朝鮮人二百名危急ニ迫マレリトノ報伝ハルヤ、被告人等ヲ始メ府内ノ鮮人一部ハ在外同胞カ中国人ヨリ迫害サルノヲ坐視スルニ忍ヒスト憤激シ」、翌日の七月四日以降、襲撃を開始した。そして、当時の状況、実態、推移と被告人らがいかにその「騒擾」に加担、参加したかが述べられる。[26]「隣邦中華民国カ排外的国権恢復ニ熱狂」とし、日本の侵略姿勢の問題を捨象し、是非を転倒させ、中国の排外主義に全責任を押しつけ、それに起因するとする。そして、これを前提に論を組み立てる。

三一年一一月一六日「鄭伯万以下一九名の騒擾・殺人等被告事件」につき、京城地方法院で公開法廷が開催された。裁判長は金川広吉（朝鮮総督府判事）、同判事小林長蔵、同判事柳原幸雄、同裁判所書記鷹見進、および同検事閔丙晟が立ち会った。

裁判長は（1）鄭伯万に対し、【問】七月四日朝から仁川市内において「支那人」を殴り殺すという話があり、午後五時頃、被告は数十名の者と共に仁川郊外居住の「支那人」農民を襲撃しようということになった。

【答】私は左様な事には関係していない。

【問】被告（鄭伯万）も仲間に入ったのではないか。

【答】群衆の中に入ったことは相違ないが、左様な相談をしたことはない。

【問】京畿道富川郡多朱面長意里の董楊亭方に金泰俊、朴大興、洪雲龍、宋用奉らと押し寄せ、家屋内に入って捜したが、董は逃げていなかったというがどうか。

【答】私は知りません。

【問】これまで被告は、「支那人」は夕食の支度をしていたようだから、隣家の小松方に逃げていると思ったと述べている。

【答】そう述べたのは警察で拷問されたためであり、その後の取り調べでも拷問されるのではないかと思い、同様に予審等でもそう述べたが、事実ではありません。

このように、法院で鄭伯万は警察での「拷問」によるものと主張し、「知らない」、「そうした事実はない」と次々と全面否定をした。

（2）徐福男に対して、【問】被告［徐福男］も群衆に加わって外里の飲食店張叔青方に数回石を投げたのか。

【答】二回投石した。「皆カヤッテ居タノテ一緒ニナッテ投ケタ」。つまり群集心理によったとする。

（3）李三福に対して、【問】警察によると、連奎山方襲撃にでかけ、数回投石したと述べたというがどうか。

【答】「警察テハ拷問サレタノテ、ソレカ恐シイ為、宜イ加減ニ答タノテアリマシタカ、事実ノ供述テハアリマセヌ」。ここでも「拷問」が強調される。

（4）崔晋夏に対して、【問】当時［七月四日］仁川の新聞記者団は警察に集まって、その情報を聞いていたのに、何故そうしたところを歩いていたのか。

【答】前日晩にも騒ぎがあり、今晩（四日）も騒ぐのではないかと思って出てみた。

【問】その際、被告は群衆に対して大声で「警官ノ態度カ良クナイ為、群衆ヨリ石ヲ投受ケラレル［投げつけられる］ノハ当然テアル」と言ったのか。

【答】「左様ニ云ッタ事ハアリマセヌ」。このように、崔晋夏の場合、最初から一貫して「煽動」を否定し続けた。

検事は「犯罪証拠十分」として鄭伯万を懲役一五年、宋用奉を懲役一〇年、金東俊、朴大興懲役各八年、尹承儀、洪雲龍、梁奎星を懲役各五年、池山峯、李万吉を懲役各三年、金芳運懲役を二年、金善鎮、金光彦、千先東、金仁学懲役を各一年六カ月、李三福、崔晋夏、徐福男、姜相基、田明俊、鄭用洛を懲役各一年に処すと陳述した。それに対して弁護人の李升雨、後藤連平、柳完永は崔晋夏に関して証拠不十分を理由に「無罪」を弁論した。おそらく朝鮮人と思われるが、弁護人沈相棚は「其ノ余ノ被告人ノ為メ寛大ナル御処分ヲ求ム」旨を弁論した[27]。

表2は「上訴権抛棄申立書」であるが、日本人ではなく、朝鮮華僑に刃を向けたということで、かなり主体的に率先して動いた鄭用洛が「懲役一年」など全体的に軽い感がある。したがって、上訴せず、これで確定した。

表3は「控訴申立書」であり、鄭伯万ら他の者はともあれ、崔晋夏にとって「騒擾」のみならず、「殺人」の罪名での判決は我慢のならないものであったであろう。

三二年五月二六日京城覆審法院法廷において「鄭伯万外三名ニ対スル騒擾、殺人、放火等被告事件」を公判を開催した。裁判長（朝鮮総督府判事）加藤昇夫、および同判事大野憲光ら三人、書記鷹見進。被告人は鄭伯万、金泰俊、宋用奉、および崔晋夏の弁護人楊潤植、李升雨二人が出頭し、証人金成運、金炯源、金容白、尹氏四人が出頭した。

（1）金容白（京城電気学校生徒）は、崔晋夏が「群衆ヲ指揮シ、得意ガッテ居タ」との従来の証言を一転否定した。【答】警察で拷問されながら訊かれ、致し方なく問われるとおり答えた。予審では本当の事を言おうと思って「左様ナ事実ハナカッタ」と言ったところ、「左様ニ云フナラ何時迄モ止メテ置ク」と言われた。それでは困ると思い、「警察テ答ヘタ通リ答ヘタノテアリマシタカ、事実左ウ云フ事ハナカッタノテアリマス」。このように、証人の学生に対してまでも「拷問」していた可能性がある。

（2）金成運（府会議員）は、「当時、私ハ余リ群衆カ騒クノテ府会議員トシテ其ノ鎮圧ノ為、宣伝ビラヲ取ッテ自動車テ

表2　京城地方法院に対する「上訴権抛棄申立書」（1931年11月30日）

被告人	罪名	判決内容
朴大興	騒擾・殺人	懲役5年
梁奎星	騒擾・放火	懲役4年
池山奉	騒擾	懲役2年
李万吉	騒擾・放火	懲役2年
金英鎮	騒擾	懲役1年6カ月
尹承儀	騒擾・殺人未遂	懲役3年
千先東	騒擾	懲役1年
金芳運	騒擾	懲役2年
鄭用洛	騒擾	懲役1年
洪雲龍	騒擾・殺人未遂	懲役3年
姜相基	騒擾	懲役1年
田明俊	騒擾等	懲役10カ月・3年間執行猶予
徐福男	騒擾等	懲役6カ月・3年間執行猶予
金仁学	騒擾等	懲役10カ月・3年間執行猶予
李三福	騒擾等	懲役6カ月・3年間執行猶予

〔出典〕京城地方法院刑事部裁判長（総督府判事）金川広吉「公判調書（第三回）」1931年11月30日、『韓民族独立運動史資料集』第57巻、2004年、310頁。

表3　京城地方法院に対する「控訴申立書」（1931年12月4日）

被告人	罪名	判決内容	判決年月日	備考
鄭伯万	騒擾・殺人	懲役10年	1931年11月30日	全部不服
崔晋夏	騒擾・殺人	懲役1年	1931年11月30日	全部不服
金泰俊	騒擾・殺人	懲役5年	1931年11月30日	全部不服
宋用奉	騒擾・殺人	懲役9年	1931年11月30日	全部不服

〔出典〕京城地方法院刑事部裁判長（総督府判事）金川広吉「公判調書（第三回）」1931年11月30日、『韓民族独立運動史資料集』第57巻、2004年、310頁。

撤イテ居タ途中テアリマシタカ、（崔晋夏カ）警察官ノ取締リカ余リ過激タカラ群衆カ反動的ニ」騒ぐのではないか、と言っていた。私と二人で談じていただけなので、周囲の群衆は聞いていないと思う。崔晋夏が京城、平壌より二〇〇名が応援に来ているから「ウントヤレ」とか言っていなかったかとの質問に、聞いていないと答えた。

こうして、裁判長は事実・証拠調査を終了する旨を告げた。①検事は「本件ハ犯罪ノ証明十分」であり、鄭伯万を「懲役一〇年」、宋用奉を「懲役九年」、金泰俊を「懲役五年」、崔晋夏を「懲役一年」に処すのが相当とした。②弁護人李升雨は「被告崔晋夏ノ行為ニ付テハ犯罪ノ証明不十分ナルヲ以テ無罪」も「可」とし、仮に「有罪」と認定しても「執行猶予」にすべしと主張した。また、弁護人楊潤植は、被告鄭伯万、宋用奉、金泰俊に対して「殺意ノ点」について「認ムヘキ犯罪ノ証明不十分」なるをもって、「傷害ノ罪」で処断すべしと弁論した。なお、本件は朝鮮総督府裁判所通訳官徳山健蔵の通訳による。(28)

結局、崔晋夏は収監されなかった模様で自ら出頭し、京城覆審法院検事局（総督府検事柳原茂）は上訴権を抛棄し、証拠不十分で「無罪」が確定した。その他、西大門刑務所に収監中の鄭伯万、金泰俊、宋用奉の三名は上訴権抛棄中立書に各自「本人ニ拇印セシム」（総督府看守佐々尚寿）とある。この結果、三人の「罪名」は「騒擾」だけとなり、鄭伯万は「懲役八年」、金泰俊は「懲役五年」、宋用奉は「懲役四年」に減刑、確定した。(29)

おわりに

以上のことから以下のようにいえる。

第一に、裁判のみならず、おそらく各訊問でも、「中華民国」（国民政府）の排外政策に基づき、満洲で中国人に朝鮮人が圧迫された結果、万宝山事件、朝鮮事件が発生したという前提で論を組み立てている。したがって、裁判所にしろ投石、襲撃した朝鮮人に対して厳罰で臨むとしながらも、当初から彼らの暴動には情状酌量の余地があると見なしているようである。では、どのような人々が襲撃に参加したのか。仁川では、一部を除いて若年層が多く、学校教育を短期間、あるいは全く教育を受けていない者が少なくない。その上、職業は各種各様であるが、貧窮者、失業者もおり、不満のはけ口とした。検挙されても罪悪感が弱い。そして、計画性や煽動的役割を否定し、自ら受動性や群集心理を強調する。供述は警察や検察による拷問による自白とし、裁判所で被疑者自身の利害に関することでは一転して前言を全面否定した。

第二に、『朝鮮日報』号外も僅か三二〇部で仁川暴動が発生した。非識字者も多いと見なせ、朝鮮語しか話せない朝鮮民衆の参加を示唆する（学生は日本語ができる）。それ故、訊問や裁判の際、朝鮮語の通訳を同席させた（なお、朝鮮華僑の多くも日本語、朝鮮語が十分に話せなかった可能性があり、中国語の通訳を同席させた）。したがって、号外を読める、もしくは正確には読めない朝鮮人の伝言を梃子に口コミによる襲撃であり、誇張され、流言飛語となって急速に伝播、流布していった。そして、友人、知人、職場の同僚などで結びついた各グループが合流し、群衆となって新たな華僑を襲う。逮捕されたのは氷山の一角であり、多くの朝鮮民衆は逃れきった。刑罰の重さは、関東大震災の際、朝鮮人を虐殺した日本民衆が無罪放免されたのに比して厳しいともされるが[30]、結局、覆審の四人には「殺人」・「殺人未遂」罪が適用されず、「騒擾」罪だけとなり、最高刑の鄭伯万が「懲役八年」に減刑されたことを鑑みれば、重大事件としては軽いのではないか。

第三に、朝鮮民衆が武器としたのは石、棍棒、鉄棒、斧などである。その攻撃は明白に二方向性を有していた。一方向は朝鮮華僑に対してであり、もう一つの方向は警官に対してであった。日本植民地下で直接民衆を弾圧する日本人警官（一部朝鮮人警官も包括）に憎悪と反抗的姿勢を明確にしたといえよう。これに対して警官も武装を強化し、抜刀、銃剣、空砲により鎮圧した。ただし多勢に無勢で、仁川では警官も四一人の負傷者を出した。このことは警官動員数の不足を示唆するが、同時にこれほどの暴動に何故軍隊は出動しなかったのか不可思議といえよう。

第四に、特異な位置にあるのが『朝鮮日報』仁川支店長の崔晋夏である。警察、検察局、裁判長などは、崔晋夏の「警察官の取締りの厳しさ」批判、攻撃対象を「華僑ではなく警官に向けるべきだ」という発言の有無について執拗に問いただした。何故なら、その言動が警官攻撃を通じてむしろ日本人、日本植民地支配への不満を内包している危険性をかぎ取ったからである。崔晋夏自身は一貫して否定し続け、証言者も否定し、学生も前言を翻し否定し、無罪を勝ち取った。とはいえ、民族主義者である崔晋夏がそうした考えを有していた可能性を否定できないのみならず、日本自体、こうした暴動の矛先が植民地支配打倒に転換することを恐れていた。

第五に、日本が圧制を敷いていた植民地朝鮮で何故暴動を起こし得たのか。総督府、警官上層部が手抜きしたとも考えられるが、本格的な中国侵略である満洲事変、「満洲国」建国へと突き進むため、ある意味で侵略の拠点となる朝鮮の安定化が求められ、「獅子身中の虫」たる朝鮮華僑を追い出しの一環であった可能性がある。他方、当時、朝鮮民衆はその矛先を植民地支配者たる民間日本人に向けずに、むしろ朝鮮華僑に向けた。民間日本人小松の妻などに対する態度からもそれは窺え、一般日本人への攻撃的姿勢は全く感じられない。彼女もまた華僑を守ろうとした。このことは何を意味するのか。植民地下において日本人の優位を肯定した上で、朝鮮人を中国人より上の第二の地位に確定しようとする意識的、無意識的意図が働いていたと考えられる。いわば日本人の被害者である朝鮮人がより弱い立場の華僑を攻撃し、被害者とするという「負の玉突き現象」が起きていたといえよう。なお、朝鮮・韓国独立運動はすでにこの時期、朝鮮半島内では闘えず、むしろ日本、中国などでの「抗日テロ」・レジスタンスとして闘われた。例えば、有名なものとしては、三二年一月八日金九の命を受けた李奉昌による東京桜田門での天皇暗殺未遂事件、四月二九日やはり金九の命を受けた尹奉吉による上海虹口公園での「天長節」記念行事での弁当爆弾事件などがあげられる。

注

（1）万宝山事件は満洲（九・一八）事変の契機となった事件と見なされ、大変有名であるが、不可思議なことに単著としては①朴永錫『万宝山事件研究』（第一書房、一九八一年）の一冊しかない。日本の中国東北地方（満洲）への侵略史と韓中抵抗史の中で位置づけ、朝鮮事件後、日本の謀略が見抜かれ、中朝（韓）が連帯した。そこで、関東軍は直接侵略として満洲事変を発動したとする。論文としては、②緑川勝子「万宝山事件及び朝鮮内排華事件についての一考察」『朝鮮史研究会論文集―明治百年と朝鮮―』第六号（一九六九年六月）が先駆的にやはり朝鮮人側の視点から両事件の事実経過を論じ、日本帝国主義に対する日・朝・中三国人民（労働者、農民）の連帯を創り出したとする。このように、論理展開はわかりやすいが、①②とも複雑な諸相を捨象し、単純化し過ぎているのではないか。③兪辛淳（火編）『満洲事変期の中日外交史研究』（東方書店、一九八六年）の第一章「万宝山事件と中日交渉」は中朝農民と日中の矛盾対立を明らかにしながら、万宝山事件を満洲事変の「間接的導火線」と位置づける点は①に近い。朝鮮事件に関しては、④閔斗基「万宝山事件（一九三一）과韓国言論와対応―相違한民族主義的視角」『東洋史学研究』第六五輯、一九九九年が『朝鮮日報』、『東亜日報』の論調の違いを独立運動の二つの潮流との興味深い論点を打ち出した。すなわち、『朝鮮日報』が「非妥協路線」で、在満朝鮮人の擁護を主張、朝鮮での中国人排斥運動を激化させた。それに対して『東亜日報』は自治推進を目指し、韓中間の矛盾は日本が介在の結果とし、暴動の沈静化と韓中民族対立解消に努めた。その他、暴動の背景を考察する上で参考になるのが、⑤松田利彦「近代朝鮮における山東出身華僑」（『東アジアと「半島空間」』思文閣出版、二〇〇三年）であり、二〇年代から三〇年代初めの中国、特に山東華僑の朝鮮への大量流入を論じる。低廉な労働力として朝鮮人よりも華僑を優遇した結果、矛盾対立が深まったと論じる。また、⑥李正熙『朝鮮華僑と近代東アジア』京都大学出版会、二〇一二年の「補論Ⅰ一九三一年排華事件の近因と遠因」で華僑側や中国側からの視点は稀薄であるが、総督、政務総監、警察局長などによる当時の治安体制に切り込む。特に平壌事件を例に不景気による朝鮮人失業者の増大、朝鮮人と華僑商人の対立を遠因とし、「排華事件は日本が満洲侵略のために意図的に引き起こした」のではなく、「複合的な要因によって発生した」偶発的事件とする。ただし、「偶発」にも見えるが、矛盾の飽和状態と日本の中国侵略動向の中で起こるべきして起きたという必然的側面も看過できない。

（2）拙稿「万宝山・朝鮮事件の実態と構造」、愛知学院大学『人間文化』第二二号、二〇〇七年九月。

（3）朴永錫、前掲書、一一八頁。

（4）外務省邦訳「日支紛争に関する国際連盟調査委員会の報告」国際連盟協会発行、一九三二年一〇月、『完全復刻リットン報告書』角川書店、二〇〇六年、一三四頁。
（5）『京城日報』一九三一年七月五日。
（6）「支那人護送の自動車に投石」など、『京城日報』一九三一年七月六日。
（7）記者「万宝山華鮮衝突事件」『国聞週報』第八巻二七期、一九三一年七月一三日。
（8）「続々帰国を急ぐ」『京城日報』一九三一年七月七日。
（9）国史編纂委員会（韓国）『韓民族独立運動史資料集―中国人襲撃事件裁判記録―』第五六巻、二〇〇四年、三一六頁。以下、『裁判記録Ⅰ』と略称。
（10）『裁判記録Ⅰ』三二〇～三二一頁。なお、仁川警察署所属の警察官と応援警察官で警備担当者は四一名が負傷したとする（同前、三二七頁）。
（11）仁川警察署司法警察官道警部補の西崎藤太郎→京城地方法院仁川支庁検事分局検事堤良明「意見書」一九三一年七月一六日、『裁判記録Ⅰ』三二五～三二八頁。
（12）京城地方法院仁川支庁検事分局検事堤良明「鄭伯万訊問調書」一九三一年七月一〇日、『裁判記録Ⅰ』三三七～三三八頁。
（13）同「崔晋夏訊問調書」一九三一年七月一〇日、『裁判記録Ⅰ』三三三～三三四頁。
（14）京城地方法院仁川支庁予審掛朝鮮総督府判事石川荘四郎「崔晋夏訊問調書」一九三一年七月二七日、『裁判記録Ⅰ』三九三～三九四頁。
（15）同「証人崔東珪訊問調書」、「証人崔三成訊問調書」一九三一年七月二八日、『裁判記録Ⅰ』四二一、四二三頁。
（16）同「証人孫亮漢訊問調書」一九三一年七月二九日、『裁判記録Ⅰ』四二九頁。
（17）同「証人李仙航訊問調書」一九三一年七月二八日、『裁判記録Ⅰ』四一三～四一四頁。
（18）同「証人董楊亭訊問調書」一九三一年七月二八日、『裁判記録Ⅰ』四一七頁など。
（19）同「証人張序蒸訊問調書」一九三一年七月三〇日、『裁判記録Ⅰ』四三〇～四三一頁。
（20）同「証人王智有訊問調書」、「証人盧煥信訊問調書」一九三一年七月三〇日、『裁判記録Ⅰ』四三一～四三三頁。
（21）同「証人孫棟臣訊問調書」一九三一年七月三〇日、『裁判記録Ⅰ』四三五頁。
（22）同「証人小松ツキエ訊問調書」一九三一年七月二八日、『裁判記録Ⅰ』四〇六～四〇七頁。
（23）同「証人横田玉吉訊問調書」一九三一年七月二八日、『裁判記録Ⅰ』四〇八～四〇九頁。
（24）同「証人平下喜代吉訊問調書」一九三一年七月三一日、『裁判記録Ⅰ』四三七～四三八頁。
（25）同「鄭伯万訊問調書（第二回）」一九三一年八月一〇日、『韓民族独立運動史資料集―中国人襲撃事件裁判記録Ⅱ―』

第五七巻、二〇〇四年、二四七～二四九頁。以下、『裁判記録Ⅱ』と略称。

(26) 京城地方法院仁川支庁検事分局堤良明→同予審掛朝鮮総督府判事石川荘四郎「予審終結処分ニ付意見書」一九三一年八月二八日、『裁判記録Ⅱ』二七二～二七五頁。

(27) 京城地方法院刑事部裁判長（総督府判事）金川広吉「公判調書」一九三一年一一月一六日、『裁判記録Ⅱ』二八〇、二八三～二八五、三〇〇、三〇三、三〇六～三〇八頁。

(28) 京城覆審法院刑事部裁判長加藤昇夫、朝鮮総督府裁判所書記鷹見進「公判調書（第三回）」一九三二年五月二六日、『裁判記録Ⅱ』三二五～三三二頁。

(29) 「上訴権抛棄申立書」一九三二年六月二日、『裁判記録Ⅱ』三三一～三三二頁。

(30) 李正熙、前掲書、四六〇頁。

遠藤三郎と第一次上海事変

「遠藤日誌」を中心に

張　鴻鵬

はじめに

柳条湖事件勃発後の翌一九三二（昭和七）年一月二八日、上海に駐屯していた日本海軍陸戦隊が第一次上海事変を引き起こした。その後、上海の戦局が泥沼状態に陥った状況下で、日本海軍の要請を受けた陸軍中央参謀本部が増援部隊の派遣を昭和天皇に上奏し、その裁可を得て続々と上海に陸軍増援部隊を派遣し始めた。この時期（一九三二年一月下旬から二月下旬まで）、東京の参謀本部に勤務していた作戦参謀遠藤三郎(1)は、上司から命令を受けて「七了口上陸作戦案」(2)を立案し、さらに現地指導として二月二六日に上海への増援部隊第一一師団と同行するよう上司から辞令を受け、上海に派遣された。その結果、遠藤が立案したこの上陸作戦案に従い、第一一師団は三月一日早朝、七了口上陸作戦を開始し、最終的に勝利を収めた。この論文は日中一五年戦争と深く関わった日本陸軍の一人のエリート軍人遠藤三郎が書き残した「遠藤日誌」(3)を手がかりとして、軍事行動発動後の時間的プロセスに従いながら、第一次上海事変が何故発生したのか、その後どのようにして規模と戦域が拡大したのか、その結果、その後中国大陸で展開されることになる日中全面戦争にどのような影響をもたらしたのか、以上の諸問題を検討してみたい。

私はこの論文において、まず、第一次上海事変の発生原因の一つとして、第一に中国側の対日ボイコット運動が上海を中心に全国的な抗日運動に発展したプロセスを紹介しながら、その原因が前年（一九三一年）の柳条湖事件に端を発した関東軍の満洲支配にあることを説明する。次いで、第二番目の問題として、第一次上海事変において上海の共同租界の工部局が、[4] 上海の対日ボイコット運動の盛り上がりが上海市の安寧と秩序を乱すものとして、非常事態宣言、いわゆる「戒厳令」を発布したこと、[5] しかもその「戒厳令」の発布は日本海軍第一遣外艦隊司令官塩沢幸一の描いた謀略でもあったことに言及する。

このとき塩沢がどのような手段で工部局の米英国代表を説得し、「国際共同出兵」を口実に上海で戦端を開いたのか。以下、日本側の資料（日本人居留民団編『昭和七年上海事変誌』や「遠藤日誌」及びその他の関係文献、資料）を参照しながら論及し、最後に上海の市街戦の展開を考察する。一旦上海の北四川路で日中両軍が衝突してから、何故日本軍が当初の段階で苦戦に陥ったのか。また、その市街戦の展開で苦戦した日本軍が何故に上海の一般住民をその理由も不明確のまま無差別に逮捕し、公式の裁判もなく処刑したのか、さらに日本陸海軍機が何故に上海市の中国人の居住区と公共施設や学校などに無差別爆撃を実施したのか。この問題については、当時上海でこの実情を目撃して記録した日本側の資料と折しも上海でこの戦いを取材していたアメリカ人ジャーナリスト、エドガー・スノー（Edgar Snow）のドキュメントを参考にして考察する。

一旦武力が発動されると、事態は予想以上に混乱し始め、上海北四川路界隈は日中両軍の激しい戦いで一進一退の膠着状況に突入した。その打開策として、東京の参謀本部は、二月初旬新たなる増援部隊の派遣を検討しはじめた。その新たなる作戦は市街戦から郊外に流れる揚子江のクリーク地帯にまで広がり、本土から派遣された増援部隊第九師団と混成第二四旅団が海軍陸戦隊とともに二月二〇日に総攻撃を開始し、最終的には日本海軍の協力を得て、二月二六日に本土から第一一と第一四師団が白川義則軍司令官の指揮下で上海に派遣された。当時参謀本部作戦課に勤務していた作戦参謀遠藤三郎は、東京から白川軍司令官に同行して上海に派遣され、揚子江上の海軍第二艦隊旗艦「妙高」での最終作戦会議で、自分が作成した上陸作戦案が採用されるべく奮闘した。その作戦案は、揚子江の流域にある七了口から陸軍増援部隊を逆上陸させる「七了口上陸作戦案」であった。この逆上陸作戦は軍事的にどのように成功したのか。ここでは二月下旬の最終作戦会議での成り行きと、この作戦会議で活用された偵察情報を根拠に、遠藤参謀がどのようにこの戦いに決着をつけたのか。以下、一九三二年一月末から三月上旬までの「遠藤日誌」を活用しながら、こうした一連の軍事行動の流れを明らかにしてみたい。

最後に、第一次上海事変において、中国の第一九路軍[6]と第五軍[7]は勇敢に戦い、最終的には退却したが、それは敗北ではなく、戦略的に構築した陣地の背後に後退したことに注目したい。この問題については、中国の文豪魯迅の戦略論を紹介しながら論証する。魯迅は第一次上海事変が終結した後、将来の抗日戦争は中国の広いスペースと時間を活用した戦になることを予見した。しかし日本の参謀本部は、その中国の空間の広さと時間（長期持久戦の戦略）を無視し、短期決戦で中国を屈伏させると予測した。この点では、当時の遠藤三郎もまだ例外ではなかった。

なお、戦争には必ずその後遺症が伴うものである。第一次上海事変はその後どんな影響をもたらしたのか、これを検討するため、この論文の末尾において、一九三二年四月二九日に上海の虹口公園で発生した「天長節」爆弾事件、と同年三月一日に中国東北長春で建国された「満洲国」[8]の存在が、何故に新しい戦争の火種になったのかにも注目したい。中国大陸の戦場が広いから、一つの戦いは更なる戦いを誘発する。これによって、翌一九三三年二月、関東軍が発動した熱河作戦も、その広い意味では戦争の道の連鎖から発生したものと思われる。

一　第一次上海事変は何故勃発したのか

1　関東軍の満洲支配

周知のように、満洲全域を早期に支配するため、関東軍が一九三一年九月一八日に柳条湖事件を引き起こした。柳条湖事件を成功裏に始めたことは関東軍の自信を大いに助長した。その結果、関東軍は大挙して北満に侵入し、遼寧、吉林、黒竜江の三省及び内モンゴルの東地域を含む満洲全土（熱河省を除く）を五カ月で占領することとなった。なお、関東軍は東北三省を占領した後、どのような方法で植民地支配を行ったのか。この問題を巡って、関東軍と陸軍中央部と日本政府は繰り返し議論を重ねた。その結果、関東軍は陸軍中央部の反対にもかかわらず、「新独立国家」の名目で満洲支配を行う案、即ち「満蒙問題解決策案」[9]を定め、元清朝最後の皇帝宣統帝溥儀を擁立し、「満洲国」の樹立を通して、満洲全土を支配しようと企図していた。

しかし、このような関東軍の一連の軍事行動は中国人民の生活権を侵害するもので、多くの中国住民が容認できるものではなかった。

2　第一次上海事変勃発の要因

柳条湖事件が勃発した直後、中国大陸での抗日運動は北京や上海などの大都市を中心に始まり、やがて中国全土に拡大した。特に上海では、「抗日救国委員会」[10]が設けられ、学生や一般労働者と大勢の市民と団結して、対日ボイコット運動を引き起こした。また、「抗日救国委員会」は一九三一年一〇月三日の会議において、対日経済絶交を徹底的に実行させるため、次のような対日ボイコットの具体案を決定した。「一、日本貨を買はず、売らず、運ばず、用ひず　二、原料及び一切の物品を日本人に供給せず　三、日本船に乗らず、積荷せず　四、日本の銀行紙幣を受け取らず、取引せず　五、日本人と共同せず　六、日本人に雇はれず　七、日本新聞に広告せず、支那紙に日本貨の広告を掲載せず　八、日本人と応対せず」（上海居留民団編、一九三二、一三〜一四頁）。さらに、日貨取扱者に対する懲戒方法として次のような三項目が掲げられた。「一、本会に懲戒委員会を置く　二、違反者の罪重きものは売国奴として極刑に処す　三、其他懲戒方法としては、貨物の没収、警告、財産没収、拘禁して公衆に示す、街を引廻す、売国奴の衣服を着せて曝し物にする」（同上書、一四頁）。この懲戒方法により、日本貨を取り扱った中国商人が拘禁され、日本製品が押収されることとなった。当時、全国的に展開された抗日運動は、「自らを対日ボイコットだけに拘束せず、さらには対日敵対運動にまでこれを高めた」（日本国際政治学会太平洋戦争原因研究部編、一九八七、一一七頁）。

こうした対日ボイコット運動が高揚している状況下で、上海に在留する日本人の官民は、村井倉松上海総領事を委員長とする官民合同の時局委員会を組織し、前後四回にわたり、上海居留民大会を開催した[11]。この大会で上海の対日ボイコット運動に対決するため、日本人居留民団は「速に断乎として強硬且有効なる手段を講ぜられたし……」（上海居留民団編、前掲書、二一頁）という調子の強い決議文を立案し、日本の軍、官、政党の首脳部に送り、対中強硬手段、いわゆる武力行使を要請した。こうした日本人居留民団の活動は間接的ながら第一次上海事変を刺激する要因の一つになったと言えるであろう。

柳条湖事件勃発後、南満から漸次北満に広がった関東軍の軍事行動は中国人の反発を促したのみでなく、国際世論も関東軍の満洲侵略行為に対して厳しく批判し始めたため、日本は国際的にも孤立するようになった。それに対処するため、日本側は世界列強の目を満洲問題から上海に転換させるため、関東軍高級参謀板垣征四郎らにより、今度は上海で戦争を引き起こす計画を促進し始めた。その結果、板垣の依頼を受けた上海駐在公使館付武官補佐官の田中隆吉は、「関東軍から運動資金二万円、さらに鐘紡の上海出張所から一〇万円を借り、これによって上海に事をおこす準備工作をおこなった」（村瀬興雄、一九六二、二七八頁）。この時、田中は「男装の麗人」とうたわれた女スパイ川島芳子と結託し、中国人の暴徒を買収、教唆して、一九三二年一月一八日午後、上海の馬玉山路で日本山妙法寺の僧侶ら五人を襲わせた。これがいわゆる上海日本人僧侶襲撃事件であった。「田中はこの事件を契機に、日本人の反中国人感情に火をつけ、第一次上海事変を誘発する機会をつくろうとしたのである」（吉田曠二、二〇一一、一五三頁）。その結果、田中の狙い通りに、この事件によって上海日本人居留民の怒りを爆発させ、さらに三友実業社襲撃事件[12]を誘発した。したがって、日本人僧侶襲撃事件は第一次上海事変が勃発する起爆剤の一つになったと言ってもよいであろう。

二　第一次上海事変の勃発

1　日本海軍陸戦隊の武力発動

こうした緊迫した状況下で、上海の日本人居留民団は一九三二年一月二〇日に、第二回の居留民大会を開き、「帝国政府は最後の肚を決め、直ちに陸海軍を派遣し、自衛権を発動して、抗日運動の絶滅を期すべし」（上海居留民団編、前掲書、三七頁）という決議を採択し、「自衛権」発動の名で日本の上海領事館及び海軍陸戦隊に請願し、直ちに兵力を増強して中国に対する強硬措置を取るよう要請した。この要請を受けて、上海に駐屯していた海軍第一遣外艦隊司令官塩沢少将は、一月二〇日と二一日に早々海軍中央部に次のような電文を発し、上海で武力を行使する決意を明らかにした。「一九三二年一月二十日……日本僧侶傷害事件ニ関シ本日総領事ヨリ厳重抗議ノ予定、要スレバ兵力ヲ行使シテモ当方ノ要求ヲ貫徹スル決心ナル旨電報セリ　翌二十一日午前、……今回ノ事件ヲ機トシテ抗日運動ニ徹底的弾圧ヲ加フル最適ノ機会ナリト信ズ（上海）総領事ヨリ期限附厳重抗議提出ニ際シテハ、司令官ノ名ニ於テ自衛権発動ニ関スル声明ヲ発スル予定同時ニ水雷戦隊一、特別陸戦隊約四百及航空母艦一ノ増派ヲ得度キ旨発電ス」（田中宏巳、影山好一郎、二〇〇一、一八頁）。

塩沢の発電を受け取った海軍軍令部は、その要請を受け、塩沢の上海で武力を発動する計画を暗黙裡に支持したことになる。一方、一月二七日、上海工部局市参事会は日本側、特に塩沢の要請を受けて共同防備会議を開き、列国が分担して共同租界内を警備することを決めた。さらに翌二八日、工部局市参事会は塩沢の希望に沿って非常事態宣言を採択し、「戒厳令」を布告した。

これら一連の流れは塩沢の思い通りに進行したものと思われる。つまり、「今回の武力行使は、塩沢少将の狙い通り、日本海軍の単独行動でなく、むしろ英米伊など国際的な共同出兵の形式で、日本海軍が出動できることになった」（吉田曠二、前掲書、一五九頁）。その結果、一月二八日午後五時より、列国の軍隊は各自の担当警備区域に到着するとともに、上海海軍陸戦隊も工部局防備委員会が発布した「戒厳令」の名目で、最も利害関係のある北四川路の警備に当ることとなった。このようにして、塩沢は租界の秩序と治安維持を口実として上海で武力行使に踏み切ったことになる。

当時、満洲から帰国後、東京中央参謀本部作戦課に勤務していた作戦参謀遠藤三郎は、この段階において上海での日中両軍の一触即発の緊急事態について、一月二八日の「日誌」に次のように記している。「一九三二年一月二十八日　木　晴……上海方面ノ情況逐次険悪本夜半ヲ期シテ最後通牒ヲ……塩沢第一遣外艦隊司令官ヨリ発セラレタリトノ事故恐ラク本夜ハ日支ノ衝突アルベシ　陸軍部隊ノ派遣ヲ要スルヤモ知レズ之レガ準備シ……」その結果、遠藤の予想した通りに、一月二八日の夜、「日本海軍陸戦隊は北四川路一帯の防備に展開し、北停車場を占拠しようとして第一九路軍と衝突した」（渡邊行男、一九九六、一二二頁）。これから日中両軍は激しい市街戦に突入した。

しかし、今回上海で日本海軍陸戦隊に頑強に抵抗した中国軍は、上海附近に駐留していた「鉄軍」と呼ばれたほどの精強部隊第一九路軍であった。さらに、第一次上海事変において、上海の中国人住民らも救護隊、通信隊、輸送隊などを次々と組織し、前線の第一九路軍の作戦を援護するとともに、ゲリラ戦法を実施していた「便衣隊」(13)の活動も当時の日本軍を大いに悩ませた。そのため、日本海軍陸戦隊は予想もしなかった苦戦に巻き込まれた。この苦戦の状況について、遠藤は一月二九日の「日誌」にも次のように記録している。「一九三二年一月二十九日　金晴……上海ニ於ケル彼我ノ衝突モ亦支那側意外ニ頑強ニテ海軍ノ死傷百ヲ超エ憂慮スベキ情態ニアリ……」これ以後、上海の戦場は日中両軍の膠着状態になってしまった。

2　日本軍による一般住民の虐殺と無差別爆撃

一九三二年一月二八日の夜、上海では日中両軍の激しい市街戦が展開されるとともに、日本海軍陸戦隊による中国の一般住民に対する虐殺も始まった。その時の戦争現場で取材をしていたアメリカのジャーナリスト、エドガー・スノーは、日本兵の暴行について彼の著書『極東戦線』に次のように書いている。「……彼ら（日本兵）は中国地区の北四川路の向うにある住宅に押入れ、中国人を引きずり出して逮捕していたが、〝襲撃〟した疑いありとみられた者はその場で射殺された。午前一時頃には、虹口の境界線から先の街路上にたくさんの中国人の死体が転がっていた」（エドガー・スノー、一九八七、一五一頁）。

なお、上海現地の日本人居留民団が組織した自警団は日本軍の先兵となり、在郷軍人や日本人の大陸浪人らも加わって、日本軍を大いに悩ませた「便衣隊」狩りを強行した。当時の日本海軍陸戦隊及び在郷軍人が「便衣隊」狩りを名目として、上海の一般住民に対して実施した暴行について、外務省編『日中外交文書満洲事変（第二巻第一冊）』の中に次のように記述している。「……陸戦隊及在郷軍人ハ……便衣隊員ノ所在ヲ突キトムル為メ戸別的家屋内捜査ヲ行ヒタルカ其ノ際家屋ニ多大ノ損害ヲ与ヘ便衣隊員ヲ戸外ニ逐出ス為ニ放火ヲサヘ為シタリ……陸戦隊在郷軍人及壮士（日本大陸浪人）ハ即決処刑ヲ含ム多クノ暴行ヲ行ヒタルカ……」（外務省編、一九七九、一四四～一四五頁）

第一次上海事変後、上海の日本人居留民団が編纂した『昭和七年上海事変誌』の中には、当時の日本浪人の非行に対して次のように非難している。「……然し其の自警団員の中には往々必要の程度を超えた行為をした者がある……欧米人中に、今度は〝日本浪人〟の態度に感情を害するものが続出して、その為に外人社会に於ける対日輿論を不利に導いたことが尠くない」（上海居留民団編、前掲書、八一一～八一二頁）。要するに、第一次上海事変において日本軍と日本浪人たちが中国の一般住民に対する行き過ぎた蛮行は、世界の世論からも厳しい非難を浴びた。さらに、この蛮行は日本軍隊に中国の一般住民虐殺の後遺症を残し、その後の「南京大虐殺」事件でも、日本軍は「便衣隊」狩りという名目で多数の中国一般民衆を捕らえて虐殺した。したがって、今回の第一次上海事変における日本軍による中国一般住民の虐殺は、後の「南京大虐殺」にもつながるもので、「南京大虐殺」の前哨戦となるとも言えるであろう。

こうなると、もはや上海市内の安全は保障されなかった。一月二九日からは日本海軍航空隊の飛行機が上海市街に猛烈な爆撃を実施した。当時、日本海軍航空部隊は限定爆撃を口にしながら、実際には無防備の中国住民の住宅密集地閘北に向け、無差別爆撃を行った。その時の空襲については次のような記録がある。「……一九三二年一月二九日、能登呂の水上偵察機は北停車場を爆撃し、馬路大通りを機銃掃射した。この空襲によって商務印書館および東方図書館が破壊され、中国古代からの貴重な文書多数を焼失した。二月に入ると、上海沖三〇キロの海上に陣取った空母二隻の艦載機も地上軍の作戦に策応して、市街地の無差別爆撃に加わってきた」（前田哲男、一九八八、五八頁）。

なお、こうした種類の日本海軍航空部隊による無差別爆撃は、「上海市内に限定したものではなく、上海戦場から一〇〇キロも離れている杭州の飛行場にも爆撃が加えられた」（伊香俊哉、二〇〇七、一四八～一四九頁）。この無差別爆撃により、「何千人という市民が命を失い、総勢二十五万の避難民が閘北から共同租界へ逃れた。中国軍が攻撃に対して頑強に抵抗したので、この爆撃も日本軍の上海における戦術的地位を改善するには至らなかった。しかし、爆撃によって日本の名誉は世界の世論において大いに汚されることになった」（黄顯光著、寺島正、奥野正己訳、一九五六、一七五～一七六頁）。

この無差別爆撃は非道な犯罪的行為であり、さらにこれ以降は大きく拡大される。一九三七年七月七日の盧溝橋事件をきっかけに日中全面戦争を開始した日本陸海軍は、これから相次いで中国の広いスペース、例えば南京、武漢、重慶などにおいても、大規模な無差別爆撃を実施し、その領域を拡大した。その意味では、今回日本軍が上海で実施した無差別爆撃はその後の重慶での戦略無差別爆撃にも発展し、「重慶爆撃」[14]の前奏曲になったと見ることもできるであろう。

三　遠藤三郎と第一次上海事変

1　第一次上海事変はどのように拡大したのか

しかし、上海の戦場の有様は日本軍にとっても厳しい状況にあった。まず、最初に出動した海軍陸戦隊が苦戦に陥った。その情報が逐次東京の陸軍参謀本部に伝達された結果、陸軍の上層部は満洲問題から急遽上海方面にその関心を移行し始めた。即ち、二月一日から参謀本部は上海戦に対応するため、陸軍増援部隊として第九師団と第一二師団の混成旅団を上海に派遣することを計画した。この頃、作戦参謀としての遠藤三郎が再び上司から新しい仕事を与えられ、上海に陸軍部隊派遣計画の立案を担当することになった。その様子について、遠藤は「日誌」に次のように記録している。

一九三二年二月一日　月　晴
上海附近ノ情勢逼迫シ各方面ヨリ連絡ニ来ル者多ク応接ニ暇ナシ……上海便衣隊ニ対スル方策　先遣部隊ノ指揮権問題　上海ニ陸軍部隊派遣計画　在満兵力ノ決定等幾多ノ問題ニテ忙殺セラル……
一九三二年二月二日　火　降雨
閣議ニ於テ第九師団及之レニ伴フ部隊第十二師団ノ混成旅団ノ動員及編成ヲ可決シ午後四時上奏御裁可アラセラレタルモ未ダ上海派遣ヲ決セズ　海軍ト密接ナル連繋ヲ採リツ、出兵ノ場合ヲ準備シ午後十一時半帰宅ス
多忙ヲ極ム……

しかし、このように軍事情勢が緊迫した時期に至ると、かえって陸海軍の間にそもそも存在していた競争意識と相互牽制、対立している状況が鮮明になり始めた。海軍からは「第九師団ノ派遣ハ暫ク見合セ取リ敢ス混成旅団ノミノ派兵」を陸軍参謀本部に要請した。これに対し、参謀本部は「其ノ兵力ノ多寡ハ陸軍自体ニ於テ決定スベキモノナリ」との理由で海軍の要請を拒絶した。この問題の交渉が難航している状況下で、陸海軍間の連絡係にあたっていた遠藤は、海軍軍令部側の作戦課長近藤信竹大佐を説得し、ようやく陸軍の計画通りに第九師団と混成第二四

旅団を共に派遣することが決定された。その経過については二月四日の「遠藤日誌」に次のように詳しく記載されている。

一九三二年二月四日　木　晴

……突如課長ヨリ第九師団ノ派遣ハ暫ク見合セ取リ敢ス混成旅団ノミノ派兵ヲ海軍ヨリ要求シ来レリトノ報ヲ得直チニ海軍ニ其ノ真偽ヲ訪ネシニ作戦課ヨリ然ル旨回答アリ　再度軍令部ヲ訪ネテ其ノ不可ナルヲ論ジ　海軍ハ陸軍ノ要否ト其ノ派遣ノ時期ノミヲ要請スベキモノニシテ其ノ兵力ノ多寡ハ陸軍自体ニ於テ決定スベキモノナリ況ンヤ混成旅団ノ如キハ最初ヨリ単独ニ派遣スル為メニ編成セラレタルモノニアラス九師団ノ派遣ヲ前提トシタルモノニシテ偵察機関ハ本ヨリ後方機関モ頗ル不備ニシテ到底任務達成不可能ナルニ於テ然リ　海軍ニ於テ従来ノ協定ヲ破リ斯クノ如キ要求ヲナスニ於テハ陸軍トシテ承諾シ得ザル旨強硬ニ論説ス　海軍側ハ目下ノ国際状態上大ナル陸軍ヲ派遣スルハ……事態拡大ノ恐アリトノ理由ニテ同意セズ　協定不調ニ終リテ帰リ其ノ旨ヲ報告スルト共ニ午後五時ヨリ開カルベキ海陸首脳部ノ会議ニ於テハ第一部長代理タル今村大佐ヨリ主義上及事実問題トシテ混成旅団ノミノ派遣ヲ第一部トシテ絶対ニ承認シ得ザル旨ヲ主張セラル、故具申ス幸ニシテ午後七時予ノ主張ヲ貫徹シ得テ第九師団混成旅団ヲ共ニ派遣スルコトニ決セラレ……

このようにして、先遣部隊の陸軍混成第二四旅団と第九師団（師団長植田謙吉）は続々と上海に到着した。その後の二月二〇日になると、いよいよ陸軍増援部隊は海軍とともに江湾鎮方面に指向する攻撃を開始し、陸海軍の協同作戦が展開した。ところが、日本軍を迎え撃つ中国の第一九路軍と後に国民政府から派遣された増援部隊第五軍は強固な防衛線を構築し、日本軍の激しい攻撃を食い止めた。いわく「……敵ノ抵抗予想外ニ強靭ニシテ遂ニ敵陣地ノ全縦深ニ亙リ之ヲ瓦解ニ導クニ至ラス而モ師団ハ連日ノ戦闘ニ依リ人員ノ損耗大ナル……迅速ナル作戦進捗ハ望ミ難キ状況トナレリ……」（参謀本部編、一九七二、四一四頁）この時期の日中両軍の激戦で、日本軍は大きな損害を喫して、多数の戦死者が出た。

この頃、スイスジュネーブでは、英米諸国の利益を代表する国際連盟が日本政府の上海への更なる増兵計画を懸念し始め、日本に対して警告し、圧力を掛けて積極的に日中両国に停戦交渉を働きかけた。しかも、ジュネーブから参謀本部宛てに「国際連盟は三月三日に日支両軍に停戦を勧告する」という極秘電報が発信された。それを知った遠藤参謀は次のように判断した。「三月三日、停戦勧告が発せられる前に支那軍を蘇州附近の湿地帯迄撃退し、日本軍勝利の下で自主的に停戦し得れば問題はないが、戦況不利な状態で停戦すれば支那軍の勝利が宣伝され、日本軍の名声は失墜し塁を満洲問題の解決にも及ぼす恐れがある。さればと言って勧告を受け入れず三月三日以降も戦闘を継続すれば、日本は国際連盟を敵にすることとなり少なくとも国際的村八分にされる恐れがあり、全く窮地に陥ったわけだ」（遠藤三郎、一九七四、三五頁）。

それ故、参謀本部では、「この戦争を局地的な範囲に限定して、戦闘では日本軍が有利という態勢で停戦に持ち込みたい考えであった。しかも期限は三月三日の国連決議以前に勝敗を決すること、増派する兵力は二個師団とすることが参謀本部作戦課の小畑（敏四郎）課長の考え」（吉田曠二、二〇〇七、九九頁）であった。当時の状況に関して、遠藤は二月二三日の「日誌」にも次のように記録している。「一九三二年二月二十三日　火　晴　上海方面ノ情況楽観ヲ許サズ　閣議ニ於テ増兵問題ヲ議セラレ……午後二時半二師団以内ノ増兵可決セラレ今迄準備セル第十一師団出発ノ場合ノ奉勅命令ヲ変更シ十一十四両師団ノ場合ノモノヲ起案ス　午後七時半動員ハ裁可セラレ即時発セラレタルモ……」

その結果、参謀本部は第一一師団（師団長厚東篤太郎中将）と第一四師団（師団長松木直亮中将）及び軍直属部隊を増派し、以前上海戦場に派遣された第九師団と混成第二四旅団を合わせて上海派遣軍（司令官白川義則陸軍大将）を編成することを決めた。遠藤はその作戦計画、いわゆる上海上陸作戦案を極秘裡に立案するよう上司から命じられた。

2 遠藤三郎と七了口上陸作戦

この時、参謀本部作戦課は「……（上海の）北方には呉淞鎮、中央に廟行鎮と大場鎮、西方に羅店鎮と堅固な防塞を築いて徹底抗戦の構えを見せている。到底短時日に撃破できそうにない……殊に揚子江下流附近のような低湿地帯では、よほどの場所を選ばなければ大部隊を上陸させても、その威力を発揮しない」（須山幸雄、一九八三、二六三頁）と認識していた。それ故、今回の上海上陸作戦で、上陸地点の選定は日本軍にとって一番重要な問題と考えられる。その結果、上司から重要な任務を受領した遠藤は、昼夜問わず熟慮を重ねて、「七了口上陸作戦案」を立案した。彼はこの作戦案の構想について次のように説明した。「新たに派遣される部隊を上海埠頭から上陸さして第九師団の戦線に注ぎ込んだのでは、上陸は安全でも上陸後第一九路軍の強い抵抗と戦場の地形から見て到底三月三日迄に敵を撃退し得ないと判断したので、第一一師団を極秘裡に揚子江を遡航して江口から二〇数浬上流の七了口に上陸せしめ敵の背後を衝くのであった」（遠藤三郎、前掲書、三六頁）。

次頁の地図に示されているように、七了口は上海市北側の郊外にあり、揚子江の下流域にある低湿地帯で、名もない僻村である。しかし、遠藤はそこが日本軍にとって今回の逆上陸作戦を実施する絶好の場所であると判断した。その理由について、彼は次のように詳述している。「……敵ノ配備最モ薄弱ナル地点ニ選定シ作戦目標ニ進出スル為ノ不便ハ上陸後ノ軍隊ノ神速果敢ナル行動ニ依リ補フ如クスルヲ有利トス……」「七了口ハ瀏河以北江岸中最モ上陸ニ適スルモ一般ノ地形特ニ潮流河岸及陸上道路及クリークノ状況ハ大部隊ノ上陸及爾後ノ行動ニ相当ノ困難ヲ伴

〔出所〕遠藤三郎『日中十五年戦争と私』日中書林、1974年、37頁

フ然レトモ若シ茲ニ一部隊ヲ上陸シ遠ク太倉昆山方面ニ行動セシムルハ軍全般ノ作戦ヲ極メテ有利ナラシメ得ヘシ……」（遠藤三郎、「昭和七年七了口附近上陸作戦ニ関スル書類」）。しかし、海軍第三艦隊司令官野村吉三郎は「揚子江口から七了口迄の水路には標識が取り外され、かつ沿岸の敵砲台が厳存しているから陸兵輸送の護衛は不可能」（遠藤三郎、前掲書、三六頁）という理由で、遠藤のこの作戦案に反対した。

こうして、二月二四日になると、遠藤は参謀本部作戦課長から第十一師団の上陸を見届けるべく同師団と共に出発すべきとの命令を受け取った。二日後の二六日に、彼は白川軍司令官一行とともに上海へ出発した。翌二七日午後三時半、白川司令官一行は小松島に到着した早々、海軍第二艦隊の旗艦・巡洋艦「妙高」に乗艦し、出港した。「妙高」が出港した直後、艦上で作戦会議が開かれた。この会議では、まず遠藤が立案した「七了口上陸作戦案」について協議された。「第二艦隊司令官末次信正中将は、七了口上陸を不適当とみなす第三艦隊司令長官野村中将の具

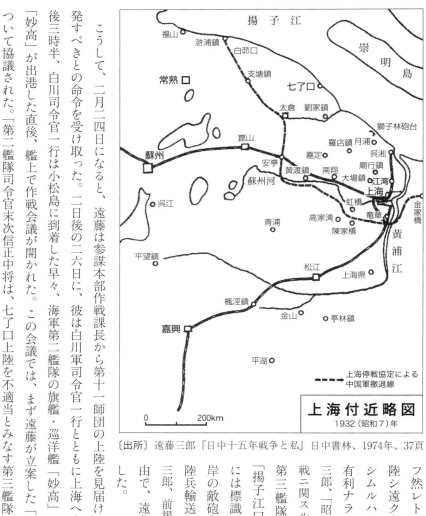

申電を提示したが、自身は七了口でもどこでもかまわぬと述べた。参謀たちも、第一一師団長厚東中将も七了口上陸を主張した」（児島襄、前掲書、七二頁）。遠藤はこの作戦会議で上陸点について海軍側と交渉した経緯について、当日の「日誌」にも下記の通り詳しく記録している。

一九三二年二月二十七日　土　晴

……第三艦隊司令長官ヨリハ七了口附近ハ天候及潮流ノ関係及水路ノ敵砲兵ニ脅威セラレアル関係上従来呉淞砲台前二里ノ間ニ於テサヘ全力ヲ尽シ警戒シアルニ二十数里ノ間ヲ警戒スルハ殆ンド不可能ナリト電報シ来リタルモ　陸軍側ハ全般ノ戦況上七了口上陸ノ必要ヲ述ベ且ツ軍司令官ハ拝謁ノ際ノ聖旨及御言葉ヲ伝達ス特ニ第十一師団長ノ如キハ万難ヲ排シテ敵前上陸ヲ敢行スルノ決意アル事将兵一同モ亦其ノ宣揚ニアルヲ述ベラレタリ　第二艦隊司令官モ亦若干ノ危険ノ如キ戦争ニハ当然ナレバ敢行スルヲ可トスベシトノ意見ナリキ誠ニ心強シ　夕食後海軍側ヨリ予ニ希望アリ第三艦隊司令官ヲシテ真面目ニ上陸作戦ヲ準備セシメンガタメ陸軍ノ決意ヲ電報シタキ故幕僚首脳陣ト会談シタレトノ事故之レヲ軍幕僚ニ通ジテモ亦立会ヒテ協議スル所アリ　陸軍ハ既ニ田代少将参電報ニテ陸軍自ラ偵察スベキヲ以テセル電報案ヲ示シ且ツ七了口附近上陸ノ必要ヲ説キ之レガタメ若干日ヲ待ツモ可ナリトモ……海軍モ之ヲ諒トシ明日更ニ研究ノ上第三艦隊司令官ニ電報スルコトニ決セリ……

その結果、白川軍司令官は慎重を期して、決断は揚子江に到着するまで保留された。その二日後の二九日の早朝、日本艦隊がようやく上海の揚子江河口に到着し、早速第二回目の作戦会議が艦上で開かれた。この席上、遠藤の上司、元参謀本部作戦課長今村均大佐は遠藤の立案した「七了口上陸作戦案」を全力で支持し、さらに彼はこの作戦案を成功させるため、事前に自ら七了口附近で偵察を行い、詳しい実景図を作成した。今回の作戦会議で、今村は事前に掌握した七了口附近の偵察情報について次のようにまとめている。

一、艦隊側ノ偵察及航空写真ニヨレハ楊林口瀏河鎮附近一帯ニハ第九師団ノ到着以前ヨリ防禦工事アリ一部ノ守備兵ヲ見ル七了口附近ノ写真上ニハ防禦工事ヲ見サルモ実際ノ場合ニハ之レ亦敵前上陸トナルヘキハ之ヲ予期セサルヘカラス……

二、第三戦隊ハ第九師団ノ攻撃開始ト同時ニ之ト協力スル目的ヲ以テ二十日以来揚子江上流地区ニ行動シ時ニハ一部ノ陸戦隊上陸ノ気勢ヲ示ス等ノ陽動ニ依リ又ハ獅子林砲台及其他ノ沿岸砲撃ニヨリ極力師団前面ノ敵ヲ牽制スルニ努メ……

三、第三戦隊ノ右陽動中ニ行ヒタル偵察ノ結果ニヨレハ沿岸守備兵ハソレ程有力ナルモノニ非ス我砲撃毎ニ陣地ヲ飛ヒ出シテ後退スル有様ナリシ如ク又獅子林砲台ハ時々我軍艦ヲ射撃セルモ我砲撃ニヨリ直ニ沈黙スルヲ例トセリ……

四、……一般ノ戦略関係上小官（今村）ハ依然同方面（七了口）ニ一師団ヲ上陸セシムルコトヲ有利ナリト判断シアリ然レトモ前述ノ如キ事情アルヲ以テ緊密ナル海軍ノ協力ト揚陸機関及器材ノ周到ナル準備トハ絶対ニ必要ナリト考フ……

（遠藤三郎、前掲、「昭和七年七了口附近上陸作戦ニ関スル書類」）

以上の説明によると、今回の上陸作戦に重要な軍事情報を提供して、遠藤の「七了口上陸作戦案」を実行させたのは今村大佐であった。この今村の偵察情報により、ようやく白川軍司令官は遠藤の「七了口上陸作戦案」を採用した。

次いで、七了口に上陸する日時の問題（三月一日説と二日説）について議論された。軍司令部員からは「急いで三月一日に上陸するよりは、準備期間も見込んで二日にした方が得策だ」（児島襄、前掲書、七四頁）との意見が広まりだした。これに対し、遠藤は「三月三日にジュネーブで開かれる国際連盟総会で停戦要求が決議されそうなこと、その前に戦果をあげて日本側の立場を有利にするのが派遣軍の使命であること、それには三月一日の上陸が必須であること」（同上書、七四頁）を出席者一同に力説した。その議論の有様については、当日の「遠藤日誌」にも次のように詳しく記載されている。

一九三二年二月二十九日　日　荒天

……八時田代少将ヲ初メ田尻運輸部出張所長今村大佐等上海ヨリ来ル軍司令官ニ対シ情況ノ報告アリ　七了口方面ノ上陸ハ頗ル困難ナルヲ伝ヘラレ然レトモ不可能ニアラザル旨特ニ田尻大佐ヨリ其ノ準備ハ明朝ノ上陸可能ナルヲ報告セルモ　軍司令官ハ準備ノ完全ヲ期セルニガタメ三月二日ト決定セル曩ニ国際聯盟ノ関係上攻撃開始ノ迅速ナルヲ要シ且ツ上陸作戦ノ能否ハ準備ノ如何ヨリモ天候ノ如何ニ作用セラルルコト多キヲ以テ予メ海軍ニ依頼シアル気圧配置要図ヲ差出シ……明朝天候ハ略上陸可能ナルモ漸次悪化ノ徴アルヲ以テ軍司令官ノ決定ニハ天候ヲ重要要素トセラレタキ旨意見ヲ具申ス此ノ時恰モ今村大佐海軍側ノ意見ヲ明一日ニ決心シタキ旨伝ヘ……

その結果、白川軍司令官はようやく遠藤の「七了口上陸作戦案」に納得し、第一一師団が三月一日の早朝七了口に上陸作戦を敢行することに決定した。その結果、一九三二年二月二九日午後一〇時、第一一師団の上陸部隊は小型の艦船に移乗して、第三艦隊の護衛の下に揚子江を遡航し、三月一日の午前一時半頃七了口沖に到着し、五時二五分頃上陸作戦を開始した。この七了口上陸作戦の経過について、遠藤は当日の「日誌」に次のように詳しく記述している。

一九三二年三月一日　火　快晴　無風
午前一時半頃七了口沖ニ到着投錨ス第一隊ニ駆逐艦四、第二隊ニ那珂（巡洋艦）長陽宜陽陸兵ヲ満載シ……午前五時頃ヨリ移乗開始逐次完了ノ報告来ル　午前五時二十五分那珂艦橋上ニ舟艇出発ノ信号揚ル　東天漸ク白シ初ムル頃舟艇ノ陸岸ニ近ツキツヽアルヲ微カニ見ユ　突如陸岸ニ機関銃声ノ起ルヲ聞ク成否ヤ如何ニト一同固唾ヲ飲ム　間モナク望遠鏡中ニ陸岸ニ取リツク陸兵ヲ見其ノ成功ヲ確信シツヽモ不安ノ十数分ヲ経過シアリシガ六時稍過ギ誘導ニ任シタル海軍大尉帰艦シテ成功ノ報告ヲモタラス一同歓喜ニ満ツ間モナク機関銃ノ音モ絶エ　午前八時ニハ第三四上陸部隊ト共ニ師団長上陸　予モ亦七了口東方河岸ニ上陸ス……午前九時頃ニハ全陸兵ノ揚陸完了……

このようにして、第一一師団は七了口上陸作戦に成功した後、附近の瀏家鎮を奪取し、さらに引き続き南方に進出し、大場鎮、真茹鎮方面に向かって作戦を展開した。それとともに、第一一師団の七了口上陸成功のニュースを耳にした第九師団は、戦果を拡大するため、中国第一九路軍に対する総攻撃を開始し、廟行鎮から江湾鎮西側にわたる全線で当面の第一九路軍の陣地を占領した。この時、腹背にも日本軍からの攻撃を受けて苦境に追い込まれた第一九路軍は、やむを得ず三月二日午後一一時に総退却を開始した。中国軍の退却報告を確認した上海派遣軍司令官白川大将及び第三艦隊司令長官野村大将は三月三日午後、それぞれ戦闘行為の中止命令を下達し、直ちに内外に声明した。こうして、日本軍は第一次上海事変において、陸海軍の協同作戦の下でようやく勝利を収めた。

しかし、今回の第一次上海事変で、表面上日本軍は軍事上の勝利を収めたが、取り逃がした第一九路軍は全面的に敗北したわけではなく、実は戦略的に日本軍との決戦を避け、上海奥地の第二防衛線まで退却して、戦域を奥地へ拡大させ、戦争を長期化させることを考えていた（蔡廷鍇、一九八五、二九〇頁）。その理由は、近代的戦争は局地的な勝利で決着がつくとは限らない。とくにスペースの広い中国大陸には奥地があるという考え方が登場した。この時、上海で内山書店に匿われて難局を逃れた中国の文豪魯迅は、その後直ちにこの戦いを総括して、中国の抗日戦争は時間と空間との戦いとなると予言し、「中国の領土的な広さを活用すれば、敵を深く懐に誘い込む」（吉田曠二、前掲書『ドキュメント日中戦争（上巻）』、一六六頁）という抗日戦略論を発表した。この魯迅の戦略論は、その後の中国軍が抗日戦争において貫徹することになる戦略方針、いわゆるできる限り日本軍と短期決戦を避け、日本軍を中国大陸の広いスペースに誘い込んで疲れさせ、「持久消耗作戦で空間を以て時間と換える」[15]という抗日持久戦論の素朴な原型をなすものであったと見ても良いであろう。しかし、当時の日本軍の指導者はその戦略構想の中に、中国の空間と時間の概念を位置づけることができなかった。

四 「満洲国」の建国から「上海停戦協定」へ

1 「満洲国」の建国と上海「天長節」爆弾事件

一九三二年一月末から二月にかけて、第一次上海事変で日中両軍の激戦情報が世界列強の注意を引き付けている最中、中国満洲では、関東軍は満洲全域を支配する工作を着々と進めていた。その結果、一九三二年三月一日に「満洲国」の建国が宣言された。三月九日には、その「満洲国」の執政として溥儀が就任した。これによって、元来関東軍が抱いていた満洲支配の野望はようやく実現されるようになった。

しかし、第一次上海事変における日本軍の暴行及び「満洲国」の建国により、中国国内の反日感情がさらに激化された。その一例として、第一次上海事変停戦交渉の最中の一九三二年四月二九日に、韓国独立運動家尹奉吉によって決行した上海「天長節」爆弾事件が取り上げられる。即ち、当日日本の上海派遣軍と上海日本人居留民は、上海虹口公園（現魯迅公園）で「天長節」祝賀会を執り行った。その折、手榴弾二個を持って会場に潜入した尹奉吉が式場内の要人群の席に手榴弾を投げつけて爆発させた。その結果、上海派遣軍司令官白川大将と上海日本人居留民行政委員会長川端貞次が死亡し、第三艦隊司令長官野村中将、第九師団長植田中将、上海駐在総領事村井倉松ら多数が重症を負った。この爆弾事件は当時の戦勝ムードが盛り上がっていた日本軍国主義の首脳部に大きな打撃を与え、交渉難航中の「上海停戦協定」の調印を加速させたのである。

2　「上海停戦協定」の調印

こうして、国際連盟の停戦勧告という政治的制約により、日中両軍の間に正式の停戦交渉は三月二四日から上海に駐在していた英国の軍艦上で開かれ、五月五日に至って日中双方は「上海停戦協定」[16]に調印した。この停戦協議で日本軍の撤収区域と撤収時期、中国軍の駐兵制限区域が焦点となった。双方が繰り返し交渉した結果、日本軍は五月六日に協定線まで撤退し、陸軍部隊は五月三一日までに上海から日本本土に帰還した。その後第一四師団は満洲に派遣され、さらなる作戦（例えば熱河作戦、内モンゴル征服など）の準備を進めていた。なお、この「停戦協定」によって、租界を含む外国人居住地域の北・西・南へ一五マイルを「非武装地帯」とし、この地帯の治安維持は中国の軍隊ではなく、中国人警察官からなる中国保安隊（平和維持部隊）によって行われることとなった。その結果、中国の軍隊は「租界周辺を駐兵制限区域とされた形となり、三四年以後にはその区域を通過することすら日本側への事前通告の下に行わざるを得なくなった。第一次上海事変は上海での日本軍のプレゼンスを強化する結果をもたらしたと言える」（伊香俊哉、前掲書、四一頁）。

この「上海停戦協定」により、中国の主権はさらに日本軍に侵害され、日本軍は上海での勢力範囲と権限をより一層拡張することになった。これはそれ以後の第二次上海事変（一九三七年八月一三日～一一月一二日）において、日本軍が迅速に上海を攻撃することに多大な便宜を与えたと思われる。

おわりに

以上の論説に基づいて、日本陸海軍の根底に相互対立、競争意識が長い間存在していたので、海軍側は面子の問題を考慮し、柳条湖事件で権威を高めた陸軍に対抗して、今回は上海で何かを起こして戦功を立てようと考えていた。当時の上海は共同租界とフランス租界によって支配され、世界列強に膨大な経済利益を与えた。ところが、日本は英米仏などの列強より上海市場に乗り込んだのが遅かったにもかかわらず、他の列強と同じように経済利益の分け前を強く要求し、上海で繊維の権益を獲得しようと狙っていた。これによって、日本海軍陸戦隊は上海の対日ボイコット運動及び日本人僧侶襲撃事件をきっかけに、上海日本人居留民の保護と治安維持を口実として第一次上海事変を引き起こした。

「遠藤日誌」に記載されているように、日中両軍が一旦市街戦を展開すると、日本軍は予想もしなかった上海駐在の中国第一九路軍と増援部隊第五軍の激しい抵抗を受けたから、苦戦に陥った。さらに、抗日ゲリラ部隊、いわゆる「便衣隊」が日本軍の背後に入り込んで日本軍を大いに悩ませた。その結果、日本軍はその「便衣隊」への恐怖心を募らせて、上海の住宅街に押し入り、中国の民衆を無差別に拘束して理由もなく処刑するとともに、上海の一般住宅街に対して無差別爆撃を実施した。この住民虐殺、さらに住民に対する無差別爆撃はその後の日本軍による「南京大虐殺」と「重慶爆撃」にも発展する原型となる。その意味では、第一次上海事変はまだその被害の規模は小さかったとはいえ、戦争の無残さ、近代戦の恐ろしさについて、その萌芽を見せていたことになるであろう。一般に戦争の歴史は武力行使が一旦始まれば、軍人を恐怖の渦に巻き込んで、狂人に変えてしまうことになる。

こうして、上海の戦場が膠着した状況下において、陸軍参謀本部はその状況を打破するため二回にわたって増援部隊を上海に派遣した。東京参謀本部に勤務していた作戦参謀遠藤三郎は、上司から命令を受けて上海上陸作戦案を立案した。特に第二回目派遣された陸軍増援部隊第一一と第一四師団が上海へ派遣された時、彼は「七了口上陸作戦案」を立案するとともに、現地作戦指導として、第一一師団と同行して上海に到着した。その結果、第一一師団が遠藤の立案した作戦案に基づき、七了口から成功裡に逆上陸したことによって、日本軍は結局第一次上海事変で勝利を収めた。無論、遠藤は参謀本部の一作戦参謀として、ただ一人の力と一作戦案だけではあの大作戦の最終結果を左右することにはならない。しかし陸軍上層部には、今回の膠着した戦局を打開しようとする意欲と動機があったので、軍人としての遠藤はその任務に忠実に執行していた。彼は上司や周辺の同僚の圧力の中で、今回の作戦で上陸地点と上陸日時について自分の主張を堅持して上司に力説し、それは最後の勝利に導いた。したがって、遠藤が立案した「七了口上陸作戦案」は今回の第一次上海事変においてターニングポイントとなり、膠着した上海の戦局を日本軍に有利な状況に転換させたのである。この第一次上海事変は軍事的に勝利した日本の陸海軍側にも重要な戦訓をもたらしたと言えるであろう。

しかし、今回の第一次上海事変を通じて、日本軍の更なる野望が刺激された。これから日本軍は中国大陸の広いスペースを無視し、さらに軍事作戦を展開した。即ち、日本軍はその後熱河省から内モンゴルへその支配領域を拡大し、またノモンハン事変から、さらに対米英蘭を相手とする世界戦争にまでその戦争政策を展開させた。その意味で考えると、第一次上海事変は日本軍の戦争への道の連鎖において、ただ一つの戦いのみであったと言って良いであろう。

なお、第一次上海事変において、中国軍は日本陸海軍の精鋭部隊に対して、屈服せず長い間頑強に抵抗し、中国全土、乃至全世界を驚かせた。これはその後の日中全面戦争において、中国全土の軍隊及び国民に、これから日本軍の更なる侵略に対して頑強に抵抗しようとする自信と勇気を高めたと思われる。

注

（1）遠藤三郎と第一次上海事変について、次のような体験記と先行研究がある。（1）遠藤三郎『日中十五年戦争と私』（日中書林、一九七四年）の中に、三三頁から四一頁まで第一次上海事変における遠藤自身の作戦論と行動を詳しく再現している。（2）宮武剛『将軍の遺言―遠藤三郎日記―』（毎日新聞社、一九八六年）の中に、三四頁から四一頁まで遠藤三郎と第一次上海事変について記述している。しかしその記述は簡単である。（3）吉田曠二『元陸軍中将遠藤三郎の肖像』（すずさわ書店、二〇一二年）の中に、一四七頁から二一一頁まで第一次上海事変のプロセスと結末について詳しく記録している。なお、筆者は「遠藤日誌」を主要参考資料として、遠藤三郎の研究について、これまでに下記の四編の論文を公表した。（1）「元関東軍作戦参謀遠藤三郎の対ソ戦論と行動―『遠藤日誌』を中心に―」（『名城大学法学論集』大学院研究年報第四〇集、二〇一二年、三〜三九頁）、（2）「遠藤三郎と満洲国―『遠藤日誌』を中心に―」（『ＩＣＣＳ現代中国学ジャーナル』第五巻、第二号、二〇一三年、三五〜五五頁）、（3）「元関東軍作戦参謀遠藤三郎と熱河作戦―『遠藤日誌』を中心に―」（『インターカルチュラル』第一二号、風行社、二〇一四年、一三〇〜一四五頁）、（4）「浅析偽満洲国之〝偽〟性」（中国語）（『長春文物』第二六期、長春市文物保護研究所、二〇一三年、一〇一〜一一〇頁）。

（2）「七了口」（日本側の表記）は地名で、中国側の表記は「七丫口」であり、現在は中国江蘇省太倉市瀏河鎮に位置している。二〇〇〇年に入ると、中国国内において大規模なインフラ整備が始まり、この所の土地は地元の政府に徴用され、火力発電所が建設された。以前この村に住んでいた農民は別の所に移住したため、「七丫口」という地名はすでに消失している。これによって、この論文には「七了口」

として統一し、表記している。

(3)「遠藤日誌」は日中一五年戦争と深く関わった元陸軍中将遠藤三郎本人が日中一五年戦争の体験を通して、実体験した日本軍の内部事情をつぶさに記しているものである。その日誌は一九〇四（明治三七）年八月一日から、最後の日付の一九八四（昭和五九）年九月九日まで、明治、大正、昭和の三代にわたり、一日も欠かさず書き続けられたものである。その冊数は九三冊、一万五〇〇〇頁に及んでいる。且つ、「遠藤日誌」には、本文の記述だけでなく、遠藤本人の手元に残された「極秘」のスタンプが押された軍事機密書類も数十点含まれている。その他遠藤自身の手になる意見書及び「七了口上陸作戦案」、「熱河攻略作戦案」、「対ソ作戦案」（対ソ「防御と退却」作戦案、対ソ「遭遇戦及追撃」作戦案）、軍上層部に対する建言書（ノモンハン事変後の「対ソ戦継続不可論」、「重慶爆撃無用論」）なども保存されていて、日本近現代史の貴重な軍事資料となっている。なお、「遠藤日誌」は現在まで未公開で、原本は埼玉県狭山市の遠藤家の遺族から同市の市立博物館に一括して寄託され、研究者は遺族の許可を得て初めて、閲覧が可能となる。

(4)一九三〇年代において、上海の租界地は当時の中国政府が主権を行使できない外国居留民の生活区域で、英米日三国の「共同租界」と「フランス租界」に大別されていた。その内、「共同租界」は蘇州河を中心とする旧英租界を軸点にして、その東方の黄浦江沿いに日本人街が付属し、実権が英国人の手中に握られた。（解学詩、二〇〇八、一三〇頁）

(5)当時、上海の「共同租界」には市参事会が設立され、治安維持と行政が特設された工部局によって担当されていた。工部局という呼称は「租界管理理事会」といった存在である。その最高機関は、これまた英国人が就任する工部局市参事会議長であり、租界内の行政、司法、立法を掌っている。また、工部局は租界を防衛するため、各国軍隊の協議機関である防衛委員会を管理下においた。（児島襄、一九八四、一〇頁）

(6)上海に駐屯していた国民革命軍第一九路軍（総指揮蒋光鼎、軍長蔡廷鍇、淞滬警備司令官戴戟）は、三個師団（第六〇師団、第六一師団、第七八師団）からなり、総兵力は約三三五〇〇人である。（中国抗日戦争史編纂組、二〇一一、六五頁）

(7)一九三二年二月一四日、国民党政府は新たに張治中を軍長とする第五軍を編成して上海の第一九路軍を増援し、第一九路軍の総指揮蒋光鼎によって統一指揮された。第五軍は当時国民党中央軍の直系精鋭部隊であり、所轄第八七、八八両師団及び中央陸軍軍官学校教導総隊、総兵力二三〇〇〇人で、抗日意識も強かった。（同上書、六六頁）

(8)「満洲国」は一九三二年三月一日、中国東北地方に忽然として出現し、一九四五年八月一八日皇帝溥儀の退位宣言をもって卒然として姿を消した国家である。（山室信一、二

〇〇四、四頁)
(9)一九三一年九月一八日の柳条湖事件勃発直後の九月二二日に、石原莞爾を含む関東軍高級参謀の作戦会議で作成された「満蒙問題解決策案」では、「我国ノ支持ヲ受ケ東北四省及蒙古ヲ領域トセル宣統帝ヲ頭首トスル支那政権ヲ樹立シ在満蒙各民族ノ楽土タラシム」との方針が打ち出された。(小林龍夫、島田俊彦編、一九七二、一八九頁)
(10)一九三一年七月一三日に、上海で「反日援僑大会」が開かれ、「反日援僑委員会」が結成され、対日ボイコットの火蓋が切られた。九・一八事件後の九月二二日の反日市民大会は、「反日援僑委員会」を改めて、「上海抗日救国委員会」とし、徹底した対日ボイコットの嵐がこの国際都市の上を吹きまくった。(島田俊彦、二〇一〇、三二頁)
(11)この上海日本人居留民大会は、その第一回と第四回が上海居留民大会であり、第二回が長江流域日本人聯合大会、第三回が全支日本人居留民大会であった。(上海居留民団編、一九三二、一六頁)
(12)この事件も田中隆吉の謀略によることが明らかである。即ち、田中の配下にあった青年同志会会員らは一九日夜半、土砂降りの雨をおかし三友実業社に押しかけて問責し、らちがあかないとみると、工場内の物置小屋に放火してこれを半焼させた。これは二〇日午前二時半頃であった。一行がここを引き揚げ華徳路にさしかかったとき、駆けつけた共同租界中国人巡査と衝突した。同志会会員は日本刀で一名を斬殺し、二名に重傷を負わせ、会員側も一名が射殺され、二名が負傷した。(同上書、五〇頁)
(13)当時、中国側の「便衣隊」とは平服で日本軍の占領地区に潜入し、狙撃したり、襲撃したりするゲリラ隊である。無論、「便衣隊」には、変装した国民党の正規軍の兵士も含まれていたが、「便衣隊」員の全員が兵士ではなかった。その「便衣隊」のうちには上海の市民からの志願者も混じっており、多くの者は当時上海のフランス租界のアル・カポネと呼ばれた杜月笙配下のギャングたちであった。(エドガー・スノー、一九八七、一七三頁)
(14)一九三八年年末から一九四三年にかけて日本の陸海軍による中国の臨時首都重慶に対する爆撃は、戦政略爆撃(政戦略爆撃とも表記)なる名称を公式に掲げて実施された世界最初の意図的・組織的・継続的な空中爆撃であった。(戦争と空爆問題研究会編、二〇〇九、一七頁)
(15)中国軍は戦略的には、軍事的に優位な日本軍に対して、持久消耗作戦で空間を以て時間と換え、次々と抵抗を繰り返した。その間に戦争準備、戦争体勢を強化する。つまり一定の基盤があったとはいえ、戦争準備をしながらの戦いとなったことになる。(菊池一隆、二〇〇九、一八頁)
(16)「上海停戦協定」の条文は下記の通りである。「第一条　日本国及中国ノ当局ハ既ニ戦闘中止ヲ命令シタルニ依リ昭和七年五月五日ヨリ停戦ガ確定セラルルコト合意セラル双方ノ軍ハ其ノ統制ノ及ブ限リ一切ノ且有ラユル形式ノ敵対行為ヲ上海ノ周囲ニ於テ停止スベシ……第二条　中国軍隊ハ本協定ニ依リ取扱ハルル地域ニ於ケル正常状態ノ回復後ニ於テ追テ取極アル迄其ノ現駐地点ニ止マルベシ……第三条　日本国軍隊ハ昭和七年一月二十八日ノ事件前ニ於ケルガ如ク共同租界及虹口方面ニ於ケル租界外拡張道路ニ撤収スベシ尤モ収容セラルベキ日本国軍隊ノ数ニ鑑ミ若干ハ前記地域ニ隣接セル地方ニ当分ノ間駐屯セシメラルベキモノトス……第四条　相互ノ撤収ヲ認証スル為参加友好国ヲ代表スル委員ヲ含ム共同委員会ヲ設置スベシ右委員会ハ又撤収日本国軍ヨリ交代中国警察ヘノ引継ノ取運ニ協力スベク右中国警察ハ日本国軍ノ撤収スルトキ直ニ引継ヲ受クベシ……第五条……」（外務省編、一九七九、三三一～三三二頁）

参考文献

〈日本語文献〉
有馬成甫『海軍陸戦隊上海戦闘記』海軍研究社、一九三二
伊香俊哉『戦争の日本史22　満洲事変から日中全面戦争へ』吉川弘文館、二〇〇七
今村均『続・今村均回顧録』芙蓉書房、一九八〇
江口圭一『十五年戦争小史』（新版）青木書店、一九九一
遠藤三郎『日中十五年戦争と私』日中書林、一九七四
外務省編纂『日中外交文書　満洲事変（第二巻第一冊）』外務省、一九七九
喜多村貫二『昭和七年上海事変　明華日誌』明華糖廠、一九三二
菊池一隆『中国抗日軍事史　1937-1945』有志舎、二〇〇九
小林龍夫、島田俊彦編『現代史資料（7）満洲事変』みすず書房、一九七二
児島襄『日中戦争（第二巻）』文藝春秋、一九八四
佐藤元英監修『外務省公表集　第八巻　満洲事変及上海事変関係公表集』クレス出版、一九九三
参謀本部編『満洲事変作戦経過ノ概要―満洲事変史―』厳南堂書店、一九三五
島田俊彦『満洲事変』講談社、二〇一〇
上海居留民団編『昭和七年上海事変誌』上海居留民団、一九三三
須山幸雄『作戦の鬼小畑敏四郎』芙蓉書房、一九八三
戦争と空爆問題研究会編『重慶爆撃とは何だったのか――もうひとつの日中戦争』高文研、二〇〇九
田中宏巳、影山好一郎『昭和六・七年事変海軍戦史　戦紀巻二』緑蔭書房、二〇〇一
日本国際政治学会太平洋戦争原因研究部編『太平洋戦争への道　開戦外交史（新装版）2　満州事変』朝日新聞社、一九八七
前田哲男『戦略爆撃の思想―ゲルニカ重慶広島への軌跡―』朝日新聞社、一九八八

宮武剛『将軍の遺言―遠藤三郎日記―』毎日新聞社、一九八六
村瀬興雄『世界の歴史（15）―ファシズムと第二次大戦―』中公文庫、一九六二
山室信一『キメラ――満洲国の肖像』（増補版）中公新書、二〇〇四
吉田曠二『元陸軍中将遠藤三郎の肖像』すずさわ書店、二〇一二
吉田曠二『ドキュメント日中戦争（上巻）』（増補改訂版）三恵社、二〇〇七
渡邊行男『重光葵―上海事変から国際連盟まで―』中公新書、一九九六

〈中国語文献〉
解学詩『偽満洲国史』（新編）、人民出版社、二〇〇八
蔡廷鍇『蔡廷鍇自伝』人民出版社、一九八五
上海史資料叢刊『上海公共租界史稿』上海人民出版社、一九八〇
中国抗日戦争史編『中国抗日戦争史』人民出版社、二〇一一
歩平、栄維木編『中国民族抗日戦争全史』中国青年出版社、二〇一〇
劉建業、李良志、陳之中編『中国抗日戦争大辞典』北京燕山出版社、一九九七

〈日本語翻訳書〉
エドガー・スノー著、梶谷善久訳『極東戦線』筑摩書房、一九八七
黄顯光著、寺島正、奥野正己訳『蔣介石』日本外政学会、一九五六

〈未刊行資料〉
遠藤三郎「遠藤日誌」
遠藤三郎「昭和七年七了口附近上陸作戦ニ関スル書類」

福建事変時における日本政府の対応について

「臨検・封鎖問題」と「抗日的論調取締問題」を中心に

橋本浩一

はじめに

一九三三年一一月二〇日、反蔣抗日・民主政治の実現などを標榜し、そのための新たな国家体制を構想・提起した政権が、福建省に出現した。「中華共和国人民革命政府」（通称：福建人民革命政府、以下、人民政府と略称）がそれである。人民政府の成立から翌三四年一月中旬における崩壊までの過程は、福建事変として知られるところである。人民政府は、二カ月足らずという短命に終わった。しかしながら、その試みに参加した主要人物・党派[1]が、中国共産党との間で反蔣抗日のための連携を具体化させたこと、また、その後の抗日統一戦線形成過程や抗日戦争期、さらに国共内戦期の政治的展開に、第三勢力として一定の役割を果たしつづけたことなどからも、抗日救国や抗日民主を主軸に展開する三〇年代から四〇年代の中国政治史、第三勢力史、統一戦線史等を考える上で、人民政府（福建事変）を看過することはできないと考えられる[2]。

そのような研究上の意義を有する人民政府に関する全面的、かつ複眼的な解明をめざすにあたり、人民政府の対外関係的側面、とりわけ日本政府の動向についての検討は、必要不可欠な課題といえる。

なぜなら、第一に、対岸の台湾を植民地とする日本の動向は、満洲事変以後の中国における抗日救国意識の高揚のもと、反蒋抗日を掲げて成立した人民政府にとって、理念上の中核的課題と結びつく問題であるのみならず、政権の存続を左右する抜き差しならない現実的問題でもあったからである。第二に、日本政府にとっても、福建事変は次に示す二点から満洲事変以後の対中政策上、看過できない事象であったといえるからである。①福建省は近代日本の南方政策の要である台湾の対岸に位置し、華南における日本の政治的・経済的勢力圏、進出拠点と性格づけられてきた。②満洲事変以後、中国各地における抗日運動の展開に神経を尖らせていた日本にとって、第一次上海事変で徹底抗戦を貫いた十九路軍を軍事的背景とし、共産主義的色彩を有するともいわれた人民政府の成立は、「満洲」・華北工作を含む対中政策に何らかの影響を与えかねない事態であった。

しかしながら、これまでの人民政府に関する研究では、福建事変時における日本政府・外務省や軍部の動向についてわずかに言及するものがあるにとどまり、一次史料に基づいた実証的検討には至っていなかった(3)。一方、日本史研究において、福建事変に言及する興味深い研究(4)が近年になって見受けられるとはいえ、満洲事変以後の対中政策・外交に関するこれまでの研究(5)で、人民政府の成立(福建事変)と関連づけて検討しているものは、管見の限り存在しない。そのような研究状況にあって、筆者による研究(6)が、十分とはいえないまでも、唯一この課題の解明に正面から取り組んだ成果といえる。

そこで本稿では、人民政府に関する総合的な研究の一環として、筆者自身の研究を深化・発展させるべく、「臨検・封鎖問題」と「抗日的論調取締問題」という二つの問題から、日本政府・外務省の対応について実証的に検討する。それを通じて、当時における日本の対中政策の一端を明らかにすることもできるといえよう。まずは行論の都合上、蒋介石・南京国民政府と同時に日本を打倒対象とした人民政府の出現に際し、外務省を中心とした日本政府が示した基本方針、およびそのもとにある問題意識について確認しておくことにしたい。

一　外務省・軍部の基本方針と問題意識

福建事変勃発に際しての日本政府の対応は、比較的冷静で素早いものであった。なぜなら、外務省は事前に「福建独立」の動向を察知し、現地出先と中央の間で、それへの対応方針を協議していたからである。

福建事変勃発の約一週間前にあたる一九三三年一一月一二日、在福州総領事の守屋和郎は、福州での排日運動緩和と福建省政府の対日妥協的傾向の背景として、陳銘枢と広西軍閥・李宗仁による福建での反蔣独立計画、および日本への援助要請が存在するとの報道を入手、外務省中央へ報告している[7]。また、有吉在中国公使から、一一月一四日に外務省中央へ福建独立運動の人的構成・性格・見通し等に関する情報が送られていた[8]。一方、外務省中央からも、一一月一六日には守屋総領事へ陳銘枢等による福建独立運動の情報が伝達されている[9]。

このような事前における動向把握もあり、日本政府としての基本的な対応方針は、人民政府の成立とほぼ同時に確定している。人民政府の樹立がほぼ確実と見込まれた一一月一八日、守屋在福州総領事は、①排日運動および「台湾籍民」問題への懸念と福建省政府に対する注意喚起、②国際問題が発生しない限りでの不干渉、③諸外国領事への共同歩調の指導、という当面の姿勢に関する自らの見解を示したうえ、「福建独立」問題への対応について中央に請訓した[10]。これに対し外務省中央は基本的に守屋の見解を追認し、一一月二〇日、以下のように訓令している。

［貴電第三二七号ニ関シ］貴見ノ如ク差当リ成行ヲ観望スルト共ニ独立政府ヲシテ抗日ヲ強調セシメサル点ニ特ニ意ヲ用ヒ（右台湾籍民等ニ対スル刺戟ヲ避クル為ノミナラス我対支政策上ノ一般的見地ヨリスルモ極メテ肝要ナリ）我方トシテハ独立政府カ抗日ヲ旗幟トスルニ於テハ到底黙視シ難キモ然ラサル限リ且我方権益ヲ

侵害セサル限リ福建ノ独立ハ支那内部ノ事柄ニシテ干渉ノ意図ナシトノ趣旨ヲ以テ同政府側ヲ指導セラレ度尚ホ関税及塩税差押等ノ問題生スル場合ニハ措置振請訓セラレ度シ[11]

すなわち、この訓令から人民政府に対する日本政府・外務省の基本方針が、福建事変を中国の内政問題と見なし、現地での抗日運動の高揚および権益侵害がない限り、不干渉・静観の立場で臨むという、「不干渉方針」であったことがわかる[12]。

では、日本政府における対中政策に大きな影響力を有していた軍部は、人民政府の出現に対し如何なる態度をとったのか。まず、陸軍中央については、先に言及した外務省中央による一一月一六日の福建独立運動に関する守屋総領事への情報伝達の際、陸軍中央が当面のところ傍観の態度で臨むとの観測が伝えられている[13]。そして、実際に一一月一八日、陸軍中央から上海・南京・広東武官および台湾軍に対し、人民政府への対策決定の状況になく、成り行きを注視するよう電訓がなされた[14]。一方、海軍は厦門領事からの要請があれば、馬公要港[15]より軍艦を派遣して福州・厦門一帯の警備にあたるという方針であった[16]。軍部は人民政府に対する外務省の「不干渉方針」に、基本的には賛成の立場[17]に立っていたのである。すなわち、人民政府の出現に対して、陸・海軍ともに中央においては独自判断による積極的介入の姿勢を示すことなく、当面は外務省と同様に「不干渉方針」で対応しようとしていたのである。

ところで、このような外務省・軍部中央の「不干渉方針」にもかかわらず、福建事変の勃発当時、中国国内ではそれをめぐる「日本関与説」が、各地の新聞紙上において流布されていた。この「日本関与説」に関しては、第三項で改めて言及するが、それに関連して看過できないことに、台湾軍および台湾総督府の動向がある。人民政府成立に関わる台湾軍、台湾総督府からの資金援助や裏面工作報道がなされていたのである[18]。実際、人民政府の中心人物の一人である陳銘枢が、広東駐在武官の和知鷹二[19]を介し、人民政府成立の直前に台湾軍、台湾総督府と接触していた[20]。

この時期の台湾軍は、「大亜細亜主義」による「亜細亜連盟」の実現をめざした松井石根の司令官着任（三三年八月）を契機に、再び政治勢力としての活動を活発化させており、対岸の福建省にも「大亜細亜主義」を宣伝していた。また、台湾総督府も「大正南進期」後の沈滞期を経て、中川健蔵総督による新たな「南進」への模索を開始し、最重要農産品の砂糖を中心とした華南への経済的進出をめざしていた。そのような背景のもと、台湾軍は福建事変を利用し、和知との連携のもと対岸の福建、および華南への勢力拡大を狙っていたと考えられる[21]。人民政府成立後における台湾軍、台湾総督府関係者の福州における動向[22]や策動[23]は、その延長線上に位置づけられるものといえよう。

このような「不干渉方針」に反する台湾軍、および台湾総督府の動向に対し、外務省と軍部中央は台湾軍による福建事変への関与を未然に防止するため、同軍に対し「不干渉方針」の徹底を図ろうとしていた[24]。すなわち、外務省と軍部中央は、連携・協調しながら台湾軍の独断的行動を抑制するという状況にあったといえる。

福建事変への当面の対応として「不干渉方針」をとった外務省中央は、人民政府の出現に対してどのような問題意識をもっていたのか。先に引用した守屋在福州総領事への基本方針の訓令から、次の二つの問題意識を読み取ることができる。

第一に、人民政府による抗日運動の積極的展開と、その中国全土への波及に対する意識である。満洲事変以後の中国における抗日意識の高揚と排日運動の継続は、周知の如く「満洲」・華北政策を中核とした日本の対中政策における大きな課題であった。それゆえ、外務省中央は人民政府の抗日運動を黙視できず、その抗日的性格を強調させないよう、「対支政策上ノ一般的見地」からも特に留意する必要性があるとした。つまり、反蔣抗日を標榜した人民政府の動向と同時に、それを契機とする「満洲」・華北をはじめとする中国全土での抗日運動の激化についても、外務省中央は問題意識を有していたのである。

第二に、福建省における既得権益への意識である。「我方権益ヲ侵害セサル限リ」において「不干渉」という姿勢は、維持されるべき権益が前提にされていることを示す。具体的には、「台湾籍民」を中心とする在留邦人の存在、およびその利益・諸活動が、権益として位置づけられていたといえる[25]。歴史的に形成されてきた「勢力圏」としての意識も、存在し続けていたといえよう。人民政府の出現により、福建省において培ってきた既得権益が侵害され、動揺することに対し、外務省中央は問題意識を持っていたのである。

さらに、外務省中央が一一月末に示した人民政府に関する見解から、第三、第四の問題意識を読み取ることができる。

第三の問題意識は、人民政府と共産勢力の結合、それに内在する台湾での反植民地運動への影響についてである。人民政府が「共産的色彩ヲ多分ニ含ミ第三党……ヲ通シ江西共産軍ト十九路軍トノ間ニ相互不可侵ノ約束成立セルヤノ情報モアリ蘇聯トノ関係ニ付テモ相当疑惑ヲ抱カサルヲ得サル事情ニアリ今後台鮮人等ノ不逞分子ヲ煽動シテ我方ニ対シ如何ナル事端ヲ醸成シ来ルヤ計リ難ク一葦帯水ノ台湾統治ニ及ホス影響ニ付イテモ深甚ノ注意ヲ払ハサルヲ得サルモノアリ[26]」。すなわち、外務省中央は人民政府と中国共産党、およびソ連との結合による共産主義運動の展開＝福建「共産化」、さらに同政府と台湾人・朝鮮人との結合による台湾統治への影響＝反植民地運動の活発化をも警戒していたのである。朝鮮人の動向をも視野に入れていることから、福建・台湾での情勢と朝鮮人による反植民地運動との相互連関的な動きへの警戒心も、外務省の意識下にはあったと見ることができるよう[27]。

第四は、欧米列国の動向に及ぼす影響についての問題意識である。人民政府への「日本関与説」については改めて言及するが、注目すべきはそれが欧米列国に及ぼす影響という観点から問題とされ、「他ヨリ乗セラレサルコトヲ期スル[28]」ことが重要とされている点である。外務省は日本政府と人民政府の関係性を口実とした列国による介入、すなわち、福建事変を利用した政治的・経済的・軍事的な福建への勢力拡大を警戒していたといえる。欧米列国・ソ連の人民政府に対する直接的な援助のみならず、福建事変を契機として、一八九八年の福建不割譲に関する交換公文に基づく日本の福建における優先的地位が相対化されることを、外務省は懸念していたのである。[29]

外務省現地出先の問題意識はどのようなものであったのか。福建事変に直接的な影響を受ける厦門の塚本領事は、外務省中央と同様に現地の権益保護、共産化の進展と「台湾籍民」を介したその台湾植民地への波及、さらに列国の福建進出を憂慮していた。[30]「台湾籍民」の大多数が集中し、台湾との結びつきが強い厦門においては、特に「台湾籍民」と共産勢力の関係性に注意が向けられていたといえる。さらに、中国各地の日本公館においても、人民政府の成立に連動した各地の政情変化を懸念していたと考えられる。[31]

軍部の問題意識はどうか。既述のように陸軍中央は人民政府成立の直前、上海・南京・広東の武官と台湾軍に対し福建情勢の推移を注視すべく電訓している。その際「殊ニ福建独立運動者カ欧米ノ勢力ト結託スルノ虞ナキヤ監視スヘキ旨」[32]を述べている。このことから、陸軍中央は福建事変の動向そのものに加え、人民政府と欧米列国の協力関係、福建省への列国勢力の進出について懸念していたといえる。また、福建省と台湾の地政学的位置関係による国防的な問題意識も有していた。[33]さらに、人民政府の出現を契機に中国全土で反蒋運動が展開される可能性にも、陸軍全体の利害に大きく関わる華北政策との関連から注意を向けていた。[34]陸軍中央は、塘沽停戦協定締結後における華北情勢の流動化に対する問題意識からも、人民政府の展開を注視していたのである。一方、海軍でも台湾海峡の防備という国防的観点からの問題意識が存在していたが、まず念頭に置かれたのは「台湾籍民」を含む居留民保護の問題であった。[35]

以上、人民政府成立に対する日本政府・外務省、および軍部の問題意識について確認してきた。その問題意識は外務省中央と出先、あるいは陸軍と海軍による立場の違いから、視点やプライオリティーにおける若干の相違が存在しているが、福建省での既得権益の保護、反蔣抗日運動の展開、共産主義勢力の動向、欧米列国の動向、および台湾植民地統治とも関連した政治的・軍事的側面で、およそ共通していたといえる。

二 「臨検・封鎖問題」における日本政府の対応

一九三三年一一月二〇日、反蔣抗日と民主政治の実現を標榜する人民政府の樹立が明らかになったことに対し、国民党・南京国民政府は素早く対応した。まず、党中央が中央政治会議を臨時召集し、その対処方針を明確にした。陳銘枢らによる人民政府の樹立を国家に危害を与える反動的な不法行為として、厳しく対処するよう国民政府に対し求める決議を行うとともに、その姿勢を各省市政府に対し通電したのである[36]。これを受け、国民政府として一一月二一日、行政院や各軍政機関の協力による人民政府の早期平定、各地方政府・駐防軍隊による厳重防備を訓令する[37]。さらに二三日には、第九九次国民党中央執行委員会常務会議において、陳銘枢・李済深・陳友仁に対する党籍の永久剝奪、国民政府による逮捕・処罰、あるいは国民党中央宣伝委員会による宣伝文書の起草を決議したのである[38]。

しかし、国民党・南京国民政府は人民政府を「叛乱」と位置づけ、厳正な対処方針を示しながらも、福建事変の解決に向けて即時に軍事的な鎮圧行動を起こしたわけではなかった。軍事的対応と政治・経済的対応の両面姿勢をとったのである。

国民党・南京国民政府による人民政府への軍事的対応と経済的対応について、簡単に確認しておきたい。軍事的対応に関しては、人民政府軍による福建省外への軍事的行動に備え、福建・浙江・江西省境、あるいは閩北への軍事力の配置が行われた。人民政府の成立後間もなく、京滬沿線の防備に当たっていた第八十八師などの多くの部隊が、「保境安民」のため浙江省に投入され、また、浙江省保安隊の多くも閩浙省境に集められていたのである。[39]さらには、第五次囲剿に従事していた部隊の一部に対しても、およそ一二月下旬までに閩北へ集結するよう、蔣介石から指令が出されたのであった。[40]

海軍においても人民政府への対応が早期から協議され、福建・浙江沿海への艦船派遣などが着々と準備、実行されていた。一一月末には欧米列国への通告のもと、人民政府に対する密輸・援助防止のために福建入港船への臨検活動を開始したのである。[41]それらは主として、人民政府に対する海上ルートでの支援防止を目的とするものであった。また、福建省にとって重要な位置をしめていた上海との経済活動を断ち切るため、南京国民政府は福建・上海間の民間船舶に対する運行停止措置をもとった。[42]海軍の臨検・海上封鎖と連動させ、人民政府に対する経済封鎖を行おうとしたのである。

このような国民党・南京国民政府の動向とも関連し、日本政府は福建事変をめぐる対応として、いくつかの具体的な問題に対処しなければならなかった。その第一は、「居留民保護問題」である。この問題は福州と厦門における在留邦人の利益・諸活動の保護、および治安維持に関する問題であり、南京国民政府による人民政府の軍事的制圧時期（主に三三年一二月下旬から三四年一月上旬）に、日本政府が最も直接的対応を迫られる問題であった。第二は、南京国民政府が打ち出した「船舶臨検・福建海港封鎖」方針への対応（以下「臨検・封鎖問題」と略記）である。そして、第三は人民政府をめぐる中国国内での抗日的論調への対応（以下「抗日的論調取締問題」と略記）である。これらの問題は、いずれも福建省での既得権益保護、中国国内における抗日運動の展開、欧米列国の動向など、前項で確認した日本政府の問題意識と対応するものといえる。「居留民保護問題」については、拙稿ですでに検討済みであることから、[43]本項で「臨検・封鎖問題」について、さらに次項において「抗日的論調取締問題」について、日本政府の対応を検討する。

人民政府成立から間もない一九三三年一一月二五日、南京国民政府外交部長の汪精衛から有吉在中国公使宛の照会文が送られた。その要旨は、以下のとおりである。

〔本官発支宛電報第六六〇号〕兼署外交部長汪兆銘ハ廿五日附照会文ヲ以テ貴公使ニ宛テ左ノ要旨申出アリタリ

今回福建省ニ叛乱発生シ本国政府ハ既ニ情勢ニ必要ノ処置ヲ執ルコトニ決定シタルニ付キ貴公使ニ於テモ右御了承ノ上貴国人民及船舶カ叛徒ニ対シ一切ノ軍器ヲ供給スルコト無キ様又其他禍乱行為助長トナル物品提供共助ナキ様御措置相煩度ク各国商船ノ福建省沿岸通過ニ際シ本国海軍ハ必要ト認メタル場合ハ検査ヲ行フコトアルヘク右ハ速ニ時局平定ヲ期スル上ノ措置ナルニ付キ至急何分ノ御処置相成様致シ度シ云々(44)

すなわち、南京国民政府は日本政府に対し、福建事変の早期解決のためとして、①日本国民と船舶による人民政府への武器、および戦乱助長物品の不提供・不共助、②中国海軍が必要と認めた場合の福建省沿岸における各国商船への検査の実施、の二点について、理解・協力を求めたのである。さらに一一月二七日には、南京国民政府在日本公使館の参事官が外務省亜細亜局長を訪問し、上記①について改めて要請した(45)。南京国民政府は人民政府と欧米列国、特に日本との軍事的・経済的結びつきを防止するために船舶臨検を行い、福建省に対する海港封鎖措置をも実行しようとしたのである。

南京国民政府のこの要請に対し、有吉は早速対応すべく、①福建への武器供給等による反乱助長が無いようすでに取り締っている、②日本船舶に対する臨検は条約に規定する通商航海上の権利侵害であり許容できない、という二点を主内容とする回答案を用意し、その可否を外務省中央に請訓した(46)。①に関する若干の修正(日本政府の姿勢における継続性の強調）と欧米列国の動向を考慮した口頭での回答指示(47)を受けた有吉は、一二月一日に汪精衛と会談した。その概要は次に示すとおりである。

有吉公使ヨリ左ノ通　本使十二月一日来寧同日汪兆銘ト会見セリ会談要領左ノ通

一、……本使ヨリ福建独立問題ニ言及シ右独立運動ノ成行ニ対シ日本政府ニ於テハ居留民ノ保護其他ノ関係ヨリ深甚ノ注意ヲ払ヒ居ル次第ヲ告ケ国民政府ノ福建側ニ対スル対策及日本居留民保護ニ関スル決心等承知シ度処先般外交部ヨリ照会越シノ次第モアリ先ツ日本政府ノ本問題ニ対スル態度ヲ闡明シ置クヘシトテ

（一）独立政府カ抗日ヲ旗幟トシ又ハ我方ノ権益ヲ侵害セサル限リ干渉ノ意図無キコト

（二）日本国民カ支那ノ内乱ヲ助長スルカ如キコト無キ様従来トモ取締リ居リ今回ノ事件ニ対シテモ何等変更無キコト

（三）船舶ノ臨検ハ条約上ノ権利侵害ナルニ付キ許容シ難キコト

等御訓電ノ御趣旨ニ基キ夫々声明シ置キタル処

二、汪ハ右日本政府ノ公正ナル態度ヲ承知シ大ニ安心セリ唯船舶ノ臨検ハ本事件ノ早期解決上必要ナル処外国船ノ臨検ハ嘗テ上海ニ於テ其ノ先例有ルヤニ聞キ及ヒ居リ其ノ例ニ倣ヒ実施シタキ考ナリトテ我方ノ同意ヲ請フ旨申出テタルカ本使ヨリ条約上ノ権利ヲ無視スルコトノ不可ナル次第ヲ説キ繰返シ我方ノ態度ヲ強調シ置キタル……(48)

引用史料からわかるように、有吉は福建事変への「不干渉方針」、および中国国内における内乱助長行為の取り締りを継続するという、日本政府の基本姿勢を南京国民政府に伝えると同時に、船舶への臨検については、条約上の

見地より容認できないという日本政府としての明確な立場を示したのである。ただし、外務省現地出先の守屋在福州総領事は、封鎖により外国船舶の福州入港が阻止された場合、居留民は餓死せざるを得ないとの一般的見解を有しつつも、「未タ斯ノ如キコトヲ真面目ニ考慮スル程度ニ事態逼迫シ居ルヤ疑ハシ」く、「之等ノ諸問題ハ先ツ中央政府ト外国公使館トニテ話合フヘキ事項」(49)と考えていた。すなわち、この問題に関して現地における緊迫感はさほど存在せず、当面はあくまで中央レベルでの問題であると受けとめていたといえる。

一方、海軍出先はこの問題について、次ような認識と対応を示した。「二日支那海軍連絡者趙立吾来訪ノ際帝国ハ福建ニ於ケル商船臨検ヲ承認セザルコト之ヲ強行セバ重大事態トナルベキコト及之ガ為既ニ馬公ヨリ駆逐艦ヲ派シタルコト等ヲ話シ之ヲ佐藤所見トシテ李次長ニ伝ヘシメタル四日趙ノ談ニ依レバ右陳季良ニ伝ヘタル処同司令ヨリ南京ニ電報セル旨ナリ」(50)。すなわち、南京国民政府による船舶臨検が強行されれば重大事態になると認識し、馬公要港部より駆逐艦を派遣するという明確な対応を示していたのである。海軍出先も、この問題に相当強い姿勢で臨んでいたといえよう。

このような日本側の反応にもかかわらず、臨検・封鎖の実施に向けた南京国民政府側の動きは進められていた。南京国民政府海軍部は外交部による日本への要請とほぼ同時に、福建沿岸の艦船に対して、次のような訓電を発していたのである。①中国船すべてに対する臨検の実施、②石炭輸送外国船の入港差し止め、③軍需品および軍米輸送外国船の拿捕・抑留(51)。外国船に対する限定的対応など、一定の配慮が見られるとはいえ、南京国民政府は船舶臨検により、人民政府に対する事実上の海港封鎖を実行し、経済的圧力をかけようとしていたのである。そして、次の引用史料に見られるように、一一月末以後に南京国民政府による船舶臨検、すなわち、人民政府に対する海港封鎖が現実の動きとなる。

南京政府ノ福建海港封鎖（十二月二日） 南京政府海軍部ハ福建海港封鎖ニ依リ福建ニ対スル軍需品食糧等ノ供給ヲ中断シ経済的的危機ヲ招来セシムヘキ決意ニ基ク政府ノ命令ニヨリ愈々海軍力ヲ以テ封鎖ヲ実行スルニ決シ其ノ根拠地点ヲ福建省三都（……）ニ置キ既ニ同地ニ集合セル陳季良指揮下ノ軍艦五隻ハ十一月二十九日ヨリ福州厦門等ニ出入スル支那船舶ノ検査ヲ開始シタル外昨日ヨリ更ニ三艦ヲ増加シ本格的ニ封鎖ヲ開始スルト共ニ交通部ハ本日正式ニ中国人経営会社ニ対シ福建諸港ヘノ航行禁止ヲ命令シタリ(52)

南京国民政府の命令を受け、福建省・三都澳を根拠地とした陳季良指揮下の軍艦五隻が、一一月二九日に中国船への臨検を開始したのである。また、海軍部は一二月一日に三艦を増派して本格的な封鎖活動に着手し、交通部も二日には中国人経営の船舶会社に対して、福建諸港への航行禁止を命じるに至っている。さらに、南京国民政府海軍による臨検活動は、一応その方針どおり外国船にも実施された。「三十日英国恒生号（「ジャーディン」会社）ハ中山ニ依リ臨検船内ヲ簡単乍ラ捜索セラレタリト英国領事ヨリ報告アリ尚禁制品ハ税関長ノ話ニヨレハ「ガソリン」「ケロシン」塩及石炭ナル趣ナリ(53)」。一一月三〇日、軍艦・中山がイギリス船恒生号を臨検し、船内捜索を実行したのである。

このイギリス船に対する臨検の実施を梃子に、南京国民政府は外交ルートを通じ、日本政府に対して臨検容認を迫ろうとした。一二月五日、在日本公使館参事官が外務省亜細亜局長を訪問し、「英国カ認メタルニ日本カ拒絶セリトイフコトトナラハ折角好転シツツアル日支関係ノ将来モ懸念セラル」と比較的強気な姿勢を示したのである。しかし、これに対し亜細亜局長は、「御説ノ如キ結果ヲ見ルヤモ知レス……我方トシテハ条約上有スル正当ナル権利ヲ枉ゲル訳ニハ行カスト応酬」し、日支関係の悪化を招こうとも条約上の正当な権利を枉げる訳にはいかないと、強い姿勢を示したのである(54)。

このように「臨検・封鎖問題」に対する日本側の姿勢は、終始一貫していた。同日に有吉公使を訪れた唐有壬が、汪精衛からの伝言として、日本側における「条約違反」との主張を一応認めた上で、福建事変の解決のため何とか融通をきかせて臨検に同意するよう理解・協力を求めたことへの有吉の対応が、そのことをよく示している。有吉は「我方トシテハ条約違反ノ行為ニ対シ絶対承認ノ余地無キ旨ヲ答ヘ尚現在同方面ニハ帝国軍艦モ派遣シアリ万一支那側カ臨検ヲ強行スルカ如キコトアラハ重大ナル結果ヲ来ス惧アルヘシト警告シ支那側ニテ断念スルコト然ルヘキ旨」(55)、唐に回答したのであった。ここからは如何なる事情の下でも、条約上の権利、さらに福建における既得権益の侵害に通じる臨検の実施は容認できず、それを実行する場合は軍事的措置をも辞さないという外務省の強い姿勢がうかがえる。そして、このような外務省の姿勢により、南京国民政府による日本船を含む外国船への臨検は、その後において実質的に行われることはなかったのである(56)。

「臨検・封鎖問題」における日本政府の姿勢は、人民政府に対しても同様であった。実は、人民政府はその成立直後より戒厳令を施行し、「通行証」を所持しない中国人の省外への避難、脱出を防ぐため、何度か日本側の了解なしに日本船への臨検行動を起こしていた。例えば一二月六日には、福州から台湾へ渡ろうとしていた中国人一三名を、「通行証」の不保持を理由に日本船から下船させたという。それらの行動に対し、福州総領事館は福州公安局等に対して注意を喚起し、その阻止の意向を伝えている。また、それを受けた福州公安局側が、一二月八日に紛争回避のため、私服刑事による日本船内の臨検を要望したところ、総領事館側は次のように返答している。「中央政府カ福建ヲ封鎖スルニ際シ中国軍艦カ日本商船ヲ臨検スルコトハ違法トシテ之ヲ承認セサル今日革命政府ノミニ対シ斯ノ如キ便法ヲ承認スル訳ニハ行カス又右ハ条約上ノ権利侵害ナルニ付到底許容シ難キ」(57)。

三　「抗日的論調取締問題」における日本政府の対応

既に言及したように人民政府成立の直後から、中国国内では福建事変への「日本関与説」が、新聞報道などを通じて流布されていた。例えば『中央日報』（一九三三年一一月二二日）[58]や『中央夜報』（一九三三年一一月二二日）[59]では、人民政府の外交部長であった陳友仁が、日本への援助要請を行っているとの報道がされていた。また、『申報』（一九三三年一一月二二日）[60]や『新沙市日報』（一九三三年一一月二九日）[61]でも、台湾総督府から人民政府へ数百万元の援助が行われたと報道されるなど、「日本関与説」は一般にかなり信じられていたという[62]。

抗日運動抑制の観点から中国における新聞論調など、世論の動向に常に注意を向けていた外務省中央は、人民政府の出現をめぐるこのような論調に対し、少なからぬ懸念を有していた。人民政府に対する日本の関与が報道されることで、中国各地における対日感情の悪化や、それに便乗した抗日風潮の高揚を警戒していたのである。それ故に、外務省中央は福建事変への「日本関与説」をある種の抗日的論調として見なし、有吉在中国公使および中国主要都市の各領事館に対して、次のような指示を出したのである。

……支那新聞カ今回ノ運動ノ背後ニ日本側ノ支持アルカ如ク書立テ殊ニ党部ニ於テ右様ノ通信ヲ作成配布シ居ルカ如キハ不都合ト云ハサルヘカラス就テハ右御含ノ上南京政府ニ対シ機会アル毎ニ斯種抗日的悪宣伝取締要求方可然御取計アリ度[63]

すなわち、外務省中央は、「日本関与説」を唱える中国国内での「抗日的悪宣伝」（抗日的論調）の取り締りを、南京国民政府に中央・地方レベルで徹底させようとしたのである。その際、外務省が国民党による抗日的論調について、特に問題としていることも注目される。この外務省中央による指示に対応し、中国各地の領事館は抗日的論調の取り締りを地方当局に要求した。湖北省・漢口のでの事例を挙げてみたい。

一九三三年一一月二八日、現地紙『新民報』は人民政府問題に関し、次のような内容を含む社論を掲載した。①中国内外の敵は日本と共産党であり、両者は中国に内部分裂が起きることを非常に喜んでいる。②人民政府出現の客観的影響は、中国民族の自衛力量を弱め、日本と共産党に中国への侵攻と分割の機会を与えることである。③陳友仁が日本と連絡していることは周知の事実である。④福建の叛徒は日本と共産党の別働隊である。[64]

この論説内容に対し、谷口在漢口総領事代理は一般民心を刺激するとの認識より、同日に現地の警備司令部金参謀長を訪問して『新民報』記事への注意を喚起し、主旨以下の如く申し入れた。「当地民衆ノ対日感情融和シ張主席始メ日支親善ニ努メ居ル際ニ此ノ種論説カ当地ニ於テ有力ナル新民報ニ掲載セラルルハ甚タ遺憾ニシテ民衆ノ対日感情ヲ再ヒ悪化セシムル惧アルニ付厳重取締アリタキ[65]」。谷口総領事代理は、中国民衆における対日感情の融和傾向、政治的な日中関係改善に逆行する漢口における反日感情の高揚を憂慮し、現地当局による新聞報道などの厳重な取り締りを求めたのである。この谷口の要請に対し、金参謀長は「一応新聞取締ノ容易ナラサル旨ヲ述ヘタル上今後ハ再ヒ此種ノ記事及論説ヲ掲載セサル様此ノ機会ニ於テ新民報始メ当地各漢字新聞ノ責任者ヲ招致シ厳重訓戒スヘキ旨言明[66]」したという。

しかしながら、一一月三〇日挙行予定の国民党湖北省党部主催による福建問題での討逆民衆大会に関連して、人民政府に対する日本の資金援助に言及した省政府委員等への大会参加招請状の文面が、二九日の現地新聞紙上において掲載されたことを受け、谷口は改めて当局へ対応を求めることになる。

湖北党部ハ三十日武昌ニ於テ福建問題ニ関シ討逆民衆大会ヲ挙行スルコトトシ……招請状ヲ発シタル由ニテ二十九日ノ当地各漢紙ハ斉シク右ノ全文ヲ発表シ居ル処右招請状中ニ福建政府ハ日本帝国主義ヨリ多額ノ資金ヲ借受ケ以テ作乱ノ軍（費《ママ》）ニ当テントス云々ノ辞句アリ旁同民衆大会ニ於テハ何レ福建問題ヲ日本ト結着ケテ種々勝手ナル言辞ヲ弄シタル演説ヲ為シ又ハ伝単等ヲ撒布スルコトアリ得ヘク斯テハ一般民衆ノ対日感情ヲ刺戟スル処大ナリト思料シタルニ付二十九日八谷ヲ同伴シ省政府ニ本官ノ予テ知合ナル主席代理盧秘書長ヲ往訪シ明日ノ民衆大会ニ於テ為サルヘキ福建問題ニ対スル演説其ノ他ニ福建独立政府ト日本カ何等関係アリトノ印象ヲ与フルカ如キ言葉ヲ用ヰサル様配慮煩度旨並大会ノ状況等ハ漢字紙ニモ特筆セラルヘキモ其際新聞記者カ擅ニ日本ヲ誣ルカ如キ記事ヲ登載セサル様手配願ハレ間敷ヤト懇談的ニモ「シーリヤス」ニ申シ入レタル……省政府カ将来何等宣言又ハ通電ヲ発セラレルトキハ其ノ中ニ日本ヲ引合ニ出シ張主席其ノ他ノ御尽力ニ依リ折角好転シツツアル民衆ノ対日感情ヲ再ヒ悪化セシムルカ如キコトナキ様特ニ御注意アリタシト申入レタル……(67)

引用史料からわかるように、二九日の現地新聞の報道に対して谷口は、大会当日における演説や伝単などに福建問題を日本に結び付けた言辞がなされる可能性があり、その場合、『新民報』記事についてと同様に一般民衆の対日感情を大いに刺激するとの判断から、日本政府が福建事変に関与しているとの印象を与えないよう、演説等の内容における配慮と大会に関する新聞報道の規制を、省政府側に対し「シリアス」に要求した。また、谷口は今後予想される湖北省政府による福建問題への通電等においても、日本を引き合いに出し対日感情を悪化させることのないよう同時に申し入れたのである。谷口のこれら申し入れに対し、湖北省政府主席代理盧秘書長は全面的な同意を示し、対応を約束したという(68)。

このような谷口総領事代理の湖北省当局に対する要求は、表面上一定の効果を示したと考えられる。一二月四日に漢口市党部が開催した福建問題に関する各界民衆討逆大会でも、各演説や標語・決議案に抗日的な辞句は見られず、翌日の新聞報道にも「抗日的悪宣伝」が掲載されることはなかった。この事実を受け、谷口自身は外務省中央に対し「支那当局ニ対スル本官屢次ノ申入レカ先方ノ注意ヲ喚起シタル結果ト思料セラル[69]」と報告している。また、省政府が人民政府をめぐる情勢に関して発した通電にも、露骨に日本を引き合いに出した字句による表現はなされなかった[70]。

「抗日的論調取締問題」をめぐる外務省中央の方針を受けた現地の動向について、漢口を例に述べてきたが、予防的なものを含む同様の事例は、他の都市でも確かめることができる。沙市領事館は一二月一一日開催の荊沙各界討逆大会に関連して、次のような状況を外務省中央に報告している。

福建問題発生以来当地ノ各新聞紙ハ連日社説ヲ掲ケ国難ノ際斯ル挙ニ出タル陳銘枢李済深等ノ非国民的行動ヲ責メ徹底的討伐ヲ高唱スル一方独立政府カ日本側ト連絡アリ資金ノ援助ヲ受ケタリトカ借款交渉進行中ナリトカ甚シキニ至テハ已ニ成立調印セリトカ報シ居リタルカ去ル九日ノ各紙ハ第十軍第四十八師ノ政治訓練処及特別党部等ノ発起ニテ昨十一日最楽舞台（劇場）ニ於テ荊沙各界討逆大会（荊沙ハ荊州及沙市ノ意ナリ）ヲ挙行スルコトトナリタリトテ各界機関ニ発シタル通知及標語等ヲ発表シ居リタル処其ノ中ニ「聯共親日」「通匪媚日」ノ字句アリ前掲無稽ノ報道ト相俟テ民衆ヲ誤リ対日感情ヲ悪化スル虞アルモノト認メラレタルニ依リ第十軍長ニシテ四十八師長タル徐源泉ニ対シ文書ヲ以テ右種行動ヲ謹マレタシト警告シ置キタルト処大会当日ノ状況ハ特ニ対日感情ヲ悪化スルカ如キ行動ナク……散会セリ[71]。

すなわち、沙市では、各新聞が人民政府と日本の連絡、日本による人民政府への借款供与などを報道し、また各界討逆大会に関する通知・標語に、「聯共親日」等の字句が使用されていることから、領事館が中国民衆の対日感情悪化を危惧し、現地当局に文書で警告したのである。その結果、討逆大会当日には抗日的言動は見られなかったということである。

上海総領事館からは、一二月二日に開催された上海市民討逆大会に関連し、「大会宣言通報並主席演説（市党部陸京士）中ニ於テ依然福建側カ日本ト勾結シ居ルコト宣伝シ居リ……福建ハ第二ノ台湾トナル可シト称シ居ルハ今次事件ニ対シ我方累次ノ声明ヲモ顧ミス我方ノ公正ナル態度ヲ誣フルモノニシテ不都合モ甚タシク折角好転セントシツツアル当方面中国民衆ノ対日感情ヲ悪化セシムル虞アルヲ以テ本官近ク呉市長ヲ往訪シ厳重其ノ注意ヲ喚起スル積リナリ[72]」との報告がなされている。抗日的な言論により、好転しつつあると認識されていた民衆の対日感情悪化を懸念し、石射総領事が市長へ厳重な注意喚起を行うことが必要な状況が存在していたのである。宜昌でも、一二月一八日に県党部が開催した宜昌各界討逆大会の標語に、「聯共親日禍国殃民ノ福建偽政府ヲ打倒セヨ」との文言が使用されていたことに対し、領事館が「本標語ハ不都合ニ付撤去方抗議」し、「支那側ニ対シ此際福建問題ニ藉口シ対日空気ヲ刺戟スルカ如キ越軌ノ言動取締方申入レ[73]」を行っていた。

このような抗日的論調をめぐる外務省中央と現地出先による対応は、対処療法的な効果を挙げたといえ、中国における抗日感情を本質的に解消するものでなかったことはいうまでもあるまい。そもそも、中国各地で福建情勢を契機に抗日的論調が高揚しつつあったこと自体に、そのことが暗示されているとも思われる。したがって、日本側からの取り締り要求にもかかわらず、人民政府をめぐる「日本関与説」は、その後も中国の新聞紙上などにおいて消えることはなかった。例えば、一二月一五日付『中国晩報』および一六日付『中華日報』では、人民政府が既に日本政府と一〇〇〇万元の砂糖借款を締結しているとの報道がなされており[74]、一六日開催の杭州での福建討伐民衆大会でも、日本による人民政府援助への言及がなされていた[75]。さらに、二一日付の『中央日報』においても、人民政府と日本の間における三〇〇〇万元の砂糖借款の供給と条約調印に関する動向が報道されていた[76]。

以上のような抗日的論調に関わる中国各地での動向については、人民政府に対する国民党・南京国民政府による世論操作的側面も、一定程度含まれていたといえよう。日本や共産党との関係説を流布させることで、人民政府に対する国内での同調傾向を抑え込むことを、国民党・南京国民政府が狙っていたと考えられるからである[77]。

おわりに

以上、福建事変時における日本政府・外務省および軍部の方針と問題意識を確認したうえで、外務省が対応しなければならなかった具体的問題のうち、「臨検・封鎖問題」と「抗日的論調取締問題」について検討した。それらについて本稿で明らかにしたことをまとめれば、以下のとおりである。

第一に、外務省および軍部の方針と問題意識について。人民政府の出現に際し、外務省は権益侵害がない限り放任するという「不干渉方針」を採用し、軍部中央も共同歩調を示した。また、台湾軍・台湾総督府の福建事変への関与の抑制においても、外務省と軍部中央は協調的に対応した。そのような外務省と軍部の福建事変に対する問題意識は、視点やプライオリティーにおける若干の相違が存在したとはいえ、次の諸点で共通するものであった。①抗日運動の展開と対中政策全体に及ぼすその影響。②福建における既得権益の侵害。③共産勢力の浸透による福建共産化と台湾における反植民地運動への影響。④欧米列国による福建での勢力拡大。

第二に、「臨検・封鎖問題」について。福建事変への対応として南京国民政府が実行した船舶臨検・海港封鎖に対して、外務省は条約上の権利侵害、さらに既得権益の侵害へつながるものとして、日本船舶への実施については如何なる事情においても容認できず、臨検が強行された場合には、軍事的措置をも辞さないという強い姿勢を示した。この問題に対する外務省の姿勢は、明確で一貫したものであったといえる。このことは人民政府に対する外務省の問題意識、すなわち「不干渉方針」の前提に「権益の維持」があったことにも即応している。

第三に、「抗日的論調取締問題」について。人民政府の成立に際し、中国各地では「日本関与説」などの言説（抗日的論調）が流布していた。中国における対日感情の悪化、抗日気運の高揚を懸念していた外務省は、中国各地の外務省出先を通じ、南京国民政府現地当局への抗日的論調の取り締りを要求した。その要求は一定の効果を示したが、その後も「日本関与説」などの抗日的論調は絶えることがなかった。

最後に、本稿で検討した二つの問題に対する日本政府・外務省の対応について、共通すると思われる点を指摘しておきたい。それは、外務省の対応が原則論の徹底を図ろうとするものであり、生起した問題を利用した中国側への新たな要求や、日本に有利な状況の創出を目論むものではなかったと考えられる点である。「臨検・封鎖問題」では、日本船への臨検についてのみ、条約上の原則的観点から問題としており、南京国民政府による海港封鎖そのものを問題視していない。それへの対抗措置なども行っていない。さらには、人民政府が日本側の了解なく臨検を実施したことに対してさえ、再発防止の注意喚起を行うにとどまっている。「抗日的論調取締問題」についても、中国各地での抗日的論調の流布や取り締り要請後の再発などを理由に、日本側が南京国民政府に対し新たな要求を行うことはなかった。日本政府・外務省の対応は、抑制的かつ現状維持的なものであったと考えられるのである。

日本史研究の成果によれば、福建事変当時（一九三三年後半）における日本の対外政策の課題は、満洲事変とそれに続く国際連盟の脱退という状況のもと、「満洲国」の存在を前提とした対外関係の修復にあった。この時期は塘沽停戦協定が成立し、南京国民政府においても対日宥和路線が優位となるなど、日中関係が相対的に安定し始めた時期でもあった。そのような時期における日本政府の対外政策は、「満洲国」の育成、排他的支配の確立を第一義に、南京国民政府との間における日中関係の改善と二国間での懸案事項の解決、それらと密接に関わる欧米列国、特にアメリカとの政治的関係の改善を基本方針とするものであったといえる。また、このような方針は当時の外務省、陸軍・陸軍内派閥、さらには海軍の間における政策距離の接近を背景にしたものであった。このような状況のもと、当時の日本政府における対中政策は、国際関係の悪化を招く中国本土への積極的な軍事的介入などが抑制され、全体として現状維持的なものとなっていたのである。(78) 外務省における人民政府への「不干渉方針」や、「臨検・封鎖問題」と「抗日的論調取締問題」への対応は、このような日本政府における対中政策の性格を反映したものだったといえよう。

注

（1）人民政府の主要人物とその背景は、およそ次のとおりである。広西派：李済深、十九路軍系：陳銘枢・蔡廷鍇・蔣光鼐・戴戟・翁照垣、第三党：黄琪翔・章伯鈞・徐名鴻・彭澤湘、神州国光社（社会民主党）系：梅龔彬・胡秋原・王礼錫、国家主義派：何公敢・林植夫、翁照垣、馮玉祥系：徐謙・姚禔昌・余心清、その他：陳友仁・李章達など（波多野乾一『現代支那の政治と人物』一九三七年、七二頁、参照）。

（2）筆者はこれまで人民政府の重要性を認める立場で、いくつかの角度から研究をすすめてきた。拙稿①「福建人民革命政府の政権構想、組織およびその実態」『歴史研究』〈大阪教育大〉第二九号、一九九二年、②「福建人民革命政府の財政経済基盤と経済政策について」『近きに在りて』第二五号、一九九四年、③「福建人民政府の華僑政策と華僑の動向」『歴史研究』〈大阪教育大〉第三三号、一九九六年、④「福建人民革命政府の対外政策と日本政府の動向」（上・下）『中国研究月報』六六九・六七〇号、二〇〇三年一一月・一二月。

（3）本庄比佐子「福建事変と中国共産党」（『近代中国研究センター彙報』一五、一九七一年）、王順生・楊大偉『福建事変：一九三三年福建人民政府始末』福建人民出版社、一九八三年、呉明剛『1933：福建事変始末』湖北人民出版社、二〇〇六年。これらの研究は、日本側における台湾軍・台湾総督府の動向や福建事変と欧米諸国の関係性への意識など、発展的に継承し得る興味深い論点を有していたが、簡単な言及にとどまり、実証的な検討には至っていなかった。

(4) 松浦正孝『「大東亜戦争」はなぜ起きたのか』名古屋大学出版会、二〇一〇年。同書の第三部第九章「「大東亜戦争」と大亜細亜協会及び松井石根」では、台湾軍司令官としての松井による汎アジア主義運動の推進の一面として、福建事変への関与姿勢について言及している。

(5) 満洲事変後の日本外交、対中政策に関する研究は多数存在するが、代表的または関連する研究として次のものを挙げておく。酒井哲哉『大正デモクラシー体制の崩壊』（東京大学出版会、一九九二年）、井上寿一『危機のなかの協調外交』（山川出版、一九九四年）、臼井勝美『日中外交史研究—昭和前期—』吉川弘文館、一九九八年（満洲事変以後、人民政府の成立以前における福州の排日運動に関する専論として、「中国における排日ボイコット—一九三一－一九三三年　福州の場合—」を所収）、冨塚一彦「一九三三、四年における重光外務次官の対中国外交路線」（『外交史料館報』第一三号、一九九九年）、武田知己『重光葵と戦後政治』吉川弘文館、二〇〇二年、樋口秀実『日本海軍から見た日中関係史研究』芙蓉書房出版、二〇〇二年。

(6) 前掲拙稿④。人民政府の対外政策と同時に、福建事変に対する日本政府（外務省・軍部）の基本方針や問題意識、具体的な対応課題としての「居留民保護問題」について、実証的に検討した研究成果。

(7) 昭和八年一一月二二日、在福州守屋総領事発、広田外務大臣宛、第三一七号（部外極秘）（『日本外交文書』昭和期Ⅱ第一巻第二部〈昭和八年対中国関係〉〔以下、『日本外交文書』〈昭和八年対中国関係〉と略記〕八〇二～八〇三頁、文書六五八）。「〔往電第三二一号ニ関シ〕……当地ノ排日空気カ共産軍ノ脅威以来多少緩和セルコトハ往電第二八九号ニモ言及セル所ナルカ昨今特ニ海産物及「バナナ」ノ入荷相当売行モ悪カラス公安局員又ハ反日団体等ノ日貨排斥モ目立タサルニ至レリ……省政府ノ態度ノ変化カ稍唐突ノ様ニモ見受ケラレ本官ニ於テ多少薄気味悪ク感スル次第ナリ……最近李宗仁及陳銘枢カ西南ヲ率ヰテ反蔣ノ態度ヲ明示シ先ツ十九路軍ニ依リ福建ノ独立ヲ画シ其援助ヲ既ニ我方有力筋ニ申入レタリトノ報道ヲ相当確実ナル筋ヨリ本官ニ於テ入手セリ右報道ニシテ事実ナリトセハ今回ノ省政府ノ妥協的態度ハ右策動ノ結果ナリト見サルノミナラス西南政局及日支関係ニ対シ重大ナル影響アル事項ナリト思惟セラルル……」。

(8) 昭和八年一一月一四日、在中国有吉公使発、広田外務大臣宛、第六六一号（『日本外交文書』〈昭和八年対中国関係〉六〇四～六〇五頁、文書四五二）。

(9) 昭和八年一一月一六日、広田外務大臣発、在福州守屋総領事宛、暗第四七号極秘（外務省記録A・6・1・5・1－17「支那内乱関係一件　福建独立運動関係」〔以下、記録「福建独立運動関係」と略記〕）。「〔貴電第三一七号末段ニ関シ〕広東和知ノ電報ニ依レハ李済深・陳銘枢・蔣光鼐（林

森モ加担シ居ルカ如シ）ハ反蔣的福建独立運動ヲ画策シ居リ十一月初旬陳済棠及李宗仁ノ了解ヲ求メタルモ何レモ態ヨクアシラハレタルカ彼等ハ該運動ヲ断念セス引続キ種々策動シツツアルトノコトナリ而シテ済深及銘枢ノ両者ハ和知ニ対シ頻リニ連絡シ来レルモ和知ハ福建ハ先ツ内部ノ建直ヲナスヘキナリト忠告シ置ケル趣ナリ　右ニ関シ中央陸軍ニテハ差当リ前記運動ニ対シ放任傍観ノ態度ヲ執ルコト可ナリトノ考ナルモノノ如シ」。

(10) 昭和八年一一月一八日、在福州守屋総領事発、広田外務大臣宛、第三二七号（『日本外交文書』〈昭和八年対中国関係〉六〇八～六〇九頁、文書四五七）。「陳銘枢ノ福建独立政府ハ二十日宣言発表ト共ニ民衆ノ示威アルヘク又宣言中ニ激越ナル排日ノ文句等アラハ無智ナル民衆ニ於テ越軌行為ニ出テ日本人特ニ台湾籍民等ト衝突ヲ起コス如キコト無シトモ限ラス（各方面ノ情報ヲ総合スルニ破壊的行動ハ厳重取締ル模様）就イテハ可然キ方法ニ依リ此ノ点省政府ニ注意シ置ク積リナルモ夫以外ニ於テハ新政府カ関税及塩税差押ヲ為シ又ハ其他ノ暴挙ヲ敢テシ国際問題ヲ起ササル限リ本官単独外国領事ト共同ニ何等干渉カマシキ措置ヲ採リ得サルヘク旁本官トシテハ暫時成行ヲ観望スルヨリ途無キ様思考ス（尤外国領事ニハ必要ナル情報ヲ供給シ歩調ヲ一ニスル様指導シツツアリ）今回問題ニ関聯シ本官ニ於テ心得ヘキ事項折返シ御回示ヲ得タシ」。

(11) 昭和八年一一月二〇日、広田外務大臣発、在福州守屋総領事宛、暗第四九号至急（記録「福建独立運動関係」）。

(12) 日・英・米・仏の各国領事からなる領事団においても、人民政府に対する態度について、関税問題などでの条約違反がない限り干渉するべきではないとの意見で一致していた（昭和八年一一月二三日、在福州守屋総領事発、広田外務大臣宛、第三四三号（『日本外交文書』〈昭和八年対中国関係〉六一六～六一七頁、文書四六四、『東京朝日新聞』夕刊、昭和八年一一月二五日〔外務省記録A・6・1・5・1-17-3「支那内乱関係一件　福建独立運動関係　輿論並新聞論調」、以下、記録「輿論並新聞論調」と略記〕）。しかし、外務省の「不干渉方針」はあくまで人民政府の合法的かつ友好的態度を前提としており、その対日姿勢が在留邦人の生命・財産や日本の権益を危機に陥れる非友好的・排日的行動となる場合は、その排除に適切な手段を採るという立場を留保するものであった（『報知新聞』昭和八年一一月二〇日〔記録「輿論並新聞論調」〕）。

(13) 前掲注（9）、末尾の文言。

(14) 昭和八年一一月一八日、広田外務大臣発、在福州守屋総領事宛、暗第四八号極秘（記録「福建独立運動関係」）。「〔往電第四七号末尾ニ関シ〕陸軍ヨリ上海、南京、広東武官及台湾軍ニ対シ福建ノ形勢ハ我方トシテ対策ヲ決定スヘキ状況ニ達セサルモノト認ム仍テ此ノ上共成行ヲ注視スヘク殊ニ福建独立運動者カ欧米ノ勢力ト結託スルノ虞ナキヤ監視スヘキ旨電訓セル趣ナリ右貴官限リ極秘含迄／尚ホ広東和知及台湾軍参謀近ク福建ニ旅行ノ筈ナル処右使命ハ前記状況視察ノ範囲ヲ越エサルモノナル」。

(15) 台湾・澎湖諸島の都市である馬公にあった日本海軍佐世保鎮守府管下の軍港。また、要港には鎮守府の出先機関としての役割をもつ要港部が置かれた（百瀬孝『事典　昭和戦前期の日本　制度と実態』吉川弘文館、一九九〇年、三四八〜三四九頁）。

(16)『報知新聞』昭和八年一一月二〇日（記録「輿論並新聞論調」）。「海軍では福建独立政府実現の情報に対し慎重なる注意を払つているが事態愈々重大化に処すべき一切の対策は予め内定してゐる模様だが右につき当局者は左に如く語った。／福建独立が共産党と如何なる関係にあるか最も注意を要する処であるが如何なる政権が樹立されるにせよ万一事態の険悪を招来するが如きときは先づもつて厦門におけるわが居留民（籍民を含む）約八千人の生命財産の保護を計らなければならぬのでこれに対する海軍としての準備は既に出来てゐる即ち万一厦門領事から要請があれば直ちに馬公より軍艦を急航せしめて福州並びに厦門方面一帯に亘りて遺憾なき警備を行はしむる筈であるまた台湾海峡の防備についても問題の起こるやうなことがあれば航空隊の諸準備と相まつて馬公要港司令部において万全を期し得るやう慎重に考慮し既に準備を出来ている」。

(17) 外務省中央は、在英・在米大使に福建の情勢に対する基本方針を伝える際、次のように軍部の立場を伝えている。「我方トシテハ権益侵害ノ事実ナキ限リ不干渉ノ態度ヲ守ル方針ナリ（軍部モ賛成ナリ）」（昭和八年一一月二四日、広田外務大臣発、在英大使・在米大使宛、暗合第二〇七〇号、「福建独立ノ件」〈記録「福建独立運動関係」〉）。

(18)『新沙市日報』（一九三三年一一月二九日）では、台湾総督が広東領事を通じ陳銘枢に独立運動費として三〇〇万元を与えたとの報道がなされた（在漢口谷口総領事代理発、広田外務大臣宛、第三六七号〈記録「輿論並新聞論調」〉）。また、台湾軍司令官松井石根による策動なども中国紙上において指摘されていた（在中国有吉公使発、広田外務大臣宛、第七四一号〈記録「輿論並新聞論調」〉）。

(19) 和知は陸士二六期生、陸大三四期生、軍内政治団体の桜会にも名を連ねていた人物で、人民政府の成立当時は広東駐在武官として活動し、その後は台湾軍参謀長や南方軍総参謀副長などを歴任している。福建事変との関連で見過ごせないのは、和知が陸軍における中国西南工作の中心人物として活動していたという事実である。和知は西南の軍閥等に援助を与え、蔣介石政権に対し華北と華南の双方から揺さぶりをかけることをねらった活動に従事していたのである（戸部良一『日本陸軍と中国』講談社、一九九九年、参照）。人民政府成立の以前に、和知鷹二は日中満提携の機運づくりを目的とした元「満洲国」駐日代表鮑観澄の華南渡航計画（一九三三年六月）の画策、あるいは浮浪華僑を利用しての「大亜細亜王道政治」の高潮、擾乱の企図などを積極的に行なっていた（長岡新治郎「華南施設と台湾総督府―台湾拓殖福大公司の設立を中心として―」〈中村孝志編『日本の南方関与と台湾』天理教道会、一九八八年〉二四一頁）。

（20）昭和八年一一月一五日、在福州守屋総領事発、広田外務大臣宛、第三二二号（『日本外交文書』〈昭和八年対中国関係〉六〇五頁、文書四五三）。「往電第三一七号末段ニ関シ委細郵報済ナル処右ハ李及陳ヨリ西南独立ニ関シ援助ヲ求メラレタル広東和知中佐カ財政的援助ヲ為スヘク斡旋中ナルカト（台湾軍及総督府ニ於テ台湾糖毎月十万担価格五十万円ヲ中山港ニ輸入スル計画ノ具体化ヲ含ム林熊祥之ニ関係ス林ハ招電ニ依リ明十六日渡台ノ上具体的取極ノ為香港ニ赴ク筈）ニ関ス本官ハ当地官憲ノ対日空気変化ハ之ニ起因スルモノト確信スルニ至レリ」。

（21）近藤正巳『総力戦と台湾――日本植民地崩壊の研究』刀水書房、一九九六年（第一章第一節、第二章第二節）および中村孝志「台湾と『南支南洋』」（同編、前掲書所収）、松浦正孝前掲書参照。実は、松井石根が一九三三年三月に設立した大亜細亜協会の幹部構成員に和知鷹二の名が連ねられていた。松井が司令官であった当時の台湾軍と和知の関係は非常に深く、また思想的にも松井と和知は近かったといえる。

（22）一一月二五日には台湾軍参謀・土橋が福州に入り、同じく二四日に来福した和知と種々の打合せを行なっている。また、台湾軍の嘱託として福建に派遣された緒方初雄陸軍大佐は、「福建民軍」の指導を目的としていたという。台湾総督府においても、台湾軍と同様に人民政府の成立を利用し、台湾糖の売込みなど、福建への経済的な勢力拡大を狙っていたと考えられる（昭和八年一二月一二日、在福州守屋総領事発、広田外務大臣宛、機密第七二八号、「陸海軍関係者及台湾総督府係官ノ来福ニ関スル件」〈記録「福建独立運動関係」〉）。

（23）昭和八年一二月一日、在福州守屋総領事発、広田外務大臣宛、機密第七五一号（『日本外交文書』〈昭和八年対中国関係〉六四九～六五〇頁、文書五〇三）。「台湾商人ト香港ニ在ル中国商人（代表者ノ一人カ韓賓礼……）トノ間ニ台湾軍部ノ肝煎ニテ台湾糖売込ノ商談早クヨリ進行シツツアルコトハ曩ニ報告セル通リ……台湾糖ハ韓ノ手ニテ売捌カレ李宗仁及白崇禧ノ武器購入其ノ他ノ軍費トナリ更ニ一部ハ李済深ヲモ潤ス仕組トナリ居ルモノナリ台湾軍ノ意図ハ李、白ヲ革命政府ト呼応シテ立タシメントスルニ存スルコト言フ迄モナシ（……本官カ斯ノ如キ計画ニ参与セル如ク支那又ハ外国側ヨリ宣伝セラルルコトハ国策上面白カラスト考エ本官ハ全然関知セサル建前ヲ取リ居レリ為念）」。台湾糖による資金捻出により、広西の李宗仁と白崇禧へ軍事費援助を行なうことで、台湾軍は李・白を人民政府に呼応させようと目論んでいたといえる。

（24）昭和八年一一月七日、広田外務大臣発、在中国有吉公使

宛、暗第二五七号極秘「福建独立ニ対スル中央方針ニ関シ照会ノ件」（記録「福建独立運動関係」）。「福建独立ニ対シ不干渉静観ノ態度ヲ持スヘキ中央ノ方針ニハ依然変更ナク右方針ハ軍部ヨリノ指令ニ依リ台湾軍ニ対シテモ充分徹底シ居ル筈ナルヲ以テ同軍ニ於テ実質的援助ヲ与フルカ如キコト有リ得サルモ……中央軍部ヨリ台湾軍ニ対シ此ノ際更ニ念ヲ押シ置クヘキ趣ナリ」。

(25)　一九三三年末時点で、現地領事館が把握している範囲だけでも福州管区一七五三人（台湾人一三六九人）、厦門管区九八八五人（台湾人九四九六人、朝鮮人二三人）の合計一万一六三八人が在留邦人として活動しており、他の外国居留民を圧倒していた（『外務省警察史　支那ノ部　在福州総領事館』、『外務省警察史　支那ノ部　在厦門総領事館』および外務省亜細亜局『満洲国及中華民国在留本邦人及外国人人口統計（仮表）』）。同省における経済的権益は、三〇年代後半の「南進」国策化まで、「満洲」および華北・華中に比して取るに足らない水準であったものの、台湾総督府による南方関与は継続的に行なわれ、「台湾籍民」をも対象とした病院・学校・新聞など文化事業においては一定の成果をあげていた（近藤正巳前掲書、中村孝志前掲論文、および長岡新治郎前掲論文、参照）。「南進」拠点・台湾との一体的経営が主張され、華南進出の基点と位置付けられていた福建省での既得権益は、台湾統治とも関連した日本の南方政策にとって重要な要素であった。

(26)　昭和八年一一月三〇日「福建独立政府組織ニ関スル件」（記録「福建独立運動関係」）。

(27)　実際に朝鮮人活動家が、人民政府との連携を模索していた。人民政府の成立後、朝鮮人志士の金文なる人物が上海より来閩して人民政府要人を訪問し、弱小民族連合の精神に基づき人民政府運動への参加を願ったという（『福建人民日報』一九三三年一二月九日）。

(28)　昭和八年一一月三〇日「福建独立政府組織ニ関スル件」（記録「福建独立運動関係」）。「福建独立ニ関シ我方ノ後援アルヤニ宣伝アルヤニ右ハ何等カ為ニセントスルモノノ宣伝ニ過キスシテ全然事実無根ナルコトハ勿論ナルカ右宣伝ノ欧米方面ニ及ホス影響ニ付テモ等閑ニ附シ難キモノアルヲ以テ本省ト在支各館トノ連絡ハ勿論在欧米各館トノ間ニ於テモ十分ナル連絡ヲ保持シ他ヨリ乗セラレサルコトヲ期スルト同時ニ……肝要トス」。

(29)　『報知新聞』昭和八年一一月二〇日（記録「輿論並新聞論調」）。

(30)　昭和八年一二月三日、在厦門塚本領事発、広田外務大臣宛、機密第五三七号「福建新政府ノ聯共政策ニ関スル件」（記録「福建独立運動関係」）。「聯共ノ結果共産党ニ対スル新政権ノ取締極メテ緩慢トナリタルハ事実ニシテ共産党ハ此ノ機会ヲ利用シ福建ニ於テ其ノ地盤ヲ築クコトニ活躍シ居ルコトハ疑問ノ余地ナク……此ノ点多数ノ在留民ヲ有シ且一葦帯水ノ間ニ台湾ヲ有スル我方トシテハ重大ナル影響ヲ受クルモノト見サル可カラス依テ交通ノ要地タル厦門ハ在留民ノ生命財産ノ保護ト云フ点ノミナラス此ノ共産主義進出防止上重要ナル地位ニ在リ……又新政府カ外国資本ヲ以テ鉄道鉱山ニ再ヒ手ヲ出シ又外国武器ヲ自由ニ招来シ得ルニ至ルヲ虞ルル次第ナリ一旦共産組織ノ一部分ニテモ施行セラレシカ後日如何ニ之ヲ改革スルモ現状ニ引キ戻スコト困難トナルヘク当地台湾人ニ伝染シ軈《やが》テハ台湾ニ伝播スルコトナシト云フヲ得ス」。

(31) 例えば、在天津栗原総領事は、福建での「政変」が国家主義青年党などとの関連から天津に拡大することを憂慮し、現地の見解および情勢の継続的伝達を福州総領事館に求めている（昭和八年一二月七日、在天津栗原総領事発、広田外務大臣宛、第五五一号〔記録「福建独立運動関係」〕）。

(32) 前掲注(14)に同じ（昭和八年一一月一八日、広田外務大臣発、在福州守屋総領事宛、暗第四八号極秘〔記録「福建独立運動関係」〕）。

(33) 陸軍省軍事調査部『福建独立運動に就て』昭和九年一月四日、三頁。「抑、福建は我台湾と一葦帯水の地であって、日支両国間には同地不割条約を締結せられある程其動静は直に帝国の国防に重大なる関係を有するが故に絶対に対岸の火事視する訳には行かない」。

(34)『報知新聞』昭和八年一一月二〇日〔記録「輿論並新聞論調」〕。「福州の人民政府成立につき陸軍当局では次の如く見てゐる／未だ陸軍省に独立の電報は入っていないが、斯かる形勢は前からあったのだから恐らく事実だろう。これは……全国的に支那全土大動乱の前兆となる可能性があり、然る場合には北支にも波及し延いてはわが国としても十分この推移を監視せねばならぬが殊にここに注目せねばならぬのは福州におけるこの独立の蔭に欧米の勢力が働いてゐるのではないかの一点である」。

(35)『報知新聞』昭和八年一一月二〇日〔記録「輿論並新聞論調」〕。

(36)『中央日報』一九三三年一一月二一日。

(37)『中央週報』第二八六期、一九三三年一一月二七日、韓信夫・姜克夫主編『中華民国大事記』第三冊、中国文史出版社、五七四頁。

(38)『中央週報』第二八八期、一九三三年一二月一一日。

(39)『中央週報』第二八七期、一九三三年一二月四日。

(40) 軍委会南昌行営検送《戡定閩変紀略》致国民政府文官処函件〈一九三四年九月七日〉（中国第二歴史档案館編『中華民国史档案資料匯編』第五輯第一編政治（五）、江蘇古籍出版社、一九九四年、七三一～七四四頁）。

(41)『中央夜報』一九三三年一一月二八日、『中央週報』第二八七期、一九三三年一二月四日。

(42)『中央夜報』一九三三年一二月二日。

(43)「居留民保護問題」への日本政府の対応については、前掲拙稿④を参照されたい。

(44) 昭和八年一一月二六日、在南京日高総領事発、広田外務

大臣宛、第六四三号（外務省記録A・6・1・5・1－17－4「支那内乱関係一件　福建独立運動関係　国民政府ノ福州港封鎖問題」〈以下、記録「福州港封鎖問題」と略記〉）。南京国民政府の方針は、日本だけでなく英・米・仏に対しても伝えられていた（昭和八年一一月二五日〈本省着〉、在南京日高総領事発、広田外務大臣宛、第六三五号〈記録「福州港封鎖問題」〉）。

(45) 昭和八年一一月二七日、広田外務大臣発、在中国有吉公使宛、暗第二四五号（記録「福建独立運動関係」）。福建への武器搬入が画策されていたのは事実のようである。例えば香港の大阪商船から在香港蘆野総領事代理への内報では、海豊からイギリス船で持ち込まれた十九路軍領袖・蔡廷鍇宛の武器弾薬一一箱の、香港から厦門までの再輸送依頼が一一月三〇日になされたという。この一件については、蘆野総領事代理から大阪商船への注意喚起、香港当局のイギリス船による福建への武器輸送および香港における武器積み替え禁止の方針などもあり、実現はしなかったようである（昭和八年一二月四日、在香港蘆野総領事代理発、広田外務大臣宛、第一五二号、〈記録「福建独立運動関係」〉）。

(46) 昭和八年一一月二八日、在中国有吉公使発、広田外務大臣宛、第六九八号（記録「福州港封鎖問題」）。

(47) 昭和八年一一月二九日、広田外務大臣発、在中国有吉公使宛、暗第二五〇号、「福州事件ニ関スル在支公使宛回訓ノ件」（記録「福建独立運動関係」）。

(48) 昭和八年一二月二日、在南京日高総領事発、広田外務大臣宛、第六五七号（記録「福州港封鎖問題」）。

(49) 昭和八年一一月二八日、在福州守屋総領事発、広田外務大臣宛、第三六四号（記録「福州港封鎖問題」）。

(50) 昭和八年一二月五日、在上海佐藤武官発、海軍次官、在中国各地武官、三艦隊参謀長、次長、十一戦隊司令官宛、機密第一五〇番電（記録「福建独立運動関係」）。

(51) 昭和八年一一月二九日、在中国有吉公使発、広田外務大臣、第七〇七号（記録「福州港封鎖問題」）。

(52) 昭和八年一二月二〇日、台北在勤井上海軍武官発、海軍省軍務局長宛、台海秘第一二一号、「福建独立後ノ情報ニ関スル件報告」（『公文備考』昭和八年　D外事　台海秘　七止）。

(53) 昭和八年一二月一日、在福州守屋総領事発、広田外務大臣宛、第三七七号（記録「福州港封鎖問題」）。

(54) 昭和八年一二月六日、広田外務大臣発、在中国有吉公使宛、暗第二五六号、「福建各港出入内外船舶臨検方ニ関シ丁参事官申出ノ件」（記録「福建独立運動関係」）。一方で南京国民政府は、日本側に一定の気遣いをも見せていた。軍政部次長・陳儀は、在南京日高総領事に対する軍事的動向の説明にあたり、極秘裏に「海軍ハ福建沿岸ヲ巡航シ軍需品ノ輸入等ヲ監視スヘキモ、封鎖ノ挙ニ出テントスルモノニ非ス」と述べ、日本側の懸念を和らげようとしていた（昭和八年一一月二六日〈本省着〉、在南京日高総領事発、広田外務大臣宛、第六四〇号〈極秘扱〉（記録「福州港封鎖問題」）。また、一二月三日に日本側艦船・帆風と訪問使を交換した軍艦・中山の艦長も、その活動が主に中国船舶に対するものであり、外国船舶に対する臨検は今後行わず、「日本船舶ニ対シテハ絶対ニ行ハザル旨言明」したという（昭和八年一二月三日、馬要参謀長発、軍務局長、軍令部一・三部長、三艦隊・旅要・満海参謀長、十一戦隊司令官、在支各地武官宛、機密第四三三番電〈帆風駆艦長機密第三番電三日午前十一時三十分〉（記録「福州港封鎖問題」））。

(55) 昭和八年一二月七日、在中国有吉公使発、広田外務大臣宛、第七二九号（記録「福州港封鎖問題」）。

(56) 昭和八年一二月七日、在福州守屋総領事発、広田外務大臣宛、第三九六号（記録「福州港封鎖問題」）。「日本船ハ其後モ検査ヲ受ケス外国船モ同様ナリ……」華北情勢などの諸課題を有する当時の日中関係のなか、南京国民政府は、福建事変に際する臨検問題によって、日本との関係を根本的に悪化させるつもりはなかったと思われる。上海・福建間における国内船の航行を停止するだけでも、人民政府に与える経済的ダメージは相当のものがあったのではなかろうか。

(57) 昭和八年一二月一二日、在福州守屋総領事発、広田外務大臣宛、機密第七三二（記録「福建独立運動関係」）。また、中国人の福州からの流出、上海や台湾からの流入の防止を目的とする、一二月七日における人民政府から福州総領事館への日本船内での中国人訊問・逮捕の許可申し入れに対しても、総領事館側の回答は、「中央政府軍艦ノ日本船臨検ヲ拒絶シ厳正中立ノ趣旨ヲ執リ居ル我方トシテハ革命政府側ノミ斯カル措置ヲ承認スル訳ニハ行カス又本件ハ条約上ノ権利ヲモ毀損スルモノナル次第アリ中国人ノ訊問及取調等ニ付中国人乗客ノ上陸スル地点等ニ於テ行様特別ノ辨法ヲ考慮セラレ度シ」というものであった（昭和八年一二月八日、在福州守屋総領事発、広田外務大臣宛、第四〇〇号（記録「福州港封鎖問題」））。

(58) 「閩聯匪聯日之真相　与匪訂約陳友仁乞日援助　本社二十一日上海専電……又社民党親日醞釀已久、日前陳友仁赴港、即係杉村有所接洽、冀於閩変発動後、得日方之援助、同時日方亦提出物質方面之種種条件、惟内容甚秘、無従探悉僅知其取銷実際之抗日、……」

(59) 「閩反動組織　向日借款五千万　日已允先接済数百万喪心病狂竟一至於此　拠財政界某要員晤民族社記者、閩省反動組織、宣告成立後、其目前巨大困難之一、即財政問題、該反動組織中之外交委員会主席陳友仁、迭向日本乞憐擬向其借款五千万元、以資応用、聞日亦該反動組織無切実担保品、不大放心但為澈貫其平日助長我国内乱之主張計、已先接済該反動組織款項数百万元云」

(60) 記録「輿論並新聞論調」（『申報』一九三三年一一月二〇日「福州変乱ノ内幕」）。「……数月来陳ハ日本聯絡ニ付イテ尤モ苦心ヲ極メタリ顧フニ十九路軍ハ上海ニ於ケル抗日ノ経過ハ一時面目ヲ変換シ易ラス即チ方吉ノ故智ニ則リ一面ニハ仍ホ救国抗日ヲ標榜シ一面ニハ陳友仁、韓賓礼等ニ託シテ送《ママ》リニ台湾総督府ニ向ケ諒解ヲ求メタリ最近韓ノ尽力ニテ已ニ陳ニ三百万元ヲ助与シタルヲ聞ケリ……」。

(61) 注(18)に同じ(在漢口谷口総領事代理発、広田外務大臣宛、第三六七号〔記録「輿論並新聞論調」〕)。

(62) 昭和八年一一月二一日、在南京日高総領事発、広田外務大臣宛、第六三〇号〔『日本外交文書』(昭和八年対中国関係)六一五頁、文書四六二〕。

(63) 昭和八年一一月二七日、広田外務大臣発、在中国有吉公使宛、暗第二四四号、「福建独立運動ニ関シ支那紙記事取締方ニ関スル件」(記録「福建独立運動関係」)。転報先は北平、青島、済南、天津、南京、漢口、広東、香港、福州、厦門、汕頭とされている。

(64) 謝蒨茂「閩変之客観的影響為日本及共産党造機会」(『新民報』一九三三年一一月二八日、社論〔記録「輿論並新聞論調」〕)。「閩変掲開以来、其宣言之支離幼稚、行動之荒誕離奇、組織分子之複雑矛盾、内部挙措之張皇紛乱、早已為世人所共見共聞。……無奈今日中国所処之環境、既万不能再容内部之分裂、而国家内外之敵人、即日本与共産党、則又深喜中国発生此種内部分裂之現象。故閩変所生之客観的影響、可以簡括表示之曰:削弱中国民族自衛之力量、造成日本与共産党侵攻中国与分割中国之機会而已。/……内外敵人既惟恐中国不乱、而離奇不可思議之閩変、適応時出現、即無勾結日本与共産党之事実、而在客観上固已造成日本与共産党分裂中国与擾乱中国之機会。況乎助成閩変、固為共産党破壊五次囲剿預定之計画、而陳友仁之通日、亦為世人週知之事実。……吾人即目福建叛徒為日本与共産党合僱之別動隊、亦不能過違於事実也」。

(65) 昭和八年一一月二九日、在漢口谷口総領事代理発、広田外務大臣宛、第三五七号(記録「輿論並新聞論調」)。

(66) 同前。

(67) 昭和八年一一月三〇日、在漢口谷口総領事代理発、広田外務大臣宛、第三六一号(記録「輿論並新聞論調」)。

(68) 同前。「……盧ハ本官ノ申入レニ対シ一々同意ヲ表シタル上早速党部要人ト会見シ貴意ニ副フ様取計フト共ニ新聞記事ニ関シテモ省政府及党部ノ機関誌ハ勿論其ノ他ノ新聞ニ対シテモ夫々可然手配スヘシト答エタリ……省政府トシテハ目下ノ処宣言等ハ発スル意思ナキモ省政府各委員ハ悉ク日本ハ福建問題ト関係ナシト信シ居ル次第モアリ……御安心アリタシト答エタリ」。

(69) 昭和八年一二月六日、在漢口谷口総領事代理発、広田外務大臣宛、普通第七二九号(記録「福建独立運動関係」)。

(70) 昭和八年一二月一一日、在漢口谷口総領事代理発、広田外務大臣宛、普通第七四三号(記録「福建独立運動関係」)。

(71) 昭和八年一二月一二日、在沙市田中領事館事務代理発、広田外務大臣宛、公第二九号、「福建問題発生後ノ当地方ノ状況ニ関スル件」(記録「福建独立運動関係」)。

(72) 昭和八年一二月四日、在上海石射総領事発、広田外務大臣宛、第四三五号(記録「輿論並新聞論調」)。
(73) 在宜昌領事柴崎白尾発、広田外務大臣宛、機密往信第一四四号(記録「福建独立運動関係」)。
(74) 昭和八年一二月一六日、在南京日高総領事発、広田外務大臣宛、第六八八号(記録「福建独立運動関係」)、および昭和八年一二月一六日、在中国有吉公使発、広田外務大臣宛、第七五四号(記録「輿論並新聞論調」)。
(75) 昭和八年一二月一七日、在杭州領事館事務代理松村雄蔵発、広田外務大臣宛、普通第一三四号(記録「福建独立運動関係」)。
(76)『中央日報』一九三三年一二月二二日。「本社二十日上海電、須磨原定二十二日返国、現因奉外務省命、須赴閩調査偽組織、遂又変更原定計画、決于二十一日晨乗盛京丸赴閩、茲探悉須磨此行、実負有特別任務、因杉村月前南下到閩時、曾与偽組織方面、商訂偽組織成立後、承認日在華南之各種利益後、杉村返国、此事仍在往返磋商中、現已達成熟時期、故杉村特令須磨、並授予一切事宜、以調査偽組織為名赴閩会晤閩偽当局、作縝密之商討、与最後之決定、一説須磨此次南下、曾擬有所謂白糖借款三千万元、前往接済、並簽訂一切条約」。
(77)『福建人民日報』の社論「日蒋的秘密勾結」は、蔣介石による日本と人民政府の関係をめぐる宣伝の存在を指摘し、それを根拠の無い謠言として反論を試みている(『福建人民日報』一九三三年一二月二九日)。このような人民政府の動向は、南京国民政府側からの反人民政府宣伝が一定の影響力をもっていたことを示しているといえよう。
(78) 一九三〇年代前半における日本政府・外務省と軍部の対外政策やその相互関係などについては、酒井哲哉前掲書、井上寿一前掲書、武田知己前掲書、樋口秀美前掲書、北岡伸一「陸軍派閥対立の再検討(一九三一~三五)—対外・国防政策を中心に—」(『年報・近代日本史研究1 昭和期の軍部』)などを参照。

抗戦前四川における小額貨幣と中国幣制改革

岡崎清宜

はじめに

南京国民政府（以下、国民政府）は、周知のごとく、国民国家の建設と統一的な国民経済の形成を課題とした。政治では、満洲事変以降、日本側の妨害にあいながらも、剿共戦の遂行、両広事変など、国内統一を固めた。経済では、関税自主権の回復、釐金《りきん》の廃止、国税と地方税の区分など財政近代化をすすめ、国防建設のための重工業育成や農村経済の再編など経済開発が目指されていた。

とりわけ国民政府の通貨改革は、抗戦建国の基盤をきずいたものとして名高い[1]。旧来中国では、銀地金や銀貨、紙幣、銅貨、布貨・竹貨などのクーポン、商会・商人・銭荘の発行する手形・小切手などが貨幣に使われた。国民政府は、近代的通貨システムの整備に力を入れ、一九三三年四月に廃両改元、三五年一一月には幣制改革を断行した。幣制改革は、法幣の導入、すなわち管理通貨制度への移行であった。従来の多彩かつ重層的貨幣流通は終焉を迎え、現代中国の「一国一通貨」の前提が準備されたのである。

ただ、旧来の国民政府の幣制改革の研究は、問題がないわけではない。まず、国民政府の中央レベルにおける制度史的視角からのものがほとんどを占め、貨幣流通を具体的に検討したものはほぼ江南に限られている。また、研究対象も本位貨幣である銀貨を法幣におきかえる過程の解明にとどまり、小額貨幣である小額銀貨や銅貨がどうなったのかはほとんど分かっていない。(2)もちろん、幣制改革は銀の国有化であったため、社会的関心は極めて高かった。同時代の中国では小額貨幣に関しても論じられている。(3)また、宮下忠雄・岩武照彦各氏の研究でも、各地の省銀行発行の輔幣券(一元未満の小額銀行券)に対し、国民政府の統制が強化されたことを指摘している。(4)ただ、小額貨幣や輔幣券・補助貨幣の流通状況は、ほとんど明らかにされておらず、制度説明の枠をこえていない。小額貨幣は、どのような貨幣政策の下、どのように回収・処理され、補助貨幣は、どのように供給されたのか。新しい補助貨幣と旧来の小額貨幣は、どのような関係にあったのか。そもそも法幣と小額貨幣・補助貨幣は、どのように結びつけられるようになったのか。これらは、基本的な事柄にも関わらず、詳細は定かではない。

そこで本章では、国民政府の幣制改革、小額貨幣がどのように回収され、どのように補助貨幣が供給されたのか、抗日戦前の四川をとりあげて論じたい。日中戦争で「大後方」四川の果たした役割は計りしれない。そのため劉湘政権の「中央化」と貨幣について、周開慶やカップ、今井駿、林幸司各氏が言及してきた。また近年、家近亮子氏は、国民政府が四川軍閥の分裂をおさえ、四川から劉湘を切り離しつつ、直接、経済建設を展開したことを指摘している。(5)とはいえ国民政府の幣制改革と四川の小額貨幣に関しては、ほとんど分かっていない。そこで本稿では、法幣と制限法貨である補助貨幣が、管理通貨制度下、四川ではどのように結びつけられたのか検討することを通して、国民政府は社会をどのように包摂したのか、国家と社会の有り様を照らしだしていきたい。

一　四川「中央化」以前の貨幣流通

小額貨幣を論じるにあたって、まず法律を確認しておきたい。一九三三年三月八日公布・施行の銀本位幣鋳造条例では、孫文銀元は無制限法貨の地位にあった。孫文銀元以外は、重量や品位に優劣がなくとも本位貨幣ではない。財政部の定める一定期間、同様の行使が許されるにすぎない。銀行券は、金属貨幣の代用品とされ、中央銀行券でさえ、他の銀行券と同様、法貨ではなかった。最高法院は、強制通用力をもつ貨幣か否かを「不換性の有無」で判断したからである。一方、補助貨幣は、補助銀貨、銅元、そして歴代王朝で鋳造された制銭などであった。補助銀貨と銅元は法律で通用を認められたが、制銭は含まれなかった。むろん制銭は使ってもよい。ただ銅元建債務は、銀元と銅元の交換レートが大きく変動しても銅元での返済が許され、債権者に割増返済する必要はないのに対し、制銭建の場合、判例では変動にしたがい割増返済しなければならなかった[6]。

ここで一九三〇年代前半の四川における貨幣流通の全体像を押さえたい。**表1**は、それぞれ川北、川西、川東、川南の四区域、計三五県における、銀貨と銅貨・銀行券について、どれぐらいの割合で流通したのか、内訳をまとめたものである。川北、省都成都のある川西は、サンプル数が少なく、一般化して論じるのは難しい。とはいえ、これを手がかりとして、四川の貨幣の見とり図を大まかにえがくことは許されよう[7]。

まず、注目しておきたいことは、銀元流通の中心は四川銀元であって、本位貨幣の孫文銀元も、有名な袁世凱銀元も、あまり流通していないことである。四川銀元は、銀含有量を若干減らして、成都造幣廠が鋳造したもので、四川をこえ流通することは稀とされた[8]。ただ、表をみるかぎりでは、四川でも川西・川東にすぎず、川北や川南には入りこめていない。孫文銀元や袁世凱銀元は、船運で流入しやすい、川東でこそ普及したものの、川南や川北、川西では多くなかった。清末各省で鋳造された雑幣とよばれる銀元も、依然、残存していた。川南や川北の銀貨は、小額銀貨であった。四川の小額貨幣には、

補助貨幣流通の情形は……複雑で、だいたい補助銀貨は、川東下流一帯ではまったくなく、その他各県、す

表１　四川省の通貨構造

		袁１元の銅銭	銀貨							銅貨					紙幣		
			中山	袁	川	雑	５角	２角	１角	200	100	50	20	10	中国	糧税	他
川北	潼南	27000		2	10	3	85			98.8	0.4			0.8	10	60	30
	安岳	27200		2	5	3	90			96				4			
	楽至	27600		1	6	2	90			71	11	1	1	16			
	鄰水	27000	5	20	70	5				98	2				10	50	40
	三台	26000	2	3	30	5	60			82	2	10	1	5			100
川西	蘆山	26000		5	95					95				5			
	邛崍	27000		35	60	5				72	20	2	2	4			
川東	壁山	24000	5	4	80	9	2			98	2				10	50	40
	江津	19400	5	10	80	12	10	0.7	0.3	66	32	1.5		0.5	15	50	35
	栄昌	21600	3	10	15	14	30	27	1	65	35				25	30	45
	涪陵	13800	10	30	50	10				42	28	10	6	4	35	20	45
	永川	20000	5	10	15	7.5	33	28.5	1	79	13	4	2	2	15	45	40
	梁山	24500	5	25	50	20				90	8	1	0.5	0.5	10	20	70
	忠県	9000	10	10	80						90	10			30	60	10
	酉陽	9300		30	60	10					80	10	5	5			
	彭水	9800	10	30	50	10					90	10			100		
川南	洪雅	18600	10	10	60	7	3	10		90	6	10	2	2	10	50	40
	内江	19200	2	3	12	3	30	50		60	40				100		
	資陽	27000	2	2	70	11	15			90		1	4	4	20	50	30
	叙永	10800	0.1	0.2	0.6	0.5		96.5	2.1	15	75	10					
	古藺	10000	1	16	5	2	0.5	75	0.5	2	95	3					
	自貢	20760		5	15	5	20	40	10	80	20				20	40	40
	興文	12600		2	25	8	5	60		75	25						
	馬辺	19000		10	70	20				80		12	8				
	南溪	13400	2	2	3	1		90	2	84	11	1	2	2			
	江安	12600		10	20		5	60		60	35	5					
	古宋	12000	1	2	3	2	4	80	3		98	2					

〔出典〕「全川幣制調査」『新蜀報』1934年５月３～19日。
〔注１〕表の数字は、銀貨、銅貨、紙幣のそれぞれの全体に占める、個別貨幣の比率。
〔注２〕江津の銀貨、洪雅の銅貨は合計すると100％超になるが、そのままにした。古宋の銀貨･資陽の銅貨の残りは大錠と制銭。江安は１角と錠銀の数字が不明で100％にならない。楽至、自貢も100にならないが不明。

なわち川東上流・川南一帯は、半元銀貨と角銀貨を併用し、川西・川北では、半元を用いるのみで角銀貨は跡を絶っている[9]

との指摘があるが、同様のトレンドが確認できよう。川南の二角銀貨や一角銀貨は、光緒年間、広東、福建、湖北、湖南、四川、雲南、東三省、安徽、香港で鋳造されたものという。一方、川北では光緒宣統の雲南半元銀貨が流布した。雲南軍閥の四川支配の残滓とみて間違いあるまい[10]。総じて、銀元と小額銀貨はバランスがとれていない。銀元が流通する川東では小額銀貨そのものが少ない。川南・川北はその逆になる。ただ、小額銀貨が圧倒的な自貢や安岳では、二角銀貨や一角銀貨、半元銀貨は、市場での商取引に使われたが、郵便・電信や税金の支払には銀元があてられていた。小額銀貨がメインの川南・川北では、川東・川西とちがい、流通手段は小額銀貨、支払手段は銀元と使いわけられていたのである。小額銀貨には、代替できない領域があった、といえよう。

そうした状況の中で、銀元を支払準備として発行する銀行券の分布が、川東にかたよったとしても、何ら不思議ではない。中国銀行券は、精糖業の内江、製塩業の自貢、重慶にほど近い川北の鄰水や潼南などをのぞけば、川東をこえて受領されることはなかった。重慶各銀行の発行していた銀行券も、中国銀行券の流通しない地域には入りこめなかったのである[11]。それだけではない。劉湘政権の糧税契券も、中国銀行券の流通範囲にとどまっていたことがわかる[12]。では、銀行券は、どれくらい流通していたのか。断片的ではあるが、『新蜀報』は、銀行券と銀貨の割合を伝えている。それによれば、「紙幣＋銀貨」全体に占める紙幣の比率は、江津では三〇％、栄昌では二五％、自貢・梁山・忠県では二〇％、潼南では一〇％であった。ここからも川東は、川北・川南より銀行券の比重が高いことが分かる。ただ、四川は銀貨自体がとぼしいことを忘れてはならない。四川の銀通貨ストックは、一九三五年頃、人口七〇〇〇万元程度と見積もられた。中国全土の銀元流通量が二〇億元以上と推計されていたことを考えれば、人口規模の割には少なさは否めない。[13] 四川の貨幣流通は、銀貨の役割が大きいにも関わらず、銀貨が乏しかったのである。

なにより、ひときわ異彩をはなつのは、四川省内における銀貨と銅貨の交換レート、すなわち銀銭比価（以下、銭価）の異常な地域差と銅貨安であろう。たとえば、一九三四年当時の銭価は、上海では一元＝三〇〇〇文前後、天津では五〇〇〇文前後で推移していた。ところが川北・川西では、ほぼ袁世凱銀元一元＝二七〇〇〇であるのに対し、雲南への荷揚地・宜賓や自貢などの川南、重慶や万県のある川東では、安値であっても建値はまったくちがう。川東の黔江流域では、黔江と長江の合流地・涪陵で一三八〇〇、黔江上流の忠県・酉陽・彭水は九〇〇〇台であった。この地域差と銭安は、実は、何も不思議なことではない。忠県・酉陽・彭水の銅貨の内訳をみてほしい。川南の叙永や古藺と同様、二〇〇文銅元がない。他方、銭安の川北や川西では二〇〇文銅元がほとんどである。川北で流通する二〇〇文銅元は、一九二六年、成都造幣廠鋳造の劣悪なものだったという。[14] 二〇文銅元が支配的な邛崍は、二〇〇文銅元を使う周辺にあわせたのか、二〇文銅元を二〇〇文に評価替えして用いていた。名目貨幣の評価替えは銅元だけではない。制銭は銅の原材料として流出したため、一九三〇年代にはあまり流通していないが、制銭一文は一〇文（多数の例でみられる）や二〇文（自貢・楽至）に換算して使われた。四川のインフレーションとは、軍閥による二〇〇文銅元の大量鋳造で二〇〇文銅貨建に切りかえられたことによって生じた、銅元建での名目物価の上昇を意味していたのである。[15]

もちろん、二〇〇文銅元も時期や造幣廠の違いで品質に差があるため、額面通り流通していたわけではない。一〇文銅元は、ほぼ七グラム強の重さで、他の地域の一〇文銅元とほぼ変わらない。ところが、民国初年頃に作られた旧一〇〇文は一九〜二一グラム、旧二〇〇文銅貨は二三〜二七グラムほどであったが、一九二〇年代半ばに作られた新しい二〇〇文銅貨は、一九弱〜二一グラム強が中心で、しばしば、一三グラムなどの悪貨も、鋳造されていたからである[16]。成都鋳造の新二〇〇文銅元中心の楽至では、旧二〇〇文を二五〇～四〇〇、旧一〇〇文を一二〇、旧五〇文・旧二〇文を一〇〇へ、三台では旧二〇〇文を三〇〇、旧一〇〇文・旧五〇文・旧二〇文銅元を二〇〇へ増価して用いた。当然、新二〇〇文・新一〇〇文側が減価される所もあってよい。江津は旧二〇〇文、涪陵は旧一〇〇文銅元建のため、新二〇〇文・新一〇〇文銅元は、江津が一四〇と七〇、涪陵が一〇〇と五〇に減価されていた。三台と涪陵は、一見、銭価が二倍だが、新二〇〇文建と旧一〇〇文建の差でしかなかったのである。銀元一枚に必要な新二〇〇文銅元の数では、一三〇枚前後と、さして違いはない。これは川南も同じである。川南は旧二〇〇文が中心であった。銭価は、資陽をのぞけば、旧二〇〇文建であって、新二〇〇文は一四〇～一五〇に割引されて用いられた。興文・南溪・江安では、旧二〇〇文は一四〇、新二〇〇文は一〇〇に、古藺では旧二〇〇文が一〇〇に減価されたという。いずれにしても、四川の銭価は、新二〇〇文銅元で何枚かの視点から計算しなおせば、大きな差はなかった。裁定機会をねらった銅貨移動など、現送費が高すぎておきるはずもない。

以上のように、一元あたりの銅貨枚数からながめ直すならば、抗日戦前の四川はインフレであるどころか、銭高、すなわちデフレに苦しめられた地域であったことは、想像にかたくない。上海と天津の差も、上海は一〇文銅元建、天津は二〇文銅元建だったためである[17]。銀元一元は、上海が銅貨三〇〇枚前後、天津では二五〇枚前後に対して、四川では九〇枚～一四〇枚前後で交換されていた。かわりに投入された新二〇〇文銅貨は、二〇文銅貨に比べて、三倍の重さがあった。四川は銀貨が乏しいが、銀貨も乏しいこと。銅貨は重いので、銀貨以上に現送がままならないこと。こうした四川と銅貨の固有条件を吟味せずして、既存の銅元を溶解して高額面の銅元を延々濫発しても、軍閥がシニョリッジを獲得できたゆえんは説明できまい。一元が銅貨一〇〇枚台前半で交換されたにすぎないならば、売買単位の更なる零細性と銅貨不足によって、奥地ではお釣りにすら苦慮しよう。はたせるかな、楽至ではタバコと竹片が、安岳や三台では二〇〇文銅元を四つや半分に切断したものが、古藺では商会発行の五〇文紙幣がお釣りに使われていた。三台では、お釣りを避けるため、小商人は一〇〇文から値づけしたという。むろん、お釣り対策以外にも、多くの県当局や商会は、銅元票、銭票、角票、銀票など様々な呼称をもつ紙幣、すなわち私製通貨を発行していた(18)。また、金融逼迫を緩和するため、多くの県で農村銀行設立構想が練られた(19)。

かくして四川社会では、銀貨不足と、それと同様の銅貨不足の制約下、入手可能なものを駆使し、商品流通に対応することになる。その結果、袁世凱銀元や四川銀元を頂点として――小額銀貨が頂点の地域もあるが――その下に軍閥発行の紙製貨幣、軍閥鋳造の高額面銅貨といった、重層的貨幣流通が形成されたのである。それぞれの通貨は、需給関係で相場が建ち、取引されていた。このピラミッドの外側と下側に、県・商会発行の紙幣やクーポンといった、私製通貨がなかば重なりあいながら横たわり、弾力的な流動性供給を可能にしていたのである。このような四川の小額貨幣は、抗日戦前の「中央化」の流れの中で、どのように変容していくのか。以下、次節で見ていくことにしたい。

二　小額貨幣流通の混乱と四川の「中央化」の展開

一九三四年は、四川政治が大きく変化した年であった。蔣介石と結んだ軍閥の劉湘は、一九三三年七月、民国期四川最大の内戦「二劉大戦」に勝利をおさめ、一〇月、四川剿匪総司令に任命された。一九三四年以降、四川各軍は、川陝ソビエトと湘鄂西ソビエトとの剿共戦にかりだされ、川陝ソビエトだけで正規兵一〇数万、輜重・人夫をあわせると三〇万が動員された。川鄂湘一帯は国共内戦の主要舞台となったのである。一九三四年八月、川陝ソビエトに敗れ下野を表明した劉湘は、一〇月、辞意表明から一転、翻意すると、一一月、剿共戦と四川処理をめぐり国民政府と会談するため南京へむかう。長征途上の紅軍がせまる状況下で、協議の結果、四川の「中央化」がもたられた。一九三五年二月、劉湘を主席とする新四川省政府が発足する。国民政府は、一九三五年三月、中央銀行重慶支店を開設し、一一月には武昌から重慶に行営を移すなど、剿共戦を続ける一方、四川政治の接収をすすめた[20]。

このような状況のもとでは、四川財政は、実効支配地域の減少と膨大な軍費負担から、崩壊にいたるほかはない。四川地方銀行は、一九三四年一月、劉湘の国民革命軍第二一軍によって設立されたが、三四年下半期以降、財政赤字を補填するため、糧税契券にかわって、地方銀行券の大増刷をおこなったのである。地方銀行券発行高は、一九三四年七月末から三五年一月までの間に、毎月四五〇万元の財政借入によって、五六三万から三〇〇〇万元以上へと急激にふくれあがった。もちろん、いちいち一元札を刷っていたのでは、とうてい当座の急に間にあわない。一〇元・五元の高額面紙幣が、金属貨幣の不足の地域にいきなり投下される一方、地方銀行券による四川幣制の統一と小額銀貨の回収が宣言されたのである[21]。

一九三四年下半期以降、高額紙幣の大量散布は、銭価を直撃した。地方銀行券は、兌換制限をしていたため額面割れで流通したからである。重慶府西部から川南の瀘州府・資州府にかけては、銀元や小額銀貨が市中から搬出される一方で、一〇元札や五元札が大量に流れこんだ。璧山では、銀貨が払底し、一千元もないとされた。長江から沱江の一帯は、紙幣があふれかえり、銀元の搬出や銅元の退蔵をまねき、商取引は困難におちいった。重慶から急ぎ輔幣券を運び入れたことで、銀元・小額銀貨・銅元はようやく市中に出まわりはじめたという。事情は岷江流域でも変わらない。嘉定では銅元の買占・搬出が行われた[22]。高額紙幣の濫発は、小額銀貨や銅貨の退蔵をひきおこしたのである。多くの地域で銀貨が払底してしまえば、銭価は地方銀行券建、すなわち地方券と銅貨の相場へと変質するほかはない。銅貨退蔵は銭価をひきあげていく。重慶では一元あたり二七〇〇〇～二八〇〇〇から一八〇〇〇へ、成都では二五〇〇〇から二一〇〇〇へ、川北の南充では二四〇〇〇から一八〇〇〇へ、万県では九〇〇〇から七六〇〇へと、四川全土にわたって、銭価上昇がすすんだ。およそ半年で、銀安が二割～三割ほど進行したのである[23]。本来、紙幣と銅貨、銀貨と銅貨のあいだで、建値の分裂がおきてよい。だが、分裂のおきた南充でも、銀元の払底がすすんで、紙幣専一決済への移行と銅元の買いだめがおき、結局、銭価の騰貴がおきた[24]。もちろん劉湘は、四川地方銀行に対して、すみやかに二角や五角の輔幣券も発行するように命じたものの、焼け石に水にすぎなかった[25]。

こうなると地域社会のとりうる対応は一つしかない。犍為でも、地方銀行券が流入したためか、銅元がどんどん減少していく。たまりかねた県商会は、県政府の命令を奉じ、一千、二千、五千、一〇千札を発行したという。成都周辺では「糧税抵借券」が発行され[26]、涪江一帯の安県でも、商会は一串・五串・一〇串の三種類の銭券を発行した[27]。まして剿共戦の最前線で軍の駐屯していた川東であれば、県政府・商会の私製通貨発行はなんら驚くべきことではあるまい。高額紙幣流通によるお釣り不足に対処するため、二〇〇文銅元一〇枚分や同五〇枚分にあたる銅元券や、一〇〇〇文札などが発行されたのである[28]。このドサクサにまぎれ、財政赤字を補塡すべく不換輔幣券を発行し、火に油をそそいだ地方政府すらあったという[29]。もちろん、地方銀行券は、通貨を増加させ金融を救済するものとされていた。第二一軍は現金同様に行使して受取拒否してはならないと命じていた[30]。だが高額紙幣は、剿共戦の失敗下では市場の信認をえられず、流出と退蔵、すなわち悪貨が良貨を駆逐する事態をまねいたのである。県政府や商会は、小額金属貨幣の不足下、商取引を円滑化させるため、紙製の小額貨幣発行を余儀なくされ、そのことがますます混乱に拍車をかけていったのである。

もはや一刻の猶予もない。第二一軍は、一九三四年一一月二六日から金融界・商会の要人や財政当局・各県代表などを重慶市商会に招いて戌区金融会議を開き、地方銀行券や四川の財政破綻、金属貨幣不足の問題などを討議させた。焦点は地方銀行券流入で銀貨・銅貨がもちだされることにあり、要請のほとんどは各地に出張所を開き兌換を保証させることにあった。いいかえれば、金属貨幣も供給せよ、にほかならない。だが会議の結論は、四川地方銀行の輔幣券で対応する、すなわち高額紙幣濫発による混乱には小額紙幣増刷で対処するとする、ゼロ回答であった。基盤が脆弱な四川政権としては、いたしかたあるまい(31)。

かくして一九三五年以降、国民政府の四川「中央化」は、貨幣流通の正常化に取りくむことになる。まず、国民政府は、混乱の元凶、地方銀行券の発行高を制限して、市中から一部を引き揚げさせた。その一方、一九三五年四月、中央・中国・四川地方の三銀行以外の紙幣は、中央銀行重慶支店の成立（同年三月）をうけて、一九三五年九月末までに回収することになったのである。これらは銭価の回復をもたらした。また一九三五年九月、国民政府は中央銀行券によって四川地方銀行券を八掛で回収する幣制整理を断行し、四川経済を沿海部に組みこんだ(32)。だが、剿共戦が終わったわけではない。当時の国民政府には複雑な小額貨幣の整理に手をつける余裕などなかった。なにより国民政府と中国経済は、銀本位制の軛《くびき》の下におかれ、積極的な経済・財政政策をおこなう余地などなかったのである。一九三五年一一月の幣制改革は、この状況をどのように変えていくのか。以下、その過程を見ていくことにしたい。

三　中国幣制改革と小額貨幣

一九三五年一一月三日、南京国民政府は、一一月四日から中央・中国・交通の三銀行の銀行券を法幣とする、幣制改革の実施を宣言した。中国国内では銀貨使用が禁止され、三カ月以内に回収することになった。そして、法幣一元を一四・五ペンス、一〇〇元を二九ドル七五セントなどを目安として運営する、管理通貨制度に移行することになったのである。一一月四日午後五時、孔祥熙財政部長は、上海銭業公会の緊急会議に出席し、四日以降、法幣一元を補助銀貨で十二角、一〇文銅元では三〇〇枚とするレートをさだめ、上下動させないように指導した(33)。一一月一五日、財政部は、あらためて一〇文銅元の流通する地区と上海銭業公会に対して、法幣一元＝補助銀貨十二角＝三〇〇〇文のレートを布告する。(34)中国は、外国為替と法幣のみならず、法幣と補助貨幣を固定して、経済を運営することになった、といってよい。幣制改革は、どのような影響を四川の小額貨幣におよぼしたのであろうか。

一九三五年一一月五日午後二時、中央銀行重慶支店長の奚炎は、重慶の銀行・銭荘の経営責任者三〇～四〇名を銀行公会にあつめ、幣制改革の説明をおこない協力をとりつけた。成都金融界も国民政府の新貨幣政策にしたがうことを表明した。だが、いったん低落していた四川の銭相場は、ただちに高騰する。成都では、一時、一元＝二八～二九〇〇〇から二〇〇〇〇近くまで急騰、万県でも一〇〇〇〇から八〇〇〇近くに上昇した。川北の遂寧では、幣制改革直後に一元＝二七〇〇〇から二四〇〇〇に騰貴、一一月下旬には二二〇〇〇台まではねあがり、専員公署の命令でやっと二四〇〇〇に戻したという。岳池でも一元＝二七～二八〇〇〇から二五六〇〇へ、資中でも二五〇〇〇から二一〇〇〇～二二〇〇〇へと急騰し、「銭荒」に見舞われた。それぞれの地域で、若干違いはあるものの、銅貨はほぼ一割～三割ほど法幣に対して上昇したことがわかる。法幣がポンドやドルなどに対して大幅に切り下げられ、中国国内の金属価格が上昇したことも一因であった。ただ、遂寧の農村部や奉節の桐油商は、中国農民銀行券に不審をいだき、銀元と銅元で取引していた。瀘県でも、硬貨の価値しかみとめず、中国農民銀行券は拒絶された。川西でも、法幣が忌避され、銀元が重んじられたという。(35)法幣、ひいては国民政府への不信感も、銭価上昇と「銭荒」に寄与したといってよい。

重慶の軍事委員会行営は、成都や重慶など各地から銭価高騰の報告をうけ、ただちに中国農民銀行券などの受取を忌避することを禁じ、重慶市政府も銭価を操る両替商に厳罰をくわえることにした。その一方で、重慶市政府は、四川財政庁長劉航琛や財政部特派員関吉玉らに対し、旧重慶銅元局で銅元を鋳造することで、銭荒からの救済をもとめたのである。だが、国民政府中央は貨幣体系の統一をはかっていた。上海の中央造幣廠以外での補助貨幣の鋳造要請など、清末以降、悪貨の鋳造と濫発の記憶が生々しいなかでは、認められるはずもない。その一方で中央銀行は、額面一〇〇、二〇〇、五〇〇文の銅元券の発行を考え、漢口まで運びこんだ。しかし、四川は、漢口や上海の周辺とはちがい、各県単位で銅元を異にしているうえ、銅元券は十進法に合致していない。そのため、中央銀行は発行をとりやめたという(36)。

このような国民政府の貨幣統一にむけた頑な姿勢のあらわれこそ、一九三六年一月一一日、財政部が公布した輔幣条例にほかならない。補助貨幣は中央造幣廠が鋳造して中央銀行が発行すること。補助貨幣は五種、十進法を採用し、旧来の銀角などは一定期間内に回収すること。回収以前は使用できること、が定められた。新補助貨幣は、二〇分ニッケル貨が六グラム、一〇分ニッケル貨が四・五グラム、五分ニッケル貨が三グラムとされた。そして一分貨は六・五グラム、半分貨は三・五グラムとされ、銅九五％、スズ・亜鉛五％を含むことになった。ちなみにニッケル貨三種は二〇元、一分と半分の銅貨は五元まで、と、強制通用力は制限されている(37)。財政部は、輔幣委員会を発足させ、旧来の小額貨幣を回収・溶解して改鋳にあてることを決定した。一九三六年二月一〇日、中央造幣廠は五種の新補助貨幣の発行を開始する。新補助貨幣は、法幣と十進法でつながる便利さもあって、両替店では打歩がついたという。ただ、中央造幣廠は、毎日二〇時間稼働させれば、月産六〇〇〇万枚の生産が可能な、世界で最も効率のよい造幣局の一つとされていたとはいえ、中国の人口規模と比べれば、あまりにも少なすぎる、というしかあるまい(38)。

こうなれば四川は再び「銭荒」に突入するほかなかった。法幣と小額貨幣の交換レート、銭価は、一九三五年末から一九三六年初にかけて銅元券発行の噂もあって下落していた。だが、重慶では、小額貨幣需要の高まりで大量の銅元がもちだされたことで、四月一八日以降、銭価は急騰した。涪陵でのアヘン商の買付代金や、川南の塩業需要、思惑買い、が原因であるという。成都でも、春になり商取引がはじまると、深刻なお釣り不足にさいなまれた。

なぜなら嘉定から雅安一帯にかけては、一元＝一五～一六〇〇〇もの「銭荒」におそわれていたため、利鞘を稼ごうとした一部の商人が成都にある銅元を密輸出したからである。成都の通貨は法幣だけといわれ、両替は困難をきわめた。四月下旬には、成都市商会は、一元＝二〇〇〇〇の最低価格を決議したが、守られるはずもない。成都全市で両替が停止され深刻な社会不安が醸成されたという[39]。遂寧では一元＝二四〇〇〇から二〇〇〇〇以下をうかがい、同じ潼川府の北部では、さらに高騰して一元＝一八～一九〇〇〇になっていた。川南では、すでに三月下旬には、銭荒がおきている。瀘県では郷村部にむけて銅元が流出し、資中でも一元＝一八〇〇〇まで上昇した。江安では、銀貨・銅が消え、一・二角紙幣が使われたが、それすら払底して細かい取引ができなくなり、炭や米を一元札で買うハメになった。ただ、小額貨幣の不足は、幣制改革それ自体に原因がなかったわけではない。川南の富順などでは、小額銀貨回収の際、中国銀行や中央銀行は、持ちこまれた小額銀貨それぞれの額面に対応した輔幣券や補助貨幣を手渡さず、高額紙幣で一まとめにして支払をおこなった。そのため、市中では小額紙幣の一元札や角券が稀少になっていたという[40]。

こうして、国民政府は四川「中央化」と幣制改革によって、重層的貨幣流通を解体していく。軍閥発行の糧税契券や四川地方銀行券は回収され、銀元・小額銀貨は、法幣におきかえられた。県政府・商会発行の私製通貨は発行を禁じられ、既存の銅元にかわる新補助貨幣鋳造もはじまった。重層的貨幣流通は、法幣と補助貨幣に再編されつつあったといってよい。硬直的な金属貨幣供給下にあって、弾力的な流動性供給を可能にした前近代的なシステムはここに姿を消した。国民政府の貨幣統一と発行権の掌握は、民間の経済活動に影響をおよぼす手段として、基準金利とその操作手法の登場にむけて道をひらくはずであった。ところが国民政府は、法幣と小額貨幣のレートさえきちんと設定・維持できなかった。国民政府は、金利以外の手段を用いて、国内金融の管理を強いられることになったのである。国民政府は、四川各地で銭価が激しく変動するなかで、どのような補助貨幣政策を展開したのか。

以下、節をあらためて、見ていくことにしたい。

四　法幣と補助貨幣のゆくえ

一九三六年四月下旬、成都市商会は、行営・財政部・省政府や中央銀行成都支店長に銭荒の救済策を建議する。ひとまず法幣一元＝二〇〇〇〇以下の取引を禁じたものの、成都に近い各県では一五～一六〇〇〇と維持できていない。銅貨が足りぬはずはない。問題は退蔵・買占めだ。暫定措置として、既存の二〇〇文銅貨を一分と公定して、一〇〇枚で法幣一元にしてはどうか。中央造幣廠の新一分銅貨が到着しだい、二〇〇文銅貨を徐々に回収して、おきかえればよい。この成都市商会の「二〇〇文銅貨＝一分、一〇〇枚＝一元」構想は、七月二四日、重慶の銀行・銭荘の賛同決議をうけたことをみても、二〇〇文銅貨行使地域に共通の願いであったにちがいない。だが国民政府は一蹴した。二〇〇文銅貨は大小の区分があり、銭価は各県でちがう。二〇〇文銅貨の価値をどうやって決めるのか。中央銀行は両替に責任を負えない、と。[41]

国民政府中央が代わりに採用したのは、輔幣券の大量散布によって、交換にかかる銅元の負担を少しでも減らしつつ、新しいニッケル貨と銅貨を普及させることであった。一九三六年二月一四日、国民政府軍事委員会は中国農民銀行に一億元の輔幣券発行権を与え、中国農民銀行は三行が未接収の省銀行券を回収する責を負うことになる。四月下旬、財政部は、自貢市商会が銭荒を名目として私製通貨を発行しようとした動きを禁じるとともに、中央・中国・中国農民の三銀行に一元札と輔幣券をすみやかに四川に運ぶよう命じた。中央銀行は、五月五日、一角・二角・五角輔幣券と一元札を四六〇万元、五月六日から八日には、一元札・輔幣券四九〇万元と新ニッケル貨・新銅貨一〇万元を重慶に運びこんだ。ある記事によれば、輔幣券は五〇〇万元が荷揚げされたという。四川に移された一元札と輔幣券は、五月二三日までに二〇〇〇万元に達し、成都や自貢・楽山・犍為・隆昌などに搬出された。六月八日には重慶、六月一五日には成都で、新ニッケル貨・新銅貨の発行がはじまった。中央銀行成都支店は、払出の際、金額の一〇分の一は新ニッケル貨・新銅貨で払うなどして、新しい補助貨幣の流通をうながした。また、危害民国治罪法で銭価操縦を取りしまるように命じることも、行営は忘れていない(42)。

ここで、一九三六年の晩春から夏にかけて、銭価の鎮圧のため、四川各地に投下された輔幣券と新補助貨幣の数量について、主要都市別に概観しておきたい。中国銀行と中央銀行は、一九三六年四月二一日、重慶から自貢に一〇万元、四月三〇日、隆昌に二万元の輔幣券を運びこんだ。万県でも、七月一三日から新ニッケル貨・新銅貨の発行をはじめるので、重慶から九六箱一〇万元を移転させている。かつて川陝ソビエトに支配された綏定府・達県は、様々な小額貨幣を商会の「撰銭」で流通させなければならないほど逼迫していたが、九月、万県から八万元が四川省銀行によって運びこまれた。遂寧では、七月、省銀行が七~八万元を持ちこんだが、郷村部に流出して、銭荒は解消しなかったという。瀘県では、七月、中国農民銀行が二角券二〇万元、新補助貨幣二〇〇〇元を運びいれた(43)。嘉定から雅安にかけての銭荒地帯には、一九三六年四月に三~四万元、五月には数万元、八月にも五~六万元が散布された。自貢でも、四月以降も、小額貨幣不足はなかなか終息していない。だが、中央・中国・中国農民の三銀行は、紙幣で調節をおこない、七月、市中の法幣流通高一六~一七万元の内、輔幣券は一〇万元以上を占めていたという(44)。

こうして国民政府中央と四川省政府は、輔幣券の投入と高額紙幣の回収、すなわち地域の貨幣ストックの構成比をかえることで、銭価に働きかけていく。すぐには新補助貨幣は鋳造できない。そのため輔幣券が法幣と小額貨幣のあいだにすべりこむ。一九三六年八月以降になると、輔幣券は十分とされる地域があらわれ、銭価は低下していった。成都でも、小額貨幣が過多とされ、灌県では、法幣一元＝一九六〇〇から二四四〇〇にまで下落した。遂寧では、一九三六年一月から九月まで、高額紙幣を両替すると割引されていたが、一〇月以降、大量に輔幣券や新補助貨幣が持ちこまれ、逆に過剰な状況になっている[45]。涪陵でも、一九三六年九月以降、高額紙幣の両替で割引されなくなり、万県でも一九三六年八月には輔幣券過剰に転じた。宜賓でも輔幣券・新補助貨幣が運びこまれ、一九三六年八月には、煩わしいとされるレベルになった。自貢でも、一九三六年九月には輔幣券は多すぎるとされ、同年八月から年末にかけて、法幣一元＝二〇〇〇から二二〇〇へ下落した[46]。輔幣券は、法幣と小額貨幣の相場をかえたのである。法幣と小額貨幣のあいだを輔幣券で埋めて対応するならば、上海中央造幣廠の鋳造する新補助貨幣は、なにも高額である必要性はあるまい。一九三六年一二月以降、中央造幣廠の鋳造貨幣は、新一分銅貨の比率が八～九割以上を占めた。毎月、新一分銅貨は、四〇〇〇万枚以上生産されたのである[47]。

四川の通貨流通は、法幣・輔幣券・小額貨幣の構成へと移行し、新しい補助貨幣も徐々に増えていった。これ以降も銭価の季節的・地域的な騰落がやまず、一九三七年春には、また銭価が急騰するものの、輔幣券で対応している以上、あえて贅述するにはおよぶまい。ここで言及すべきことは、一九三六年末、財政部の認可をもらい、四川省銀行が輔幣券一〇〇万元を発行したことであろう。蒋介石は、補助貨幣の発行は政府が管理すべきとして譲らなかったものの、国民政府中央は、各地で頻発する小額貨幣不足に対し、省銀行の輔幣券によって調節することを許したのである[48]。

ただし、ここで注意すべきことは、地域の通貨ストックの構成比をかえる手法で銭価を動かしたとはいえ、国民政府中央はともかくとしても地域権力の側には明確な基準・意志があるわけでもなければ、市場側にも権力のあたえる秩序に身をゆだねる気がないことである。たとえば、広安の税収機関は、一元以下の貨幣が消えるや、利鞘稼ぎをねらって、税の納付を小額貨幣に限定したことで、高額紙幣忌避の風潮をかえって助長している。数千元の角票などを借りて安定につとめた商会こそ、広安では貨幣秩序維持の主体であった[49]。また、高額紙幣と一元札、法幣と小額貨幣の交換レートについて縷々述べてきたが、法幣と輔幣券・新補助貨幣のあいだでさえ、相場が建っていた。新一分銅貨一〇〇枚や輔幣券の一〇角は、法幣一元になるとはかぎらない。輔幣券・補助貨幣が過剰になれば、自貢では法幣に交換するのに〇・三%〜〇・四%、楽山でも両替には〇・一〜〇・二%のプレミアムの支払を必要とした[50]。輔幣券や新補助貨幣を割引していない所でも、受領拒否や両替の困難は、枚挙にいとまがない。小額紙幣が足りないと今度は逆になる。閬中や南充、達県では、高額法幣を一元札や輔幣に両替する際、やはり四%、一%、〇・五%と割引された[51]。輔幣券と新補助貨幣は、十進法で法幣とつながっているはずなのに、しばしば小額貨幣の側に身をよせたのである。法幣と小額貨幣とのあいだだけではない。政府系銀行発行の高額紙幣、一元札、輔幣券・新補助貨幣なども、幣制改革以降、さまざまな措置にも関わらず、四川では完全には結びつけられず、相場が建つことがあったのである。

このような状況が引きおこされるのは、国民政府中央や省政府の権力が基層社会まで浸透していないこともさることながら、四川の市場経済の底の浅さ、貨幣経済の水準の低さも、あらためて指摘しておかねばなるまい。そもそも四〜五万元の紙幣が他所に移転されるだけで、輔幣券は不足から過剰に転じた[52]。財政の揚超は、本来なら金融逼迫要因のはずだが、納税のため農村から中心地に小額貨幣があつまり、他所には高額紙幣が移動するためか、小額貨幣需給の軟化と金融逼迫、同時に二つの現象が見られるのである。軍隊が通過する際、兵士が輔幣券を高額紙幣に両替するだけで供給過剰になった。若干、輔幣券が過剰供給気味であっても、二〜三〇〇〇元ほど持ちだされれば、たちまち不足してしまう。輔幣券が流入するとあふれ、流出すると、ただちに不足する[53]。法幣は、税収の移転以外でも、当然、商人が勝手に移転させていた。そのため中国農民銀行の支店は、法幣五〇万元の移転にあわせ、輔幣券一〇万元を回収するオペレーションをおこなっている[54]。政府系四銀行や省銀行は、法幣の移出入にあわせて、輔幣券を回収・供給しないと、「過剰」「不足」感が発生して、受取拒否や、相場が建つ事態をひきおこした。国民政府は、法幣と既存の小額貨幣のみならず、輔幣券・新補助貨幣とのあいだに対してさえ、最新の注意を払わなければ、本位貨幣である法幣との固定的な関係を維持することはできなかった、といえるだろう。

おわりに

日中戦争前の四川の貨幣は、華北や華中とはまったく様相を異にしていた。銀貨は、半元や二角銀貨・一角銀貨、四川銀元などが使われ、銅貨も二〇〇文や一〇〇文の高額銅元が用いられ、どちらも不足気味であった。乾隆年間、雲南・四川は、突出した制銭鋳造がおこなわれた銭安地帯であった[55]。銀一元にあたる銅重量から見れば、依然として、銭安であるとはいえ、一五〇年のあいだに進んだ変容は、たいへん興味深い。四川政権は、剿共戦で高額紙幣を濫発して「銭荒」をまきおこした。国民政府は、抗日戦の「大後方」とすべく、四川の「中央化」をすすめ、一九三五年一一月、幣制改革によって、管理通貨制度を導入する。小額貨幣に関しても、一九三六年一月、輔幣条例を制定するなど、貨幣統合の道をあゆんだ。だが、幣制改革は、法幣供給量とは関係なく、銭荒をひきおこし、銭価は急騰した。国民政府は新しい補助貨幣で対応できず、輔幣券を大量投入することによって、銭荒を鎮圧したのである。国民政府は、各省の省銀行に輔幣券の発行をゆるし、中央造幣廠は新一分幣鋳造に移行した。国民政府下の中国は、政府系四銀行発行の法幣、四行と省銀行の輔幣券、造幣廠が鋳造し中央銀行の発行する新補助貨幣、の三階建ての通貨供給体制に移行しつつあったのである。ただ、法幣と既存の小額貨幣のあいだは、四川では自由相場であり続けた。国民政府は固定レートで管理できなかったのである。そして、輔幣券や新補助貨幣も、散布後は小額貨幣のなかにまぎれがちで、しばしば法幣との間に相場が建ち、「過剰」「不足」が発生気味であった。

以上の検討をながめるならば、国民政府は、一九三五〜三七年、国定的な通貨制度の段階に入ったとまで高く評価するのは[56]、いかにも皮相にすぎよう。国民政府は、中国社会を掌握できぬまま、本格的に日中戦争に突入したのである。法幣と既存の小額貨幣――しばしば輔幣券・補助貨幣も――の分裂は、小額貨幣そのものが消えるまで続いた。国民党政権のハイパーインフレーションによって、小額貨幣そのものが消え、分裂が暴力的に解消されたとき、国民政府は、人々の貨幣の全面的受領拒否を招いて、崩壊することになるのである。

注

(1) 幣制改革や金融についての先行研究は、久保亨「通貨金融史」『中国経済史研究入門』東京大学出版会、二〇一二年、一二一～一二六頁に詳しい。

(2) 代表的なものとして楊蔭傅編『経済常識』経済書局、一九三六年、二九〇～三〇九頁など。

(3) 江南以外について触れたものとしては、西村成雄「張学良政権下の幣制改革」『東洋史研究』第50巻4号、一九九二年。姜抮亜「一九三〇年代広東省の財政政策―中央・地方・商人の三者関係を中心に―」東京大学博士学位論文、二〇〇〇年がある。

(4) 宮下忠雄『近代中国銀両制度の研究』有明書房、一九九〇年、二八七～九頁。岩武照彦『近代中国通貨統一史 上』みすず書房、一九九〇年、一四四～一四七頁。

(5) 周開慶『四川与対日抗戦』台湾商務印書館、一九七一年。Robert A. Kapp, Szechwen and Chinese Republic : Provincial Militarism and Central Power, 1911~1938, Yale University Press, 1973. 林幸司『近代中国と銀行の誕生』御茶の水書房、二〇〇九年。今井駿『四川省と近代中国』汲古書院、二〇〇七年、一四三～六一頁。

(6) 劉朗泉「従法律上看幣制新令」『天津大公報』一九三五年一一月一一日（卓遵宏・陳憶華・薫淑賢編『抗戦前十年貨幣史資料（3）―法幣政策』国史館、一九八七年、一二七三～一二七五頁所収）。

(7) 以下の具体的貨幣説明は「全川幣制調査」『新蜀報』一九三四年五月三日～一九日参照。

(8) 「重慶金融機関及貨幣状況」『工商半月刊』第2巻24号、一九三〇年。

(9) 「四川幣制概観」『四川経済月刊』第3巻1期、一九三五年。

(10) 潼川・順慶府中心で使われた。「滇幣准換川北」『四川経済月刊』第6巻4期、一九三六年。

(11) 三台で流通している銀行券は第二九軍田頌堯の西北銀

行券。銀貨の五割にあたるほど流通していたため、三五年、田の財産で償還させろと要請がでたほどであった（「三台旅省人士請収回川西北銀券」『四川月報』第6巻6期、一九三五年）。

(12) 糧税契券は、田賦支払に買う必要のあるチケットのこと。今井前掲書、二四六頁。

(13) 「劉湘致蔣介石電一九三五年一二月一八日」（洪葭管編『中央銀行史料　上』中国金融出版社、二〇〇五年、三七六頁）。

(14) 「一月来之各県金融　遂寧劣幣充斥」『四川経済月刊』第3巻3期、一九三五年。

(15) 民国期四川のインフレーションについては今井駿前掲書、二四五～二五〇頁参照。

(16) 段洪剛『中国銅元分類研究　上』中華書局、二〇〇六年、二四四～二五〇頁。

(17) 一〇文銅元は、江蘇・浙江・安徽・江西・広東・広西・貴州・雲南などでみられ、二〇文銅元は、湖北・湖南・河北・河南・山東・山西で流通していた。（上海満鉄資料第9輯『中国漸進的金本位通貨実施法草案及びその理由報告書』満鉄上海事務所、一九三〇年、附録丙）

(18) 「各県発行輔幣券近況」「興文発行紙幣両種」「筠連県府私発銀券」「敍永収回銅元票」『四川月報』第6巻1期・第6巻3期・第6巻5期・第7巻5期、一九三五年。

(19) 「蘊醸期中各県之農村銀行」『四川月報』第5巻2期、一九三四年。

(20) 「川局何以善後？」『大公報』一九三四年九月二日。四川幣制改革には別稿を用意している。

(21) 「民国二十四年四川金融之回顧」『四川経済月刊』第5巻2・3期、一九三六年。「禁止行使劣幣」『新蜀報』一九三四年九月一一日。

(22) 「各県金融状況（6）資内隆永各県金融風潮平息」『四川月報』第6巻2期、一九三五年。「楽山禁運銅元出口」「璧山之銭価」同前第5巻3期、同6期、一九三四年。

(23) 「各県之銭価」『四川月報』第6巻1期、一九三五年。重慶は三五年一月一三日に最高値。

(24) 犍為や南充など。「南充紙幣跌落」「南充現金枯渇」『四川月報』第5巻5期、一九三四年。「南充渝鈔跌価」「犍為金融近訊」同前、第6巻1期、同2期、一九三五年。

(25) 「二角五角輔幣券」『新蜀報』一九三四年一〇月二六日。

(26) 「犍為金融近状」「犍為発行銅元券二種」「犍為収銷銅元券」『四川月報』第5巻3期、第6巻1期、第7巻5期、一九三五年。「灌県各種臨時券将収回」同前第7巻1期、一九三五年。

(27) 「四川各県経済調査之一般（続）　5安県概況」『四川経済月刊』第4巻3期、一九三五年。

(28) 「各地金融情形」「各県金融近況」同前第2巻4期、同2巻6期、一九三四年。

(29) 「江安金融紊乱」『四川月報』第6巻2期、一九三五年。

(30)「糧税地方両紙幣一律同現金行使」『新蜀報』一九三四年七月二三日。
(31)「二十三年度之四川経済界」『四川経済月刊』第3巻1期、一九三五年。
(32)「川財庁長宣布之整理四川財政弁法」「重慶各銀行鈔票省府令六個月内収回」「八折収銷地鈔情形」『四川月報』第6巻3期、第6巻4期、第7巻4期、一九三五年。
(33)「銭業奉諭通告規定輔幣価格」「商業新聞」『申報』一九三五年一一月五日。
(34)中国人民銀行総行編『中華民国貨幣史資料第二輯』上海人民出版社、一九九一年、一八五頁。
(35)「財部電覆渝中分行川洋准十足換法幣」「奉節銭商竟拒換法幣」『新蜀報』一九三五年一一月六日、一二月一三日。「各地金融簡訊」『四川月報』第7巻5期、一九三五年。「成都法幣価値跌落」「灌県人民歧視法幣」同8巻1期、「万県警備部出示厳禁歧視法幣」同4期、一九三六年。
(36)「低視中鈔決重懲取締銭滾弁法商定」「行営佈告厳禁奸商歧視中鈔」「三種銅元券即運川」『新蜀報』一九三五年一一月一六日、一九日、一九三六年一月一〇日。「重慶市府擬鋳銅幣」『四川月報』第7巻6期、一九三五年。「中央漸不在川発行銅輔券」同8巻3期、耿愛徳「金融雑記」『社会経済月報』第3巻5期、一九三六年。
(37)中国第二歴史档案館編『中華民国档案資料匯編 第5輯第1編 財政経済(4)』江蘇古籍出版社、一九九四年、二八三~二八四頁、「国民政府公布之輔幣条例(一九三六年一月一一日)」。
(38)「新輔幣定期流通市面」『四川経済月刊』第5巻2・3期、一九三六年。注(37)「金融雑記」。
(39)「銭価惨跌原因」『新蜀報』一九三六年一月一四日。「各地金融市況 重慶4月份」「同 成都」『中央銀行月報』第5巻5号、同6号、一九三六年。
(40)「各県法幣流通情形」「渝市禁止銅元出口」「遂寧銅元価格高漲」「二区専署禁操縦銀価」『四川月報』第8巻3期、同4期、同5期、同第9巻1期、一九三六年。
(41)「成都市商会請規定銅圓価格」「財部核定川銅幣行使弁法」『四川月報』第8巻6期、第9巻1期、一九三六年。「省府視各地銅圓恐慌問題」「以当二百銅元作一分法幣渝銀銭業亦表賛同」『新蜀報』一九三六年五月三日、七月二五日。
(42)「中国農民銀行発行輔幣券一万万元」「中央在成渝両地発行鎳質輔幣」『四川月報』第8巻4期、同6期、一九三六年。「財部飭中中農三行運大批輔幣券来川」「中中両行救済川金融五百万輔券今運渝」『新蜀報』一九三六年四月二四日、五月五日。「一月来川省法幣流通状況」『四川経済月刊』第6巻2期、一九三六年。
(43)「行営厳令禁止銭価操縦」「銅鎳輔幣運萬発行」「綏定輔幣紊乱情形」『四川月報』第8巻6期、第9巻1期、同2期、「一月来各地商業金融概況 遂寧7月份」「同瀘県8月份」「同達県9月份」『四川経済月刊』第6巻2期、第6巻4期、第6巻5期、一九三六年。

(44)「一月来各地商業金融概況　自流井7月份」『四川経済月刊』第6巻2期、一九三六年、「二十五年四川金融之回顧　肆 金融市場之動態 2 楽山」同第7巻3期、一九三七年。

(45)「灌県通貨概況」「各地商業金融近訊　成都10月份」『四川経済月刊』第6巻4期、同6期、一九三六年。「二十五年四川金融之回顧　肆　金融市場之動態　三　遂寧」同7巻3期、一九三七年。「灌県法幣与硬幣価格発生軒輊」『四川月報』第8巻2期、一九三六年。

(46)「一月来各地金融商業概況　万県8月份」「同宜賓8月份」「同自流井8月份」『四川経済月刊』第6巻4期、「同涪陵9月份」「同自井9月份」『四川経済月刊』6巻5期、一九三六年。「自井両月来之金融概況」『四川月報』第10巻1期、一九三七年。

(47)沈雷春編『中国金融年鑑』中国金融出版社、一九三九年、C八頁。

(48)「川省銀行続発輔幣券」『四川月報』第9巻5期、一九三六年、「各地輔幣近訊」同10巻4期、一九三七年。第二歴史档案館編前掲書、三〇三頁、「蒋介石堅持輔幣必須由政府発行電（1937年2月7日）」。「各地方銀行准発行輔幣」『申報』一九三六年一一月一〇日。

(49)「武勝広安缺乏輔幣」『四川月報』第8巻4期、一九三六年。

(50)「一月来各地金融商業概況　楽山9月份」『四川経済月刊』第6巻5期、「各地商業金融近訊　自井10月份」同6巻6期、一九三六年。

(51)「一月来各地金融商業概況　成都11月份」「川陝路沿線経済概観（1）綿陽」同7巻1・2期、同4期、一九三七年。「一月来各地金融商業概況　楽山8月份」「各地商業金融近訊　綏定10月份」同6巻4期、同6期、「各市県金融概況」『四川月報』第9巻5期、一九三六年。

(52)「一月来各地金融商業概況　遂寧9月份」『四川経済月刊』第6巻5期、一九三六年。

(53)「一月来各地金融商業概況　瀘県7月份」「同楽山7月份」「同達県7月份」『四川経済月刊』第6巻2期、一九三六年、「同遂寧11月份」同7巻1・2期、一九三七年。

(54)「一月来各地金融商業概況　楽山11月份」『四川経済月刊』第7巻1・2期、一九三七年。

(55)上田裕之『清朝支配と貨幣政策』汲古書店、二〇〇九年、三〇〇～三〇九頁。

(56)村松祐次『中国経済の社会態制』東洋経済新報社、一九四九年、一八一～三、一九三頁。

Ⅱ 盧溝橋事件以後

辻政信とチャハル作戦

森　久男

はじめに

日中戦争史研究において、これまで盧溝橋事件については種々な著作・論文が発表されているが、その主要な関心は盧溝橋における「最初の銃撃」の犯人探しに集中し、日中戦争全体の流れの中で同事件の位置付けがなされてこなかった。また、廊坊事件・広安門事件後に戦火が平津地域一帯に拡大してのちは、おもに防衛庁戦史部が編纂した戦史叢書シリーズに依拠して、上海作戦、南京攻略戦、徐州作戦、武漢・広州作戦へと作戦史を概観して、戦争の推移を時系列的に叙述する研究スタイルが定着し、日本陸軍の作戦指導と政務工作との有機的関係が考慮されてこなかった。

従来関東軍が盧溝橋事件後の戦局の推移に果たした役割については、事件直後の同軍の好戦的姿勢がわずかに指摘されるのみで、日中戦争の全体的構図に与えたインパクトに注目されることは少なかった。その理由としては、島田俊彦氏の古典的著作（『関東軍――在満陸軍の独走』中央公論社、一九六五年）が、関東軍の前史、ならびに満州事変・熱河作戦・華北工作・内蒙工作を叙述してのち、いきなり張鼓峰事件・ノモンハン事件やソ連軍の満州国占領へと話題を転じ、盧溝橋事件後関東軍が日中戦争にどのように関わったかについて検証していないからである。同書刊行後、関東軍に関する他の著作も何冊か登場しているが、ほとんど島田氏の叙述スタイルを踏襲している。

本稿の課題は、盧溝橋事件後に関東軍参謀から支那駐屯軍・北支那方面軍参謀に異動して、日中戦争初期に活躍した辻政信大尉の行動の軌跡を、チャハル作戦・山西作戦における役割に焦点を合わせて解明することにある。すなわち、関東軍司令部の事変処理構想に着目して、陸軍中央部の事変不拡大方針が揺らぎ、明確な開戦決意を持たないまま全面戦争へと発展していく流れの中で、チャハル作戦が支那駐屯軍と関東軍の双方から開始され、張家口占領後に関東軍と第五師団が協力して、独断で山西作戦へ邁進していく状況を、辻政信大尉の個人的な越権行為、および彼を取り巻く関東軍・北支那方面軍・陸軍中央部の高級軍人の動向との関連で解明していく。

一　盧溝橋事件と関東軍司令部

1　盧溝橋事件

一九三七年七月七日、盧溝橋事件が勃発するや、第一部長石原莞爾少将は不拡大方針を掲げて、紛争の早期解決を目指したが、部下の作戦課長武藤章大佐、第二部支那課長永津佐比重大佐、陸軍省軍事課長田中新一大佐らの省部の有力幕僚は、「速戦即決」で中国軍に大打撃を与えて、南京国民政府を早期に屈服させるという中国一撃論を主張していた。彼らは満州事変の経験から、日本軍が本格的に軍事動員を実施して強硬姿勢を示せば、南京国民政府は戦う前から戦意を喪失すると考えており、たとえ軍事衝突が発生しても、中国を容易に屈服させることができるとみなしていた(1)。陸軍中央部は主要幕僚の間に意見対立があって、事変拡大の有効な抑止策を講じることができず、対中強硬派の意見に引きずられていった。

盧溝橋事件が発生した頃、支那駐屯軍司令官田代皖一郎中将は死の床にあり、中央からの訓電に基づいて、参謀長橋本群少将が事変拡大の阻止に尽力していたが、池田純久中佐を除くと、他の幕僚はみな拡大派であった。当時同軍の主要幕僚は、和知鷹二中佐（政策）、池田純久中佐（経済）、大木良枝少佐（作戦）、専田盛壽少佐（情報・諜報）、足立與助少佐（後方）、中村忠英少佐（教育・作戦）、鈴木京大尉（通信）という顔触れであった。(2)

七月八日午前一時半、盧溝橋事件の一報が支那駐屯軍司令部に届いて、幕僚会議が開かれたが、大事件とはみなされなかった。当時北平では北京特務機関長松井太久郎大佐が第二十九軍との現地交渉を開始し、第二十九軍顧問桜井徳太郎中佐、特務機関補佐官寺平忠輔大尉ら四名の将校が現場に急行した。午前四時二〇分、橋本参謀長は陸軍中央部に至急電を打って、事件の発生を報告した。(3)

関東軍参謀辻政信大尉は七月九日に天津へ飛来し、関東軍の意見として、時局対処の強硬論を開陳した。のち、田中隆吉中佐らの関東軍参謀が交互に押しかけ、支那駐屯軍を軟弱と難詰し、「参謀長恃むに足らず」と面罵し、幕僚会議に出席して暴言を吐くものさえいた。(4) 支那駐屯軍司令部では、橋本参謀長や池田参謀が盧溝橋事件の平和解決に尽力していたが、他の参謀の多くは中国一撃論に同調し、とくに関東軍で参謀勤務の経験がある和知中佐や専田少佐は、幕僚会議で対中国強硬論を主張した。当時陸軍省・参謀本部・支那駐屯軍・特務機関（支那駐在武官）には、各部署に関東軍司令部で勤務した経験者がおり、彼らは相互に連絡を取りあいながら、この機会を利用して一気に大兵力を動員し、速戦即決で南京国民政府を屈服させ、懸案である華北五省自治を実現しようとした。

北京特務機関と冀察当局との間で七月一一日に現地停戦協定が纏まったが、交渉に参加した北平駐在武官補佐官今井武夫少佐が北京特務機関に戻ると、支那駐屯軍の専田参謀から電話があり、今日東京の閣議で、関東軍や朝鮮軍の有力部隊と、別に内地から三個師団を動員することに決定したから、今更交渉成立の必要はない。万一すでに成立していたら破棄せよと通告を受けた。これに驚いた今井少佐は、松井機関長や橋本参謀長と連絡を取って、現地停戦協定の成立を再確認した(5)。

北平において支那駐屯軍と第二十九軍との現地停戦協定が成立した頃、中央軍の河北省への北上というニュースが日本内地に伝えられた。石原第一部長は事変不拡大論者であったが、北平の在留邦人の保護という観点から、対中国強硬論者の主張に一部譲歩して、内地からの三個師団動員に同意し、七月一一日の閣議で関東軍・朝鮮軍の一部の部隊派遣と内地の三個師団動員が決定された(6)。

支那駐屯軍の新軍司令官香月清司中将は、増加参謀橋本秀信中佐・堀毛一磨中佐・菅波一郎中佐らを引き連れ、七月一二日に天津に到着した。香月中将は軍司令官就任当時から陸軍中央部のあいまいな戦争指導に批判的で、しだいに強硬論へ舵を切っていった(7)。二二日、支那駐屯軍の意見を聴取するために東京に招致された和知中佐は、翌日杉山元陸相の面前で「わが第一線将兵は軍司令部の軟弱をののしり殺気立っている」と述べ、陸軍中央部に不拡大方針の撤回を要求した(8)。

前年秋の綏遠事件の失敗後、関東軍は華北工作への関与が禁止され、内蒙工作も察北に工作範囲が局限されて、欲求不満が蓄積しており、盧溝橋事件は絶好のはけ口を提供した。支那駐屯軍参謀池田中佐は、七月二〇日頃に関東軍参謀辻大尉と会見した時の模様を、次のように回想している。

辻大尉　「あす関東軍は山海関にある爆撃機をもって、蘆溝橋付近の支那軍を爆撃します。私が先頭機に乗って行きます」

池田中佐　「そんなことを本気で言っているのか?」

辻大尉　「本気ですとも」

池田中佐　「せっかく不拡大主義でようやくまとまりかけているのに、爆撃すれば万事ぶちこわしだ。どうしてそんな乱暴なことをやるのだ？」
辻大尉「北支軍の仕事がやりやすいようにするためです」
池田中佐「いらぬお世話だ。それは角を矯めんとして牛を殺すようなものだ。関東軍が支那を爆撃することは中央部では承知しているのか、そうじゃあるまい。やめてくれ」
辻大尉「中央部がぐずぐずしているから、独断でやるのです」
池田中佐「そんな独断なら、まっぴらご免だ。どうしてもやめないのか？」
辻大尉「どうしてもやります」
池田中佐「それじゃしかたがない。やり給え。その代りわれわれ北支軍の戦闘機で、関東軍の爆撃機を叩き落してやる。その覚悟でやり給え。あとで泣きごとを言っても知らんぞ」
辻大尉「友軍相撃ちですか」
池田中佐「そうだ。その責任は、すべて私がとる」
辻大尉「そんなにまで、主任参謀が言うならやめましょう[9]」

日本政府が内地の三個師団動員を閣議決定したというニュースは、中国側の姿勢を硬化させた。蒋介石は七月一九日の廬山声明において、南京国民政府が許容しうる「最後の関頭」を示し、北平守備兵力の撤収を拒否して、抗戦の決意を表明した。しかし、一一日に成立した現地停戦協定は、永定河東岸の中国軍を西岸に撤収させ、保安隊で治安を守ると定めていたので、蒋介石の声明によって実行が不可能となり、二五日の廊坊事件、二六日の広安門事件を契機として、日中両国は二八日から全面戦争に突入し、華北全域に戦火が拡大していった[10]。
八月の陸軍定期人事異動によって、支那駐屯軍参謀部が大幅に拡充され、参謀副長（矢野音三郎大佐）を新設して、

第一課（課長岡本清福大佐）、第二課（課長大城戸三治大佐）、第三課（課長橋本秀信中佐）という編成になり、不拡大派の池田中佐、越軌行動の多い和知・専田両参謀はともに更迭された。この人事異動で注目すべき点は、関東軍参謀片倉少佐の推薦によって、辻大尉が第一課参謀の末席に名を連ねていることである(11)。

2　関東軍司令部の事変処理構想

当時関東軍首脳は軍司令官植田謙吉大将、参謀長東條英機中将、参謀副長今村均少将であった。七月八日、関東軍司令部は「暴戻なる第二十九軍の挑戦に起因して今や北支に事端を生ぜり。我が関東軍は多大の関心と重大なる決意を保持しつつ厳に本事件の成行を注視す」という声明を発表した。それと同時に、関東軍司令官は参謀総長に対して、二個旅団（独立混成第一旅団・独立混成第十一旅団）と飛行集団の出動準備を開始した旨を通牒した(12)。

同日参謀副長今村少将は軍司令官の命令で支那駐屯軍司令部へ連絡に赴いたが、天津から関東軍司令部へ戻ると、東條参謀長の指示で第三課長竹下義晴大佐・同課員片倉衷少佐が「軍司令官の意見書」を起案しており、三人で検討して成案を得た。その骨子は、天津・北京付近の日中両国軍の衝突をすみやかに処断しなければ、事変は中国全土に拡がるおそれがあり、これを華中・華南に波及させてはならず、事変を北支五省の範囲内で食いとめるため、兵力派遣を準備するというものであった(13)。

のち、今村参謀副長は第二課長富永恭次大佐・同課員田中隆吉中佐らと一緒に上京して、参謀本部に意見書を提出した。この時、富永・田中両参謀は省部の若い幕僚に対中国強硬意見をけしかけた。戦争指導課長河辺虎四郎大佐は今村少将との会見の場で、関東軍から中央の呼び出しもなくやってきて、任務外のことに口出しをする非を責めた。今村少将はみずからの不明を詫びて、「新京に帰ったなら、中央の指令は、忠実に実行し、その統制に服するように、軍司令官を補佐する」と答えた。帰任後まもなく、今村少将は八月二日付で千葉歩兵学校幹事への異動が決まり、対中国強硬論者である参謀本部ロシア課長兼第二部長代理笠原幸雄大佐が参謀副長の職を引き継いだ⑭。

片倉参謀は八月一二日に富永恭次課長から支那駐屯軍が自主的な積極作戦に移るという情報に接して、関東軍の事変対処方針案を起案し、関係各課の連帯と東條参謀長の承認を取り付け、植田軍司令官の決裁を得て、一三日に陸軍大臣・参謀総長に意見具申した⑮。この意見具申は、「我所謂不拡大主義ハ寧ロ却ツテ彼ニ好餌ヲ与ヘ事態ヲシテ好ムト好マサルトニ係ラス愈愈拡大紛糾セシメ」「当面ノ目標ヲ北支中央軍ノ撃滅、南京政権ノ徹底的膺懲ニ集中シ以テ其抵抗ヲ断念セシメ時局ノ拾収ヲ急速且至短期間ニ終結セシムルコト絶対必要ナリ」と述べて、速戦即決による時局の打開を主張している⑯。

関東軍司令部は一四日に「対時局処理要綱⑰」を策定して、対ソ作戦準備のために一正面の安全を確保することが第一義である点を強調しながら、華北問題を処理するため、以下の基本方針を示している。第一「河北及山東を以て二省連省自治の一政権とし北京に其統括機関を設」けて、将来山西を統合する。第二「察哈爾方面粛清に伴ひ察北、察南を統合する政権を樹立し張家口に其統括機関を設」けて、将来綏遠を統合する。さらに、南京政府が屈服してのち、「北支各新政権の容認」「容共政策の抛棄、防共地帯の設定」「満州国の承認」を要求項目として挙げている。同要綱は、新占領地の政務構想として、「北支政権は概ね五省連省自治を究極の目標」としながら、関東軍自身が担当する任務として、察北・察南を統括するチャハル政権の樹立を予定している。

当初支那駐屯軍は平漢線に沿って保定方面への進撃を主作戦として、津浦線沿線を支作戦とする作戦構想を企図していたが、湯恩伯軍の南口・居庸関への進出にともなって、八月九日に参謀本部は急遽チャハル作戦の実施を決定した。こうして、支那駐屯軍隷下の独立混成第十一旅団と第五師団が八達嶺の長城線へと北上し、関東軍チャハル派遣兵団が満州国の承徳から察北のドロン・張北経由で外長城線を突破して、南北から張家口の挟撃を目指した⑱。

石原第一部長の戦争指導計画は、不拡大方針を基調として、占領地をできるだけ華北の狭い地域に限定し、南京国民政府との早期講和の実現を目指しており、戦争の長期化を前提とする占領地の恒久的支配を志向していなかった。しかし、華北の新占領地が拡大していく中で、作戦地後方地域の政務指導をどうするのかという現実的問題が浮上してきた結果、陸軍省は「北支政務指導要綱」（八月一二日）[19]を起案して、支那駐屯軍や関東軍にその周知徹底を図っている。

同要綱は、作戦地後方地域において、「各般の政務事項を統合指導し該地域をして日満支提携共栄実現の基礎たらしむ」という方針に基づいて、「政務指導各般の処理は厳に敵国占領の精神より脱却し」、将来の長期的視点を考慮して、地方固有の社会組織や習俗はなるべく存置・善導に努め、作戦地後方地域の政治機関は住民の自主的発生に基くものとし、その機構や運営には住民の積極的参賛に依拠すると定めている。他方、経済開発はさしあたり冀東地区を主とし、冀東政権を内面的に指導して、なるべく興中公司に直接実行もしくは調整に当たらせると定めている。

関東軍「対時局処理要綱」は、「新政権統括機関及省政府に有能なる日本人顧問を配置」し、この統括機関等を内面指導するために「張家口に関東軍隷下の大特務機関を設置す」と述べて、占領地の直接統治を強く志向していた。他方、陸軍省「北支政務指導要綱」は、現地住民を主体とした間接的な占領地統治を志向しており、両者はまったく発想を異にしていた。

片倉少佐は「対時局処理要綱」の起案と並行して、蒙古軍政府の支配地域である察北と新占領地である察南を統合するチャハル政権樹立構想の実行計画として、「察哈爾方面政治工作緊急処理要綱」（八月一三日）、「同具体的措置案」（八月一六日）[20]を起案している。張家口攻略前、関東軍は片倉少佐が起案した新占領地統治計画にしたがって、大特務機関として張家口特務機関を新設し、新占領地を接収する政治工作班の派遣準備をすすめていた。しかし、陸軍省は「北支処理要綱」に基づいて、関東軍が起案した「対時局処理要綱」を承認せず、両者の見解の相違は大きかった[21]。こうした状況下で、関東軍は察南地域を占領してのち、一度は挫折したチャハル政権樹立構想をさらに拡大再生産するため、第五師団と歩調を合わせて山西作戦を強引におしすすめ、チャハル・晋北・綏遠を一体化した蒙疆政権樹立構想を積極的に推進していった。

3　関東軍増援部隊の動員

支那駐屯軍は支那駐屯歩兵旅団の二個連隊を基幹として、騎兵隊・工兵隊・通信隊・砲兵連隊等を合わせて総兵力五七七四名にすぎないので、一時的に配属された関東軍・朝鮮軍の増援部隊を戦闘序列に加えて、緊急の応戦体制を整え、内地からの増援部隊（第五・第六・第一〇師団）の到着を待って、対南方作戦に対する準備を整える予定であった[22]。関東軍からの増援部隊は、独立混成第一旅団・独立混成第十一旅団・飛行集団を基幹として、総兵力で支那駐屯軍を上回った。とくに満州国熱河省は中華民国河北省・チャハル省と内長城線・外長城線で国境を接しており、関東軍は盧溝橋事件の直後から緊急動員体制を発動し、作戦開始の初期に戦闘の第一線で主導的役割を果たした。

関東軍は七月八日に熱河に駐屯する独立混成第十一旅団（鈴木兵団）に応急派兵を命じたが、一〇日にこの動員は解除された。一一日、関東軍の出動命令がふたたび出て、独立歩兵第十一連隊は古北口に集結し、独立歩兵第十二連隊は山海関に出動したが、一四日の応急動員により前者は高麗営に集結し、後者も二〇日までに同地で合流した。支那駐屯軍の作戦命令によって、鈴木兵団は二八日に清河鎮で戦闘状態に入り、二九日までに相当な抵抗を排除し、三〇日に戦火を交えることなく西苑兵営を占領して、北平への監視にあたっていたが、八月六日に南口攻撃の準備命令を受けた[23]。

公主嶺に駐屯する独立混成第一旅団（酒井兵団）は、七月一一日に動員命令を受領し、承徳・古北口・密雲を経て一七日に順義に到着し、二八日に沙河鎮を占領し、二九・三〇日に玉泉山を占領して、八月四日に通州へ転進し、北平方面への警戒を行っていた。一六日、酒井兵団は関東軍に復帰してドロン方面への転進命令を受け、関東軍チャハル派遣兵団の戦闘序列に加わった。[24]

支那駐屯軍司令官は七月二七日に平津地方の掃討を決意したが、北平市内の日本居留民の安全地帯への引き揚げが遅延したので、攻撃開始を一日延期した。二八日、支那駐屯歩兵旅団と朝鮮軍（第二十師団第四十旅団）は、航空兵団による猛爆を皮切りとして、北平南方にある大規模な南苑兵営（第三十八師・第百三十二師が駐屯）を攻撃し、中国軍に壊滅的打撃を与えた。支那駐屯軍主力が北平南方で作戦行動を開始するや、一部の中国軍は兵力が手薄な天津の軍司令部所在地への反撃を試みた。この危機を救うため、関東軍は三〇日に第三独立守備隊から抽出した堤支隊（支隊長堤不夾貴大佐）を、八月一日に混成第二旅団（旅団長関亀治少将、のち、本多政材少将）を天津に派遣した。しかし、察北情勢の緊迫により、堤支隊は八月二日に関東軍に復帰してドロン・張北に向かい、混成第二旅団は一二日に関東軍に復帰して張家口攻略作戦に参加し、飛行集団も一八日に関東軍に復帰してチャハル作戦に参加した。[25]

二　チャハル作戦における辻政信大尉

1　チャハル作戦の経緯

七月末、盧溝橋事件の戦火が拡大して、支那駐屯軍隷下の各部隊は北平・天津一帯を占領した。平津地方の失陥後、日本軍が平漢線に沿って南下し、ただちに武漢方面へ殺到すれば、南京国民政府の抗戦態勢は一挙に瓦解する恐れがあった。そこで、蒋介石は「空間を以って時間に換える」抗戦戦略に基づいて、抗戦態勢の再構築をはかった。すなわち、中央軍を河北省中部へ北上させ、保定へ撤退した第二十九軍とともに北平への反撃作戦を準備する一方、八月初旬に八達嶺の内長城線一帯で湯恩伯の中央軍を増強して、日本軍の矛先を平漢線沿線からチャハル・山西方面に引き寄せ、さらに一三日に上海で新たに戦端を開いて日本軍の兵力を華東地域に分散させようとした(26)。

察北では関東軍の支援下で徳王を首班とする蒙古軍政府が組織されていたが、蒙古軍の総兵力は一万弱にすぎなかった。盧溝橋事件後、チャハル省主席劉汝明は張家口特務機関と連絡を取って情勢を観望していたが、第二十九軍の冀察地域からの撤退と入れ替わりに、中央軍がチャハル省へ北上して、八月二日に南口一帯に布陣し、その一部は八日に満州国熱河省に侵入した。こうした新事態に直面して、劉汝明は第一四三師を張家口から北上させ、綏遠省主席傅作義は綏東から察北へ部隊をすすめ、軍事情勢が緊迫した(27)。

熱河省では鈴木兵団の約半分が承徳付近に駐屯していたが、盧溝橋事件が勃発するや、一個大隊を残して旅団兵力の大半は平津方面に派遣され、熱河を守備する関東軍の兵力が空白となった。七月二七日、関東軍は満州国軍混成一旅(熱河支隊)を古北口に派遣すると同時に、満州国軍二個騎兵団を抽出してドロン・沽源付近の国境地帯を警戒させた(28)。同日関東軍は「内蒙方面ニ対スル作戦計画」に基づいて、独断で堤支隊をドロン方面に派遣した旨を陸軍中央部に通牒した。石原作戦部長は関東軍の作戦計画に反対していたが、ドロンは満州国外なので、参謀本部は二八日に「臨参命第七十号」によって消極的に事後承認するほかなかった(29)。

上京した関東軍参謀原田貞憲少佐は、七月三〇日に内蒙方面の作戦指導に関する満州国関係事項を陸軍中央部に提出し、華北方面の作戦と連携して、蒙古軍は商都・張北の線を確保し、さらに平地泉・大同方面に進出する旨の意見を具申した。しかし、参謀本部は関東軍の東條参謀長に対して、不拡大方針に基づいて、内蒙における作戦範囲は商都・張北の線を確保して既存勢力を擁護する程度に止め、日本軍はドロン付近に配置して、その実力行使を控制する旨を指示した(30)。八月五日、植田関東軍司令官は参謀本部に対して、ドロンを守備する堤支隊の張北への進出を具申した。石原第一部長はこれに反対したが、武藤作戦課長は関東軍の意見を熱心に支持した。この間、中央軍がチャハル省に北上して軍事的圧力を強めていたので、参謀本部は七日に堤支隊の張北進出を認可した[31]。

湯恩伯軍が南口・居庸関一帯に布陣して、平津地方の側背が危機に瀕したので、参謀本部は八月九日にチャハル作戦の実施を決定し、支那駐屯軍隷下の鈴木兵団と第五師団が内長城線を北上し、関東軍チャハル派遣兵団が外長城線を南下して、張家口で中国軍を挟撃する作戦が実施された。八月一一日、支那駐屯軍は北平の側背の安全を確保するため、鈴木兵団に対して南口・居庸関方面の中央軍の撃退を命令した。翌日鈴木兵団は南口の中央軍陣地への攻撃を開始し、さらに居庸関・八達嶺へ進撃したが、内長城線突破作戦で戦闘は膠着状態に陥って、一五日から第五師団が逐次戦闘に加わった[32]。八達嶺には北平と綏遠を結ぶ平綏線の隧道があったが、中国軍が隧道内で整備重量二四〇トンのマレー式大型機関車八輌を脱線させて通行不能となったので、長城線の険悪な地形で中央軍を正面突破するほかなかった[33]。

平綏線が利用できないという状況下で、長城線の突破に苦戦を余儀なくされたが、第五師団は八月二四日に冀察省境の山岳地帯を突破し、鈴木兵団も二五日に八達嶺を突破して、ともに懐来平野に進出し、二七日に前者は懐来を、後者は延慶を占領した。二七日、関東軍チャハル派遣兵団が張家口を占領し、挟撃を恐れた湯恩伯軍・劉汝明軍は西方の蔚県方面へ撤退した[34]。

中国軍は蔣介石の軍事指導に基づいて、各地で強固な陣地を構築し、正規戦によって激しく抵抗したが、特定地域の固守にこだわることなく、時間を稼ぎながら逐次抵抗を続け、チャハル省から西方の蔚県方面へ撤退して、日本軍を山西省の山岳地帯へ誘き寄せていった。二年後、第十六師団長石原莞爾中将はチャハル作戦の原因として、「内蒙作戦が起つたのは之は私の考へでは敵の大将湯恩伯に引摺られたのであります」と回想している[35]。

2　長城線突破作戦への従軍

当初支那駐屯軍は張家口特務機関の情報によって、親日的な劉汝明軍が布陣する察南は軍事的脅威が薄いと判断して、湯恩伯の指揮する中央軍が南口・居庸関方面に有力な兵力を展開していることを認識していなかった。しかし、中央軍のチャハル省への進出が明らかとなるや、八月六日に支那駐屯軍は鈴木兵団に対して、南口攻撃の準備を命じた(36)。この間、チャハル省に進攻した中国軍の一部が独石口付近から満州国国境を越えて熱河省へ進出してきたので、関東軍の富永恭二第二課長は天津の支那駐屯軍司令部に赴き、張家口に向かう関東軍部隊と策応して、平綏線に沿って一部兵力を北平から北上させるよう要請した(37)。

定期人事異動で支那駐屯軍参謀に発令された第一課長岡本清福大佐・同課員辻政信大尉は、八月八日に作戦参謀として天津の軍司令部に着任した(38)。辻大尉は第一課の幕僚名簿に名を連ねているとはいえ、軍司令部における身分は最下位で、本来課内の煩雑な雑務の処理に忙殺されるはずであった。従来彼は無味乾燥な実務を嫌っていたが、天津への着任直後にチャハル作戦が発起した結果、連絡参謀として最前線に派遣されるという絶好の機会を得た。

支那駐屯軍は一〇日に堀毛中佐と辻大尉を昌平の鈴木兵団司令部に派遣した。両参謀を直接現地部隊へ派遣した目的は、作戦開始を一四日に予定していた鈴木兵団に対して、関東軍部隊と作戦行動を一致させるため、一二日までに南口・居庸関方面への攻撃開始を促す命令を伝達するためであった。旅団長鈴木重厚中将は上級司令部によるなお一両日の戦況視察を要望したが、堀毛参謀は一一日に軍司令部の所要を理由として天津に戻った。他方、辻大尉は自発的に現地に残留して、坂田支隊（独歩一一第一大隊・山砲兵中隊・工兵中隊）による内長城線への攻撃に同行した。同日天津から辻大尉の召還を求める連絡が届いたが、彼は自発的に坂田支隊の長城線攻撃に従軍した(39)。

鈴木旅団主力は一二日の攻撃開始を期して南口から八達嶺へ進撃し、その西方への攻撃を左翼隊の坂田支隊が担当した。坂田支隊は白羊城から・腰堡・泥窪を通って長城線にいたるルートをすすんだが、途中で圧倒的多数の中央軍の迎撃にであって、戦傷者が続出した。辻大尉は多数の犠牲者を出しながら前進する坂田支隊に従軍し、同支隊が長城線の一角を確保するまで行動をともにした。一四日、辻大尉は坂田支隊の戦況を南口の鈴木旅団長に報告してのち、天津の軍司令部へただちに戻り、即日スーパー機（六人乗り小型旅客機）で坂田支隊の最前線に舞い戻って、機上から不足する弾薬・医薬品・乾パンを空中投下した。(40)

応急動員によって八月二日に宇品港を出発した第五師団（師団長板垣征四郎中将）は、釜山から朝鮮経由で鉄道によって天津に向かい、一一日に板垣師団長は天津に到着した。一二日、支那駐屯軍司令部は同師団にチャハル省へ進撃して、張家口付近を占領せよと命令した。(41)鈴木兵団が実施した長城線突破作戦は、第五師団による懐来平野から張家口方面への進撃を援護するため、八達嶺付近の中国軍を排除するのが目的であったが、同兵団の作戦は遅々としてすすまなかった。一四日、第五師団司令部は各部隊が逐次戦場に到着する状況下で、沙河鎮において第一期作戦計画を策定し、第九旅団（国崎支隊）歩兵第十一連隊は一五日から、第二十一旅団（三浦支隊）歩兵第二十一連隊は一六日から、八達嶺西方から長城線への攻撃準備をすすめていた。(42)

一五日朝、辻大尉は矢野参謀副長に同行して師団司令部を訪問し、作戦の打ち合わせを行った。辻大尉は師団司令部で関東軍時代の上司である板垣師団長と会見した際、坂田支隊が苦戦している状況を報告して、「長城線を破るには、坂田支隊正面に重点を志向すべきです」と提案した。板垣師団長はその場で、予備兵力である第二十一旅団歩兵第四十二連隊（大場連隊）の主力を坂田支隊の増援にあてると決定した。板垣師団長との会見の席上、辻大尉は「この方面の地形と戦況とを知っているのは、私一人ですから、どうか歩兵第四二連隊と同行させて下さい」と要求し、板垣の承認を得た。(43)

当時坂田支隊は激戦を経て兵力が極端に減少し、一六日に第五師団に配属された。大場連隊主力は白羊城・腰堡を通って、坂田支隊がその一角を占領している長城線の標高一三九〇高地へ向かい、中央軍と激しい白兵戦を繰り返して、一七日に同高地を奪取した。この戦果を契機として、戦況はしだいに有利に展開し、鈴木兵団主力は二四日に居庸関から八達嶺へ追撃体制に移った(44)。

支那駐屯軍の隷下師団長に直接従軍を申し込むのは軍規違反であるが、板垣の軍内での影響力の大きさから判断して、矢野副長も辻大尉の越規行為を黙認するほかなかった。この時、辻大尉は板垣中将の厚い信頼を勝ち取り、支那駐屯軍（のち、北支那方面軍）の連絡参謀として、第五師団と天津の軍司令部との間を何度も往復することになり、のちに山西作戦を誘導する重要な役割を果たす機会を得た。こうして、上級司令部（支那駐屯軍）の権威と軍内有力者（板垣）の庇護を背景として、現地作戦部隊に恣意的な「作戦命令」を押し付ける辻大尉の行動パターンの原型が形成され、その独断的な作戦指導は、のちにノモンハン事件・マレー作戦・シンガポール作戦・バターン作戦・ガダルカナル作戦・ビルマ作戦で拡大再生産されていくことになる。

3　関東軍チャハル派遣兵団の張家口占領

関東軍は張北防衛のため、八月七・八日に満州航空のスーパー機を使用して、堤支隊をドロンから張北に空輸し、蒙古軍とともに混成第二旅団（本多兵団）の進出を援護した。九日、参謀本部はチャハル作戦の実施を決定し、支那駐屯軍・関東軍の両司令官に「臨参命第七十二号」を下達した(45)。チャハル作戦を実施するため、戦闘司令所長東條英機中将が率いる関東軍チャハル派遣兵団（東條兵団）が編成された。主要幕僚としては、作戦関係が綾部橘樹大佐・中山貞武中佐・安藤尚志少佐、情報関係が富永恭次大佐・田中隆吉大佐・白崎嘉昭少佐・松井忠雄大尉らであった(46)。

張家口作戦にあたって、関東軍の中堅幕僚は積極的な戦線拡大を企図していたが、戦闘司令所長東條中将には、張家口を第五師団に引き渡して北帰する考えがあって、明確な戦争指導の見通しをもたず、新占領地の統治方針は未定であった[47]。チャハル作戦の実施に先立って、綾部大佐は関東軍第一課長として参謀本部に呼び出され、九日に武藤作戦課長にチャハル作戦の構想を説明した[48]。帰途綾部大佐は一一日に天津へ到着直後の第五師団長板垣中将と会った[49]。

門炳岳の騎兵第七師（中央軍）と薫其武の歩兵部隊（傅作義軍）は、一五日に蒙古軍第二師が守る商都を攻撃した。商都は失陥したが、李守信の全部隊と第五師・第六師は張北周辺に集結して県城を防衛し、烏古廷が指揮する第八師・第九師は康保・宝昌を確保した。李守信が蒙古軍主力を張北に集中した間隙を突いて、石玉山軍が徳化に進出した。徳化の蒙古軍は弱体で、徳化特務機関長河崎思郎中佐は軍政府要人と協議して、一六日に徳化撤退を決意した。徳王は西スニトへ自動車で脱出し、河崎機関長は徳化の守備を第八師・第九師に命じて、徳王機でドロンへ後退した。呉鶴齢・トクトらの軍政府要人、村谷彦治郎らの日系顧問はトラックで徳化を出発し、一七日にドロンに着いた[50]。

東條兵団の戦闘司令所は一六日に新京を出発して、一七日に承徳に到着し、一八日朝ドロンに着いた。東條参謀長は河崎機関長から状況報告を受けたが、徳化撤退の不手際に不満を表明した。一八日夜、門炳岳軍は張北飛行場を夜襲したが、堤支隊は飛行場を死守し、張北機関長桑原荒一郎中佐は蒙古軍・蒙古保安隊を指揮して、県城を防衛した。一九日、戦闘司令所は張北に到着し、東條参謀長は本多兵団を掌握した。東條兵団は北上する第五師団に呼応して、張北から張家口を攻撃する予定であったが、他の部隊（独立混成第一旅団・混成第十五旅団）の集中が遅延したので、本多兵団と堤支隊のみで張家口作戦が開始された[51]。

八月一三日、本多兵団は天津駅から軍用列車に乗車し、一五日に承徳駅に到着して、トラックに乗り換え、一八日に先頭部隊が張北に到着した。一八日午後五時、本多兵団はドロンの戦闘司令所から「八月十九日以後機ヲ見テ攻勢ヲ取リ当面ノ敵ヲ撃破シ速ニ張家口西南方地区ニ前進シ平綏鉄道ヲ分断スヘシ」との作戦命令を受領した。本多兵団は歩兵第一連隊（十川部隊）・歩兵第三連隊（湯浅部隊）に分かれ、二〇日に外長城線の北方から張家口に向けて攻撃を開始した[52]。

右翼隊である十川部隊の外長城線攻撃は順調であったが、左翼隊である湯浅部隊は相当な死傷者を出しながら、野砲兵第四連隊・蒙古軍砲兵隊の協力を得て、中国軍の主要抵抗拠点を排除し、二一日に外長城線を突破した。二三日、本多兵団は万全付近の中国軍を撃破し、堤支隊は孔家庄を占領して京包線を遮断した。二五日、本多兵団は万全地峡の地雷原と張家口西南高地で激しい抵抗を受け、湯浅部隊は大きな犠牲を払った。しかし、劉汝明軍は平綏線の遮断によって退路を絶たれるのを恐れて撤退を開始したので、二七日に本多兵団は張家口に入城した[53]。

張家口占領後、独立混成第一旅団は、平綏線に沿って西方への追撃命令を受け、八月二九日に柴溝堡を占領した[54]。二八日、張家口南方の兵営に集結していた堤支隊は、本多兵団から宣化占領の命令を受領し、同日夜に宣化城に入城した。二九日、堤支隊はさらに下花園に前進し、その軽装甲車隊は小兵力でさらに南下して、沙城子で第五師団の先頭部隊との連絡に成功した[55]。

三〇日、参謀本部は「臨命第四八一号」によって、靖安堡・下花園・保安、保安より上流の桑乾河の線を支那駐屯軍と関東軍の作戦地境として定め、線上は前者に属すと定めるとともに、独立混成第十一旅団の関東軍への復帰を指示した[56]。作戦地境の設定は将来の新占領地の政務指導とも密接に関連する重要事項であるが、当時なお事態は流動的であった。

九月二日、東條中将は張家口へやってきた板垣中将と会見して、今後の作戦方針を協議した。当時関東軍の参謀の大半は板垣中将の旧部下で、彼の幕僚統御の要領としては、鷹揚に構えて中堅幕僚の御輿となり、彼らの施策を積極的に受け入れるという流儀であったので、東條中将は第五師団から協力方針を取り付けてのち、積極作戦へと腹を固めた。当時関東軍は混成第十五旅団（篠原兵団）が四日に張家口付近に集結するのを待って、八日から平綏線に沿って天鎮への攻撃を企図し、大同方面への進出を目指していた。そこで、東條兵団の一部を割いて第五師団の進出を援護することになり、同師団は七日に桑乾河に沿って蔚県方面へ前進することに決した。(57)こうして、関東軍と第五師団は相互に連携して軍事行動を再開し、前者は大同・綏遠の軍事占領を目指し、後者は晋察省境を越えて山西作戦に邁進していった。

三　チャハル作戦から山西作戦へ

1　張家口占領後の第五師団の用兵方針

参謀本部は八月三一日に支那駐屯軍の編成を解除し、北支那方面軍（司令官寺内寿一大将）、および第一軍・第二軍の戦闘序列を下令した。北支那方面軍の主要幕僚としては、参謀長岡部直三郎少将、参謀副長河辺正三少将、第一課長下山琢磨大佐、第二課長大城戸三治大佐、第三課長橋本秀信大佐で、支那駐屯軍の多くの参謀が留任した。辻大尉も第一課参謀の末席に名を連ねている。(58)

北支那方面軍の編成後、寺内軍司令官の着任が遅れたので、第一軍司令官香月中将が一時軍司令官の職務を代行した。九月四日、天津に着任した寺内軍司令官は、方面軍の直轄部隊である第五師団の用法について、「第五師団ハ当面ノ敵ヲ急追シテ速カニ蔚県附近ニ進出シ保定平地ニ対スル作戦ヲ準備スヘシ」と命令した。当時北支那方面軍は、第一軍が平漢線に沿って南下し、第二軍がその東側を並進する一方、第五師団を平漢線方面に復帰させて、保定攻略戦に用いる予定であった。(59)

辻大尉は六日に第五師団から軍司令部へ戻って、岡部参謀長に南口作戦以来の第五師団の作戦経過を復命し、蔚県―淶源―保定の線に沿う作戦の地形上の困難を指摘するとともに、蔚県付近の険難な陣地を北方から攻撃するため、関東軍の兵団と協調を要すと説明した。岡部少将は翌日連絡業務で第五師団に戻る辻大尉に対して、「モス」機（偵察用小型機）を一時同師団に配属することを許可した。(60) のち、辻大尉はこの「モス」機に乗って戦場各地を精力的に飛び回ることになる。

参謀本部作戦課長武藤大佐は山西作戦をめぐって、関東軍の綾部大佐や北支那方面軍の下山大佐と公式・非公式のルートで緊密な連絡を保っていた。八日、武藤大佐は下山大佐の私信に対する返電を北支那方面軍司令部宛に打電し、第五師団の用法について指示したが、岡部参謀長は一〇日の軍司令部内第一回会報において、「司令部内より私信を以て、猥りに中央部と交渉せざること。司令部内の統一を乱す」と釘をさしている。同日辻大尉は連絡のために天津に戻って復命し、一二日頃に第五師団は広霊を攻撃するが、同師団の意向として、第一軍の当面の敵への攻撃に連係できるならば保定へ進出するが、さもなければ山西省へ進入するという希望を伝えた。(61)

岡部参謀長は一三日の航空偵察によって、第五師団が広霊付近を占領したと判断し、大同攻撃後に淶源を経て保定方面へ向かう作戦準備を同師団に命じた。同日夕刻、関東軍部隊の大同占領の報が軍司令部に届いた。岡部少将は第五師団が関東軍の積極的企図に巻き込まれることを懸念した。(62)

上級司令部が同意しない状況下で、板垣師団長は一五日付で石原第一部長に私信を寄せ、「退避持久策ヲ克服シ戦争ノ終結ヲ速ヤカナラシムル」ため、山西作戦の実施を求めた。(63) 石原少将はこの件を参謀次長多田駿中将に諮ったが、その同意が得られず、一時中止になった。(64)

北支那方面軍首脳部の意見を変えるため、下山大佐と辻大尉は大同の関東軍戦闘司令所を訪問して、綾部大佐に軍司令官の説得を懇請した。(65) 一七日、大同から綾部大佐が北支那方面軍司令部に連絡にやってきて、「第五師団と関東軍が協力し、太原を速やかに攻略すべく協議」を求めた際、岡部参謀長は再考する旨を答えた。同日岡部参謀長は河辺副長・三課長で幕僚会議を開いて協議したが、太原攻略案（副長・第一課長）、保定案（第二・第三課長）と意見が分かれた。一八日、岡部参謀長は寺内軍司令官に対して、第五師団の用法に関する幕僚会議の結果と参謀長の意見（保定案）を説明した結果、「第五師団の主力は、これを保定方面に使用す」との決裁が下った。[66]

北支那方面軍の内部では、寺内軍司令官・岡部参謀長の作戦方針と第一課の作戦構想が鋭く対立していた。軍司令官・参謀長は第五師団の保定作戦への参加を強く希望したが、下山大佐は山西作戦を熱心に主張した。当時辻大尉は連絡参謀として関東軍・北支那方面軍・第五師団の間を飛び回って、山西省への進撃を扇動した。一九日、岡部参謀長は下山大佐の申し出によって、辻大尉の第五師団への一時配属を了承したが、「下僚としての事務的業務を嫌忌する」心得違いに不快感を抱いた。[67]

九月二一日、北支那方面軍は第五師団に対して、「九月末迄ニ保定平地ニ進出スルヲ希望ス」と打電した。[68] 二六日、この電報に対する第五師団の報告は、二九日に師団主力（国崎支隊）を淶源へ出発させる一方、三浦支隊によって大営鎮を占領し、その一部兵力を用いて代県方面へ追撃すると答えている。しかし、国崎支隊の兵力は歩兵五個大隊・山砲兵一個大隊にすぎず、「主力」とは名ばかりであった。[69]

第五師団の用法に関する北支那方面軍司令官・参謀長の意志は固かったが、第一課の各参謀は山西作戦の実施を繰り返し要求した。二二日、下山大佐は参謀本部武藤作戦課長に対して、第一軍主力で保定の線を突破するのは困難ではなく、さらに中国軍に大打撃を与えて敵の戦意を挫折させるため、「第五師団を北部山西省より太原に進め」、第二軍の一部を石家庄南東に進出させ、第一軍の石家庄への正面攻撃と合わせて、三面包囲の態勢を取るよう主張した。[70] 三〇日、辻大尉は単独で、下山大佐は教育総監部第三課長鈴木宗作大佐を伴って、再度「第五師団を代州に進むるを可とすべく進言」したが、岡部参謀長はこれを黙殺した。[71]

2　平型関の戦い

張家口占領前、東條中将は「関東軍内蒙兵団第二期作戦指導要領」を起案するにあたって、「対北方関係上山西に深入リスルコトハ好マス大同附近ニテ第五師団ノ進出援護後満州復帰ノ件」[72]を幕僚に検討させていたが、九月二日の板垣中将との会見において、彼らの積極方針を受容する腹を決め、同師団との共同作戦へと舵を切った。第五師団は蔚県方面への進撃にあたって、「第二期作戦計画」（九月四日）を策定し、その指導要領で「前進ニ当リテハ関東軍東條兵団ト密接ニ連繋ス」と指摘し、「敵情捜索ハ協力飛行隊ニ依ル」と定めている。[73]この作戦計画の背後には、板垣師団長の庇護のもとで、北支那方面軍司令部・第五師団・関東軍戦闘司令所の間を駆け回る辻大尉の姿があった。

板垣師団長は東條兵団が急遽作戦行動を開始したことを知って、兵站部隊の到着を待つことなく、応急体制のまま蔚県方面へ進撃することを決意した。九月六日、第五師団は宣化・新保安・懐来付近から三縦隊となって西進を開始した。七日、辻大尉は「モス」機に搭乗して、天津から第五師団へ赴いた。一一日、第五師団は蔚県を占領し、一二日朝の「方面軍参謀」による航空偵察の結果、山西軍が広霊を経て東進中との情報が届いた。そこで、第五師団は三浦支隊に第四十二連隊の兵力を加えて、晋察省境の独断突破を命令し、一四日に広霊を占領した。[74]

辻大尉は一九日に北支那方面軍から第五師団へ一時配属となり、上級司令部の派遣参謀として、現地の作戦指導に全面的に関与した。二〇日、板垣師団長は第二十一旅団長三浦執事少将に対して、霊邱付近を占領してのち、大営鎮・霊邱・淶源道の扼守を命じた。[75]二一日、山西省方面の戦場を航空偵察していた辻大尉から、霊邱付近の敵は潰走したが、大営鎮・代州間に約四十台のトラックが往来して、山西軍が展開中との情報が届いた。辻大尉の偵察情報を得た板垣師団長は、これは山西軍撃滅の絶好の機会であると即座に判断して、三浦支隊に霊邱から大営鎮方面への追撃を命じた。九月二二日、三浦旅団長が指揮する歩兵三個大隊（第十一・二十一・四十二連隊の各一個大隊）を基幹とする直轄部隊は、大営鎮方面を目指して行動を開始した[76]。辻政信は次のように回想している。

「私は、太原攻略の意見を強く持っていた。そのために小型の「モス」機に乗って、幾度か太行山脈と保定周辺の地形、敵状を偵察したが、重い車輌編成の師団を以て、嶮しい太行山脈を越え、保定の敵の退路を遮断する作戦は、思ひも寄らぬことであった。しかも山西省方面から、新しい敵が続々北上し、板垣師団の側面に脅威を加へつつある。このやうな戦況の下に、方面軍司令官は第五師団の一部を以て、先づ北部山西省の敵に一撃を加へた後、主力は保定方面に転進するやうに命令された[77]」。

辻大尉は第二十一旅団本部とともに平型関攻略作戦に参加し、「前方を破ったら、後方の敵は自然に退るだらうとの判断で、激しく平型関口の敵陣地に殺到した[78]」が、山西軍・綏遠軍の防御態勢は強固であった。第四十二連隊第二大隊は激戦の末、夜襲で平型関付近の高地（俗称三角山）を攻撃し、二三日に三角山を、二四日に一九三〇高地を占領したが、戦死傷者が多数にのぼったので、二五日に第二十一連隊第三大隊と守備を交代した。三浦支隊は圧倒的に優勢な晋綏軍に周囲を包囲されるという状況下で、二つの高地の支配をめぐって激しい争奪戦を演じ、弾薬も食料も欠乏して、全滅の瀬戸際に立たされた。しかも、二五日に林彪の率いる八路軍第一一五師三個団によって、平型関東方で第二十一連隊の輜重隊と自動車隊が待ち伏せに遭って全滅した。三浦支隊の苦境を救うため、板垣師団長は増援部隊の派遣を決定し、第四十二連隊主力は二六日から、第二十一連隊主力は二八日から、逐次戦場に到着したが、攻撃は難航した[79]。

『山口歩兵第四十二連隊史』によれば、第二十一旅団司令部では地下の壕内において三浦旅団長と大場連隊長が、以後の戦闘について協議中、「追撃参謀」と異名のある辻大尉から「当面の敵は退却したので直ちに追撃に移り、大営鎮に向かい前進せよ」と督促を受け、連隊は直ちに追撃に移った。その結果、大場連隊第六中隊は尖兵中隊として突撃し、全員壮烈な最期を遂げている。当時増援部隊の指揮官であった第一中隊長丸谷順助大尉は、「尋常の手段では到底突破できないと判断をした辻参謀が、この難局を打開するためには、心を鬼にし涙を呑んで敵の増援を、逆に敵は退却中と称し、追撃命令を出して強行突破を企図したものである」と回想している。[80]

他方、関東軍の篠原・本多両兵団は平綏線に沿って山西省へ入り、九月三日に永嘉堡を攻略し、九日に陽高を、一一日に天鎮を、一三日に大同を占領した。関東軍は第五師団の平型関での戦闘の消息を得て、二二日に独断で渾源から繁峙への進出を十川部隊に命令した。篠原兵団は二五日に尚希庄を出発し、応県・茹越口・繁峙を経て、三〇日に代県を占領した。本多兵団は二六日に内長城線を突破して繁峙方面へ追撃した。関東軍の繁峙・代県への進出に伴って、退路が遮断されるのを恐れた大営鎮の山西軍主力は三〇日から五台山方面へ、他部隊は代県方面へ撤退した。[81]

辻大尉は航空偵察によって第五師団の大営鎮への進撃の端緒を作り、第二十一旅団本部とともに平型関付近の最前線に進出し、強引な突撃を主体とする作戦指導を行って、全滅の瀬戸際に追い込まれたが、増援部隊の到着と関東軍部隊の代県への進撃によって窮地を脱し、のちの太原作戦への道筋を付けることに成功した。

3　太原作戦への従軍

盧溝橋事件後、陸軍中央部は事変の不拡大方針を採用してきたが、八月一三日に上海作戦が勃発するや、同方針を堅持することが難しくなってきた。九月二七日、参謀本部では不拡大派の中心人物石原第一部長が更迭され、翌日拡大派である下村定少将が新たに第一部長となった。この人事異動によって、武藤作戦課長は作戦指導の主導権を発揮することができるようになり、第五師団を保定方面で使用するという従来の方針を破棄して、山西作戦を積極的に推進する作戦計画を起案し、下村第一部長・多田駿次長の承認を得た。[82]一〇月一日午後四時頃、多田次長から太原作戦に関する内報が北支那方面軍に届き、午後八時頃に同作戦の正式な奉勅命令が下達された。すなわち、北支那方面軍は参謀本部の方針変更によって、途中で梯子を外され、「方面軍の面目は丸つぶれの形」となった[83]。

一〇月二日、第五師団は北支那方面軍から太原攻略の作戦命令を受領して、逐次太原攻略戦に移行する一方、関東軍は本多兵団・篠原兵団・堤支隊を派遣して支援した。忻口鎮の戦闘に先立って、本多兵団は八日に崞県を、篠原兵団は一二日に原平鎮を占領した。のち、本多兵団は関東軍に復帰したが、忻口作戦において、第五師団主力が左翼隊となる一方、関東軍の篠原兵団・堤支隊は右翼隊として連日の激戦に参加し、一一月九日の太原城入城式まで作戦に従事した[84]。辻政信はこれらの作戦について、次のように回想している。

「篠原旅団を併せ指揮した板垣兵団は、閻錫山将軍が長年かかって整備してくれた南北の縦貫道路を、唯太原指して驀《まつしぐ》らに進み、崞県、源平鎮で思はぬ抵抗に遭ったが、一気に攻略して、忻口鎮の堅陣にかかった。正面が二十粁もある敵陣地は、恐らく前進陣地であろう。この広正面は、とても三師団や五師団で守れる地形ではない。主陣地は、更に南方の関城鎮附近であらうとの先入観から、手軽に取らうと、大した準備もなしに追撃のまま攻撃を始めた。意外にも此の全正面は鉄壁のやうに固められている。それどころか我が両側方から逆に屡々出陣し、攻守所を変へるのではないかとさへ思はれ、砲兵陣地が蹂躙される始末であった[85]」。

『浜田連隊秘史』によれば、平型関で辻大尉が偵察なしに薄暮攻撃を命じて、第四十二連隊が大損害を出したと指摘し、忻口鎮の戦闘においても、師団は同地が収容陣地にすぎず、内長城線の攻略後の追撃戦であると軽く見て、すみやかな突破を要求する一方、堅固な陣地攻撃の方式を具申した第二十二・第二十三両連隊長の具申を許可しなかったと記している。さらに「辻参謀としては北支方面軍の派遣参謀として、面子にかけても篠原兵団の進出に先んじて忻口鎮を攻略したい焦りと、持ち前の強い性格による自信過剰と自己顕示欲とで、命令系統を無視して上級司令部の権威を笠に、いわゆる幕僚統帥をおこなった」と批判している[86]。

一一月一〇日、山西作戦が終了した翌日、辻大尉は北支那方面軍参謀部に人事上の軋轢と混乱を残しながら、関東軍参謀に転補された。この人事は、岡部参謀長が「事情は如何にしても辻を出すを要したること」という判断から、下山作戦課長に知らせず決めたもので、面目を失した同大佐が辞職を申し出る騒ぎとなった。(87) 当時下級将校の人事は所管長官の上申に基づいて、陸軍大臣が決裁することになっていたが、辻大尉に好意をもつ関東軍第三課参謀片倉衷少佐や板垣中将の後押しがあり、陸軍省人事局補任課の人事政策が、情実によって動かされていた一事例であると評価できる。

参謀本部編成動員課員から一時第五師団参謀として隊付勤務した美山要蔵少佐は、山西省での従軍記録において、「我が師団に於ては幕僚会議とかいうような仰々しいことは一度もなく、昼間は各幕僚は皆戦況視察、指導、連絡に馳駆して夕食の間に師団長以下全幕僚の意思統一を図った」と述べている。(88) 美山は別の回想録の中で戦後板垣中将の幕僚統御の作風として、「師団長の幕僚指導といっても、格別なものはなかったと概評できる。むしろ無指導であったといった方がよい」と指摘しながら、山西作戦の損害について、「板垣師団は損害が多かった。他の師団の二倍以上であったろう。……しかし兵法の神様と万人が推す辻参謀などが、日夜第一線に出て連、大、中隊長等と親しく連絡し、第一線将兵の心を巧みに掌握して適切な指導を行っていたのだから、当時としてそれ以上の指導の方法もなく、師団長の統帥が他兵団長に比し格別相違があろうとは考えられない」と評価している。(89)

参謀本部作戦課の井本熊男大尉は、九月下旬から一〇月中旬にかけて、北支那方面軍司令部や隷下部隊と連絡し、チャハル・晋北・綏遠方面の北支那方面軍と関東軍の作戦地域の境界を検討するため、華北の戦場を視察した。(90) 井本大尉は戦後、チャハル作戦後に第五師団が保定に出ないで、山西作戦に深入りしていった理由として、板垣師団長が一〇月中旬に石原第一部長・多田次長宛に送った私信を指摘するとともに、戦地で辻大尉から直接聞いた見聞として、次のように証言している。

「筆者はさらに憶測を逞《たくまし》うして、板垣中将を右の如く動かした力の何がしかは、辻政信大尉ではないかと思っている。辻大尉は北支那方面軍の編成にあたり、関東軍参謀から同方面軍参謀に補任されたが、着任早々、自ら飛び出して板垣師団長の下に派遣参謀の形で行ったといわれていた。筆者が北支に出発して、十月六日代県の第五師団司令部に宿泊し、辻参謀と話した際のその発言から類推して、こんな推測が生まれたのである」[91]。

沂口鎮の戦闘が膠着していた頃（一〇月二六日）、戦局の進展が思わしくないので、参謀本部参謀服部卓四郎・菅井斌麿両少佐が前線視察に訪れた。その直前、辻大尉とともに戦訓を纏めていた美山少佐は、次のように回想している。「共に参謀本部総務部出身。此の難戦苦闘に軍隊教育、その前の国民教育迄切々の字句が続く。辻君の教訓は歴戦だけに湧くが如く、遂に部厚い戦訓報告ができた。何れ東京に送ろうとしていた時、その後大本営から来た服部卓四郎少佐の手を経て東京に届けられた。参謀本部は非常に内容に共鳴して戦史課に移し、陸大の教育資料にしたという」[92]。

この沂口鎮の戦場における運命的な出会いを契機として、服部卓四郎少佐と辻政信大尉との関係は緊密となり、のちの関東軍参謀部勤務時代に両者はノモンハン事件を引き起こし、太平洋戦争勃発後は各々大本営作戦課長・作戦班長として、バターン作戦・ポートモレスビー作戦・ガダルカナル作戦等の責任者となって、中央統帥部の作戦指導に大きな足跡を残すことになった。

むすび

辻政信大尉は陸大を優秀な成績で卒業したエリート将校であるが、盧溝橋事件当時は出先軍部の参謀名簿の末席に名を連ねていたにすぎない。参謀の職務は軍司令官の職務を補佐するにすぎず、形式的な職務権限は大きくない。

しかし、上級司令部の権威を背景として、現地作戦部隊に対しては、あたかも高級指揮官のごとく振る舞うことができた。その典型的事例として辻政信を指摘することは、誰にも異論のない周知の事実であるが、彼のこのような特異な行動の原型が、盧溝橋事件後のチャハル作戦・山西作戦で形成されたことはあまり知られていない。

関東軍から支那駐屯軍に異動直後、辻大尉はチャハル作戦の発起という好機に恵まれて、独立混成第十一旅団の長城作戦に従軍し、のちに同旅団に遅れて参戦した第五師団の板垣征四郎中将の庇護を得て、張家口占領後に山西作戦を誘発するうえで重要な役割を果たすことになった。辻大尉の参謀としての軍内序列は最下位であるが、それは逆に戦場各地を身軽に動き回れるという利点でもあり、北支那方面軍岡部直三郎少将・同下山琢磨大佐・関東軍綾部橘樹大佐・第五師団板垣征四郎中将等の軍内実力者の間を飛び回ることによって、山西作戦に向かう現地軍の流れを醸成していった。さらに第五師団への派遣参謀としての身分を利用して、航空偵察により山西軍の動向をすばやく捉えて、板垣師団長の作戦決意を引き出し、激戦となった平型関作戦・忻口作戦等の最前線で強引な現地作戦指導を行っている。

戦場における辻大尉の派手な行動の背後で、さらに大きな事変処理の全体的枠組みを構想していたのは、関東軍第三課参謀片倉衷少佐である。片倉少佐の活動の本領はおもに政務工作で発揮されているので、あまり表面には出てこないが、辻大尉が画策した山西作戦がなければ、チャハル・晋北・綏遠を一体化した高度防共地域（蒙疆政権）は出現しなかった。辻大尉と片倉少佐は相互に連携しており、前者は作戦の最前線で猪突猛進する一方、後者は政務工作によって占領地における新政権樹立工作を担当する立場であり、両者は分業関係にあったと評価することができる。最前線の軍事作戦と占領地後方の政務工作は並行して実施されており、両者は表裏一体の関係にある。本稿は蒙疆政権成立の前史として纏められた論考であり、関東軍の政務工作については、別稿として順次発表を予定している。

注

(1) 上法快男編『軍務局長武藤章回想録』芙蓉書房、一九八一年、一〇六〜一〇八頁。
(2) 防衛庁防衛研修所戦史部『支那事変陸軍作戦』(1)、朝雲出版社、一九七五年、一五〇頁。
(3)『支那事変初期ニ於ケル北支那作戦史要』第二巻、三六〜三七頁、JACAR(アジア歴史資料センター)[Ref.C11110924500]。
(4) 同上書、第二巻、四三頁。
(5) 今井武夫『支那事変の回想』みすず書房、一九六四年、三〇〜三一頁。
(6) 防衛庁防衛研修所戦史部『大本営陸軍部』(1)、朝雲出版社、一九六七年、四三五〜四三七頁。
(7)『支那事変初期ニ於ケル北支那作戦史要』第二巻、四九頁。
(8)『支那事変陸軍作戦』(1)、二一二〜二一三頁。
(9) 池田純久『日本の曲り角』千城出版、一九六八年、八七〜八八頁。
(10) 寺平忠輔『盧溝橋事件——日本の悲劇』読売新聞社、一九七〇年、二一八、二七二〜二七三頁。
(11)『支那事変初期ニ於ケル北支那作戦史要』第二巻、六四、七九頁。
(12)『大本営陸軍部』(1)、四三二頁。
(13)・(14) 今村均『私記・一軍人六十年の哀歓』芙蓉書房、一九七〇年、二二二〜二二四頁。
(15) 片倉衷『戦塵随録』経済往来社、一九七二年、二七四頁。
(16)『現代史資料』(9)、みすず書房、一九六四年、二七頁。
(17) 同上書、二九〜三一頁。
(18)『現代史資料』(12)、みすず書房、一九六五年、四六五頁。
(19)『現代史資料』(9)、二六頁。
(20) 同上書、一〇七〜一一〇頁。
(21) 関東軍司令部編『蒙疆方面政治指導重要案件綴』一九三七年、九二頁(防衛省防衛研究所所蔵)。
(22)『支那事変初期ニ於ケル北支那作戦史要』第二巻、八〇〜八二頁。
(23)『支那駐屯歩兵旅団ノ作戦』二六一〜二六六頁、JACAR[Ref.C11111129700]。
(24) 同上書、三三一〜三三四頁。
(25)『支那事変概史、昭和十二年』八一〜八三頁、JACAR[Ref.C11110468300]。
(26) 蔣緯国『抗日戦争八年』早稲田出版、一九八八年、五四〜五九頁。
(27) 松井忠雄『内蒙三国志』原書房、一九六六年、一六一〜一六五頁。
(28)『支那事変概史 昭和十二年』一〇三〜一〇七頁。
(29)『察哈爾作戦機密日誌』七〜一〇頁、JACAR[Ref.

C12120047800]。
(30)『現代史資料』(12)、四六六頁。
(31)『察哈爾作戦機密日誌』一二〜一三頁。
(32)『支那事変概史　昭和十二年』九三頁。
(33)大森敏之編『朔北の鉄路を行く』張家口鉄路局管内機務段会、一九八六年、二三頁。
(34)『支那事変概史　昭和十二年』九二頁。
(35)『現代史資料』(9)、三一三頁。
(36)『支那事変初期ニ於ケル北支那作戦史要』第二巻、七九頁。
(37)『支那駐屯歩兵旅団ノ作戦』二六七頁。
(38)『支那事変初期ニ於ケル北支那作戦史要』第二巻、八四頁。
(39)『支那駐屯歩兵旅団ノ作戦』二六七〜二六八頁。
(40)辻政信『亜細亜の共感』亜東書房、一九五〇年、一〇四〜一一〇頁。
(41)『支那事変初期ニ於ケル北支那作戦史要』第二巻、八九、九二頁。
(42)『支那事変初期ニ於ケル北支那作戦史要』第一巻、〇六〇四〜〇六〇八頁(整理番号)、ＪＡＣＡＲ[Ref. C11110921900]。
(43)『亜細亜の共感』一一一頁。
(44)『支那駐屯歩兵旅団ノ作戦』二七一〜二七二頁。
(45)・(46)『支那事変陸軍作戦』(1)、二四一〜二四二頁。
(47)『内蒙三国志』二四三頁。
(48)『察哈爾作戦機密日誌』一六頁。
(49)板垣征四郎刊行会編『秘録板垣征四郎』芙蓉書房、一九七二年、一三三頁。
(50)・(51)『内蒙三国志』一五六〜一六三頁。
(52)『張家口会戦戦闘詳報』混成第二旅団司令部、自昭和十二年八月十五日至八月三十日、附録第四、ＪＡＣＡＲ[Ref.C11111394000]。
(53)『野砲兵第四連隊並びに関連諸部隊史』信太山砲四会、一九八二年、二二七〜二三一、二三九〜二四三頁。
(54)『支那事変概史　昭和十二年』九三頁。
(55)『堤支隊戦闘詳報』第三号、昭和十二年自八月二十日至八月三十一日、〇六五七〜〇六六五(整理番号)、ＪＡＣＡＲ[Ref.C11111530500]。
(56)『支那事変陸軍作戦』(1)、三一二頁。
(57)『支那事変初期ニ於ケル北支那作戦史要』第一巻、〇六一九〜〇六二〇頁(整理番号)。
(58)『支那事変陸軍作戦』(1)、二九二頁。
(59)同上書、三二一〜三二三頁。
(60)岡部直三郎『岡部直三郎大将の日記』芙蓉書房、一九八二年、七三〜七四頁。
(61)同上書、七五〜七七頁。
(62)同上書、七九〜八〇頁。
(63)『察哈爾作戦機密日誌』三二頁。

(64)『現代史資料』(9)、三一四頁。
(65)『察哈爾作戦機密日誌』二八頁。
(66)・(67)『岡部直三郎大将の日記』八二〜八五頁。
(68)『支那事変初期ニ於ケル北支那作戦史要』第一巻、〇六三六頁（整理番号）。
(69)『岡部直三郎大将の日記』九〇頁。
(70)『現代史資料』(12)、四七四頁。
(71)『岡部直三郎の日記』九三頁。
(72)『察哈爾作戦機密日誌』八七頁。
(73)『支那事変初期ニ於ケル北支那作戦史要』第一巻、〇六一五頁（整理番号）。
(74)同上書、〇六二〇〜〇六三一頁（整理番号）。
(75)『支那事変陸軍作戦』(一)、三三六頁。
(76)『支那事変初期ニ於ケル北支那作戦史要』第一巻、六三一〜六三二頁（整理番号）。
(77)・(78)『亜細亜の共感』一一六〜一一七頁。
(79)『支那事変概史　昭和十二年』九八頁。
(80)山口歩兵第四十二連隊史編纂委員会編『山口歩兵第四十二連隊史』非売品、一九八八年、一九八〜一九九頁。
(81)『支那事変概史　昭和十二年』九八〜一〇〇頁。
(82)『大本営陸軍部』(1)、五〇八頁。
(83)『岡部直三郎大将の日記』九四〜九五頁。
(84)『支那事変概史　昭和十二年』一三一〜一三三頁。
(85)『亜細亜の共感』一二一〜一二二頁。
(86)岸本清之編『浜田連隊秘史』非売品、一九八七年、一二三、一二六頁。
(87)『岡部直三郎大将の日記』一一九頁。
(88)美山要蔵『山西作戦出征記録』自昭和十二年十月八日至十二月十八日、一〇〜一一頁（防衛省防衛研究所所蔵）。
(89)『秘録板垣征四郎』一三八・一四〇頁。
(90)井本熊男『作戦日誌で綴る支那事変』芙蓉書房、一九七八年、一二三頁。
(91)同上書、一一八頁。
(92)『山西作戦出征記録』一七〜一八頁。

「蒙疆政権」の家畜・畜産物統制政策

獣毛・獣皮取引機構を中心に

田中　剛

はじめに

熱河攻略後の関東軍は、「満洲国」西方の安全確保と外モンゴル・華北方面への橋頭堡を確保するため「内蒙工作」を展開し、内モンゴルの王公デムチュクドンロブ（通称は徳王）に接近した。内蒙古自治運動の中心的人物であった徳王は、南京国民政府に対してモンゴル人による高度自治を要求していたが、その対応に不満を強めて関東軍の支援を受けるようになる。

一九三七年七月七日、盧溝橋事件が勃発すると、関東軍はチャハル作戦を発動して華北を西方へ侵攻し、九月四日張家口に「察南自治政府」、一〇月一五日大同に「晋北自治政府」を樹立した。さらに西進した関東軍は一〇月二八日に厚和豪特（占領後に帰綏を改称、通称は厚和）で「蒙古聯盟自治政府」を樹立し、モンゴル王公の雲王が主席、徳王が副主席（一九三八年七月から主席）に就任した。一九三七年一一月二二日には関東軍の指導で三自治政府の統制指導機関として張家口に蒙疆連合委員会（以下、蒙疆委員会と略す）が設置され、最高顧問・総務委員長代行に金井章二が就任、その下部委員会にも日本人顧問が配置され、日本はいわゆる「内面指導」によって実権を掌握した。その後、「満洲」に撤収した関東軍に代わって、三七年末に編成された駐蒙兵団（三八年七月に駐蒙軍に改編）が従来の施策を継承した。そして一九三九年九月一日には三自治政府が統合されて新たに「蒙古聯合自治政府（一九四一年八月に蒙古自治邦に改称）」が張家口に樹立された。徳王が政府主席に就任したが、政権の中枢は最高顧問の金井章二以下、「蒙古聯合自治政府」になって正式に登用されるようになった日本人官吏が握っていた。日中戦争期に日本占領下にあった内モンゴル西部と華北の一部をあわせて当時の日本人はこれを「蒙疆」とよび、三自治政府以降この地域で樹立された一連の対日協力政権は「蒙疆政権」と呼ばれるようになる。

「蒙疆政権」の支配下にあった内モンゴル西部とその周辺は、中国における畜産業の拠点であった。モンゴルや中国西北で産出された羊毛など獣毛、獣皮類がこの地域に持ち込まれ、天津に搬出された後はイギリスやアメリカ、ドイツ系商社によって海外に輸出されていた。日中全面戦争の勃発は、この地域に集まる獣毛・獣皮類の重要性を日本側に認識させることになった。軍装や軍用毛布等に使用される獣毛、ベルトやローラーの原料になる獣皮は重要な軍需物資であり、これを確保することは日本側にとって緊急を要する課題となったため、獣毛、獣皮業に対して統制政策を実施したのである。本稿では、「蒙疆政権」が行なった家畜・畜産物の統制政策について獣毛・獣皮などを中心に明らかにしていきたい。「蒙疆政権」初期の政策については、以前に検討したことがあるので(1)、ここでは蒙疆羊毛同業会解散後の政策について収買機構の変遷に焦点をあてて見ていくことにする。

一　蒙疆羊毛同業会の解散と収買機構の再編

綿製品をめぐる日英関係の悪化を背景に英連邦からの羊毛輸入に不安を抱えていた日本の紡績業界は、中国国内でも有数の内モンゴル地域の獣毛資源に関心を示していた。日中全面戦争開始後、関東軍は内モンゴル周辺を占領すると、一九三七年一二月に日系商社をまとめて蒙疆羊毛同業会を組織し、獣毛の集荷・配給の一元的統制を行った。その目的は軍需用獣毛を調達するためでもあり、集められた獣毛は日本軍へ優先的に供給された。集荷にあたって羊毛同業会は、回民を利用して中国西北の獣毛買付を志向していた。これは、獣毛取引をテコにアヘン取引も誘導し、西北貿易を活発化させることで「蒙疆政権」の財源を確保するためであった。

蒙疆羊毛同業会による獣毛取引の実態は、関東軍と陸軍中央の過重な調達要求に応えなければならず、集荷した獣毛を民需にまわせるだけの余裕はなかった。わずかに民需へまわされた獣毛も、日系企業は加工しきれるだけの十分な施設を備えておらず、結局は天津で第三国企業に売却せざるを得ない状態で、早くから「蒙疆政権」の獣毛統制は挫折してしまった。また、羊毛同業会の設立にあたっては、「蒙疆政権」管内におけるアメリカ、イギリスなど第三国による獣毛収買を排除することが要点に掲げられていた。そのため、蒙疆羊毛同業会の独占的買付に対してはイギリスから激しい非難を受け、日英関係をより一層悪化させることにもなってしまった。こうして内外で問題の多かった蒙疆羊毛同業会は、設立から僅か一年の一九三八年一二月に解散することになった。

蒙疆羊毛同業会が解散したことを受け、新たな統制政策を講じつつあった蒙疆委員会は、一九三九年二月六日に蒙疆畜産公司を設立した。蒙疆畜産公司は、満洲畜産会社の全額出資による資本金三〇〇万円の普通法人として誕生した。その事業内容は、①政府の統制に基づく家畜の輸出入、②家畜と畜産産物の販売、③食肉の配給、獣皮・獣毛の処理、④食肉処理場と家畜収容所の経営であった。董事長には満洲畜産会社専務取締役の長島忠道、常務董事には同社専務の川村宗嗣が就任した。(2) 蒙疆畜産公司の設立はそれまで「蒙疆政権」管内で活動していた満洲畜産の組織を改組したものであった。

と言うのも、蒙疆畜産公司の母体になった満洲畜産会社は、「蒙疆政権」が樹立されると張家口に出張所を設けて内モンゴル地域に進出し、家畜や畜産物の収買にあたっていた。満洲畜産会社が「蒙疆政権」管内で家畜を買付けていた背景には、「満洲国」の農耕用家畜と軍用馬を確保する目的があった。満洲畜産会社は一九三八年に「満洲国」治安部用と農耕用として馬七〇〇〇頭の供給依頼を受けている。依頼を受けた満洲畜産会社は、さっそく「蒙疆政権」管内で蒙古馬の収買に乗りだして同年春に三〇〇〇頭の購入契約を交わし、さらに五月末までに一〇〇〇頭、六月から九月末までに二〇〇〇頭の受け渡しを完了する予定であった[3]。このように満洲畜産会社の任務は「満洲国」の畜産需要を確保することにあったが、同社が「蒙疆」地域の域外からの参入企業であったために、戦時統制下では「満洲国」への輸出を煩雑かつ困難なものにしていた。そこで、蒙疆羊毛同業会の解体を契機に、満洲畜産会社は「蒙疆政権」管内での活動を蒙疆畜産公司に移して強化し、「満洲国」に向けた輸出の円滑化をはかったのである。

そもそも、「蒙疆政権」に畜産会社を設立する計画は、羊毛同業会が解散する以前からあった。蒙疆委員会は、一九三八年七月に発表された「蒙疆畜産政策要綱」を立案する過程で、畜産会社の設立を考えていた。一九三八年三月一八日に作成された「蒙疆畜産政策要綱案」では、畜産会社について触れている。それによれば、家畜と畜産物を「公正」に買付け、円滑に配給し、輸出の統制を行なうとともに、畜産資源の開発に役立てるために、「蒙疆畜産株式会社」を設立するとある。この畜産会社は羊毛、毛皮、皮革、牲畜を取り扱い、買付・配給の義務と独占権が与えられるはずであった[4]。このように要綱案では、「合議制」で運営されていた羊毛同業会の弱点であった適応力と指導力を克服するため、新たに畜産会社を設立して家畜・畜産物の統制を強化するはずであった。

しかし、一九三八年七月に実際に発表された「蒙疆畜産政策要綱」は、畜産会社の設立に触れていない。そして三九年二月に新設された蒙疆畜産公司には、買付での独占権が与えられなかった。こうした背景には、羊毛同業会の会員相互で利害が対立していたためと思われる。羊毛同業会に参加した日系企業のなかには、獣毛を処理できる企業と処理できない企業があり、収益面で大きな違いがあった。結局、畜産会社の新設へと会員の意見をまとめることができなかったのであろう。

おそらく、収益の上がらない企業は新会社への出資をためらい、収益を得ていた企業は新会社に独占権が与えられることに反発したと思われる。

羊毛同業会の解散以降は、蒙疆畜産公司などの企業が個別に買付を行なうような分立状態となり、「蒙疆」地域に進出していた大蒙公司、蒙疆公司、満蒙毛織、三井物産、兼松商店、蒙疆畜産の日系六社は通商委員会を組織して連絡を取り合いながら、獣毛や獣皮、家畜の買付・輸出を行なうことになった。

一九三八年一〇月に日本軍が武漢を占領したのち、日中戦争は対峙段階に転じ、日本の戦略も大規模な軍事行動から戦時経済建設に比重が置かれるようになった。それにともない軍需用・農耕用・食糧用として家畜の需要は高まり、一九三九年になると「蒙疆政権」に家畜の供給要請が増加してくる。「満洲国」からは、馬一万五〇〇〇頭、綿羊五万頭、牛五〇〇〇頭を毎年供給するように依頼があった。華北からも、種馬五〇〇頭、綿羊一四万四〇〇〇頭、牛一万四〇〇〇頭を毎年供給する依頼があり、山西省からも牛馬あわせて一万頭を一九三九年中に供給するように要請があった。こうした家畜の供給依頼は、域外からだけでなかった。「察南自治政府」からは牛馬あわせて一五〇〇頭、「晋北自治政府」からは馬一〇〇頭、蒙疆塩業組合からは牛車用に牛一〇〇〇頭の依頼があった(5)。このように大量の家畜を調達して欲しいという依頼に、蒙疆委員会は苦慮していた。たとえば、前述の「満洲国」からの依頼を蒙疆委員会産業部は断っている。蒙疆委員会が断った理由は、域内の家畜保有数を維持するためであった。家畜の増殖に必要な成畜が大量に域外へ搬出されれば、畜産資源が枯渇してしまうからであった。

蒙疆委員会が家畜の搬出を制限していたため、「満洲国」との隣接地付近では家畜の密輸出が多発した。一九三八年一〇月二五日、蒙疆委員会は物資の域外流出を取り締まる目的で、張家口に経済監視署を設けることになった。元経済監視署長の回想によれば、「満洲国」財政部から派遣官吏として「察南自治政府」財政庁に勤務していた彼は、経済監視署が新設されることになって蒙疆委員会の命で署長となった。設立された直後の経済監視署は、張家口から南口まで列車に警乗し、蒙疆銀行券や金属類などを取り締まっていたという[6]。実際に経済監視署が押収した件数は、同署が設立された一九三八年一〇月二五日から年末までの二カ月間で一二〇件、一九三九年一月中で四〇件にもなった[7]。密輸品は獣皮類が最も多く、獣毛、家畜、銀製品、銅類などが主なものであった。違反者には無意識に行なっている者も多く、そのことが違犯行為をさらに増加させていた。違犯行為は、とくに経済監視署の置かれていない「満洲国」隣接地域で頻発していた。そこで蒙疆委員会は、康荘・多倫・貝子廟・西ウジュムチン・東ウジュムチンの五カ所に経済監視署の分署を設けて、監視網の拡大・強化をはかった[8]。分署の設置個所からも分かるとおり、対満密輸の防止に重点が置かれていた。

さらに、蒙疆委員会は法律を整備して家畜交易の統制をはかった。一九三九年六月一〇日、「家畜搬出取締法」と「家畜搬出取締法施行規則」が蒙疆委員会から公布された。これらの法規では、①家畜を域外に搬出しようとする者は、蒙疆委員会または康荘・多倫の経済監視署に許可申請する。②搬出目的で家畜を購買する者は、買付の一カ月前に許可申請する。③買付を行なう者は、蒙疆委員会の発給した「家畜搬出許可証」を買付地所管の官庁に提示し、了解を求める。④陸路によって搬出する場合は、康荘・多倫・貝子廟のいずれかを経由して搬出することとし、そのほかの経路を禁止する。⑤鉄道によって搬出する場合は、運送状に「家畜搬出許可証」を添付する、以上のことが定められた。許可制にすることで、蒙疆委員会は家畜搬出の実態を把握することが可能になった。こうして、家畜もまた獣毛類と同じように蒙疆委員会の統制を受けることになった。

さらに、家畜取引の管理は交易市場にも及んだ。厚和の家畜取引は、回民交易場と一般取引場の二カ所で、二八七名(うち回民二二二名)の仲介取引人によって行なわれていた。一九三八年下半期の取引数は、馬二一一一頭、ラクダ六五五頭、ロバ二七六八頭、羊五万七九〇頭、牛四五八九頭、豚一六八四頭であった。二カ所での取引状態が「無統制」かつ「非衛生的」であったので、厚和市公署は新市場を設置するために、六月一日付で「家畜交易市場暫行規定」を公布した。これによって、厚和の南郊に市営家畜交易市場が新設され、六月一五日から運営を開始することになった。新しい交易市場には、一万四〇〇〇円の建設費を投じて、家畜別の取引処、検疫課、休憩室、飼料場などが設置された。(9)これによって、従来の業者はすべて新市場に収容されて競売・相談売買・交換の三種類の方法で取引することになり、価格の適正、家畜の流動情況などについて調査を受けることになった。

二　西北貿易と「包頭同志会事件」

「蒙疆政権」では西北貿易に対する工作も続けられていた。盧溝橋事件以前は平綏鉄道沿線に出回る獣毛の大部分が新疆、寧夏、甘粛、青海といった西北方面から搬入されていた。とりわけ厚和と包頭では、西北から獣毛・アヘンなどを移入して北平・天津方面に再移出し、その反対に北平・天津から移入した綿糸布類・茶・煙草などを西北へ再移出する西北貿易が盛んであったが、日中戦争が全面化してからは西北貿易も滞っていた。「蒙古聯盟自治政府」は、西北貿易の回復を望む日系事業者の要望を聞き入れて、一九三九年五月六日から三日間、厚和で西北貿易懇談会を開催した。さらに、五月一六日から三日間は包頭でも開催した。この懇談会で「蒙古聯盟自治政府」は問屋、運送業、貿易業を営む漢人や回民、日本人を集めて、西北貿易の実情と要望を聴取した。その結果、西北貿易の根本方針を樹立するとともに、「西北貿易会」のような団体を組織するなどして取引機構を確立し、円滑に貿易物資を配給・移入していくことに決した。(10)日本側はもちろん、現地業者も取り込んで西北貿易を回復しようとしたのである。

また、包頭では西北の隊商を誘致するために、日本商品の陳列館が開設された。従来の宿泊施設は、ラクダ一頭につき一日二〇円、隊商一名につき一日五銭を徴収していたので、隊商全体では高額な宿泊費となっていた。そこで日本側は、この宿泊費を無料にすれば、西北の隊商をすべて吸収できるだろうと考え、無料宿泊所の建設を計画した。さらにこの宿泊施設には、日本商品の販路拡大をはかり、西北貿易を開拓する目的で、商品陳列館を併設することも決めていた。一九四〇年六月に開設された奥地貿易陳列所には、日本製の綿布類、石鹸、マッチ、ローソク、煙草、磚茶など日用雑貨が陳列された[11]。

こうした西北貿易の回復工作を担当したのが蒙疆公司であった。蒙疆公司は、駐蒙軍と蒙疆委員会、ならびに各自治政府の支援を受け、資本金二〇〇万円を蒙疆銀行から全額出資されて一九三八年八月一日に設立された。本店は張家口にあり、支店は包頭、厚和、大同、天津に、出張所はサラチ、平地泉、豊鎮、北平に置かれた。同公司の営業種目は、①「蒙疆」地域物産の移出・輸出、②「蒙疆」開発に必要な物資や器材の移入・輸入、③各種商品の委託販売ならびに代理業、④火災海上保険会社の代理店事業であった[12]。蒙疆公司があつかう物資は多岐にわたり、「蒙疆」地域から獣毛や獣皮だけでなく小麦、大豆、鶏卵などの農産物を搬出し、開発に必要な物資や器材として建築材料、農具、鉱山用機械、雑貨などを搬入していた。これら多種多様な物資のなかでも、蒙疆公司は獣毛の集荷に力を入れており、包頭に出回る獣毛を一手に買付けていた。羊毛は軍需用に買い上げられ、駱駝毛は外貨獲得のために天津に搬出されていた。そして、天津では日用雑貨を買付け、包頭まで運んで羊毛や駱駝毛と交換していたのである。

しかし、蒙疆公司が中心となって西北貿易の回復工作を進めていたにもかかわらず、日本側の満足いく成果を収めることができていなかった。表1は、西北から包頭に移入された獣毛と獣皮の統計表である。この表に見られるとおり、獣毛や獣皮の移入量は一九三七年から一九三八年にかけて全体的に減少している。その減少傾向は、獣皮類よりも獣毛類で顕著である。これは、獣毛類が軍用毛布の原料として利用できるために、重慶国民政府が「蒙疆政権」方面への搬出を禁止していたからであった。

表1　西北貿易による獣毛・獣皮移入統計表

品　名	1936年	1937年	1938年
羊毛（斤）	12,000,000	8,600,000	3,533,702
羊絨（斤）	1,000,000	1,370,000	620,060
山羊毛（斤）	700,000	900,000	126,450
駝毛（斤）	3,000,000	1,500,000	769,727
山羊皮（枚）	80,000	80,000	151,760
牛皮（枚）	5,000	5,000	6,785
馬皮（枚）	2,000	2,000	2,795
狐皮（枚）	6,000	8,000	2,690
狼皮（枚）	1,000	800	43
狗皮（枚）	6,000	8,000	1,200

〔出所〕西北研究所『包頭概況』1939年1月、22〜23頁（1936・1937年の統計）。水野敬一「蒙疆の皮革及其の対日輸出の可能性に就て」、名古屋市産業部『蒙疆経済調査』1939年10月1日、156〜157頁（1938年の統計）より作成。

西北貿易の回復工作に行き詰まっていた折、包頭の商業界に対する弾圧事件が起きた。「蒙疆政権」治安部は、日本側の軍事情報が事前に漏れていると推察し、一九三九年一二月二五日に治安部特務科を中心に特別捜査班を編成して捜査を始めた。通敵の行為があると確信した治安部は、日本憲兵隊包頭分隊と協力して捜査を強化・続行した。すると包頭市公署関係者に中国軍（国民政府軍）を援助する組織のあることが分かり、包頭憲兵隊は一九四〇年二月一五日から数回にわたって容疑者を検挙した。容疑者は計七〇名で、そのうち二二名が軍律会議に送致され、九名が処刑、一〇名が禁固処分となった[13]。以上がこの事件の概要である。

そもそも、軍事情報が漏れていると日本側が判断するきっかけとなったのは、一九三九年一二月に起きた傅作義軍（第七集団軍）の包頭襲撃であった。中国軍が一九三九年一二月から翌年一月にかけて全戦区で一斉に冬季攻勢を開始すると、五原にあった傅作義軍も包頭へ進撃した。一二月二〇日、傅作義軍は包頭城内に侵入して市街戦を展開し、一時、城内の半分を占領するまでに至った。しかしその後、駐蒙軍の反撃にあって、傅作義軍は五原方面に撤退した。この戦闘で、傅作義軍が包頭城内で戦闘できた理由は、一九日夜のうちに三〇〇名の兵士が包頭西北の城壁を乗り越えて侵入し、民家に潜んでいたためであった。傅作義軍の兵士が城内に侵入できたのは、城内に通敵者がいたからだと駐蒙軍は見ていた[14]。この事件をきっかけに、日本側は捜査を開始した。

捜査の結果、通敵行為があると確信した包頭憲兵隊は、一九四〇年二月一五日、包頭市公署総務科長の王文質、商務会長の董世昌以下一一名を検挙した。彼らの容疑は、「在包頭同志会」[15]なる抗日秘密結社を組織し、傅作義軍に対して物資援助と情報提供を働き、なおかつ傅作義軍の包頭襲撃では部隊の城内潜入に協力したということであった。[16]その後も憲兵隊の捜査は続き、計七〇名が検挙された。

憲兵隊の取り調べによると、事件の子細は次のとおりであった。王文質が包頭県公安局主任兼外事主任となった一九三〇年代、全土で抗日排日運動が高まっており、彼もまた反日感情を抱きつつ、傅作義軍参謀長の李大超と親交を結んでいた。一九三七年秋、傅作義軍は日本軍の追　撃を受けて包頭に退却してきた。このとき王文質は、戦禍を避けて包頭住民の安全を確保するため、李大超と馬占山に対して中国軍援助を交換条件に無抵抗退却を懇願した。中国軍が西方へ退却した後、李大超から中国軍援助の団体を結成するように指示を受けた王文質は、包頭商務会長の董世昌、副会長の郤相国と協力して、秘密結社の結成をはかった。彼らは市公署職員、商務会職員、一二の公会会長、および鎮長に参加を呼びかけ、一九三八年四月一〇日、中国軍支援の秘密結社「在包頭同志会」を結成した。王文質は結成会議で、①日本軍の包頭侵攻の際、中国軍は市民の要求を受け入れて無抵抗退却を決行したので、我々は中国軍から多大の恩義を受けている。②事変前の西北貿易は軍の援助を受けて盛況であったが、今日では衰微の一途をたどっている。西北貿易を復活させるには包頭を中国軍に奪回させて、ふたたび支援を受ける必要があることを主張した。また、同会議では、①援助物資の購入は商務会が担当する。②物資代金は商人側が一〇分の七、一般民間側が一〇分の三を負担する。③情報収集は市公署側が担当する。④物資・情報以外の要求に対しては、その都度協議、決定する。⑤本会合、協議事項は一切極秘とすることを決定し、会長董世昌、副会長王文質ほか二十数名の役員を選出した。一九三八年一二月、傅作義軍から正月用物資の要求があったので、「在包頭同志会」は麦粉三〇袋、砂糖五袋、茶二〇〇斤、マッチ一〇箱、綿布五〇疋、ローソク一〇箱を提供した。また、一九三九

表2　「在包頭同士会事件」における実刑受刑者

処分	人名	年齢	役　職
死刑	王文質	38	包頭市公署総務科長
死刑	董世昌	58	包頭市商務会長
死刑	婁耀東	34	包頭市公署城南警察署長警正
死刑	郤相国	46	包頭市商務会副会長
死刑	王旭郷	53	包頭市公署衛生股長
死刑	裴会	47	包頭市商務会秘書
死刑	賀子和	67	包頭市商務会常務委員
死刑	王明	57	包頭市商務会常務委員
死刑	劉莱	57	二里半愛路鎮長
禁固8年	斉寿康	36	包頭市公署行政股長
禁固7年	劉守祥	47	包頭市米麺商経理
禁固10年	田清雨	47	包頭市貸家業
禁固7年	楊錦斉	41	包頭市公署総務股長
禁固8年	高振享	28	包頭市公署司法股長警佐
禁固7年	曹覚民	38	包頭市公署会計股長
禁固8年	劉芳斉	42	包頭市公署警察科警佐
禁固8年	辛寿宸	47	包頭市公署警務科長警正
禁固8年	郤相延	55	包頭市牲畜商経理
禁固10年	金雨享	43	包頭市公署特務股特務警士

〔出所〕『蒙疆新聞』1940年7月9日より作成。

年四月上旬には麦粉一万斤、高粱七〇石、タバコ五箱、綿布六〇疋、えんどう豆三〇石を、同年一〇月に高粱二〇〇石、麦粉一万斤、木綿一〇〇疋、タバコ一〇箱、マッチ五箱、石鹼五箱、砂糖二俵、糸一〇〇斤を傅作義軍に提供した。さらに一二月には、傅作義軍の依頼で駐蒙軍と蒙古軍の情報を収集し、傅作義軍の包頭侵入を助けた、ということであった[17]。

こうして検挙された七〇名のうち、重罪にして「改悛の情」が認められないと判断された二二名は、一九四〇年四月二五日、駐蒙軍軍律会議に送致され、そのほかの四八名は現地民心の動揺を考慮して厳重訓戒だけで釈放された。そして七月八日、軍律会議は九名に死刑、一〇名に禁固刑を宣告した。**表2**から、「在包頭同志会」関係の容疑で処罰された者には、多数の商業関係者が見られる。董世昌は、商務会長であるとともに、皮毛店である広恒西の支配人でもあった。広恒西は包頭の有力皮毛店のひとつで、一八九三年一月に創業し、漢人経営の皮毛店では資本金が最も多い一万円、年間営業総額が九五万円であった[18]。郤相国も毛皮店、王明は米麺店の経理であった。釈放された被検挙者のなかにも、京貨業・紙煙業・蒙古業・薬材業・貨店業・布業・牲畜業・

運輸業の公会長が含まれており、この事件が包頭の商業界に与えた影響の大きさがうかがえる。

ところで、憲兵隊の取り調べ報告で注目されることは、「在包頭同志会」関係者が西北貿易の回復を望んでいたことである。包頭の経済は西北貿易に支えられていたので、西北貿易の衰退は包頭の商店にとって死活問題であった。西北貿易の回復を望んでいたのは、日本側だけでなく、包頭の商業関係者もまた同じであったのである。しかし、現実には重慶国民政府の搬出禁止政策によって、西北の獣毛皮類の「蒙疆政権」方面への移出が禁じられていたので、日本軍の包頭占領が解消されなければ西北貿易の復活は難しかった。包頭の商業関係者が、中国軍の包頭奪還を望んでいたとしても不思議ではない。

ただ、今回の事件は日本側が考えるように、商業関係者が包頭奪還を望んで中国軍を援助した、という具合に単純に見ることはできないだろう。包頭の商店が西北から物資を搬入するには、中国軍が包頭を奪回するか否かに関係なく、中国軍と「良好」な関係を築く必要があったからである。実は、重慶国民政府が搬出禁止政策を採っていたにもかかわらず、西北の獣毛・獣皮類がわずかながら密貿易によって包頭に搬出されていた。この密貿易を成功させるためには、搬出路を封鎖している中国軍の監視を避ける必要があったが、実際には中国軍への「賄賂」の多寡によって黙認されることがあったようである[19]。つまり、包頭の商業関係者は、密貿易を黙認してもらうため、中国軍を支援して「良好」な関係を築こうとしていたとも考えられるのである。重慶国民政府の経済封鎖の下で西北貿易を維持しようとすれば、中国軍への「賄賂」は一面で必然のことであった。となると、日本側の西北貿易回復工作は、西北ムスリムを重慶国民政府から分離させることが目的のひとつであったが、回復工作をすすめれば、目的に反して「蒙疆政権」下の現地貿易商と中国軍との癒着が増すという矛盾を含んだものであったといえる。このことを日本側が認識せず、包頭の商業界に弾圧を加えた背景には、成果の振るわない西北貿易に対する焦りもあったと考えられる。いずれにしても、「在包頭同志会事件」によって、包頭の商業関係者は日本への不信感を高め、日本は自らの手で西北工作をより困難にしたのであった。

三　獣毛・獣皮統制の強化

蒙疆公司については先に見た事業の不振を打開するため、改組して特殊会社を新設する計画が、一九三九年四月、五月頃から「蒙古聯盟自治政府」産業部を中心に検討されていた。新会社の事業目的は、①「蒙疆」地域の特産品（その実態はアヘン）や重要物資（畜産品・糧穀ほか第三国向物資）の収買・輸出、②生活必需物資や第三国資材の輸入・配給、③西北貿易の開拓であった。資本金二〇〇〇万円のうち一〇〇〇万円を大蒙公司、鐘淵紡績、三井物産、三菱商事、兼松商店の五社で平等出資させることを予定していた[20]。ようやく九月になって成案を得たことから、一〇月に五社を集めて改組・拡充案を提示したところ、大蒙公司は激しく反対した。大蒙公司としては、改組・拡充された蒙疆公司が平綏鉄道沿線のすべてを統制経営するところとなれば、大蒙公司の過去五年にわたる内モンゴル地域での「苦心犠牲は無為」になるととらえたためであった[21]。日系五社を集めた会合で、新会社設立が大蒙公司の存立の基礎を失うもので「絶対不賛成」であることを表明し、あわせて本案が不成立の場合は蒙疆公司を拡充後に予定している事業を大蒙公司が引き受けることも可能であると述べている[22]。

日系五社は再度集まって決を取ることになっていたが、結局、「蒙疆政権」側が計画を取り下げたことで、蒙疆公司の改組案は立消えとなった。その後、蒙疆公司を資金面から支援していた蒙疆銀行の寺崎英雄副総裁は、一九三九年末になって鐘紡や兼松商店に対して蒙疆公司の吸収を打診する。兼松は人的にも事業的にも厳しいという理由で打診を断ったが、鐘紡は今後の活動の余地を残しておくために大蒙公司との共同経営を提案した[23]。これを受けて寺崎英雄は交渉相手を大蒙公司に絞っていった。一九四〇年三月、大蒙公司専務取締役の川口市之助と寺崎英雄が会談した。寺崎は当初は蒙疆銀行所有の蒙疆公司株式を大蒙公司と鐘紡に折半譲渡して共同経営とし、大蒙公司との関係はその後に研究を進めていくことを提案した。これに対して大蒙公司は蒙疆公司の買収自体には否定的ではなかったが、実際の蒙疆公司の事業内容が大蒙の予想以上に大きなもので「非常なる懸隔」があったため、資産内容を検討した上で方針を決定すると態度を保留している[24]。その後、蒙疆公司の業績も一時、回復したこともあって、このときの吸収合併は見送られた。

その間にも、西北貿易の独占機関として新会社を設立する計画が、再び浮上してきた。一九四一年八月、厚和特務機関は日系通商委員会を改組して正式の法人組織を立ち上げ、これの一切の監督を政府に移管することを発案した。この計画に対して現地日本軍の駐蒙軍司令部は一度反対したものの、一〇月になって了解を与えた。新会社は日系通商委員会の委員である三井物産、兼松商店、満蒙毛織、蒙疆畜産、蒙疆公司、大蒙公司のほか、新たに鐘淵紡績、三菱商事も加えて計八社を株主とし、政府側四名、軍側二名からなる委員会が監督指導にあたることとした。利益のうち配当を除いた余剰金はすべて政府に引き渡し、軍方面の「謀略費」とする計画であった。また、将来的に新会社は西北貿易だけでなく、「蒙古奥地貿易」にも進出することを想定していたが、これまで両方面の貿易を扱ってきた蒙疆公司と大蒙公司はこの計画を「死活問題」だとして結束し、対案として新会社の設立を両社で引き受け、共同出資で経営権を担当する方針をまとめた[25]。新会社設立のための協議会では、大蒙公司と蒙疆公司が蒙疆羊毛同業会の失敗を引き合いに出しながら両公司による共同設立の対案を示したが、三井物産と満蒙毛織が反対したため、新会社の設立は実現に至らなかった[26]。その後、「蒙疆政権」の方針が組合設立と統制強化にあると見るや、大蒙公司と蒙疆公司は新組合の資本の過半数を持つことで運営の中心になれるよう「蒙疆政権」に訴え、軍の了解を得ることとした[27]。

一九四二年三月一日、「厚包貿易組合」が蒙疆公司、大蒙公司、蒙疆畜産公司、満蒙毛織、兼松商店、三井物産、

三菱商事、鐘淵紡績の日系八社によって組織された。資本金一〇〇万円について出資率は蒙疆公司が三〇％、大蒙公司が二五％を占め、両社で出資額の過半数を握ることができた。理事には蒙疆公司の高橋良進が官選で就任し、組合職員のほとんども大蒙公司で蒙疆公司から派遣された。その主な事業は、①「奥地（モンゴル・西北）」産物資の買付、②奥地産物資の指定先への納入もしくは輸出、③交換物資の取得、④交換物資の奥地向け輸出などを現地系貿易同業公会の仲介で行なうことであった。[28]

厚包貿易組合の結成に向けた作業と並行して大蒙公司と蒙疆公司の合併問題も、再び協議されていた。蒙疆公司は一時、業績の改善が見られたが、主要業務が域外貿易であったため、一九四一年七月に英米が対日資産を凍結すると輸出取引が大打撃を受けた。業務が行き詰まった蒙疆公司は一九四一年八月、大蒙公司に対して合併を打診した。[29]大蒙公司は一九四一年末から蒙疆公司の資産を調査した結果、「併合は決して不利ならざるを確信」し、一九四二年二月、蒙疆公司との協定案に調印した。一九四二年四月二七日、大蒙公司と蒙疆公司はそれぞれ臨時株主総会を開催し、両公司の合併が承認され、八月一日付で大蒙公司が蒙疆公司を合併することになった。これにより、蒙疆公司の資金、経営機構、「蒙疆」特産の買付・輸出に関するあらゆる施設と機能を引き受けることになった。[30]

太平洋戦争勃発後の華北、華中でインフレ傾向が一層激しくなったことで「蒙疆」地域への物資輸入はますます困難になり、その反面で「蒙疆」域内産の必需物資が無統制に流出することが激増していた。そこで「蒙疆政権」は一九四三年五月一日、「貿易統制法に基づく輸出入許可規制」を公布し、輸出統制を強化する一方、輸入制限を緩和する方針を打出した。輸出については、必要物資の無統制な域外流出による物資需給関係や物価への悪影響を防ぐために許可制限の対象品を六〇品目に拡大し、毛皮、生皮・皮革類、獣毛とその製品も経済部長の許可が必要と定めた。また、輸入については、許可制の対象を三〇品目にとどめて重点的統制をはかった。[31]さらに五月五日付の輸出入許可申請規則の改正によって、それまで為替資金の関係から許していなかった輸入前送金を許可して輸入増大をはかった[32]。また、経済部令三〇号「貿易統制法並に為替管理法に基づく輸出入許可簡易取締規則」を制定し、七月一日より実施した。こうして、現地系輸入配給組合の取扱物品、満蒙陸境交易物資、郵便小包などの許可申請手続きが簡素化された[33]。

一九四三年六月二三日には「軽工業組合統制ニ関スル件」を公布し、指定業者の組合設立を進めて軽工業の統制をめざした。その主眼は獣毛、獣皮などを原料とする加工業であった。組合員が原材料の収買や製品の販売を行なう際は組合を通じて品種、数量、価格を経済部長に申出て承認を得ることを義務づけた。これは軍がベルトやローラー用の皮革や毛皮、獣毛類の輸送取扱い強化を布告していたように[34]、軍需不適格品が域外に輸出されたり、材料の浪費や不足、軍需適格品の横流しなどが見られたりしたため、これを防ぐためと思われる。

一九四〇年以降、「蒙疆政権」のモンゴル人居住地域にはモンゴル人有力者の主導でホリシャ（協同組合）が設立され、モンゴル人の手によって畜産物の集荷や生活必需物資の配給がはかられた。これによって、それまで交易を担っていた漢人商人が排除される傾向にあった。日系商社は漢人商人の協力がなければ畜産物の集荷を達成することができず、また内モンゴル地域における漢人商人の活動は盧溝橋事件以前の勢いも無くなり、ホリシャはといえば十分に育っていないなかで、皮毛類の取引は「混沌たる観と流通の梗塞」の状態にあった[35]。これを解消するため、皮毛類取引の一元的統制を実施する特殊会社の設立が急務であった。

一九四三年九月三〇日、張家口に蒙古毛皮公司が設立された。「蒙疆」域内における皮毛類の集荷と輸出を一元的に扱うことになった。公称資本金は一〇〇〇万円、半額は「蒙疆政権」の出資で、残りは蒙疆畜産公司、大蒙公司、ホリシャ、現地系業者からなる。これによって既存業者は蒙古皮毛公司の指定集荷業者として統合されることになった。事業は、①獣毛・獣皮の直接収買、②獣毛・獣皮の取扱指定業者からの収買、③対日供給および軍需供出、④軍需不適格品の処置、⑤加工および販売・輸出、⑥指定業者の統制、⑦見返物資手当ならびに配給であった[36]。さらに一九四四年四月七日、「蒙疆政権」は「獣毛獣皮類統制令」を公布して獣毛や獣皮の需給調整をはかり、収買と販売・輸出は蒙古皮毛公司と同公司指定の業者以外は不可となった(37)。日本の戦況が悪化するにしたがって総動員のために戦略物資として獣毛、獣皮の集荷と対日供給がより一層に徹底化された。

おわりに

蒙疆羊毛同業会が解散した後、「蒙疆政権」は獣毛のみならず家畜、食肉等を扱う蒙疆畜産公司を設立した。この蒙疆畜産公司は、「満洲国」の需要に応えて畜産物を円滑に「満洲国」へ輸出することに目的があった。西北貿易への工作は、「蒙疆政権」の支援を受けて設立された蒙疆公司が担当した。ところが、蒙疆公司は重慶国民政府の「蒙疆政権」への搬出禁止策に阻まれ、満足できる成果をあげることが出来なかった。西北貿易への工作に行き詰まった日本側は、西北貿易の拠点である包頭の商務会に弾圧を加え、現地系取引機構の刷新をはかった。総じて羊毛同業会の解体以降は、各企業が個別に買い付けを行なう分立状態となった。

畜産物統制の方針をめぐっては、駐蒙軍と「蒙疆政権」、および日系企業とのあいだで齟齬がたびたび見られた。蒙疆羊毛同業会が解散に追い込まれた後、駐蒙軍も「蒙疆政権」も、一元的統制を確立するために獣毛・獣皮取引を一手に引き受ける新会社の設立を模索していた。しかし、「蒙疆」における獣毛・獣皮取引に参入した日系企業それぞれの思惑が対立するなかで、新会社設立の動きは頓挫してしまうことになる。とりわけ、大蒙公司は「蒙疆政権」が樹立される以前から内モンゴル地域で関東軍の「内蒙工作」と歩調を合わせて活動していた経緯もあり、新会社設立の動きには権益が脅かされるとして、たびたび「蒙疆政権」の方針に反対した。結局のところ、大蒙公司を中心にした同業組合を組織することになるが、インフレが急激に進む戦争末期にあっては駐蒙軍や「蒙疆政権」

の対応は、不十分なものにならざるを得なかった。

注

（1）拙稿「「蒙疆政権」初期の獣毛統制政策と蒙疆羊毛同業会」『歴史研究』48号、二〇一一年三月。なお、モンゴル・西北産の獣毛交易や政策に関する先行研究には、Chin Chien-Yin.Wool industry and trade in China（Hautes Études,1937）、斯日古楞「日本支配下の蒙疆畜産政策」（『現代社会文化研究』第27号、二〇〇三年七月）などがある。また、「蒙疆政権」の獣毛統制政策に関わっていた大蒙公司については、森久男「関東軍の内蒙工作と大蒙公司の設立」（『中国21』vol.31、二〇〇九年五月）、柴田善雅「蒙疆における企業活動」（内田知行・柴田善雅『日本の蒙疆占領　1937－1945』研文出版、二〇〇七年）がある。

（2）『蒙疆新聞』一九三九年二月八日。

（3）水野敬一「蒙疆の皮革及其の対日輸出の可能性に就て」、名古屋市産業部『蒙疆経済調査』一九三九年一〇月、一五〇頁。

（4）満鉄調査部『蒙疆政権管内羊毛資源調査報告』一九三九年六月、一六六～一七三頁。

（5）『蒙疆新聞』一九三九年五月三一日。

（6）宇和田源蔵「経済監視署と在京城商務官事務所」、らくだ会『高原千里』らくだ会本部、一九七三年九月、二三三頁。

（7）『蒙疆新聞』一九三九年二月五日。

（8）『蒙疆新聞』一九三九年三月二日。

（9）『蒙疆新聞』一九三九年五月二六日。

（10）『蒙古』86号、一九三九年七月、二一六～二一七頁。

（11）上神野仁一「蒙疆奥地貿易陳列所開設に就て」、『蒙古』第100号、一九四〇年九月、一三六～一三九頁。

（12）大島堯快・野尻啓蔵「雑貨の市場としての蒙疆及其の特性に就て」、前掲『蒙疆経済調査』、一六六～一六七頁。

（13）『蒙疆新聞』一九四〇年七月九日。

（14）岡部直三郎（駐蒙軍司令官）『岡部直三郎大将日記』、芙蓉書房、一九八二年三月、二六八～二六九頁（三九年一二月二四日の記述）。

（15）この事件で検挙された斉寿康の回想によれば組織の名称は「包頭抗日救国会」だったという（斉寿康「血涙的回憶―日寇捕殺包頭抗日救国会紀実」『内蒙古文史資料』第二六輯、一九八七年一二月、七〇～七六頁）。

（16）「在厚和総領事館包頭分館警察署警察史」、国会図書館憲政資料室所蔵、外務省記録、『外務省警察史　支那ノ部　在厚和総領事館』。

(17)「抗日秘密結社『在包頭同士会』」、内務省警保局『外事警察報』第２２０号、一九四〇年一一月、一〇〇～一〇六頁。
(18)西北研究所『包頭概況』一九三九年一月、三二頁。
(19)外務大臣あて在厚和総領事代理望月静「駱駝及駱駝隊商に就て報告の件」一九四二年一〇月三一日、外交史料、E・4・3・2・8『畜産関係雑件』第2巻。
(20)永井忠一から川口市之助あて「蒙疆公司改組拡充要綱（案）ノ件」一九三九年一〇月三日、『大倉財閥資料』七六－一六。
(21)「永井中佐会見録」一九三九年一〇月九日、『大倉財閥資料』七六－一六。
(22)「川口常務報告並ニ協議会録」一九三九年一〇月二六日開催、『大倉財閥資料』七六－一六。
(23)鐘紡北支出張所長「蒙疆公司改組問題ニ関スル件（御報告）」一九四〇年三月七日、『大倉財閥資料』七六－四。
(24)「蒙疆公司問題ニ関シ寺崎氏ト会見記録」一九四〇年四月三日、『大倉財閥資料』七六－四。
(25)大蒙公司本社重役席「西北貿易独占新会社ノ件」一九四一年一〇月二二日、『大倉財閥資料』七六－一六。
(26)張家口大蒙から石田健一郎あて「照校」一九四一年一〇月二六日発、『大倉財閥資料』七六－四。
(27)張家口大蒙から川口市之助あて「照校」一九四一年一二月六日発、『大倉財閥資料』七六－一六。
(28)「厚包貿易組合定款」『大倉財閥資料』七六－一六。
(29)大蒙公司本社重役席「西北貿易独占新会社ノ件」一九四一年一〇月二二日、『大倉財閥資料』七六－一六。
(30)『蒙古』１２１号、一九四二年七月、九二頁。
(31)『蒙古』１３３号、一九四三年六月、六三～六四頁。
(32)同前、一九四三年六月、六六頁。
(33)『蒙古』１３６号、一九四三年一〇月、九三～九八頁。
(34)『蒙古』１３４号、一九四三年八月、七一～七二頁。
(35)『蒙古』１３９号、一九四四年一月、八三～八七頁。
(36)ＪＡＣＡＲ（アジア歴史資料センター）Ref.B06050425100、本邦各国間合弁会社関係雑件／日、蒙疆間ノ部（外務省外交史料館）。『蒙疆新報』一九四三年九月二六日、一九四三年一〇月一日。
(37)『蒙疆新報』一九四四年四月九日。

日中戦争期の満洲における文化工作および音楽ジャンル観に関する考察

葛西　周

はじめに

本論考は日本の流動的な音楽ジャンル観について、特に満洲における文化帝国主義の観点から明らかにすることを目的とする。既存の音楽研究の多くは個々のジャンルに焦点を絞って進められてきたが、本論考は複数の音楽ジャンルを相対的に扱い、各ジャンルの価値づけとその機能に言及する。

一九三二年三月に建国が宣言されてから第二次世界大戦の終結まで、日本は事実上満洲を統治し、学校や映画会社、オーケストラ、社交クラブなど様々な文化的組織を設立した。その間、日本の音楽家たちは度々満洲を訪れ、演奏や新曲の創作、音楽教育といった活動に携わった。戦争による動乱の中、満洲には多様なジャンルの音楽があふれ、それぞれのジャンルをめぐる価値観が常にその時の社会的状況を反映して変化を続けていた。こうした様相について、当時刊行された新聞雑誌などの史料に基づき、満洲における音楽界の状況と、音楽を通じた文化工作に関する言説を整理しながら確認していきたい。

文化工作の手法には、時局に不適切なものを排除しようとする消極的統制と、時局に即したものを創出・奨励しようとする積極的統制の二面が並行して存在する。たとえば音楽に関しては、時局にふさわしくないとみなされた

「敵性音楽」や「頽廃音楽」を排斥する動きと並行して、時局に適した音楽の創作を促進しようという活動もみられた。そこで、以下ではその両面に関わる動向を取り上げる。

満洲における文化工作機関と音楽活動の概観

満洲文化工作を先導した南満洲鉄道（以下、満鉄）は、日露戦争でロシアから譲渡された鉄道の運営を基盤に一九〇六年に設立された鉄道会社であり、半官半民の国策会社として日本の満洲統治の中枢を担った。満鉄は台湾総督府民政長官を務めていた後藤新平を初代総裁に迎え、満洲地域の鉄道事業のみならず、関連企業として新聞社や映画会社を有し、自社内に弘報課を設けて広く宣伝活動を展開していた。満鉄は教育事業にも携わっており、関東庁と共に教科書編集部を起ち上げたが、その事業には音楽教科書の編纂も含まれる。風土が内地と異なる満洲においては、内地の風物を歌う既存の唱歌は定着しにくいと考えられ、教科書編集に携わっていた南満洲教育会が内地の唱歌とは異なる独自の曲を内地の作詞家・作曲家に委嘱し、地方色・郷土色を採り入れた学校唱歌を創作する活動が進められた。なかでも最初の独自の唱歌集として一九二四年に刊行された『満洲唱歌集　尋常科第一・第二学年用』所収の、北原白秋作詞・山田耕筰作曲による《まちぼうけ》《ペチカ》などがよく知られている。(1)

また、一九二二年に設立された西洋音楽と邦楽の同好会である満鉄音楽会を皮切りに、趣味のための楽器練習会を開く関連団体が増え、後に市民オーケストラやマンドリンオーケストラなどが生まれた。プロのオーケストラとしては、主にロシア人演奏家からなる哈爾濱交響楽団と日本人演奏家からなる新京交響楽団が一九三〇年代後半に相次いで結成された。(2)

藝文指導要綱の交付

満鉄社員が中心となり、協和党を母体とする民間教化団体として発足した満洲国協和会は、一九三四年以後政府の宣伝機関となっている。それに加え、一九四一年以降は最高行政機関である国務院総務庁弘報処が満洲の文化政策一般を統轄するようになり、文学・美術・音楽など分野ごとに結成された芸術文化団体がその活動を後押しした。なかでも、満洲で体系的な芸術統制が図られる契機となったのは、一九四一年三月に弘報処が交付した「藝文指導要綱」である。この要綱は政府が指導・補助を行う芸術文化団体からなる満洲藝文連盟の発足を宣言するもので、その趣旨は以下のとおりである。

文化ノ概念中ヨリ文芸、美術、音楽、演芸、映画、写真等ヲ抽出シ、藝文ト指称シテ其ノ観念ヲ明確ナラシメントトス
我国藝文ハ建国精神ヲ基調トス、従テ八紘一宇ノ大精神ノ美的顕現トス、而シテ、此ノ国土ニ移植サレタル日本藝文ヲ経トシ、現在諸民族固有ノ藝文ヲ緯トシ、世界藝文ノ粋ヲ取入レ織リ成シタル渾然独自ノ藝文タルベキモノトス(3)

これを受けて同年八月に満洲楽団協会や満洲作曲家協会などの音楽団体が創立され、満洲各地の管弦楽団や吹奏楽団、合唱団などが加盟し、要綱に沿った文化工作が体系的に進められることとなった。

この頃の紙誌には、戦時下における音楽の効用を指摘する文章が散見される。たとえば、満鉄調査局に勤めなが

ら文筆活動を続けていた歌人の北小路功光は、『藝文』第一巻第一号に寄せた「音楽随感」という文章で以下のように述べている。

音楽は銃後の生活の単なる慰安であつてはならない。ちょうど睡眠が体力の恢復に役立つやうに、音楽も、戦争の生産の背後に何等かの役割を勤めなければならぬ。さう思ふと、勤労者に佳い音楽を聞かせると共に、勤労者自身も元気を得るために音楽をやつて欲しい(4)

このように、戦時下では音楽に対し、純粋な娯楽という以上に、時局に即した教化や戦意昂揚の機能の必要性が、公の言説上で謳われていた。

軍国主義にとって有害とみなされた音楽は取り締まりを受けたが、検閲の多くは歌詞の内容を対象としたものであり、旋律や和声といった聴覚的要素を判断材料とする場合は極めて少ない。歌詞の妥当性のほか、検閲の眼目はそれが敵国の音楽かどうかという点にあったため、満洲作曲家協会の事務局長を務めた村松道弥は「芸術に国境なし」という考え方それ自体を「敵性思考」だと批判している(5)。

日本における「敵性音楽」の検閲

一九四〇年代に英語を「敵性語」として排斥する運動が起こり、交戦国の音楽を指すのには「敵性音楽」という表現が用いられるようになった。一方、「頽廃音楽(Entartete Musik)」は一九三〇年代以降ドイツで文化統制に用いられた概念であり、ユダヤ系や亡命作曲家の音楽、前衛音楽、ジャズを採り入れた音楽がこれに含まれ、弾圧された。日本の文化工作は、ヒトラー政権下で国民啓蒙・宣伝省の大臣を務めていたヨーゼフ・ゲッベルスを中心とするナチスの手法に倣っていたが、同化政策を推し進めていた日本は異民族侵略の基盤をドイツと異にしていたため、その具体的な意味内容や方針は必ずしも一致しない。たとえば、日本での「頽廃音楽」の規定には人種的偏見とはあまり結びつきが見られず、むしろ風紀上の問題の有無が争点となる傾向がある。(6) また、この語は「敵性音楽」とほぼ同義で使われることが多く、翻って「厚生音楽」ないし「健全音楽」といった語とは対立的な概念として位置づけられたと言える。

検閲に際して、米英をはじめとした敵国の音楽家が作曲ないし演奏しているレコードを排除する、というのはある程度明確な基準であったと言える。中でもジャズは、アメリカ表象と密接に結びついてきたため、ジャンルそれ自体が槍玉に挙げられることとなった。しかし、日本人が作曲した、あるいは日本人が歌唱・演奏した「ジャズ調」の楽曲が「敵性」を有するのか否かの判断がかなり曖昧だったことは想像に難くない。さらに、日本におけるジャズの定義が文脈によって流動的に変化していたことに加えて、ジャズのほかタンゴ、ハワイアン、シャンソンなどは「軽音楽」と総称されて、ジャンルごとには明確に区分されない場合も少なくなかった。すなわち、音楽内容そのものよりも、音楽に対するラベリングが誰によってどのようになされるかによって、それが「敵性」ないし「頽廃」的であるかどうかの判断が変わってしまうということになったのである。

内地におけるジャズの状況

このように、ジャズは戦時下の音楽統制を論じる上で避けられない項目であるが、満洲における日本人による音楽活動についての既存の研究を見てみると、その多くがクラシック音楽や音楽教育といった政府肝煎りの事業に関するものであり、いわゆる大衆音楽の状況への言及は極めて乏しい。そこでこれまで焦点が当てられてこなかったジャズについて、当時の新聞雑誌および後に記された演奏家や作曲家の回想録・伝記などを史料として確認する。それに先立って、まずはさらに時代を遡り、戦前から戦中期に至るまでの内地におけるジャズをめぐる状況を概観しておきたい。

日本人ジャズ・バンドの先駆と考えられるのは、一九一〇年代に波多野福太郎をバンド・マスターとしてアメリカ航路の東洋汽船地洋丸で奏楽を担当していた波多野バンド（後のハタノ・オーケストラ）である。乗船時間が長い外国航路の汽船では、バンドが食事中のクラシックのBGMと食後のダンスのための音楽を担当していた。当時の日本における洋楽器奏者は専ら音楽学校出身かブラスバンドのメンバーであり、波多野バンドも東洋音楽学校卒のクラシック畑のメンバーで構成されていたため、船の停泊地であるサンフランシスコでアメリカのダンスや映画の音楽に触れ、楽譜を仕入れてレパートリーを増やしたという(7)。その経験を活かし、波多野バンドは日本初の常設ダンスホールの専属バンドとなった。東京や大阪といった都市部を中心にダンスホールが定着し、ラジオでもジャズ放送が始まって流行するようになったのは、一九二〇年代後半から一九三〇年代にかけてのことである。

その後一九三七年に日中戦争が始まり戦況が厳しくなると、一九四〇年一〇月末をもって内地のダンスホールが閉鎖され、一九四三年一月には内務省および情報局が米英音楽の取締具体案を発表し、ジャズも「敵性音楽」「頽廃音楽」と称されて取り締まり対象となった。この際、排斥対象となるレコードの一覧表を公開することで、レコードも供出させられている(8)。ごく一部のミュージシャンたちが米軍前線向けの放送のためにジャズを公に演奏することを認められたが(9)、その他の場合は禁句になった「ジャズ」の代わりに「軽音楽」というラベルを用いて検閲をすり抜けながらジャズを演奏するか、軍国歌謡など時局に即した音楽をジャズ風にアレンジして演奏するか、といった窮策が採られた。

渡満したジャズ・ミュージシャンたち

内地でダンスホールが閉鎖されてからも半年間、満洲ではダンスホールの営業が続けられていた。一九三〇年代以降満洲で営業していたダンスホールとして、大連会館、大連、ペロケ、メリー（以上大連）、スター、奉天会館（以上奉天）、扇芳会館、キャピタル、新京会館（以上新京）、フロリダ、明星会館（以上ハルピン）、白山会館（吉林）などが挙げられる。[10]したがって、ジャズが演奏されていたダンスホールは満洲の各都市に分散していたことがわかる。

戦前の日本のジャズ・ミュージシャンにとって、アメリカのミュージシャンが出稼ぎに来る上海租界は、本場のジャズに触れて研鑽を積み、箔を付ける場所と考えられていた。それに対して、満洲は日本のミュージシャン自身が出稼ぎに行く場所であった。[11]満洲に渡った日本のジャズ・ミュージシャンには、クラリネット奏者の東松二郎やトランペット奏者の南里文雄がいる。彼らは自分のジャズ・バンドを率いて満洲へ渡り、当地のダンスホールで内地に比べるとはるかに好待遇で演奏活動を行っていた。東松二郎とアズマニアンズは大連会館を拠点とし、放送局や満洲映画協会（以下、満映）、日本ビクター株式会社の系列会社であった満洲蓄音器株式会社（以下、満蓄）での演奏・録音などにも携わっている。一方、南里文雄は一九二九年から一九三〇年にかけて上海で腕を磨き、一九三七年に大連へ渡って彼のバンドであるホット・ペッパーズと共にペロケを拠点として活動した。同年、服部良一は在満中の南里を一時帰国させ、南里と歌手の淡谷のり子のために書いた《私のトランペット》の録音を依頼している。服部によれば、南里がこの《私のトランペット》に同じく服部の作で淡谷の持ち歌である《別れのブルース》を入れてミュージカル・ショーに仕立て、大連で劇場公演を行って人気を博したことが、内地での《別れのブルース》

の大ヒットに繋がったという[12]。

満洲におけるレビュウ公演

戦時期の満洲で公演の拠点の一つとなったのが映画館である。映画の公開本数が減少したことにより、それまで二本立てで上映していた映画を一本ずつ単独上映し、その代わりレビュウの実演と抱き合わせにするというスタイルが、内地と満洲の双方で採られるようになった。それに従い、前述したダンスホールの閉鎖で仕事が激減した演奏家たちは、映画館を舞台として活躍するようになった。満洲のダンスホールや映画館で催された公演には、一九二六年から満洲で兄と映画館や芝居小屋を経営し、後に満映の社員として新人のスカウトなどをしていた小泉吾郎のような興行師も関与している[13]。

出演者は役者から歌手、劇団、バンド、コメディアンなど多岐にわたる。満洲公演を積極的に行っていた歌手の一人に、小林千代子が挙げられる。一九三〇年代前半に松竹歌劇団の前身である松竹楽劇部で歌劇女優として活躍し、後に流行歌歌手となり人気を博した小林は、二村定一らと共に度々満洲公演を行い、一九四〇年にも新京長春座・哈爾濱平安座・奉天平安座・鞍山中央劇場と満洲各都市の映画館を巡るツアーを敢行している。満洲公演だけに、その際の演目には服部良一の妹である服部富子が歌ってヒットした一九三八年の流行歌《満洲娘》が組み入れられたが、あとは《女次郎長》や《旅のつばくろ》といった自身の持ち歌に、唱歌の《箱根八里》からイタリア民謡の《オー・ソレ・ミオ》、果ては《ジャズ浪曲》まで盛り込んでいたようだ。公演は好評を得たようで追加公演も開催されたが、新聞評は「唄自身に魅力はない、これからのアトラクションはギヤグを盛らねば持てぬ」と厳しく批判している[14]。

渡辺はま子大陸劇場公演広告（『満洲日日新聞』1940年1月15日朝刊7面）

この背景には、当時ボードヴィル・ショウ形式のジャズを用いた軽喜劇が流行していたこともあるだろう。たとえば一九四一年に行われた富士洋子と只野ポンチによる満洲公演の広告には「歌に笑ひにジャズに本場仕込みの芸達者連!!」あるいは「歌とジャズと笑ひの豪華ショウ」といった文言が並んで「ジャズ」と「笑い」を売り文句として強調している。さらに一九四三年には、ジャズを採り入れたオペレッタ映画で人気を誇った喜劇役者の榎本健一の一座が新京記念公会堂で公演を行った。榎本は一九四〇年にオペレッタ映画『エノケンの孫悟空』（山本嘉次郎監督、東宝）で李香蘭と共演しており、撮影に際しては日本と中国の両方でロケが行われた。その二年前に李香蘭は日満親善女優使節として初めて日本を訪れており、二週間ほど日劇公演のアトラクションに出演して歌を披露しているが、同公演でも孫悟空を演じていたのが榎本であった。雑誌『満洲映画』に掲載された李香蘭の日本滞在記にも、榎本との写真や彼についての記述が見られ、満洲でも注目されていたことが窺える。(15) 榎本と並んで人気があった古川ロッパも満洲公演を行っている。(16)

やはり李香蘭と縁のある渡辺はま子もまた、コロムビア特選バンドと共に満洲各地の映画館でツアーを行っている。ツアー広告で「スキングのクキン」と称された渡辺は、その公演で李香蘭が主演した映画『支那の夜』（伏水修監督、東宝・中華電影公司合作、一九四〇）の元となった自身のヒット曲《支那の夜》や同じく李香蘭の映画『白蘭の歌』の劇中歌である《白蘭の歌》と《何日君再来》のほか、国民歌謡も披露している。演目からも分かるとおり、渡辺は「東洋的メロディ」を得意とし、中国を題材とした数々の叙情的な流行歌で知られており、それらの楽曲がスウィング・ジャズ調で歌われたとは考えにくい。つまり、広告での「スウィング」という語もまた宣伝文句として安易に用いられた可能性があり、やはり戦中もジャズが宣伝効果を見込まれていたことが窺える。

渡辺はレビュウ公演のためだけでなく、慰問の目的でも度々渡満しており、皇軍慰問もまた当時の日本のミュージシャンたちが外地を訪れて舞台に立つ機会であった。渡辺のほかにも二村定一やディック・ミネ、ベティ稲田、川畑文子といった人気歌手が、一九四〇年前後に慰問のため満洲を訪れている。(17) このように、一九二〇年代以降内地で一世を風靡していたジャズは満洲においても人気を博し、一九三〇年代後半から四〇年代にかけてはジャズ・ミュージシャンのみならず流行歌手や軽演劇団によるジャズ演奏の需要もあったことが推察できる。

満洲における「音楽浄化運動」

この頃、満洲国国立中央博物館の副館長を務めていた藤山一雄は、文化批評の論客として満洲の紙誌面を賑わせている。彼は内地で過ごした幼少期に三味線の経験があるなど音楽に造詣が深く、音楽についての言及も少なくない。ここで藤山の議論に注目してみたい。

藤山の主張の中でも波紋を呼んだのは、『満洲日日新聞』の連載エッセイにおける「頽廃音楽」についての以下の批判である。

どうも此の頃のやうに幕間、ひつきりなしにジャズまがいの頽廃的な流行唄のレコードを鳴らされるのにはまことにうんざりする……ジャズは青年層に対し怖ろしい魅惑を持つた麻薬である……保安警察は花柳病や阿片吸引更に大したことでもないフィルム、言論出版などの相当厳重な取締以上に音曲、わけて最近のジャズソングの如き、その旋律に非戦論的音調を含み国民の士気を暗々裏に消耗せしむるものには断乎たる処置をとって貰い度い。と同時に他面文教当局は宜しく健康にして純正なる音楽普及に対する一層の熱意と努力を示さる、やう希望して止まない(18)

藤山のこの主張は「音楽浄化運動」と称され、これを受けて治安部や首都警察団が「音楽浄化」の方針を立てるに至った。また、新京中央放送局も、予てから「戦時非常色に欠けている」レコードが流れていると聴取者から指摘を受けていたが、内地からの中継の折に「あくどいジャズ調」のものもあるとし、ジャズ流行歌の中継を廃して満洲国の国民歌謡を放送する計画を立て、さらには週二回の国民歌謡の放送から国民歌謡唱歌集を作成することも提案している。新京中央放送局の副局長であり満洲作曲家協会の顧問も務めていた金澤覚太郎は、「放送局として音楽を浄化するということは大きな使命の一つ」とまで述べている。ここからは、満洲の音楽統制が内地よりも厳格化していく傾向にあったこと、そして検閲対象となった流行歌の代わりに満洲独自の国民歌謡を据えようとし、「頽廃音楽」を「健全音楽」に変えれば「音楽の浄化」が実現するとみなされていたことが明らかである。

「浄化された音楽」の創出

上述の消極的統制に対し、積極的統制を実施するために「浄化された音楽」を作り出す必要性が各所で訴えられたものの、それが示す内容は「国民音楽」という非常に漠然としたものであった。しかしその観点を見てみると、文脈によって「満洲固有の音楽」を指す場合と、「日本の音楽」を指す場合、そして「大東亜音楽」を指す場合に主に分けられる。

このうち、「満洲固有の音楽」を生み出そうというプロモーションは、ジャンルを問わず見受けられる。その根底にあるのは、「大陸には大陸の音楽を而も大陸の文化向上に寄与すべき音楽を作製し、大陸をそれによつて指導し啓発して行くの信念が是非必要」だという考えである。[19]

こうした計画を具現化する対策のひとつが、満蓄による国内盤の生産である。それまで満洲には独自のレコード会社がなかったため、すべてのレコードが内地もしくは上海からの輸入盤であった。ところが一九四〇年四月に、満蓄が一万坪の敷地に月一五万枚製造可能のレコード工場を建設したのである。以後の満蓄の方針は「政府の宣撫工作に協力満系民族の文化工作に尽力して専ら民衆の教撫、娯楽方面のレコード製作を中心に『満洲人の唱ふものは満洲人の手で』といふスローガンを掲げて満系作曲家を動員し所謂『満譜』による文化宣揚に努める」ことであり、吹込済みのレコード約七十種を発表する予定だと『宣撫月報』が報じている。満蓄文芸課長の伊奈文夫は、そのためには満系作曲家の養成に力を入れなければならないと訴える。さらに、「満洲の古民謡を採譜近代化して全く新しいものを作」る計画にも言及し、その一方で満語による歌謡曲・漫才・童謡のレコードを発売すると述べている。[20] こうした試みは、一九四三年一〇月に満洲文芸家協会が満系向け歌曲作曲実施計画書を弘報処に提出し、「敵性音楽」を廃して「満系」向け国民歌曲を作り、指導して普及させようとする動きに結びついたのである。

満洲における西洋音楽および日本音楽に関する言説

それでは、当時のクラシック音楽観はどのようなものだったのだろうか。西洋起源のクラシック音楽を専門とした日本人の職業音楽家は戦中も数多おり、軍国主義プロパガンダ的な作品の創作・演奏に携わりながら活動を続けていた。満洲においても、クラシックの音楽家によって満洲楽団協会や満洲作曲家協会が組織されていたことは前述のとおりである。しかし、戦時下のクラシック音楽の捉え方は肯定的なものばかりではなく、また批判の論点も「敵性」に依拠するとは限らない。その一端を垣間見られる例として、ここで『藝文』第二巻第一号（一九四五年）に掲載された、青木啓による短編小説「蓄音機」を取り上げてみたい。まずはあらすじを紹介しよう。

主人公の加木吾郎は満洲で妻と一男一女との四人暮らしをしている。部屋には僅かな俸給には似つかわしくないような立派な蓄音機があり、収入をやり繰りしながらレコードを蒐集してきた。ある日突然、吾郎はその愛着ある蓄音機を売り払うと言い出す。その理由は、美しい音楽を聴くことが、真っ黒になって働く妻や隣人から自分を隔離し、もっと「高尚」で「特別」な人間だと己惚れさせるからである。吾郎は現下の戦いとその悲壮さを感じるほど、より素朴で純一なものに惹かれるようになり、「簡潔な軍歌の調べを美しいと」思うようになった。そして蓄音機を売ることで、音楽にうつつを抜かす中性的な人間ではなく、軍人のように男らしい男になりたいと考えるのであった。

この主人公の設定を見てみると、社会的地位は「特殊会社の一社員」で「現在では此の上もなく重要な工業部門に属する事業」であるとされながらも、「経理といふごく一般的な仕事」という記述から、『藝文』読者層の中核をなすと考えられる中流階級を想定していることが窺える。また、「私立大学ながら最高学府の出身」で「内面のものをうかがつてゆくと、彼は所謂『知識人』の仲間に入れることが出来さうである」という表現によって、主人公の教養程度が高いことも示されている。

そのような本作の主人公が好んで聴くのは、専らベートーヴェン、ショパン、リスト、ドビュッシーといったクラシックであり、それらが作中で「音楽」と称されるものである。そしてこの「音楽」と対比されているのが、浪花節である。「音楽を聴いたそのあとで、僕は……鉄道の現場従業員であり、いつも浪花ぶしを唸つてゐる隣家の主人と、仲のいゝ隣人になることが出来ない」そして「自分は音楽の解る人間なのだ、浪花ぶしなんか嫌ひなのだと言ったやうな虚飾的な感情がありはしないか」といった独白からは、娯楽から愛国音楽となった庶民の浪花節[21]に対し、高尚なものとして特権化されていたクラシックへの批判を暗示していると捉えることもできよう。

そしてこの批判は、主人公にとって「音楽」を聴くことによる自己嫌悪へとつながっていく。「軍人が一ばんい丶。男らしくて。[息子には]どうも僕のやうに中性みたいな人間にはなつて貰ひたくないからな」また「[応召された友人の]鬼藤みたいな男になりたくて仕方がないよ。やれ音楽だ文学だとか言つて、いつもふらふら宙に浮いてゐるのはいやらしいからな」というような言及からは、ここでの「音楽」、すなわちクラシックを鑑賞する主体のジェンダー化を見て取ることができるだろう。

他方で、音楽浄化運動を牽引した藤山一雄は、「国民音楽」として日本音楽を採用しようという議論を雑誌『藝文』に発表している。

[藝文]協会の誕生で日本音楽と云ふものに多少の政治性が与へられ、国民生活への必要性を認めて貰つたことは何より嬉しい。これまでは西洋音楽よりも低視されて居た観がたしかにあつたのです。ところが、此の度のことで、花柳界から日本音楽を健康な社会に引き戻し、亦謡曲みたいにブルジョアといふか、ある特殊層から大衆に普及させる運動、更に師匠の音楽から個人のものにする、国民の音楽にし、民族の音楽にする希望が生じたのです[22]

この主張には、日本音楽が西洋音楽よりも劣位のものとみなされていたこと、しかし今後国民の音楽、民族の音楽にする可能性が生じていることが指摘されている。同記事の中で藤山は、「日本音楽は流派という殻に萎縮し共同が出来なかったが協会の結成で殻を出れば世界観が広がる」と述べ、さらに「伝統を踏まえた上での『満洲』独自の音楽の創造」をも主張する。実際、西洋音楽の手法を採り入れて邦楽の新作を作曲・演奏する音楽運動である新日本音楽の旗手・宮城道雄や中島雅楽之都が、それぞれ《満洲調》《満蒙茫漠》などの満洲を題材とした曲を発表している。

内地からの音楽関係者の招聘

統制の対象となっていたジャズにもまた、「国民音楽」創作の動きに回収されていく例が見られる。新京音楽団は日本の作曲家を招聘し、満洲あるいは蒙古を視察させた上、「闘う満洲」というテーマで作曲を委嘱する計画を立てた。一九四三年に創立一周年を迎えた新京音楽団は、新京記念公会堂で記念演奏会を開いた。その際の曲目は東松二郎が作曲し自ら指揮も務めた楽劇《娘々祭幻想》と、紙恭輔作曲の交響組曲《ボルネオ》であった[23]。

東松二郎と紙恭輔はいずれも、ジャズ畑の音楽家である。東については先にも触れたが、自らのバンドを率いて満洲のダンスホールなどで活動しながら、放送局や満映、満蓄でも仕事を得ていた。これに対して紙恭輔は、一〇代半ばから前述のハタノ・オーケストラでベースやサックスを弾き、のちにアメリカのシンフォニック・ジャズの紹介や日本のジャズ・バンドのための編曲・指揮で活躍した日本ジャズ界の先駆的人物である。一九三〇年から一九三二年までロサンゼルスで作曲の勉強をし、本場のジャズを学んで帰国後、ジョージ・ガーシュウィンの《ラプソディー・イン・ブルー》を日本初演したことでも知られる[24]。一九二〇年代前半には既に、紙は前述のハタノ・オーケストラの一員としてジャズのレコード吹込みに参加し、一九二五年にラジオでジャズ放送を始めた際には、東京ブロードキャスターズというバンドを起ち上げて選曲・編曲とサックス演奏を担当していた[25]。紙は映画とも関わりが強く、一九二七年ごろからハリウッドの音楽映画の主題歌に日本語訳をつけて吹込みをしており、『昭和新撰組』（木村荘十二監督、P.C.L.、一九三二年）を皮切りに、和製ミュージカル映画の走りである『音楽喜劇ほろよひ人生』（木村荘十二監督、P.C.L.、一九三三年）など戦前から数々の映画で作曲を担当している。また、新交響楽団（のちのNHK交響楽団）、コロナ・オーケストラ、コロムビア・オーケストラやフロリダ・ジャズバンドの精鋭から成るP.C.L.管弦楽団の指揮者を務め、映画音楽のほかダンスパーティーや結婚披露宴の奏楽まで行っていた[26]。《ボルネオ》は映画『北ボルネオ・タワオ』（坪内英二・八木仁平撮影、藝術映画社、一九三八年）のために作った音楽を元にしたものである[27]。紙恭輔は応召で満洲に行った際、芥川光蔵による映画『逞しき草原』（満映、一九四三年）の作曲を手がけ、その作品を元に、ノモンハン事件の戦場となった草原を題材とした管弦楽組曲《ホロンバイル》を完成させた。それ以前にも、紙は同じく芥川が撮影した記録映画『秘境熱河』（満鉄弘報係、一九三六年）の作曲を担当している。芥川は満鉄映画製作所長を務めていた記録映画作家で、一九四一年に新京で没するまで五〇本に及ぶ作品を残しており、そのほとんどが外地の風土を写したプロパガンダ・ドキュメンタリーである。満映には同時録音設備がなかったため、撮影時に自然音を収録するのではなく、固有の映画音楽が創作されてBGMとして付される習慣があった[28]。外地の様子を具体的に伝える記録映画の映像と、外地の様子からインスピレーションを受けてそれを抽象化し表現した音楽が結びつき、満映の設備的な制限の影響もあって奇しくもプロパガンダ的役割を果たしていたことを示す、注目すべき事例であろう。このように、内地の作曲家が満洲に招聘され、現地視察を経た作品の創作が求められた例は枚挙に暇がなかった。

なお、内地から招聘されたのは、演奏家や作曲家ばかりではない。音楽学者の田辺尚雄も満洲を巡回視察し各地で講演することを依頼され、満洲固有の伝統文化を学術的に価値づける役割を果たしている。このような外地の独自の文化とその重要性を印づける作業は、単に各地域の特性を取り上げ評価することを目的としたものではなかった。その作業の根底にあったのは、「大東亜音楽」の思想である。植民地政策を進めるにあたり、日本は自国を盟主としてアジアの国々で地域共同体を作ろうと試みて「大東亜共栄圏」の構想を提唱したが、この構想の射程に入れられていたのは政治や経済だけでなく文化も同様であり、アジアの音楽を含んだレコードや展覧会には「(大)東亜音楽」と冠された[29]。すなわち、外地の音楽が持つ特性は、単独で評価するためというより、「大東亜音楽」という総体に位置づけるために、政治的意図をもって見出されたのだと言えよう。

むすびに

先に触れたとおり、最初期の日本ジャズ界にはクラシック出身の演奏家が多く、クラシックとジャズの演奏家の線引きはかなり曖昧であった。また、一九三〇年前後は特にシンフォニック・ジャズが全盛期であったことから、紙恭輔のようにジャズ・バンドとクラシックのオーケストラの双方で活躍した音楽家も少なくなかった。つまり、現在のようにはクラシックとジャズの演奏が分業化されていなかったといえる。そのような背景の下、日中戦争に突入し、ジャズは「敵性」を持つとして批判対象になったため、初期のジャズ演奏家たちの一部はオーケストラでシンフォニック・ジャズやクラシックを演奏することで演奏活動を継続した。彼らにとって、日中戦争期もなおオーケストラ運営に力を入れていた満洲は格好の舞台であった。

さらに、戦中のジャズ排斥運動の発生は、「楽土」と謳われ自由を求めたジャズ・ミュージシャンが多数活躍していた満洲においても決して例外ではなく、一九三〇年代末に既にそのような議論が見られるが[30]、それ以降もなおジャズが集客効果を持つ人気ジャンルであったことは、満洲公演の事例にも明らかである。あらゆるジャンルの音楽家が時局に相応しいプロパガンダ的作品を作り演奏することに傾倒した中、そもそも演奏ジャンルそのものが検閲対象となったジャズ・ミュージシャンたちは、①軍歌やマーチなどをジャズ風にアレンジして演奏する、②クラシックのオーケストラなど他ジャンルの団体で演奏する、③クラシックなどの作品名や作曲家名を騙ってジャズを演奏する、といった手段を用いて、演奏しているものが「ジャズではない」という体裁をとることで検閲の目を眩ませたのである。

その一方で、満洲において時局に相応しい音楽を問う議論はジャンル横断的に展開されている。ジャズに限らずあらゆる音楽が検討の対象となって、「敵性」や「頽廃性」を指摘され、自主規制の風潮がはびこった。そのような性質を持たない「浄化された音楽」が模索されたものの、既存のジャンルを新たな文脈に位置づけたに過ぎず、結果的にジャズさえも「国民音楽」に取り込まれるなど、単に特定のジャンルを排除するに留まらない戦中の議論と実践の錯綜を確認できた。

このように、戦時下の音楽ジャンルをめぐる価値観は、文化統制機関の政治的方針を過分に反映しており、ジャンルの区分方法や意味づけのされ方自体が極めて曖昧なまま共有され、歪みを伴っていたことは注目に値する。そして、ほとんどの新聞雑誌事業を政府関連機関や文化統制機関が運営していた満洲においては、官報などに限らず、一般新聞雑誌においても音楽を用いた文化工作を強く主張する論調が目立って確認された。満洲においては団体の改組や新団体の創設が頻繁であり、そのメンバーも重複しているため、それぞれの活動の実態を明確に把握するのが困難である。また、散逸してしまって日本国内では所蔵が確認できない資料も少なくない。中国に所蔵されている資料も含めて調査を進めるとともに、内地や他の占領地域における文化工作との相違についてさらなる考察を試みることを今後の課題としたい。

注

(1) その後、一九二八年に南満州教育会教科書編集部は尋常科高学年向けの『満洲唱歌集』を刊行したが、そのための歌詞を懸賞募集した際にも、条項に内容を「満洲の地方色豊にして、満洲児童の愛唱に適するもの」と指定している(『南満教育』一〇月号〔通号一三一号〕、一九二八年、六九頁)。

(2) 当時の在満オーケストラの動向については岩野裕一『王道楽土の交響楽――満洲知られざる音楽史』(音楽之友社、一九九九年)に詳しい。

(3) 呂元明「総説」『藝文』第一巻(復刻版)、ゆまに書房、二〇〇七年、二頁。

(4) 北小路功光「音楽随感」『藝文』第一巻第一号、一九四四年、六四頁。

(5) 村松道弥「音楽における第一義的なもの――満洲作曲家協会の出発に当たり」『満洲藝文通信』第二巻第六号、一九四三年、四~八頁。

(6) 日本のレコード検閲について、話芸の場合は思想統制が多く見られるが、流行歌の場合は風俗統制が大半であったこと、さらにその統制には「上から」の弾圧のみならず、消費者からの投書等による取り締まり要求が作用していた側面があることを金子龍司が指摘している(「「民意」による検閲――『あ、それなのに』から見る流行歌統制の実態」『日本歴史』七九四号、二〇一四年、五五~七二頁)。

(7) ハタノ・オーケストラについては武石みどり「ハタノ・オーケストラの実績と功績」(『お茶の水音楽論集』特別号、二〇〇六年、三六三~三七三頁)に詳しい。

(8) 「米英音楽の追放」内閣情報局編『週報』第三二八号、内閣情報局、一九四三年一月二七日、一六~二〇頁。

(9) 米兵の戦意を削ぐためのプロパガンダとしてラジオ東京が行っていた米軍前線向け海外放送で、祖国に帰りたくなるような語りや捕虜の手紙の朗読などと共に、ジャズの生演奏が流されていた。

(10) 内田晃一『日本のジャズ史――戦前戦後』スイング・ジャーナル社、一九七六年、一〇一~一〇二頁。

(11) 前掲書、七一~七二頁。

(12) 服部良一『ぼくの音楽人生――エピソードでつづる和製ジャズ・ソング史(増補版)』日本文芸社、一九九三年、一六一~一六三頁。なお、満洲に行ったジャズ・ミュージシャンについては、斎藤憐『昭和のバンスキングたち――ジャズ・港・放蕩』(ミュージック・マガジン、一九八三年)にも言及がある。

(13) 小泉吾郎『わが青春と満映』舷燈社、一九八二年。

(14) 「アトラクション評　小林千代子」『満洲日日新聞』一九四〇年一月二三日夕刊3面。

(15) 「李香蘭の旅日記」『満洲映画日文版』第三巻第一号、満洲映画発行所、一九三九年、八二~八五頁。

(16) なお、この頃ジャズと並んで人気のある軽音楽ジャンルの一つであったハワイアンでは、スリーシスターズがデキシー・ランダースバンドを伴って渡満している。そのほか、天中軒雲月や寿々木米若といった人気浪曲師たちも渡満し、戦地や銃後の様子を描いた「戦争物」を携えて、奉天の映画館・南座などで公演した（『満洲日日新聞』一九四〇年一月一三日夕刊3面、一九四一年一月一二日夕刊3面ほか）。

(17) 斎藤憐、前掲書参照。

(18) 藤山一雄「大陸一題　爾、尚足らぬもの一つ」『満洲新聞』一九三九年七月一八日夕刊11面。

(19) 浅川潜「満洲文化と夢（19）レコード音楽」『満洲新聞』一九三九年五月三日朝刊8面。

(20) 「情報　国内　円盤に満語の歌謡曲や漫才満蓄が国策宣揚に一役買ふ」『宣撫月報』第五巻第四号、一九四〇年、九二頁。

(21) 浪花節に対する評価の急な変化は、永井荷風が一九三五年七月二五日の『断腸亭日乗（永井荷風日記）』の中で、「今日浪花節は国粋芸術などゝ称せられ軍人及愛国者に愛好せらるゝと雖三四十年まえまでは東京にてはデロリン左衛門と呼び最下等なる大道芸に過ぎず、座敷にて聴くものにては非らざりしなり」と述べていることからも分かる。

(22) 「座談会　満洲文化の構想」『藝文』第二巻第一号、一九四五年、八四～九五頁。

(23) 鈴木正「満洲音楽情報」『音楽之友』第三巻第六号、一九四三年、三七頁。

(24) クラシックとジャズを融合させた音楽、特にオーケストラ編成で演奏されるジャズを指す。

(25) 紙恭輔「あのころのジャズ⑳ジャズ歌手の草分け二村定一と天野喜久代」『東京新聞』一九五七年一〇月二八日夕刊5面。

(26) 「新商売往来　『エ、音楽屋で御座い』　都下の各楽団から楽員を選抜して宴席にもチンドン屋にも……」『東京朝日新聞』一九三三年一一月一三日朝刊13面。

(27) 秋山邦晴『日本の映画音楽史1』田畑書店、一九七四年、五四頁。

(28) 岡田秀則「上映作品解説10「秘境熱河」」『NFCニューズレター』三・四月号、東京国立近代美術館、一九九八年、三頁。

(29) SP『東亜の音楽』（コロムビアレコード、一九四一年）、SP『大東亜音楽集成』（ビクターレコード、一九四二年）、東亜音楽文化展覧会（東京科学博物館、一九三九年六月一六～二五日）など。

(30) 藤山一雄「大陸一題　爾、尚足らぬもの一つ」（『満洲新聞』一九三九年七月一八日夕刊1面）、「音楽浄化は先ず放送陣から　ジャズ音楽に代る満州国国民歌謡　中継・レコード放送に健全音楽を」（『満洲新聞』一九三九年八月一二日夕刊2面）など。

参考文献

秋山邦晴『日本の映画音楽史1』田畑書店、一九七四年
岩野裕一『王道楽土の交響楽――満洲知られざる音楽史』音楽之友社、一九九九年
植村幸生「田辺尚雄と『東洋音楽』」浅倉有子・上越教育大学東アジア研究会『歴史表象としての東アジア――歴史研究と歴史教育との対話』清文堂出版、二〇〇二年
内田晃一『日本のジャズ史――戦前戦後』スイング・ジャーナル社、一九七六年
金子龍司「「民意」による検閲――『あ、それなのに』から見る流行歌統制の実態」『日本歴史』七九四号、二〇一四年、五五～七二頁
貴志俊彦「東アジアにおける「流行歌」の創出――クロスオーバーするレコードと音楽人」和田春樹・後藤乾一他編『岩波講座東アジア近現代通史』別巻、岩波書店、二〇一一年、三一三～三三六頁
斎藤憐『昭和のバンスキングたち――ジャズ・港・放蕩』株式会社ミュージック・マガジン、一九八三年
武石みどり「ハタノ・オーケストラの実績と功績」『お茶の水音楽論集』特別号、二〇〇六年、三六三～三七三頁
田辺尚雄「満洲帝国と礼楽」『東亜民族文化協会パンフレット第四篇』東亜民族文化協会、一九三四年、一～二七頁
田辺尚雄『東洋音楽の印象』人文書院、一九四一年
田辺尚雄『大東亜の音楽』協和書房、一九四三年
戸ノ下達也『音楽を動員せよ――統制と娯楽の五十年戦争』青弓社、二〇〇八年
戸ノ下達也、長木誠司編『総力戦と音楽文化――音と声の戦争』青弓社、二〇〇八年
服部良一『ぼくの音楽人生――エピソードでつづる和製ジャズ・ソング史（増補版）』日本文芸社、一九九三年
ポープ，エドガー「戦時の歌謡曲にみる中国の〈他者〉と日本の〈自我〉」『ユリイカ』一九九九年三月号
ポープ，エドガー「エキゾチズムと日本ポピュラー音楽のダイナミズム――大陸メロディを中心に」三井徹監修『ポピュラー音楽とアカデミズム』音楽之友社、二〇〇五年
細川周平「西洋音楽の日本化・大衆化41満洲」『ミュージック・マガジン』一九九二年八月号、一五四～一五九頁
細川周平「西洋音楽の日本化・大衆化42大陸」『ミュージック・マガジン』一九九二年九月号、一五二～一五七頁

中国華北地域における「北支軍」映画工作と新民映画協会

張　新民

はじめに

新民映画協会は、日中全面戦争に突入した一九三七年七月以降、日本占領下の中国華北地域で最初に設立された国策映画機構であり、日本による組織的な華北映画工作の濫觴《らんしょう》となった。一九三八年一月から一九三九年一二月末まで宣撫映画製作や映画配給網整備などの映画活動を行い、のちの国策映画会社である華北電影股份有限公司（以下「華北電影」と称す）を中心に日本占領下、「淪陥期」華北映画の発展の土台を築いた。

これまで、「淪陥期」華北映画に関する研究はほとんど手がつけられておらず、新民映画協会についても華北映画自身の視点からではなく、満洲映画協会（以下「満映」と称す）北京出張所として、「満洲」映画研究という角度から言及するものがほとんどであった。そのため単なる概説的な指摘が多く、その具体的な活動状況について詳細な検討は行われていなかったというのが現状である。

本稿では、これまでの研究を踏まえて、その問題点を指摘しながら、日本北支那方面軍（以下「北支軍」と称す）の映画工作という角度から、新民映画協会の設立とその活動状況について考察する。

一 「北支ニ於ケル新聞通信及映画施設処理要領」と新民映画協会の設立

1 新民映画協会の設立をめぐる諸言説

これまで研究されてきた、新民映画協会の設置については「満映」による単独行動説と「大日本映画協会満洲北支視察団」の関与説がある。

「満映」による単独行動説は、日本人研究者の間で浸透しており、「満映は日本の映画会社と配給契約するさい、満洲国だけではなく華北地域も満映配給圏に含めていた。そのため満映北京出張所として設立された『新民映画協会』は、満映による華北地域の配給網整理とそれら配給網を満映配給圏内に取り込むことを目的として設立されたのである[1]」という認識が一般的である。

その説を初めて提起したのは、日中戦争中の奥田久司（一九〇八〜没年不詳）「華北の映画史」であった。

華北電影の前身とも称すべき新民映画協会（満映北京出張所）は、事変翌年の民国二十七年（一九三八年——引用者）二月、北京市内一区燈草胡同三〇号に事務所を設け、満映より代表小林喜四郎（現華北電影製作部長）森田主水（現華北電影業務部次長）の諸氏等十名が派遣せられて業務を開始したのであった。

当時、誕生間もない満映が如何して北支に進出して来たかと言へば——華北の映画館や配給網は乱脈の儘に放置され、其の復興を図るには何等かの強力な推進力を必要としたこと、更に満映は内地映画会社と配給契約を締結せる際、日本映画は単に満洲国のみに止まらず、北支の配給をも含んで契約を行ひ、従つて北支は満映の配給圏内に在つたこと、先づ此の二つの理由が挙げられる。

（奥田久司「華北の映画史」『映画旬報』第六四号、一九四二年一一月一日、八頁）

奥田久司は当時「華北電影」宣伝課弘報係の職員で、[2]「華北の映画史」は華北映画、特に日本占領下の華北映画を概説するものだが、華北映画史の研究というより、むしろ「華北電影」会社宣伝の性格が強い。しかしながら、初めて華北映画状況を明らかにした論説として、当時だけではなく、戦後の華北映画研究や諸説に大きな影響を及ぼしている。

しかし、「満映」北京出張所でありながら、既に日本占領下になった華北、しかも親日政権中華民国臨時政府の膝元にある北京で、なぜ「新民映画協会」の名の下に活動する必要があったのか。そして、新民映画協会の設立に対して、現地当局や日本軍部がどのような態度をとったか。これらについて、これまでの研究では、まったく取り上げられていなかった。「新民映画協会」という名称は、中華民国臨時政府と表裏一体をなしていた民衆教化団体「新民会」（全称中華民国新民会）とよく似ており、両者の間に何らかの関連性があったことをうかがわせる。

一方、中国で初めて新民映画協会に言及したのは、「淪陥期」の葉徳浩「華北電影之歴史与現状」である。

可称為華北電影公司前身之新民映画協会（満映北京出張所）、於事変翌年之民国二十七年二月在北京市内一区燈草胡同三十号設立事務所、由満映派遣代表小林喜四郎（現華北電影製作部長）森田主水（現華北電影業務部次長）諸氏十名、開始弁理業務。

当時誕生不久之満映、何以能進出華北乎？誠以華北電影院配給尚在紛乱之状態、為図其復興、必要有相当之強力推進、満映与日本電影公司締結配給契約之際、曾訂有日本電影不只配給於満洲国内即華北亦包含在内、是以華北在満映之配給圏内、所以如此訂定其理由有二。

（葉徳浩「華北電影之歴史與現状」『華北映画』第二十八期、一九四三年二月、八頁）

奥田久司「華北の映画史」をそのまま中国語に翻訳したというのが一目瞭然である。戦後、偏狭なナショナリズム映画史観にとらわれて、中国では長い間日本占領地域の映画に関する研究はタブーとなり、日本占領下の上海、「満洲」、そして華北の映画活動は中国映画の歴史から完全に抹消されていた。一九九〇年一二月に『東北淪陥十四年史叢書』の一巻として出版した、胡昶・古泉『満映——国策電影面面観』[3]は、日本占領下映画研究のタブーを破り、忘却されていた「満映」、そして新民映画協会をも想起させた。

為建立〝大陸電影連盟〟、日本和〝満映〟都迫不及待地想把自己的勢力打入華北。1938年（偽康徳五年）1月、〝満映〟首先在北平設立了代弁所。2月、由日本内閣情報部安排、日本派出山本吉太郎（松竹）、大山昌綱（東映）、脇園荘次郎（日活）、長良平（新興）、莽野直実（大都）、桑野正夫組成的〝大日本映画協会赴満洲北支視察団〟。該団先後在偽満、華北活動了一個多月。2月、在該団和〝満映〟北平代弁所的策划下、在北平成立了新民映画協会。該会的使命是在華北地区発行放映日本和〝満映〟的文化片、同時撮製所謂〝宣撫〟電影。

（胡昶・古泉『満映——国策電影面面観』中華書局、一九九〇年、一四三〜一四四頁）

それまでの「満映」単独行動説と違い、「一九三八年一月」に設立した「満映北平代弁所」（満映北平事務所）は新民映画協会の前身であり、新民映画協会の設立は日本の内閣情報部の手配で派遣した「大日本映画協会赴満洲北支視察団」が「満映北平代弁所」と諮った結果であるという、「大日本映画協会赴満洲北支視察団」関与説を主張している。[4]

しかし残念ながら、胡昶・古泉は「大日本映画協会赴満洲北支視察団」が「満映北平代弁所」との接触を証明できる有力な資料を示せず、「大日本映画協会赴満洲北支視察団」の活動状況に関しても、単なる参加メンバーの紹介や大まかな視察時間の指摘にとどまり、そもそもの説得力は弱いといえる。新民映画協会の設立に関連して、「大日本映画協会赴満洲北支視察団」の活動状況の詳細を明らかにしていきたい。

「大日本映画協会赴満洲北支視察団」の正式名称は、「北支満洲映画視察団」（以下「視察団」と称す）である。「視察団」は帰国後、報告書『日本映画の北支進出策』（以下「報告書」と称す）を作成し、「北支」での活動状況を詳細に記録している。[5]

「視察団」に加わったメンバーは、大日本活動写真協会常務理事桑野正夫（団長、一八八一～一九五三）、日本活動写真株式会社取締副社長田中貞二、同秘書中村与三之助、同総務部次長脇園庄次郎、東宝映画株式会社管理課長大山昌綱、大都映画株式会社常務取締関西支社長薦野直実、新興キネマ株式会社大阪支社庶務課長長良平、松竹株式会社取締役山本吉太郎、全八名で、当初、内務省の増谷達之輔も視察に加わっていたが、北京到着後、現地の宣撫状況調査その他の事由によって一行と別れた。[6]

「視察団」の派遣について、増谷達之輔が「二月には内閣情報部の肝入りで日本映画界の各社の代表者が桑野桃華氏を団長に北支映画視察団を組織して約一ケ月に渉つて各地を視察して帰つてゐる[7]」と証言している。桑野桃華とは、桑野正夫のペンネームである。胡昶・古泉が指摘しているように、内閣情報部が「視察団」の派遣に関与したことは確かである。

「視察団」の「北支」滞在期間は、一九三八年二月一〇日から同二〇日まで、計一一日間で、訪問地は、北京、天津、張家口、大同であった。

二月四日午後九時三十分東京駅発△五日正午神戸出帆（大阪商船長安丸）△十日午前十一時塘沽上陸、同午後二時三十分塘沽駅発、同午後六時半北京着△十一、十二、十三、十四日北京滞在視察△十五日午前七時二十分北京発、同午後四時半張家口着、同午後十一時半張家口発△十六日午前七時大同着、同午後十二時大同発△十七日午後二時北京帰着△十八日午前八時半北京発、同午前十一時半天津着△十九日天津滞在視察△二十日午後二時二十五分天津発、二十一日午前十一時五十分奉天着△二十二日午後二時四十七分奉天発、同午後六時二十分新京着△二十三日午後六時三十分新京発、同午後十時三十分哈爾濱着△二十四日午後五時十分哈爾濱発△二十五日午前九時五十分大連着△二十八日午前十一時大連出帆（うすりい丸）（一班は朝鮮廻り）△三月二日午前八時門司着、朝鮮廻り班と落合ひ同日午前九時二十五分下関駅発△同夜大阪着△三日薦野氏夫人の告別式参列、同夜大阪発△四日七時三十分東京駅着

（北支満洲映画視察団『日本映画の北支進出策』一二頁）

「北支」での訪問先や意見交換した主な相手は、「北京に於いては報道部、特務部等軍関係方面、放送局（中央広播電台）、大使館、興中公司、新聞記者団、支那人常設館経営者その他」、「天津に於いては総領事館、同警察署長、日支新聞記者団、支那人側映画製作関係者及日支常設館経営者」、張家口では「特務機関及び野戦鉄道隊」、大同では「特務機関」とある。(8) しかし、胡昶・古泉が指摘している「満映北平代弁所」への訪問、またはその事務所関係者との懇談や接触などについては、「報告書」にまったく記録されていない。

一九三八年六月一〇日、映画視察のために北京に赴いた国際映画新聞社長市川彩が北京飯店で召集した座談会で、「視察団」が話題になったとき、新民映画協会代表黒川保男が次のように述べている。

先日視察団が北支へ来られたが、僕等からは何も訊いて下さらずに新京の本社で打合せて帰られたのです。立寄つて下さらば北京ぐらゐ《（ママ）》は案内出来たのに残念でした。
（「北支に於ける映画座談会　日本映画の大陸進出策とその動向を語る」『国際映画新聞』第二二六号、一九三八年七月二〇日、二二頁）

「報告書」の記載内容や黒川保男の証言から、胡昶・古泉が主張している「在該団和〝満映〟北平代弁所的策划下、在北平成立了新民映画協会（同団は満映北平事務所と諮って、北平に新民映画協会を設立した）」という説は、成り立ちえない。

2　「北支ニ於ケル新聞通信及映画施設処理要領」と新民映画協会の設置

一九三八年一月一〇日、「北支軍」司令部が策定した「極秘」文書「北支ニ於ケル新聞通信及映画施設処理要領」（以下「要領」と称す）がある（資料写真参照）。「要領」は「方針」、「新聞社」、「通信社」、「新聞及通信記者ノ質ノ向上不良ノ淘汰ニ着意ス」、「映画施設」五項目に分けて、新聞、通信、映画等の指導方針や具体的な処理方法を定めている。

「映画施設」について、「要領」には、次のように記されている。

一、対民衆的ニハ満洲映画協会ヲ利用ス之カ為該映画協会ヲシテ北京ニ現像所ヲ設置セシメ主トシテ新民会教化部ニ於テ之カ指導ニ任ス
二、日本及外国ノ映画会社ニ対シテハ対日及対外宣伝上ノ着意ヲ以テ之ヲ指導シ且当分ノ中宣伝ノ為軍映画班

ヲシテ撮影セシム
三、北支映画会社ノ設立ニ関シテハ北支経済状態ノ恢復ト民度ノ向上ヲ俟テ考慮スルモノトス

表現は簡潔であるが、その意図ははっきりしている。これにより、幾つかの事実がはっきりする。

一つ目は、華北独自の映画会社設立まで、「満映」を利用することが「北支軍」映画工作の基本方針である。「現像所」、いわば「満映」北京出張所の設立目的は、当初映画配給網の整備ではなく、「北支軍」映画班の映画製作に協力するためであった。

二つ目は、「満映」北京出張所は、新民会の指導を受ける映画施設であった。新民会は、一九三七年一二月二四日、即ち「要領」を立案する二週間前に設立されてから、一九四〇年三月、鉄道から遠く離れた山間僻地の工作を続けていた軍宣撫班と統合するまで、比較的治安のいい鉄道沿線の宣撫工作を続けていた(9)。

初期新民会の宣伝工作は、主に「特殊宣伝方策を樹立し対抗宣伝及び普及宣伝を実施する」、「一般宣伝方策を樹立し大衆に一般的宣伝を実施する」、「対外宣伝方策を樹立し国外宣伝を実施する」であった(10)。その担当部署は、教化部宣伝科である。教化部宣伝科は、「宣伝に関する事項」以外、「対内外宣伝の統制に関する事項」、「宣伝機関の監理に関する事項」も掌っていた(11)。

当時の「関東軍」映画工作担当責任者であった柴野為亥知(12)が、新民映画協会の設立について、次のように説明している。

北支に於ける映画統制機関、新民映画協会が設立された。之は満洲映画協会が新民会の依嘱を受けて設立したものであり、現在その人々は満映よ

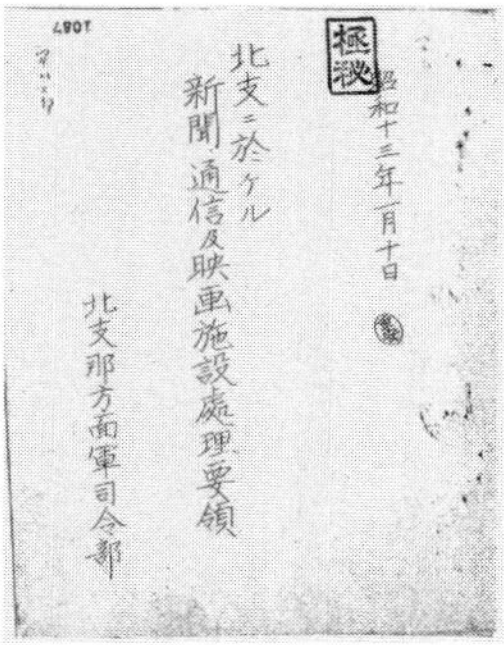
極秘
昭和十三年一月十日
北支ニ於ケル
新聞通信及映画施設処理要領
北支那方面軍司令部

資料写真

り任命、赴任してゐるものである。

（柴野為亥知「日本映画の北支進出」『国際映画新聞』第二二〇号、一九三八年四月二〇日、四頁）

「北支」の映画統制機関を称する以上、「満洲国」の国策映画会社「満映」により設置した映画機関であっても、「満映」北京出張所ではなく、新民映画協会の名の下に活動せざるを得なかったのであろう。

三つ目は、新民映画協会の設立時期である。「要領」は一九三八年一月一二日付けで、「北支軍」参謀長岡部直三郎より陸軍次官梅津美治郎宛に送付され、日本陸軍省に届いたのが、同一月一四日であった[13]。「満映」が「関東軍」を通じて「北支軍」の要請を受け、一月中にはスタッフを北京に派遣し、「現像所」設置準備事務所を立ち上げることは、時間的には不可能ではない。前述の黒川保男の証言も、それを裏づけることができる。つまり、「一九三八年一月」とする胡昶・古泉の「満映北平代弁所」開設説は、まったく根拠のない話ではなかった。

新民映画協会の存在を初めて世間に知らせたのは、市川彩「支那映画界を正視せよ」である。

今回、内閣情報部の斡旋に依る大日本映画協会、大日本活動写真協会、並に東宝映画会社の北支視察団はその参加人に於いて各社の代表者たるものは一名も加はらず単に新天地視察といふ程度を越してゐないから、この視察に依つては何事も生誕する訳には行かぬことであらうが、北支と満洲に於ける政治的、民族的、文化的相違だけでもハツキリ認識し、各社の採りつゝある邦画の支那配給が、満洲映画協会の手を通じて為されつゝある現実を如何に処理す可き乎？といふ一事だけでも何とか解決す可きである。

北支は満洲の下に置くところにあらざることは勿論であるにも不拘、北支に於いては満映が新民映画協会の名の下に邦画配給を独占せんとしてゐるが、かゝる姑息な手段を以てしては到底成功は難しいと思ふ。

（市川彩「支那映画界を正視せよ」『国映画新聞』第二一六号、一九三八年二月二〇日、三頁）

「北支視察団」、即ち前述の「北支満洲映画視察団」の話題に関連して、日本映画の配給問題から新民映画協会を言及している。この文章は、一九三八年二月一五日、「五回目の北支の旅」をした市川彩が朝鮮京釜線で北京に向かう途中で執筆した。同年二月一八日、市川彩は天津入りした「視察団」を出迎え、天津の日本映画館浪花館館主横井種治郎主催「視察団」歓迎招宴にも臨んだ。(14) つまり、市川彩は、その旅に出る前に、北支に於いては「満映」が新民映画協会の名の下に日本映画配給を独占せんとしているという情報を既に知っていた。「視察団」を組織した目的について、前述の「報告書」には、次のようにある。

今回の北支及び満洲の映画進出について私達視察団を組織したのには二つの目的があつた。その一つは北京、天津を中心とする北支方面に於ける民衆宣撫並に映画を通じて親日傾向を一層強化することが、国策的見地からの映画製作及びこれに伴ふ、配給、上映に関する必要な調査と、企業として業者が北支に進出するには如何なる用意が必要であるかといふ事の基本的調査研究をする事であり、また他の一つは、これに関連する満洲映画協会と吾々業者との間に結ばれてゐる北支方面の配給権問題に関する善後処置ならびに満洲映画協会と日満両常設館経営者との取引関係の調査研究を行ひ、吾々業者が将来の映画製作上に如何なる方針を樹立すべきであるかといふ点であつた。

（北支満洲映画視察団『日本映画の北支進出策』一頁）

市川彩が指摘しているように、「満映」を通じて「北支」への日本映画配給権問題の善後処理は、「視察団」を派遣する目的の一つである。しかし、「支那映画界を正視せよ」を執筆した時点では、新民映画協会の設立はまだ正式に公表されておらず、秘密のままであった。市川彩が、いつ、どこでその情報を得たかは不明であるが、少なくとも、一九三八年二月上旬、新民映画協会の事業内容を拡大し、現地宣撫映画製作を兼ねて、日本映画の配給も取り入れようとした動きがあったことを明らかにした。

一九三八年三月一日、日本と「満洲」で、新民映画協会の設立が一斉に報じられた。日本の『キネマ旬報』は、市川彩と同じ、映画配給興行に関連して、「満映」の下部組織として新民映画協会の設立を報じている。

北支に於ける映画配給興行の今後は茲許重大な関心事となつて居るが、満洲国映画国策の下に樹立された満洲映画協会はその触手を北支五省に迄延し、今回「新民映画協会」の名を以て支社を設置と決定し、この程北京市内第一区燈草胡同門牌三〇（電話東局三七七七番）に事務所を設置した。

（「満洲映画協会北支へ支社新民映画協会を設立」『キネマ旬報』一九三八年三月一日号、三三頁）

その事務所の電話番号まで記しているが、肝心な設置時期については、「この程」としか報じられていない。新民映画協会の設立を最も詳細に報じたのは、「満映」系映画誌『満洲映画』である。

仄聞ではあるが、こゝに同協会（新民映画協会――引用者）の成立過程並にその使命を記述しておきたい。即ち、前述の新政府（中華民国臨時政府――引用者）及び新民会の政治的統一を援けるべく意図されつゝあつた映画事業が、此地の中心勢力の諒解を得て、一つの会社として成立をみたわけである。

日支両国民の真の提携を目的に、日本のまことの姿を紹介することが、現下の使命であり

1、日本の文化映画の上映
2、日本の指導によつた満洲国の国家統一が建国後僅か六年にして斯くの如く発展しつゝあるといふ点をみせる満洲の文化映画の紹介
3、更生・支那民衆に対する宣撫映画の製作と上映
等々を、その具体的使命とするものである。

二月末には北京市に社屋の改築が成り、暫定的組織も決定、早くも時局ニュース記録映画、国内宣伝映画の製作に取りかかつてゐるとのことだ。

同時に、邦画上映に対する準備もすゝめられてゐる模様で、天津にある邦画上映館二館のほか北京、青島、済南、太原、大同、石家荘、張家口等の主要都市にそれぞれ本年中開館成るやう準備されてゐるときく。

内部組織は総務、業務、製作の三部門に分れ、現地並に満洲からアップした人物をそれぞれに配置してゐる。

（「映画による平和建設を目指し新民映画協会北京に成立す」『満洲映画』〔日文版〕一九三八年三月号、一三頁）


「仄聞」としながらも、紙幅を惜しまず、詳細に報じている。新民映画協会が社屋を改築して、本格的に活動を開始したのは「二月末」としている。社屋の改築は、「現像所」に対応するためであろう[15]。真っ先に取りかかっている仕事は、やはり宣伝映画の製作であった。その諒解を得た「此地の中心勢力」はいったいどの組織であるか、「満洲からアップした人物」が「満映」関係者であるか否かなど、「北支軍」や「満映」との関連情報は伏せている。

新民映画協会の地元北京では、新民会機関紙『新民報』は、同三月一六日になって、ようやくその設立を報じた。


茲将該協会成立之経過及其使命転記之、電影事業旨在援助新政府及新民会発展的統一、得有当局之諒解、因

而公司能得成立。〔中略〕二月末北京新民映画協会址改築成功、決定暫定之組織、時局新聞記録電影、国内宣伝電影、均已開始製作。放映日本電影之事、亦有所提携。除天津僅有之両館外、如北京、青島、済南、太原、大同、石家荘、張家口等主要城市、均準備在本年中成立。

新民映画協会内部機構、分総務、業務、製作、三部門分別配置採用現地人員。

（「介紹日本的真姿態新民映画協会已開始製作影片」『新民報』一九三八年三月一六日）

『満洲映画』日文版の報道内容をほぼそのまま翻訳している。ただ、「現地並に満洲からアップした人物」に関する文言を、「採用現地人員（現地からスタッフを採用する）」に書き直し、「満洲」との関係を完全に伏せている。新民映画協会の「独自性」を強調するためであろう。しかし、これは、前述「現在その人々は満映より任命、赴任してゐるものである」という柴野為亥知の説明と完全に矛盾している。そもそも内部組織の人選を「依嘱」する側の新民会機関紙が受託する側の「満映」系映画誌、しかも「仄聞」報道記事を翻訳して新民映画協会の設立を報じること自体不自然なことである。

新民映画協会が「北支軍」の秘密工作によって設置されたことと、その設立に関する報道の経過や情報操作が、その設立をめぐる諸説を混乱させた一因であろう。

つまり、一九三八年一月、「北支軍」が対民衆の宣撫宣伝や「北支軍」の映画製作の協力のために、「満映」を利用し、現地の新民会の指導を受けさせるという映画工作方針を定め、それにより「満映」側が北京にスタッフを派遣し、新民映画協会を設立した。一九三八年二月末、映画現像所として社屋の改築が終わり、宣撫映画の製作をはじめ、映画館増設による日本映画上映配給網の整備など、本格的な活動を開始したのである。

二　映画宣撫活動と新民映画協会の映画製作

1　「北支軍」の巡回映写

新民映画協会設立の報道とほぼ同時期に、「北支軍」、「関東軍」及び日本陸軍省の映画工作担当責任者の人事異動が行われた。

　日支事変を契機に一段と、国家的認識を昂められた映画事業に対し、陰に陽に指導するところ多かりし陸軍の映画関係部門三ヶ所に於ては、より一層の統制的指導の意味から今回の定期移動に際し、文字通りの三位一体的入れ換へを行つた。即ち、陸軍省新聞班映画部主任として軍部の映画利用に新機軸を出した陸軍中佐作間喬宣氏の北支方面軍報道班転出、この後任として関東軍参謀部新聞班にあり満洲国の映画統制に民間一致の成果を齎した陸軍中佐柴野為亥知氏の本省入り、柴野氏の後任には久しく北支派遣軍宣伝部新聞・映画班として活躍中なりし陸軍中佐松村秀逸氏が赴任、関東軍新聞班長となつた。前記三氏の中、作間中佐は三月一〇日天津経由北京に着任、松村中佐も三月七日出発赴任、柴野中佐は目下事務引継中にて近く新京出発本省へ赴任の由である。（「軍部・映画関係主脳部まんじ巴に入り交る」『満洲映画』〔日文版〕一九三八年四月号、五二頁）

「軍部の映画利用に新機軸を出した」作間喬宣[16]を陸軍本省から「北支軍」に転任させたのは、華北映画工作の強化、特に映画利用の活発化を狙ってのことであろう。そして、「満洲国の映画統制に民間一致の成果を齎した」柴野為亥知の本省入りによって、「関東軍」、いわば「満映」側の発言力が強くなったにちがいない。その目的は「満映」が軸になって華北映画を推進する工作体制を強化することにあったのではないか。

作間喬宣は、「三月以来北支派遣軍にあつて種々の計画に参与し、記録、宣伝としての文化映画の製作に腐心してゐる」、「われわれが、北支を中心にして映画巡回班を組織し、機会さへあれば軍への慰問は固より、支那民衆にも映画を公開してゐたが、非常に効果的である」と、「北支軍」転任直後の仕事振りを振り返っている。[17]「北支軍」の巡回映写について、「北支軍」報道部員村尾薫は、次のように述べている。

北支軍では、支那事変勃発まもなく映画班を組織し、内地映画会社の撮影技師数名を軍嘱として作戦に従軍せしめ、また満鉄の映画班に依嘱し数々の作戦記録映画を撮影した。満映は北支に出張所を開設し新民映画協会と名付け、ここで簡単ながら現像設備も出来たので、軍では作戦の進行に伴つて、占領地域の復興状況、建設の姿を撮影し、これに中国語の解説を附し、その頃既に編成されてゐた映写班の手で占領地域の民衆を集めて映写を行ひ宣撫宣伝の工作を行つた。〔中略〕北支軍の巡廻映写は昭和一三年一月天津で映写班を組織したのが始まりで、その後巡廻映写班を拡大し、一四年一〇月には一五組の映写班を組織し、北支蒙彊全地域にわたつて巡廻映写を行ふやうになつた。

（村尾薫「北支軍の巡廻映写隊」『映画旬報』第六四号、一九四二年一一月一日、三三頁）

「北支軍」映写班の設置と前述の「要領」策定が同じ時期であり、新民映画協会設立と「北支軍」巡回映写活動の展開とが関連していた可能性も否定できない。「北支軍」映写班が二年間足らずで当初の一班から一五班へと拡大しており、その巡回映写活動を急速に「北支蒙彊」全地域に展開できたのには、作間喬宣が果たした役割が大きいといえる。

軍の巡廻映写班は北支軍報道部の映写班のみは軍属で組織してゐるが、前線の映写班は殆ど皆兵隊で編成してあることが他に見られぬ特色である。そこで時々報道部に前線の兵隊を集めて、映写技術及びホームライト取扱の講習会を開き、映写に関する技術を習得せしめ、映写機、フィルムはすべて報道部から配給してゐる。

（村尾薫「北支軍の巡廻映写隊」『映画旬報』第六四号、一九四二年一一月一日、三二頁）

盧溝橋事件後の「北支軍」映画製作について、奥田久司は次のように述べている。

北支派遣軍に於ても映画活動を開始し、特別記録映画製作の外、現地映画機関、或ひは内地映画会社を指導して、各種宣撫用映画の製作に努めた。其等の宣撫用映画は約百種の多数に上り、其の主な作品を記すと、「建設東亜新秩序」二巻、「建国新猷」二巻、「通州軍官学校」三巻、「明朗河南」二巻、「躍進的山西」三巻、「東亜進行歌」二巻、「栄光的鉄路」二巻、「強悍蒙古軍」一巻、「興亜一路中原貫通」三巻、「向燦爛的建設邁進」一巻、「小放牛」一巻、「青風亭」二巻、「霸王別姫」一巻、「更生山西」二巻、

等々で、いづれも華語版である事は言ふ迄もなく、これらの映画が事変直後の中国大衆に新東亜建設の意義を教へ、或ひは娯楽を提供し、如何に宣撫の遂行に貢献したかは、茲に敢て贅言を繰返す要もあるまい。

（奥田久司「華北の映画史」『映画旬報』第六四号、一九四二年一一月一日、八頁）

「現地映画機関」、即ち新民映画協会が、どれほどの作品に携わったのかは不明だが、前述村尾薫の証言から、少

なくとも「華語版」映画の製作に深く関っていたのは違いないだろう。

中国民衆を対象とする巡回映写の様子について、作間喬宣は次のように紹介している。

九月か十月の頃であつたが、山西省平陽で公開したところ、この町を中心に近所の村落から無慮数千人が集り、スクリーンやトーキーに何かからくりがしてあるのではあるまいかといふ疑点を抱いて映写機やラウドスピーカに近づき、こちらの油断を見逃してこづいて見たり、手を触れたりする。〔中略〕河北の保定では小学校の校庭でやつたが、初日は千二、三百人の人数だつたが二日目には五千人、三日目には一万人に近い人出と為つて、二ヶ所で映写して集つた人々を満足せしむるやうにしたが、映画に対する熱意は大したものである。

（作間喬宣「日本の犠牲を普伝せよ」『国際映画新聞』第二三七号、一九三九年一月五日、一一頁）

観客の動員人数から、「北支軍」巡回映写は非常に効果的で、大成功したかに見えるが、観に来た観客は生まれて初めて映画を観る者が多く、「映写が始まるとスクリーンの方よりも回転する映写機の方に注意を奪われて、機械の方ばかり見てゐる者もゐる有様で、映画の内容が果してどれだけの影響を観客に及ぼし得たかは疑問である」[18]。つまり、思想宣伝としては、前線地域や山間僻地で活動する「北支軍」の巡回映写は、動員した人数のわりに簡単には成果があがったとはいえない。

この中国人相手の巡廻映写は前線の敵に近い地域になるほど効果は大きい。軍の作戦に映写隊がついて行つて、占領直後の村で村民を集めて映写を行ふと、戦闘のために驚き恐れて避難してゐた部落民が映画を見せてくれるからと云ふので続々と帰つて来る。〔中略〕日本軍が来てからすぐに、自分達が殆ど見たこともない映画

表1　新民映画協会製作映画一覧表

題　名	版別	巻数	構成	撮影	自主委嘱別	製作年
大黄河	日、華	2		濱田新吉	建設総署	1938
中華春光	華	3		阿部幸雄 玉置信行	新民会	1938
模範県之建設	華	2		寶来正三	新民会	1938（無声）
新民青年	華	3		寶来正三	新民会	1938（無声）
新民新聞	華	8		寶来正三	新民会	1938（無声）
黄河曙光	日、華	3	鈴木重吉	寶来正三	建設総署	1939
水禍天津	日、華	4	鈴木重吉	寶来正三	建設総署	1939
水禍天禦	日、華	1		寶来正三	建設総署	1939
天津排水	日、華	2		寶来正三	建設総署	1939
天津軟式野球	日	2	鈴木重吉		京津日日新聞	1939
北京軟式野球	日	1		吉原米三	自主	1939
興亜の試練	日、華	2		寶来正三	建設総署	1939
東亜新秩序週間	華	1		内田静一	新民会	1939

〔出所〕「華北電影製作映画一覧」（『映画旬報』第六四号、1942年11月1日、38頁）より作成。

を何の心配もなく見せてくれると云ふだけで、その部落の治安がよくなつた証拠であるとして、見せた映画の内容の影響は第二としても、映写を行つたと云ふことだけでも、十分に宣撫の役に立つ。

（村尾薫「北支軍の巡廻映写隊」『映画旬報』第六四号、一九四二年一一月一日、三二〜三三頁）

このように、中国民衆を対象とする「北支軍」巡回映写には、思想宣伝よりも治安回復に果たす役割が期待されていたのである。

2　新民会の映画上映会

新民映画協会は、「北支軍」の宣撫映画以外、新民会や建設総署など、政府関係方面の注文に応じる「嘱託映画」も製作した。

表1の如く、「北京軟式野球」以外に、そのすべては「嘱託映画」である。建設総署の依嘱により製作した作品は、主に水害や黄河治水を題材にした記録映画で、『水禍天津』、『水禍天禦』、『天津排水』は、一九三九年八月に発生した天津大水

害を撮影したもので、「浸水の記録とこれを克服する科学日本の偉力を示す」記録映画であった[19]。

新民会の「依嘱映画」は、主に新民会の活動状況を撮影したもので、『模範県之建設』は、新民会の農村経済合作運動を目的とする農村建設工作を題材にしたものである。『新民青年』は、北京の中央青年訓練所の青年指導員養成訓練の様子を撮影しており、『新民新聞』は文字通り、新民会に関するニュース映画であった。

「依嘱映画」は、映画館での興行上映をせず、製作依頼機関が主催した映画上映会や記念行事で無料上映された。主として日本人関係者や従業員を対象に慰安という目的で開催する建設総署の映画上映会は、「依嘱映画」を日本劇映画と一緒に上映したが、都市部や比較的治安のよい鉄道沿線の中国民衆を対象とする新民会主催の映画上映会は、「依嘱映画」を日本文化映画と一緒に上映した。

> 新民会電影班所拍之第二次作品「模範県之建設」現已完成、内容係新民会最近工作実況、拠悉、■（一字判読不能——引用者）為招待各界参観起見、特定於本月十四日下午二時（新時間）在新民会第一会議室挙行映演会、邀請各界参観、同時並放映日本鉄道省国際観光局之影片、映演会放映影片亦已決定、記（一）模範県之建設、（二）日本一瞥（中国話有声片）三巻、（三）旅雲仙獄与長崎一巻、（四）奈良一巻、（五）山与海的微笑二巻。
>
> （『新民報』一九三八年九月一三日）

『日本一瞥』（日本瞥見、一九三七年）、『旅雲仙獄与長崎』（九州の旅雲仙獄と長崎、一九三二年）、『奈良』（一九三八年）、『山与海的微笑』（山と海の微笑み、一九三八年）の四作品は、日本鉄道省国際観光局製作で「日本風物」を紹介する観光宣伝映画である[20]。日本鉄道省国際観光局製作の観光宣伝映画は、新民会主催の映画上映会で最もよく上映された日本文化映画であった。露骨な政治宣伝や武力を誇示する戦局映画ではなく、国情の紹介と外国人誘致を目的とする観光宣伝映画の利用は、中国民衆の反日感情を刺激せず、日本への親近感を覚えさせるためであろう。『日本一瞥』は、最も早い時期に華北に輸出されて、かつ最もよく上映された日本鉄道省国際観光局の文化映画である。

『日本一瞥』について、日本鉄道省国際観光局局長田誠が、次のように述べている。

昨年当局では「日本瞥見」に支那語アナウンスを附して北支、上海方面に送り、支那民衆に我が国の概観を見せようとしたところ、この映画は蒙昧な支那民衆の眼前に於ては余りに映画的に最新なものであつた。日本風光、風俗、教育、軍備、農業等をスピーディにモンタージュしたこの映画は、支那大衆には何が何やら分らなかつたのである。

(『キネマ旬報』一九三八年四月一一日号、六五頁)

つまり、中国人観客からの反響は、あまり良くなかったようで、一部の担当者も「この作品の持つ映画的リズムを理解し得ず、非常にテンポの遅いものでないとついてゆけない」と、テンポの速さがその一因であることを指摘している。[21] 当時の中国人が慣れ親しんだ映画展開のスピード感とは異なったために受け入れられなかった。

「新民映画会」は、各地の新民会指導部主催で、一定の開催期間を定め、数箇所移動しながら映画を上映する、いわば新民会の巡回映写である。開催期間は、概ね一週間前後であり、映画館、演劇場、小中学校、公園などの施設を利用して、一箇所で二、三日間、一日一回上映会を行う。映画館と演劇場の場合、営業時間外の午前中に開催した。

新民会津市指導部主弁之新民映画会、会決定為期一週、已於二十五日開始放映、除第一日優待各機関職員及各中小学職教員参観外、昨日起至二十八日将分於天宝戯院、第三及第五■■■（三字判読不能——引用者）、上平安及皇后影院、市立三十小学等処挙行、市民可随意入場参観、内容計有中華風光、日本一瞥及新民映画等十余巻云。

（「津市新民映画会前日開始放映」『新民報』一九三八年九月二七日）

「新民映画会」以外、新民会は、同会の記念行事のためにも、映画上映会を開催し、一般民衆に無料開放していた。一九三八年八月、新民映画協会は、新民会石門（石家荘）市指導部成立を祝賀するために催した映画上映会で『中華風光』などを上映した[22]。一九三九年一一月、新民会首都（北京）指導部農民分会北郊支会が北郊弁事処成立周年記念のために開催する映画上映会では、二千名余りの観客が殺到し、「空前の盛況」であった[23]。

新民会の映画工作について、新民会中央総会宣伝局映画班長兼放送班長である米重忠一は、次のように述べている。

それはその頃、つまり民国二十九年三月（昭和十五年三月）それまで比較的治安のいい鉄道沿線の工作を続けて来た新民会と、砲煙未だに収まらぬ鉄道を遠く離れた山間僻地の工作を続けて来た軍宣撫班は、北支に於ける唯一の民衆組織体としての新民会として統合し、新民会はここに新しい性格を持つに到つたその頃、旧宣撫班と旧新民会の映画に関する器材全部併せて、アスカニヤバンベルダ撮影機一台、アイモ一台、それに若干の生フィルムと編輯用具、映写に関する器材は、ポータブルのトーキー映写機二組と同じくポータブルのサイレント映写機二組であり、それは兎に角としてどうにもならなかつたのは所有フィルムが一組の映画班は出張させればもう在庫が僅かであると云ふ貧弱さであつたことである。

（米重忠一「新民会の映画工作」『映画旬報』第六四号、一九四二年一一月一日、三四頁）

新民映画協会時代の新民会による映画上映活動の手薄さが想像できるだろう。新民会によって巡回映写活動が盛んに行われるようになったのは、軍宣撫班と新民会を統合して再出発した後であり、言い換えると国策映画会社「華北電影」が設立されてからである。

要するに、華北映画宣撫工作において、「北支軍」、新民会、新民映画協会は、三位一体であり、「北支軍」の巡回映写は戦線で、新民会の映画上映会は銃後で、映画宣撫工作を行い、新民映画協会は、その要請や注文に応じて映画を製作していたのである。

三　新民映画協会の配給網整備と日本映画上映

1　日本映画館の増設とその配給網整備

盧溝橋事件以前には、天津を中心として華北映画市場はすでに誕生していた。当時、上海と同じく、アメリカ映画の勢力は、絶大であり、その市場の大半を占めており、優れた設備を有した映画館が、全て競ってアメリカ映画を上映していた。一方、日本映画常設館は、天津日本租界にある浪花館と、青島にある電気館二館しかなく、主に日本居留民を対象として上映していた。

盧溝橋事件勃発や戦争地域の拡大により、天津、北京、済南、青島など、各地の映画館は、相次いで休館した。一九三七年一〇月以後、天津や北京の洋画館をはじめとして映画上映を再開したが、中国映画館は、第二次上海事件の影響によって上海での映画製作が中断していたため、映画の配給が困難となって、大部分がアメリカ映画に転

表2　北京と天津映画館一覧表（1938年2月現在）

所在地	館　名
北　京（10館）	光陸電影院（米）、真光電影劇場（米）、平安電影院（米）、中央電影院（米・中）、国泰電影院（米・中）、飛仙電影院（米・中）、国貨陳列館電影院（休館中）、大観楼電影院（休館中）、同樂電影院（休館中）、民衆電影院（休館中）
天　津（22館）	平安電影院（米・封切）、光陸電影院（米・封切）、大光明電影院（米・封切）、大明電影院（米・二番）、光明電影院（中・米・二番）、明星電影院（米・二番）、国泰電影院（米・二番）、皇后電影院（中・米・三番）、光明座（中・米・三番）、天津映画館（松竹・新興）、浪花館（日活・東宝）、中原電影院（中）、河北電影院（中・米・再映）、丹桂電影院（中・米・再映）、天津電影院（中・米・再映）、華北電影院（中・米・再映）、大陸電影院（中・米・再映）、群容電影院（中・米・再映）、慶雲電影院（中・米・再映）、外三館

〔出所〕北支満洲映画視察団『日本映画の北支進出策』より作成。

向した。休館のままの映画館も少なくなかった。

表2のとおり、新民映画協会設立頃、天津では復旧再開した浪花館以外に、特別三区（旧ロシア租界）に日本映画新設館天津映画館も開館されたが、青島の電気館がまだ休館のままであり、日本映画の上映事情としては、盧溝橋事件前とあまり変わらなかった。

日本映画館の増設が急ピッチで進められたのは、一九三八年三月、北京の光陸電影院（CAPITOL）からである。

北支の日本映画館、その頃（新民映画協会設立頃——引用者）、天津浪花館と青島電気館の二館を算ふるのみ。しかも日本映画は、それまで大連経由の海上輸送であつた為、上映予定日より到着の遅れる事が屢々であつた。新民映画協会は此の不便を一掃するため、直ちに山海関経由の陸路輸送に改めて映画輸入の税率を協定し、早くも（一九三八年——引用者）三月四日より北京光陸劇場に於て北京最初の日本映画興行を開始した。

光陸劇場は当時米国映画の封切館で毎日午後二時、四時、九時の三回興行を行つてゐたのであるが、新民映画協会は同館と折衝の結果、正午より午後二時迄、及び午後七時より九時迄の二回を日本映画興行に当てる事とし、北京最初の日本映画興行は斯う云ふ和洋混合の雑居形式を以て実現せられたのであつた。日本映画が終わつて日本人観客がぞろぞろ引上げると、それと入れ換つて米国映画を見る為の欧米人が雪崩れ込むと云ふ異様な光景が、かうして其後半年ばかりも続けられたのである。

（奥村久司「華北の映画史」『映画旬報』第六四号、一九四二年一一月一日、八頁）

北京光陸劇場の前身、北京光陸電影院（以下「北京光陸」と称す）は、天津にある映画館経営会社「大陸電影公司」の出資で、一九三六年に新しく立て替えた北京の代表的な洋画館である。「大陸電影公司」は、察哈爾省主席兼保安司令官劉汝明や国民党二十九軍将軍馮治安、佟麟閣が投資した会社であったため、敵の資産として接収された。(24)「北京光陸」と同時に接取された同社の映画館は、北京国泰電影院（のちに国泰劇場に改名、以下「北京国泰」と称す）に加え、天津にある同名映画館「光陸」と「国泰」とがあった。そして、それら四館の新しい館主に選ばれたのが、北京日本居留民団倶楽部書記長神林馬之助であった。

昨年の春、逆産関係で手に這入つた光陸劇場、国泰劇場を誰の手に渡すかといふときに、憲兵隊渡邊囑託の手から神林クンが選ばれたのだ。

神林君はそこで、横井君（浪花館主横井種次郎——引用者）から適当な支配人の推挙を依頼して貰つたのが渡邊次郎君である。

（市川彩「大陸映画線上に躍る人々」『国際映画新聞』第二四八号、一九三九年六月二〇日、一二頁）

「北京光陸」は、当時ワーナーブラザース社と上映契約を結んでいたため、前契約の完了まで、日本映画と別会計でアメリカ映画を上映し続けた。

一九三八年四月、「北京国泰」も和洋混合の形式で日本映画を上映し始めた。そして、同年五月三日、「北京国泰」

と「北京光陸」両館は、「日華合作第一弾」、「中国人必見の傑作（奇品）」と大々的に宣伝し、『東洋平和の道』[25]（鈴木重吉監督、東和商事、一九三八年）を同時上映した。[26] 一都市複数の映画館での日本映画同時公開は、華北映画史上前例のないことであった。

一方、天津のイギリス租界とフランス租界にある「光陸」と「国泰」両館は、安全上のためか、接収された後も日本映画館に転向させず、新民映画協会の配給館としてアメリカ映画を上映し続けていた。にもかかわらず、一九三八年六月五日、天津の「光陸」と「国泰」では、「抗日殺奸団」による同時爆弾テロ事件が発生した。[27] 両館がテロの標的となった原因について、当時の新聞は次のように分析している。

> キャピトル、国泰両映画館が抗日団から目標にされたのは同映画館が事変後北京の同名の両映画館とともに資本系統が日本側に移り北京日本人倶楽部の神林馬之助氏が経営、渡邊次郎氏がマネーヂャーとなつて四館が一つのチエンとなつて経営および映画の配給を行つてゐた関係上より狙はれたものと見られてゐる。
>
> （『大阪朝日新聞北支版』一九三八年六月七日）

同時爆弾テロ事件後、「北京光陸」と「北京国泰」は、中国人向け新聞上映広告への掲載を取り下げ、中国人観客の誘客活動をやめた。[28]

他方、青島では、電気館は一九三八年三月より復活した。[29] そして、一九三八年八月一日より、日本映画新設館国際劇場も開館した。国際劇場も接収した映画館であるが、その経営を任されたのは、現地の日本居留民ではなく、日本の映画関連企業日本光音工業会社である。国際劇場の経営について、日本光音工業会社専務山田英吉は、次のように述べている。

我々の今回引受けました青島国際劇場の前身、山東大劇院の如きは、韓復渠の御用映画館でありまして、実に山東の一角に於ける最有力な抗日勢力根拠地でありましたが、過ぐる八月一日以来、軍当局の諒解と援助の下に之を引取つて、右の様に改称の上経営する事になりました。〔中略〕劇場の構造にしても、山東大戯院時代は、何処迄も支那式に非常に暗くて不潔極まるものでありましたが、今度我々の手に移るに当りまして、成る可く明るく清潔にする為に大改造を試みました。

（山田英吉「映画企業に大陸進出の期到来――青島・国際劇場経営について」『国際映画新聞』第二三四号、一九三八年一一月二〇日、八頁）

日本映画館として再開するために、大がかりな改造工事を行う予算が必要となることが、国際劇場の経営を日本光音工業会社に委ねた一因であろう。

軍当局を後ろ楯に日本映画館の増設は、済南、張家口、石家荘にも進み、一九三八年七月に、日本映画館数が、新民映画協会設立時の一都市二館から、六都市一一館に拡大した[30]。一九三九年一二月末の新民映画協会活動停止までに、さらに北京三館、天津四館、青島二館、済南二館、太原、徐州、開封、海州、張家口、大同、石家荘、新郷、山海関各一館、計一三都市二〇館に増えていた（表3参照）。こうして、北京、天津、済南、青島四大都市を中心とする華北日本映画配給上映網が整備されたのである。

2　日本映画館の上映状況

当時北京の日本映画館の上映状況について、日本の新聞紙では次のように報じている。

表3　華北に於ける新民映画協会配給日本映画館一覧

（1940年1月現在）

都市	映画館（館主）
北　京	光陸劇場（神林馬之助）、国泰劇場（神林馬之助）、飛仙劇場（間島守正）
天　津	浪花館（横井アサ）、天津劇場（真木一）、大和キネマ（上田清）、天津映画館（上田清）
済　南	日本劇場（山崎源太）、山東映画館（藤本近三）
青　島	電気館（三浦愛三）、国際劇場（江見澤喜三郎）
太　原	太原劇場（間島守正）
徐　州	徐州劇場（松本真一）
開　封	開封劇場（柴崎時成）
海　州	海州劇場（峰本一万）
張家口	世界館（有泉由幸）
大　同	大同劇場（林源之助）
石家荘	勧業劇場（間島守正）
新　郷	興亜劇場（澤山実）
山海関	山海関劇場（畠山七郎）

〔出所〕桑野桃華『大陸映画界の現状と日満支の連携問題』（同盟演芸通信社、1940年6月）より作成。

昨年春、真先に映画館「光陸」が日本映画専門館に転身、ついで松竹、新興映画封切場として国泰が、これにつゞいて飛川（仙）劇場がそれぞれ邦画館として北京日本人大衆の前に現はれた、これが連日押すな押すなの盛況、日曜日などは兵隊さんも一ぱいである……一つの館で黒川彌太郎が長谷川一夫が暴れれば、別の館では小杉勇が怒り、藤原釜足がウスとぼけ、轟夕起子が、原節子が泣けば、市川春代が、桑野道子が笑ふ……という工合「手めえの命貰つた！」と股旅者が吠えるかと思ふと「みんなわたしの罪なのよ」と三味の音が冴えて大衆の血を沸かしてゐる……といへるであらう。

（『大阪朝日新聞北支版』一九三九年一月一九日）

日本居留民や軍人でにぎわい活気に充ちた日本映画館の盛況ぶりが紙上に躍如としている。

現在、北支の日本映画の配給状態は、上昇の一途を辿つてゐると見られる。然し決して、経営法が良いのでも無ければ、宣伝が良いのでもない。飛躍的に日本人人口の増加して行く北支に於て、興行成績が上昇しなれば不思議中の不思議になるだらう。

（藤島昶「その後の北支映画界――僅かに新民映画協会の活躍あるのみ」『満洲映画』〔日文版〕一九三八年一〇月号、五〇頁）

そしてその通り、日本居留民の激増は、日本映画の好景気をもたらした。盧溝橋事件前、北京の日本人は約二〇〇〇人であったが、一九三八年の初めには約一万人に増加し、一九三八年一二月末に、三万人を突破し、三万二〇〇〇人になった(31)。そして、天津でも、一九三七年一二月の約一万五四〇〇人から、一九三八年一二月、二万人を増えて、三万五八〇〇人になった(32)。日本映画館の増設が急ピッチで進められていたのは、日本居留民人口の激増にもその一因があろう。

日本映画館の映画上映は、二本立て、流れ込み興行であり、上映映画は「満映が満洲のファストランから、セカンドドランへ落ちる直前に北支へ提供」した作品である(33)。日本映画館では、普通興行とは全く別に午前中時代劇、現代劇を主として慰安的プログラムを組み、軍人のための特別興行を行い、前線帰還兵無料鑑賞券の寄贈、軍人軍嘱の入場料割引制度などの軍人優遇サービスも実施した。日本映画館の入場料は「一等一元乃至一元二十銭、二等八十銭乃至六十銭といふのが普通で、兵隊さんは二十銭といふところが最も多く、稀れに三十銭または子供並みといふのもあるやうである(34)」。

天津総領事館警察署が、一九三九年一二月末に調査した天津日系映画館一年間の入場者の統計によると、大人四七万九五七一人、小人四万六〇四四人、軍人二〇万八七三三人となって、軍人が約三割を占めていた（表4参照）。

天津総領事館警察署の統計について、桑野桃華が次のように分析している。

表４　1939年天津日本人経営館年間入場者数

映画館	大人	小人	軍人	計
浪花館（東宝、新興）	206943	15221	110281	332445
天津劇場（日活）	74095	7887	32784	114766
大和キネマ（松竹）	83743	6819	18335	108897
天津映画館（松竹Ｂ、大都）	29672	7624	14648	51944
中原公司（洋画）	77778	2463	25705	105946
その他（臨時興行）	7340	6030	6980	20350
合　計	479571	46044	208733	734348

〔出所〕桑野桃華『大陸映画界の現状と日満支の連携問題』（同盟演芸通信社、1940年６月）より作成。

そこで、これ等多数の兵隊さんは如何なる映画を好むかといふ問題であるが、内地で好評続映を続けた『土』、『土と兵隊』、『残菊物語』等は、いづれも兵隊さんには歓迎されなかつたやうである。『土』は、小作人の陰惨な生活が、農村出身の兵隊さんに喜ばれなかつたのが原因であり、『土と兵隊』は、現実にそれを行つて来た人達から見れば、まだまだ物足りないといふ不満、『残菊物語』は、兵隊さん達の世界とは聊かかけ離れたものといふのが、大体不入の原因であつたやうである。尤も『残菊物語』は、在留邦人のインテリ層には非常な好評で、初めて日本にも、映画らしい映画がある事を教へられたと絶讃する人が少なくなかつたといふ事である。

斯うなつて来ると、兵隊さんの好む映画は結局低調なものといふやうになる。天津の統計（天津総領事館警察署の統計――引用者）に従ふと、エノケンやロツパあきれた連中を持つ東宝、猫や狸のある新興を押へてゐる浪花館が、断然トツプを切つてゐるところから、映画と兵隊を観測すると、兵隊は低調なものを喜ぶやうに考へられる。実際兵隊さんは、肩のこらない喜劇のやうなものか、さもなければ、勇壮なチャンバラものを好んで見に行くやうである。

（桑野桃華『大陸映画界の現状と日満支の聯携問題』同盟演芸通信社、一九四〇年、一〇頁）

『土』（内田吐夢監督、一九三九年）は多額の借金に悩まされた小作人一家の悲劇を描き、『残菊物語』（溝口健二監督、一九三九年）は歌舞伎役者二代目の悲恋の物語である。また『土と兵隊』（田坂具隆監督、一九三九年）はドキュメンタリータッチ技法で、中国の戦場で転戦する日本兵を描いた作品である。兵士たちの好みは、悲劇より喜劇、戦争ものよりチャンバラものという傾向にあったといえる。

兵隊さん達は、現に自分達がやつて来た生々しい戦争を、映画を通して観る時は、それがホンの僅かな一小部分に過ぎないので、戦争ニュースとしては、甚だ物足りないものであると同時に、映画館に行く事、慰安であり、休養であるのであるから、こゝに来てまで、戦争の映画を見せられる事はいづれかと云へば、好ましざる事なのである。

勿論、兵隊さん達だからと言つて、戦争のニュースを絶対に見ないといふのではない、自分達が尊き血と汗とによつて、戦ひ取つた敵拠点の占領の光景などは、いつ、如何なる時にこれを観ても、それは快きものであると同時に、幾多戦友の英霊を失つた想ひによつて、涙新たなものがあるのであろうが、それよりも、ゆつたりとした、楽しい、さうして明日の奮戦に備へる勇気を養へるやうなものの方が、より歓迎されるのは事実である。

（桑野桃華『大陸映画界の現状と日満支の聯携問題』同盟演芸通信社、一九四〇年、三頁）

現地の兵士達が、自ら経験した戦争を題材にする映画を好まなかった原因としては、「物足りない」というより、戦死した戦友への想い、言い換えれば辛い戦争経験を思い出したくないという気持ちが強いためではないか。現地の兵士達が、映画に求めたのは一時の気休めである。いい意味では、生きている喜びを覚えるためであるが、消極的に考えれば一種の現実逃避だと言える。『土』や『残菊物語』のような悲劇映画や『土と兵隊』のような戦争映画は、気休めを求める兵士達の気持ちに合致せず、歓迎されなかったのであろう。

兵隊さんは映画が好きである。映画以外に娯楽慰安の機関がないからでもあるが、映画館のある事は、兵隊さんを酒と女から救ふ一つの方法でもあるのだ、この意味に於て、映画は実に大切な存在なのである。

（桑野桃華『大陸映画界の現状と日満支の聯携問題』同盟演芸通信社、一九四〇年、六頁）

日本映画館の増設は、健全な娯楽を提供し、殺伐としたゆとりのない戦地にいる日本軍兵士のストレスを解消するためでもある。それは、前線将兵の慰問を第一目的とする「北支軍」の巡回映写と共通していた。

その一方、日本映画館に足を運ぶ中国人観客は、「極めて例外的に官吏とか一部上層階級の中国人が日本語研究の為め三、四名ある」にすぎなかった。中国人観客の少なさに落胆して、「永い間抗日教育を受けた青年の多い今日では日本物は大衆が受け容れないでせう。今の小学生達が青年になるまで見込が無い」と、言い切った映画館経営者もいた[35]。

陸軍省新聞班映画部主任に就いた柴野為亥知は、日本映画北支進出の具体策について、次のように述べている。

かくの如く邦人の数は非常に劇しいのであるから、仮に日本映画が、邦人のみを目標として進出するとしても有望であるが、それのみに止まらず支那人をも対照《ママ》として考慮すると、その開拓すべき分野は非常に広大なものとなつて来る。然し、現状では前記した如く日支両国人を同時に観客として獲得する事は俄かには無理なのであるから、徐々に、支那人を日本映画観客に獲得しなければならない。

（柴野為亥知「日本映画の北支進出」『国際映画新聞』第二二〇号、一九三八年四月二〇日、五頁）

日本軍部の日本映画対中国人吸収工作の消極的な態度、日本居留民人口の急増、そして天津の爆弾テロ事件などが原因で、日本映画館は、中国人の吸収活動を顧みず、ひたすら日本居留民や日本兵を対象とする上映になった。新民映画協会時期の日本映画進出について、一部の国策映画論者は、次のように述べている。

支那事変勃発直後華北に於ける日本映画上映館は青島、天津に夫々一館を有するにすぎなかつた。それが邦人の急激な増加に伴つて二ヶ年を経ずして二十五館と言ふ驚異的な数字を呈示したことは、日本人を対象とする日本映画市場の獲得を意味するものであつて、決して異民族に対する文化工作の先駆者としての存在ではなかつたのである。

従つて日本映画は華北に於ては邦人のみを対象として輸出せられたが故に、そこには何らの政策的な施設もなく、今日の南方共栄圏へ向ける日本映画の如く系統づけられた計画も実践もなく、内地企業形態の延長としての華北であつたのである。

こうした企業性の狭隘な限界に伴つて、華北一般中国民衆の思想動向もまた日本映画に対しては冷たい背をむけて、激しい排撃の無言の挑戦を行つてゐたのである。

（浅井昭三郎「中国人と日本映画」『映画旬報』第六四号、一九四二年一一月一日、二二頁）

つまり、映画館増設によって、北京、天津、済南、青島四大都市を中心とする華北日本映画配給網が整備されたが、日本映画の上映は中国民衆に浸透せず、日本居留民社会にとどまり、盧溝橋事件前とほとんど変わらない状況であった。

おわりに

以上の考察から、以下のことが明らかとなった。

新民映画協会は、「北支軍」による華北軍事管制の産物である。「満映」による華北地域の配給網整理とそれら配給網を「満映」配給圏内に取り込むことを目的として設立された「満映」配給組織ではなく、「北支軍」が策定した「北支ニ於ケル新聞通信及映画施設処理要領」の「満映」利用という映画工作方針を基に設立され、華北民衆教化団体新民会が指導、「満映」映画スタッフが実務を担当する国策映画統制機構である。新民映画協会の設立目的は、本来対中国民衆の宣撫宣伝や「北支軍」の映画製作に協力するためであったが、日本居留民の急増、そして「満映」と日本の映画会社との間に結ばれていた配給契約では、華北地域も「満映」配給圏内に含まれていたため、日本映画館の増設による日本映画配給上映網の整備にも手を広げた。こうして、新民映画協会は現地の宣撫映画製作機関と、「満映」の華北映画配給機構、即ち「満映」北京出張所という二つの性格を持つようになった。

新民映画協会、「北支軍」、新民会が三位一体で行っていた対中国民衆映画宣撫工作において、新民映画協会は、映画製作機関の機能を果たし、戦線と銃後で映画宣撫工作を行う「北支軍」や新民会の要請や注文に応じて映画を製作していた。そして、主として日本居留民、日本軍将兵のために慰安娯楽施設提供を目的に、新民映画協会、「満映」、「北支軍」が三位一体で進めていた日本映画配給上映網の整備においては、新民映画協会は、「満映」を通して日本映画を配給上映し、「満映」の映画配給機関の役割を果たした。新民映画協会に二つの性格を持たせ、華北映画工作における中心的な役割を果たしたのが、「北支軍」であったことは、特筆に値する。「北支軍」は、前線では、中国人への巡回映写を積極的に行い、銃後では、映画館の接収や経営者の選任を積極的に行った。しかしいずれにおいても、対中国人吸収工作としての意識が欠落しており、日本映画、特に劇映画の中国人への浸透は果たせずに終わった。

注

（1）加藤厚子『総動員体制と映画』新曜社、二〇〇三年七月三一日、一九一頁。
（2）『華北電影股份有限公司社報』第三十二号、一九四二年七月一五日、二頁。
（3）『満映――国策電影面面観』は、一九九九年、横地剛・間ふさ子により『満映国策映画の諸相』（パンドラ）を題名に日本語に翻訳されている。
（4）古市雅子『「満映」電影研究』（九州出版社、二〇一〇年九月）は、胡昶・古泉の主張を踏襲している。
（5）『日本映画の北支進出策』（冊子、全六六頁、東京フィルムセンター所蔵）は、作成者、作成時間、発行者、発行期日などを記載していない。「北支」の視察時期や視察団に参加したメンバーの点で、「北支満州映画視察団」は、胡昶・古泉が指摘している「大日本映画協会満州北支視察団」とほぼ一致する。
（6）『日本映画の北支進出策』二一～三頁。
（7）増谷達之輔「北支映画視察談義」『日本映画』一九三八年五月号、三八頁。
（8）『日本映画の北支進出策』三～四頁。
（9）米重忠一「新民会の映画工作」『映画旬報』第六四号、一九四二年一一月一日、三四頁。米重忠一は、新民会中央総会宣伝局映画班長兼放送班長である。
（10）「新民会中央指導部本年度（一九三八年）工作大綱」『新民会会務須知』新民会中央指導部、一九三八年五月、五四頁。
（11）「中央指導部部分科規則」『新民会会務須知』新民会中央指導部、一九三八年五月、三五～三六頁。
（12）柴野為亥知（一八九六～一九五九）は、一九三五年一〇月に関東軍参謀部新聞班長に赴任。「満映」創立にも関与した。一九三八年三月に陸軍省新聞班映画部主任に転任した。（「満映創立一週年を迎へて感あり」『満映映画』（日文版）一九三八年十月号、参照）
（13）JACAR（アジア歴史資料センター）**Ref.C04120150200**、昭和一三年「陸支密大日記第二号」（防衛省防衛研究所）。
（14）市川彩「北支視察団一行を迎へて」『国際映画新聞』第二一七号、一九三八年三月五日、一一頁。
（15）奥村久司「華北の映画史」によると、一九三八年五月、新民映画協会の事務所は北京市王府井大街に移されて、燈草胡同の家屋は現像所、製作関係用に充てられた（『映画旬報』第六四号、一九四二年一一月一日、八頁）。

(16) 作間喬宣（生没年不明）は、「華北電影」創立にも関与。「北支軍」報道部時代、「雁門嶺の決死隊」、「五台山めざして」、「大黄河征服、済南城占領」、「北支前線の歌」、「杭州占領」、「壮絶、馬廠攻略」などの軍歌を作詞。一九四一年六月、第三十三師団歩兵第二一四連隊長（大佐）に就任、「北支軍」報道部からバンコクに転任。

(17) 作間喬宣「日本の犠牲を普伝せよ」『国際映画新聞』第二三七号、一九三九年一月五日、二一頁。

(18) 村尾薫「北支軍の巡廻映写隊」『映画旬報』第六四号、一九四二年一一月一日、三三頁。

(19) 奥田久司「華北の映画史」『映画旬報』第六四号、一九四二年一一月一日、八頁。

(20) 一九三八年八月、南満洲鉄道株式会社が「国情紹介」という目的で、北京に国際観光局製作映画を十本輸入した。『九州の旅雲仙獄と長崎』、『奈良』、『山と海の微笑み』三本作以外に、『東京近郊めぐり』（一九三八年）、『北海道銀嶺の王座大雪山』（一九三八年）、『九州の旅阿蘇と熊本』（一九三二年）、『スキーの楽土札幌と手稲山』（一九三五年）、『京都』（一九三四年）、『九州の旅北部篇』（一九三二年）、『大阪』（一九三七年）もある（内務省警保局「フィルム検閲時報・輸出『フィルム』ノ部」『映画検閲時報』第三一巻、不二出版、一九八六年、一八七～一八八頁）。

(21) 坂垣應穂「輸出映画の現状と今後」『日本映画』一九三八年六月号、九頁。

(22) 「新民映協会慶祝石門市指導部成立放映影片免費歓迎民衆参観」『新民報』一九三八年八月六日。

(23) 「北郊弁事処成立周年農支会昨慶祝並映演電影與民同樂」『新民報』一九三九年一一月一二日。

(24) 田静清編著『北京電影業史跡（1900－1949）』北京出版社、一九九〇年一二月、八四頁。

(25) 映画『東洋平和の道』は、北京で募集された俳優白光、徐聡が主演、盧溝橋事件下の若い農民夫婦の避難行を描いた作品である。

(26) 『新民報』一九三八年五月三日。

(27) 同時爆弾テロ事件の様子について、『大阪朝日新聞北支版』（一九三八年六月七日）は、次のように報じている。

中街のキャピトル映画館では約五百名の観客を収容して映画上映中であつたが午後三時二十分ごろ突如二階観覧席より抗日殺奸団と署名した赤、黄のビラに国泰、光陸電影院は敵人の経営するところ、かくのごとき場所に娯楽を求める者にわれらは厳重制裁を加へるとの意味の激越な文句を謄写版で印刷したビラを撒布したものがあり一時観客は総立となつたが、間もなく治まり、引続き映写中同四時五十分ごろ突如スクリーン右側の邊で大爆音と共にマグネシューム様の可燃性爆発物が火焔をあげこれが忽ちスクリーンに引火して大火事となつたもので、多数の観客は幸ひに一名の負傷者もなく避難したが火は忽ち場内に充満、日支両国消防隊、各国租界消防隊など総出で消火につとめたが同五時半ごろ全く屋根まで抜けおちて壁一重隔て丶国際ダンスホール、セント・アンナを半焼して同七時ごろやうやく鎮火した、同映画館を中心とする一画の大ビルは同館がビルの二階、三階の大部分を占め表通りに面した側にはこれも邦人経営の国際ダンスホール、セント・アンナ、クラブ、峯食堂などがあり道路をへだてた筋向ひは喫茶店キツスリンで東部天津の最大の盛り場であるだけ一時はその混乱もの凄いばかりであつた。一方仏租界十六号の国泰映画館でも映画上映中五時、二階観覧席より前記同様ビラを多数撒布したものがあり、これと同時に階下観覧席前部便所側で大爆音とともに出火したがまもなく消止めたもので。

(28)「北京光陸」と「北京国泰」両館が再び中国人向けの新聞上映広告を掲載し始めたのは、「華北電影」設立以後、一九四〇年八月からである(『電影報』に参照)。

(29)「事変一周年・日本映画の大陸進出発展振りを見よ」『国際映画新聞』第二二六号、一九三八年七月二〇日、一四頁。

(30)「事変一周年・日本映画の大陸進出発展振を見よ」『国際映画新聞』第二二六号、一九三八年七月二〇日、一四〜一五頁。

(31)『大阪朝日新聞北支版』一九三九年一月一八日。

(32)『大阪朝日新聞北支版』一九三九年一月一四日。

(33)藤島昶「その後の北支映画界――僅かに新民映画協会の活躍あるのみ」『満洲映画』(日文版)、一九三八年十月号、五〇頁。

(34)桑野桃華『大陸映画界の現状と日満支の聯携問題』同盟演芸通信社、一九四〇年、四七頁。

(35)「北支における映画座談会日本映画の大陸進出策とその動向を語る」『国際映画新聞』第二二六号、一九三八年七月二〇日、二一〜二二頁。

治安強化運動と山東抗日根拠地について

馬場　毅

はじめに

日本軍がそれに協力した華北政務委員会とともに、一九四一年三月から一九四二年一二月まで五回にわたって華北の中国共産党（以下中共と略称）、八路軍に対して「勦共（共産党討伐）」とそれによる「治安の維持」を目的にして行った治安強化運動については、それなりの研究蓄積がある[1]。

ただ従来の研究では、日本軍の中共の抗日根拠地への軍事掃蕩について重視し、日本軍の「三光作戦」へ関心が集中している[2]。ただし治安強化運動は、日本軍自身が中共に対抗するために「軍事三分、政治七分（実際にはこれは政治、経済、思想、教育などを含む）」の運動として展開し、抗日根拠地への軍事活動は日本軍が主として担ったが、日本軍の展開した軍事掃蕩のみの分析では、この運動の理解としては充分ではない。またこの運動は、一九四〇年八月から一二月にかけて中共、八路軍の引き起こした百団大戦によって、華北の中共、八路軍の勢力拡大を認識した日本軍が、従来の国民政府軍重視の対策から、本格的に中共・八路軍に対処し「軍事、政治、経済、思想、文化」を動員して展開した「総力戦」であり、その意味では、それ以前の単なる軍事掃蕩とは質が異なる対処策であった。とりわけ日本へ協力した華北政務委員会が、表面上はこの運動の前面に立ったにもかかわらず、資料的制約もあり、治安強化運動における華北政務委員会下の各省の行政組織の運動の分析は非常に不足している。また中共、八路軍はこの運動で大きな打撃を受けたが、従来の研究では、その実相が明らかではないし、またその要因を日本軍の軍事活動のみに帰しているように思う。無論日本軍の軍事活動が重要な要因であることは明白であるが、そもそも日本軍は作戦が終了すると根拠地を撤退し恒常的に根拠地に駐屯したわけではないし、また前述したように「軍事、政治、経済、思想、文化」を動員したこともその要因となる。

ところで中国では、治安強化運動を担った華北政務委員会の従来使用されていなかった史料が十年以前に公刊された。[3]そして従来、日本軍の「三光作戦」を重視していた中国でもこれらの史料を用い、華北治安強化運動についての本格的な専著も発表された。[4]ただ本書は華北全般を取り上げており、山東省に特化したものではない。

以上の研究状況を踏まえて、本稿では山東省の治安強化運動を、日本軍の軍事活動を含めて全般的に取り上げたい。山東省を取り上げた理由は、従来私が抗日戦争期の山東抗日根拠地についての研究を行っていたが、[5]今回は視点を変えて山東根拠地を壊滅させようとした華北政務委員会山東省公署と日本軍の試みを主として分析する。

一　「全体戦」「総力戦」としての治安強化運動

日本軍の北支那方面軍は華北の地区を治安状況で治安地区（中共側は敵占領区と称した）、準治安地区（中共側は遊撃区と称した）、未治安地区（中共側は根拠地と称した）の三つにわけ、それぞれに応じた施策を行うことにした。一、治安地区。県城、郷村に至るまで華北政権の行政機構を設置し、法令を遵守させ、中国側の警備力に治安確保を担当させる（すなわち華北政務委員会の統治を実効化させる）。日本軍はなるべくすみやかに撤去して準治安地区に推進する。文化的、経済的施策を進め、親日反共の気運を促進するように、中国側を自主的積極的に活動させる。

二、準治安地区。日本軍の主力を固定的に配置し、その指導支援下に県警備隊、保郷団などを育成強化し、県政の浸透を図る。絶えざる巡視掃蕩によって、中共側勢力を求めて掃滅剔抉し、その活動を封じ、勢力を減退させる。漸次、中国側の政治、軍事力を高めて、治安地区に移行させる。

三、未治安地区。中共側の根拠地または策源地で時々、計画的討伐作戦を行ない、施設や軍需品を破壊撤去して、中共側が安居建設できないようにする。作戦終了後は日本軍は撤退するが、これを反復するときは中共側の根拠地は再建困難となり、やがて日本軍を進駐させ、分散配置して、行政機関を推進し、準治安地区に発展させる。[6]

さらに当時北支那方面軍作戦主任参謀であり、この施策の立案にあたった島貫武治大佐によれば、この施策は、地域を画し、時期を限って、治安地区を固定し、準治安地区の兵力を密にし、計画的にこれを治安地区に進め、余し得た兵力を更に未治安地区に進めて、準治安地区に発展させるというものであった。そして終局の目標は、一億の中国の民衆を味方に抱き込むことであり、そのために民心を把握しなければならないとし、民衆が彼につくか、我につくかは、どちらにつけば生命を保護し、生活を保障してくれるかによる。すなわち軍事力の優越、治安の確保、産業経済の発展、生活の安定度によるとし、そのためにも中国側（華北政務委員会）と緊密に諸施策を吻合し、総合的、体系的に進めなければならないとした。[7]

このような指摘は、当時の中国の民衆の支持を得るための大変鋭い指摘である。そのこともあり、この治安強化運動は、異民族である日本軍は八路軍主力に対する軍事行動の中心となり、中国側の華北政務委員会がこれに呼応し、かつ政治、経済、思想などの分野では華北政務委員会が前面にたち日本軍はその背後にたって展開された。日本軍は一九三〇年代に南方の中共ソビエト根拠地を壊滅させた国民党の施策を学びながらこの運動を展開した。また島貫大佐によれば、中共側が「思想、軍事、政治、経済の諸施策を巧みに統合して、その努力の配合を政治七分、軍事三分においている。従って、我もまた軍事力のみでは鎮圧することをできず、これら多元的、複合的施策を統合発揮しなければならない」[8]という認識のもとに、治安強化運動は単に軍事だけではなく、政治、経済、思想、教育、広報などを総合したものとして、まさに「全体戦」「総力戦」として行った。

また前述した島貫大佐によれば、中共側に対抗するために、準治安地区と未治安地区の間に遮断壕を設け、また小堡塁（望楼、トーチカの類）を点々と設け、あるいはこれを併用して中共側の準治安地区への侵入を阻止し、民衆を獲得しようとした。これらは併せて、交通路の防護にも効果があり、京漢鉄路の両側各一〇キロに長さ五〇〇キロに及ぶ遮断壕を構築して中共側の根拠地から隔絶した。これはまた冀（河北省）中、冀南の豊富な物資を根拠地に搬入するのを阻止する封鎖線の役割も果たしたという[9]。

そして一九四一年三月から一九四二年一二月にかけて、五回にわたる治安強化運動が行われた。治安強化運動は日本軍が八路軍の主力への大規模な攻撃を受け持ち、その他治安維持や小規模な討伐、政治、経済、思想面については、日本側は極力「内面指導」の立場に立ち（多田部隊参謀長田辺盛武の言[10]）、華北政務委員会が前面にたって行った。

二　第一次治安強化運動

第一次治安強化運動は、一九四一年三月三〇日から四月三日にかけて行われ、①区郷村地区の自治自衛力の育成強化、②民衆組織の強化拡大、③治安攪乱分子の排除剿滅を実施目標とした。具体的には①③に関連して反共自衛団の拡大と訓練、保甲制の拡大、戸口調査、中共組織の剔抉破壊を行う。②に関連して合作社や青少年団、婦女会、労工協会の拡充を行う。また華北政務委員会下の治安軍（中国側は華北綏靖軍と称した）、警備隊などの自力、または日本軍と協力した討伐を実施する。さらに思想宣伝を重視し東亜新秩序の理念、日満華条約の内容の普及宣伝を行う。なお運動実施の過程では河北省、山東省では、県知事が率先して警備隊、警察、自衛団による討伐を統制指揮した[11]。

第一次治安強化運動の後、日本軍は華北政務委員会下の政府当局者の自覚と運動への熱意を評価している。山東省では聊城、徳県の県知事は自ら警備隊を指導指揮して討伐を行い、寧陽、益都の県知事は八路軍討伐を行い、滕県知事は荊溝保衛団を協力させ、共産党討伐を行い、リーダーなど七〇余名を逮捕した。郷村の自衛団の強化という点では、全省の県で、自衛団の査閲を行い、特に津浦鉄路の南地区では自衛団の演習、査閲を数回繰り返し、延べ三万人の参加をみた。民衆組織という点では合作社が済南、泰安、鄒県、滕県などの津浦鉄路沿線および博山、張店などの膠済鉄路沿線およびその周辺の模範地区計二〇県[12]では一応の機構整備をした。また宣伝活動では、唐仰杜省長以下山東省公署、各道公署道尹、県知事も青島、芝罘などの市や郷村に出向き、汪精衛国民政府還都、華北政務委員会結成一周年の慶祝大会や反共民衆大会を行い、計一三万六千人の動員をし、また全県一〇五県中一〇二県でこれらの大会を行う[13]など大規模なキャンペーン活動を行った。

ただ第一次治安強化運動は、わずか五日間であり、山東省の関係当局者に当事者意識を喚起し、活発な活動を行ったが、対中共、八路軍に対しては大きな打撃を与えることはなかった。

三　第二次治安強化運動と日本軍の掃蕩戦

1　第二次治安強化運動

表1　各種鹵獲物

各種銃器	手製の大砲	手榴弾	銃弾	馬	ペダル車	軍用電話
757	203	1352	3945発	24頭	14	1

〔出所〕「偽山東省長唐仰杜編送山東第二次治運総合報告（1941年9月19日）」（前掲『中華民国史档案資料滙編』第五輯第二編 付録（上））441頁。

第二次治安強化運動は、一九四一年七月七日から九月八日にかけて行われ、剿共を実行し、治安を確保することを治安強化運動の重点にし、特に郷村の武装自衛組織拡大強化（自衛団の拡大強化）、治安道路の建設等に力をいれた[14]。

山東省でも、実際に中共、八路軍に対する討伐行動が行われ、治安の確保が目指された。すなわち山東省長唐仰杜の報告によれば七月七日から八月三一日までに、中共、八路軍側に対して、実際の討伐行為を行った。これらは主として、山東省公署側が統治していた治安地区、および準治安地区で行われたものと思われる。その成果は、沂州道公署、棗臨道公署、煙台市公署、龍口警察署、威海衛専員公署および牟平等六四県（全県は一〇五）の公署の報告によると、二二七回討伐し、殺害七三六人、負傷六六二人、俘虜二九一人の人的被害を与え、さらに八九一人の帰順者が出た（これらの人的被害などの中には、国民政府側の抗日勢力、さらには治安を乱す土匪なども含まれていると思われるが、これらの詳細は不明である。ただ主として、中共、八路軍側の人的被害などと思われる）。その他に**表1**の鹵獲物を得た（ただしこれらは各県から省公署に報告があったもののみで、報告漏れを含めるともっと増える可能性がある）[15]。これらの討伐は日本軍とともに行われたかどうか不明であるが、この時期日本軍第一二軍は抗日根拠地に対する大規模な討伐戦をやっておらず、これらの討伐の多くは、日本軍が小規模に協力したものもあると思われるが、山東省公署下の行政組織が独自で行ったものもかなりあったと思われる。

山東省公署側が討伐する時には、第一次治安強化運動でみられた県レベル以上に置かれている警備隊、警察が武力の中心であったが、この時期さらに郷村レベルの自衛団の一部が共産党討伐を行い始めた。例えば茌平県の人民自衛団の李団長は団丁三〇〇余人を率いて、四区の鄭官屯で中共組織を破壊し、中共の下士官訓練用の書籍多数を押収し焼却した。汶上県雲中郷郷長鄭鑑堂は自衛団を率いて、「匪首」劉栄敬と戦いこれを撃破した。鄆城県第二区保甲自衛団は、陳楼で「匪」と激戦し、人質三人を捕獲した。昌邑県第三区区丁徐風瑞は諜報工作に従事している時に、中共員五人に遭遇し、団丁が発砲しその場で一人を倒し、手榴弾一を鹵獲した。

中共に対する情報収集という点では、山東省公署警務庁の下に各県に勦共班を置き、これが中共側の宣伝品や情報、すなわち中共の摩擦状況、地下工作状況、根拠地の物資統制状況、銃弾の来源および武器製造所の所在地、最近の企図および移動状況を詳しく調査し、警務庁に報告すると共に、情報網の調査によりその団体組織を破壊し、さらに中共党員の帰順工作を行った。各県でも敵情の探索を行い、警察署から警備隊、各区の公所、保甲自衛団に連絡をし、情報網を組織し、情報を敏速に伝えた。

またこの時期の根拠地への塩、マッチや重要物資に対する物資封鎖は効果を上げはじめ、生活困難に追い込まれた根拠地では、中共の民衆への略奪行為も起きたという⑯。

2　日本軍の掃蕩戦――博西（泰山区根拠地）作戦など

第二次治安強化運動終了後の九月一九日から一〇月一日にかけて、第一二軍は独立混成第六、第一〇旅団主力、第三二師団、独立混成第七旅団の各一部が参加し（その兵力は中共側によれば一万名近く）、省都済南東南の博山以西にいる八路軍山東縦隊第四旅および第六旅の一部に対して、博西（中共側の泰山区根拠地）作戦を行った。

本作戦の目的はこの地域の八路軍の掃滅と石炭の産地である博山付近の治安粛清であった。具体的には、日本軍は膠済鉄路以南、博山―萊蕪以西、萊蕪―泰安道以北の地区で包囲撃滅することを企図し、作戦地の四方に二重の封鎖線を構築し、九月一九日より包囲急襲し、根拠地を覆滅するとともに、脱出した敵を求めて博山南方地区を掃蕩した。八路軍側は物資を隠す「空室清野」の戦法をとり、かつ日本軍との正面からの衝突をせず、包囲を突破した。日本軍は根拠地を蹂躙し、施設を覆滅し、物資を獲得した。日本軍側の記録によれば、交戦した八路軍側の兵力約四〇〇〇、遺棄屍体二八二、捕虜六四二を得、さらに根拠地の住民を捕らえて、満洲に送って労働させた（中共側によればその数は三〇〇〇、その多くは生還できなかった）。その他に兵器廠八、手榴弾製造所一、被服廠二、糧秣集積処一、区公署二を覆滅した。日本側の戦死者は二、戦傷は七で大変軽微であった。一方中共側によれば、日本軍は「三光作戦」を行い、淄萊博辺区で大衆一〇〇余人を虐殺し、耕牛数千頭を奪い、前述したように青壮年三千余人を満洲に送って労働させ、財物、糧食を残らず奪い、村落百余を焼却した。このような状況の中で一部の区・村の幹部は逃避し、ある者は日本側に投降し、また掃蕩後、日本軍に協力した傀儡軍高松坡軍は村の抗日幹部を捜索逮捕し、抗日家族を迫害し、党や大衆組織を破壊し、根拠地を破壊した。その他に日本軍の破壊略奪に自然災害による不作が加わり、根拠地経済は厳重な困難に直面した。(17)

引き続いて第一二軍は、一〇月一〇日から、第三二師団、第一七師団を動員し、魯南の郯城西北地区（ここには中共側の抱犢崮山区と臨沂付近の根拠地があった）の八路軍の掃蕩、根拠地の覆滅作戦を行った。(18)

四　第三次治安強化運動と日本軍の掃蕩戦、国民政府軍への掃蕩戦

1　第三次治安強化運動

第三次治安強化運動は、一九四一年一一月一日から一二月二五日にかけて行われ、活発な軍事行動とともに強力な経済戦を行ったところに特色がある。(19)特に山東省では、運動推進のために、山東省公署省治安強化運動本部を樹

表2　各種鹵獲物

各種銃	軽機関銃	手製の大砲	各種銃弾	手榴弾	軍用銑鉄	軍刀	銀元
1562	5	1004	5152発、2箱	749	500	33	5箱、約1000斤
偽鈔票（兌換紙幣）	唐紙紙幣	馬	牛、ロバ、ラバ	自転車	雑糧	各種物資	棉花
37元4角	30000元	112頭	160頭	5	60余万斤、小車6台	20車	600斤
軍服	靴下	兵器製造修理器	鉄器	裁縫機	活版印刷機、石版刷り機	石炭	
179	500	1	1500斤	3	11	1500斤	

〔出所〕「偽山東省長唐仰杜編送山東省治安強化運動報告書（1942年1月17日）」（前掲『中華民国史档案資料滙編』第五輯第二編 付録（上））474頁。

立し、省長唐仰杜が本部長を兼ねた[20]。

山東省公署省治安強化運動本部の報告によれば、一一月三日から一二月二五日にかけて各道、県が連合して討伐し、第二次治安強化運動に比較して中共、八路軍側により大きな人的被害を与えた。すなわち二六九回討伐し、「匪」との戦闘一二六回、殺害一一五八人、負傷一一八〇人、俘虜四三一人の人的被害を与え、さらに収撫六三九人を得た。その他に以下の鹵獲物を得た（表2）。

第二次治安強化運動次の鹵獲物は主として兵器だったのに比べて、貨幣・紙幣、馬・牛などの交通・生産手段、軍服・靴下などの衣料品、棉花などの原料、雑糧などの食糧、石炭などの燃料と変化し、中共側の勢力範囲の施設や軍需品への破壊鹵獲を行い、かれらが「安居建設」させないようにしたものと思われる。

経済封鎖については、当時、山東省治安強化運動本部は魯南地区の一四県を中共側の「匪地区」に指定し、そのうち莒県、沂水、諸城を完全封鎖の対象地区にし、その他の一一県、および日本軍の指定した武定道所属の無棣、沾化、利津では、県の一部の「敵匪」駐在地区を区分して封鎖区とした（その状況は表3の通りである。これをみると山東省治安強化運動本部の遮断線工事への農民動員が、強制力を伴ったかもしれないが、かなりの程度成功していることがわかる）。そして封鎖区とされた各県公署に経済検問検索遊動隊を編成させ、封鎖線周囲の最前線を巡回させ、物資が「匪区」に密輸されるのを防がせた。そして経済違反者の検挙と利敵物資の没収を行った[21]。

山東省物資対策委員会は抗日根拠地に武器弾薬類、その原料となる金属、それ以外に日常生活に必要な印刷・衣料製造機械、衣料ならびにその原料、薬品、塩、マッチ、紙、燃料、食料などの移送を禁止した。具体的には以下の品目であった。

①兵器、弾薬、硫黄、電池 ②鉄、銅、錫、鉛、タングステン ③印刷、製糸織布等の機械、印刷用インク ④医療用薬品 ⑤棉花、綿布、綿糸 ⑥皮革、羊毛、麻 ⑦塩、マッチ ⑧ろうそく、紙 ⑨石油、石炭 ⑩セメント ⑪煙草 ⑫砂糖、米、麦、雑糧[22]

このような経済封鎖はかなりの成果をあげ、抗日根拠地側を苦しめ、打撃を与えた。

表3　魯南根拠地および武定道三県経済封鎖設備状況（山東省治安強化運動本部、1941年12月制）

県名	遮断線華里数	トーチカ数	検問検索所数	備考
莒県	230	15	15	
沂水	120	50	15	
諸城	30	2	1	
昌楽	201	12	12	
莱蕪	220	30	15	
新泰	140	8	8	
蒙陰	100	19	19	
臨沂	150	21	21	
費県	140	17	17	
博山	150	57		
臨朐	160	17	7	
安邱	里数不詳	3	10	
益都	里数不詳	5	9	
日照	63			すでに18里完成済み、45里未完成
無棣	216	7	8	
沾化	138	5	3	
利津	54	10	4	
計	2112	278	154	

〔原註〕本表は各督察専員の視察報告により作成したが、各県で実施の時には増減があるかもしれない。〔出所〕山東省治安強化運動本部民国30年12月制「魯南匪区及武定道属三県経済封鎖設施状況」（前掲『中華民国史档案資料滙編』第五輯第二編 付録（上））485頁。

2　日本軍の掃蕩戦——第二次魯南（魯中の沂蒙山区根拠地）作戦

第三次治安強化運動と並行して、一九四一年一一月始めから一二月二五日にかけて、山東省の日本軍第一二軍は、「未治安地区（根拠地）」の魯中の沂蒙山区の八路軍に対して、治安強化運動中の最大の掃蕩戦である第二次魯南作戦を行った。この掃蕩戦の経過は、比較的資料があるので、少し詳しく述べる。[23] 日本軍がこの戦闘に動員した兵力は、第一二軍の第七、第二一、第三二師団、および独立混成第五、第六、第七、第一〇旅団の各主力、さらに配属された第一軍の第三六師団および独立混成第三、第四、第九旅団の各一部、合計四個師団、七個独立混成旅団（その一部が動員されたものものを含む）に及んだ。その兵力は、中共側は五万人と推定している。また折から第三次治安強化運動を行っていた山東省側行政各機関、民衆団体などが終始積極的な協力を行い、沂州道尹の王九思は自ら警備隊を指揮して、中共側の本拠である侍郎宅を攻撃し、その他の掃蕩戦にも参加するとともに、対敵遮断線の構築などにも努力した。

この地域は、当時、中共山東分局、八路軍の第一一五師司令部、山東縦隊司令部があり、山東の中共や八路軍の中心であった。日本軍の戦闘目的は、この地域の中共や八路軍を掃滅しその根拠地を覆滅し治安状態を良好化することであった。八路軍側は第一一五師直属隊、山東縦隊直属隊、山東縦隊第一旅、第二旅、蒙山支隊、抗日軍政大学第一分校、魯中軍区所属部隊などが応戦した。その兵力は日本側は三万と推定している。一一月二日、八路軍の山東軍政委員会は、日本軍と正面から戦うのではなく、魯中軍区および各軍分区と県や区の武装隊がとどまって民兵を指導して現地で闘争を堅持するほか、その他の第一一五師ならびに山東縦隊所属部隊は、日本軍の包囲を突破して、その外に移動することを決定した。

　日本軍は、東は沂水、西は蒙陰、南は臨沂を結ぶ三角地帯に対して包囲網を形成した後、一斉に進攻を開始し、第二一師団は沂水から西に向かい、第三二師団は蒙陰、新泰の線から東に向かい、第一七師団は臨沂から北および北西に向かい、包囲網を縮めていった。この時、日本軍は八路軍根拠地の円周上に、攻撃開始前の明け方直前に各部隊が到着し、分隊単位で五〇〇メートルごとに配置し、包囲網を構成し、その後一斉に進攻を開始し、第二一師団は沂水から西に向かい、第三二師団は蒙陰、新泰の線から東に向かい、第一七師団は臨沂から北および北西に向かい、包囲網を縮めていった。四日早朝、沂水、蒙陰のほぼ中間にあった山東縦隊司令部は日本軍に包囲攻撃された。山東縦隊司令部は分散して包囲を突破し、東北に移動したが、そこでも日本軍に包囲され激戦の後、その日の夜に包囲を突破し、西南に移動し日本軍の背後に出て、さらに北上した。五日夕方、日本軍二万人が九方面から、山東分局、ならびに第一一五師司令部などがある孫祖、留田地区を包囲した。山東分局と第一一五司令部は、六日明け方までに、日本軍の包囲を突破し、南方に移動した。八日から九日にかけて、蘆山にいた魯中軍区所属部隊が日本軍に包囲され、魯中軍区司令員劉海濤が戦死するなど大きな被害を受けた。この時山東縦隊第一旅は分散して包囲を突破した。

　日本軍は、一二日から沂蒙根拠地を四つに分けて、要地に分駐し、根拠地の覆滅を図った。根拠地に対して「三光政策」を行い、村を

地図１　魯中の沂蒙山区根拠地

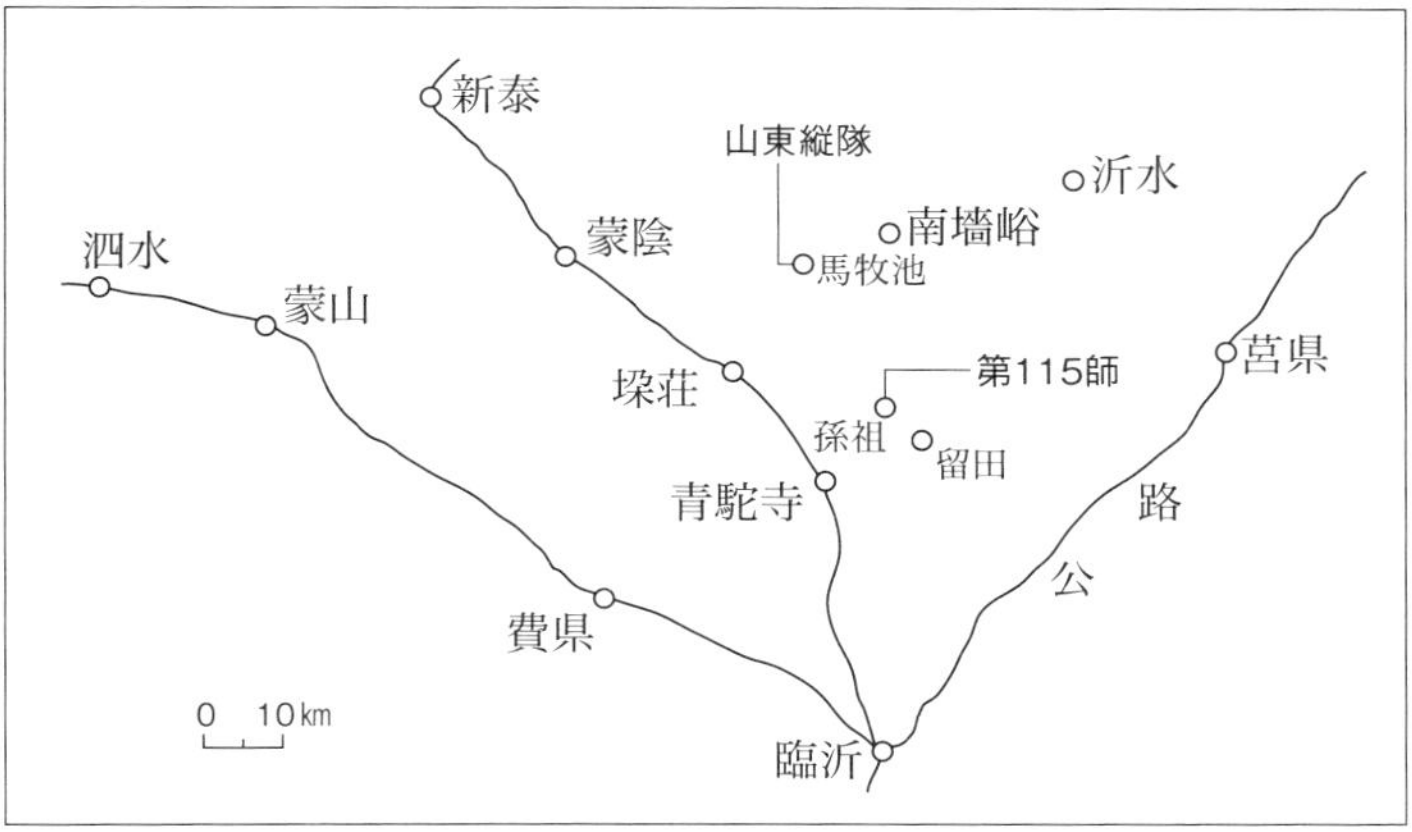

〔出所〕『中国人民解放軍戦史』第二巻、抗日戦争時期、付図40より作成。

焼き、食糧を奪い、残留した中共や政府の幹部を捜査し、成人男子を捕らえた。さらに八路軍の横断を阻止するために、莒県と臨沂問の道路の片側に、付近の住民三万人を約一カ月動員して幅四メートル、深さ三メートル、長さは八〇キロメートルにわたる遮断壕を構築した。日本軍によれば住民の動員は最初はうまくいったが、後になると人集めに苦労したという。山東分局と第一一五師司令部は、山東縦隊第二旅、蒙山支隊、抗日軍政大学第一分校のそれぞれ一部を率いて沂蒙山区に戻り、地方遊撃隊や民兵と呼応して、日本軍の少数の分隊や輸送隊を攻撃した。しかしながら一一月三〇日、および一二月四日の二度、日本軍に包囲攻撃され、一一月三〇日だけでも数百人の死傷者ならびに捕虜を出すなど大きな打撃を受けた。そのため西方の天宝山区に移動した。

その後一二月二八日までに日本軍の大部分が撤退して、この作戦は終了した。日本軍の一一月二〇日の調査によれば、八路軍の遺棄屍体一六五四、多数の武器、被服を捕獲し、根拠地の施設を破壊した。一方八路軍によれば、一四〇〇人の死傷者を出し、一万四千余人の住民が殺害されたり連れ去られ（うち殺害されたもの三七〇〇人）、食糧八〇万キログラムを奪われ、四分の一の家屋が焼却され、さらに村の自衛隊および遊撃小組二千余人が消滅し、村の政権にも大きな打撃を受けた。八路軍側によれば、日本軍と傀儡軍二千余人を殲滅したと述べているが、日本軍についてのこの数字は実際より過大なものと思われる。

以上のようにこの戦闘を通じて、日本軍はその目的である八路軍の根拠地を覆滅し、治安を回復することはかなり達成できた。しかし八路軍を掃滅することについては、その一部を包囲攻撃し打撃を与えたが、その主力が正面からの戦闘を回避し分散して日本軍の包囲を突破したこともあり、八路軍の戦力を壊滅することが出来なかった。

3　国民政府軍への掃蕩戦――魯中（于学忠軍）作戦と魯西（孫良誠軍）作戦

第三次治安強化運動後、日本軍は今度は国民政府軍への攻撃に転じた。日本軍は歩兵一九コ大隊を動員して、臨胸南方、博山南東方山岳地帯（沂魯山区）の東北軍系の魯蘇戦区指令于学忠軍（第五一軍）に対して、魯中作戦を行い二月五日から発進し本拠施設を覆滅した。その後一二日から第二期作戦に移行し、二六日まで沂水北東、および北西地帯の掃蕩を行うとともに、一部の兵力でもって于学忠を日照北方地区に追及したが、ついに捕獲できなかった。[24]

また三月一日から七日にかけて、日本軍の第三二師団、および騎兵第四旅団は、山東省西部の平原地帯で、国民政府軍と日本軍の間で形勢観望中の第三九集団軍副軍長兼魯西公署主任、第一遊撃隊総指揮であった西北軍系の孫良誠の決断を迫るために、包囲作戦を実施して圧力をかけた（魯西作戦）。第三二師団は鉅野南西地区において、騎兵第四旅団は単県付近において孫軍の有力な部隊を撃破した。その後、孫良誠はついに部下二万五〇〇〇を率いて帰順し、四月二二日、和平陣営参加の通電を発した。汪精衛主席は即日、孫を汪精衛国民政府の第二方面軍指令に任命した。この行動は華北の蔣介石国民政府側の将領を動揺させ、以後帰順部隊が増加し、[25]それだけ中共側根拠地への軍事圧力を強めることになった。

五　第四次治安強化運動と日本軍の掃蕩戦、国民政府軍への掃蕩戦

1　第四次治安強化運動

第四次治安強化運動は、一九四二年三月三〇日から六月中旬にかけて行われ、華北政務委員会が指導の主体になり、新民会が実践面における中核となり、日本軍、興亜院連絡部が協力して、「東亜解放」、「剿共自衛」、「勤倹増産」を三大目標にした。中共側では、日本軍は治安区（敵占領区）で保甲制を強化し、准治安区（遊撃区）を蚕食し、

表４　各種鹵獲物

馬	銃	銃弾	手榴弾	軽機関銃	重機関銃	迫撃砲	砲弾
65頭	2718	18152発	3323	17	1	1	５箱半
軍刀	大刀	煙幕弾	火薬	爆薬	手榴弾製造器	発音機	望遠鏡
71	33	5	100斤	２袋	1	2	3
自転車	軍服	外套	靴下	内ズボン	綿入れ	手織綿布	裁縫機
47	189	53	348	500	20	598	1
石油	羊皮、食塩、食糧	小麦	雑糧	粟	穀類	薪	ロバ、牛
３桶	小車46、食塩130包	85包、50石	8100斤	12布袋	13石	2000斤	27頭、４頭

〔出所〕「山東省各道第四次治運討伐戦果統計表（1942年３月30日－６月20日）」（前掲『華北治安強化運動』中華書局、1997年）531頁。

未治安区（抗日根拠地）を掃蕩した、としている㉖。

山東省では一九四二年三月三〇日から六月二〇日まで行われ、各道が国民政府系抗日勢力、「遊匪」、中共勢力に対して、合計延べ三万五九一五人の兵力を動員して五一四回討伐し、死者三五一〇人、負傷者三五一人、俘虜二三三三人の人的被害を与え、その上、このような討伐に耐えかねて、各県署に共産党からの帰順者五一四人が出ており、根拠地側が苦境に陥っていることが解る。一方、山東省公署側は、死者一五〇人、負傷一九〇人、行方不明者一六人、歩兵銃の損失一四七、損壊二七を出したが、被討伐側の中心を占めたと思われる中共勢力に比して損害は軽微である。その他に以下の鹵獲物を得た（表４）。

第三次治安強化運動に比べて、鹵獲した武器の種類が増え、また衣服・衣料および各種の食糧が増えている。

第四次治安強化運動では、重点目標の一つに「勤倹増産」を掲げている。その実態は不明であるが、「山東省各県第四次治安強化運動実績表（一九四二年七月）」には、山東省内の三四の県等の治安強化運動の状況が述べられている㉗。その中に経済封鎖状況と管内財政経済状況が述べられている県がある。これらを手がかりにして、山東省公署下の当時の経済状況を述べてみたい。経済封鎖は、総じて物資の流通という点ではマイナスの要因となった。たとえば威海衛区では、去年より物資の搬出入が許可制となり、配給制が施行されて以後、根拠地への経済封鎖は実効が上がったが、物資の搬出入にあたり厳しく検査取り締まりをするために、交易の減少や金融の停滞が起こり、経済が疲弊する状況が現出した。また汶上県では、食糧を主要に移出し、日常品、すなわち布、砂糖、紙、金属、糸類を主要に移入していた。食塩、石油、マッチは新民会が配給の責任を負うほか、その他の物資は搬運許可法によって制限し、根拠地への流入を防いだ。ただ経済は充足していないという状況であった。また東阿県では、水陸両面から厳しく物資統制をおこなったが、管内では物力が欠乏し、食糧価格が高騰し、民政が困窮した。その他に沾化県では、根拠地に対する経済封鎖のほかに、連年の凶作もあり、農産物の収穫が自給を満たさず、経済不況に陥っていた。

またそのほかに通貨として華北政務委員会が発行している中国連合準備銀行券（以下連銀券と略称する）を流通させ、国民政府の法幣および根拠地側の辺幣を駆逐しようとした。たとえば前述した威海衛区では、連銀弁事所を市内に設け、各種の雑券、硬貨を回収し、ほとんどの地域で連銀券を使用するようになった。無棣県では、偏遠地区では連銀券が不足しており、現在旧幣を厳禁し、連銀区域を押し広めようとした。また徳県では連銀券が県内全域で流通し、旧法幣は跡を絶った。福山県、長清県、斉河県でも同様であった。ただしほかの県では、依然として旧幣が使用されている地域が残った。たとえば前述した汶上県では、市内では連銀券が用いられていたが、偏遠地区の六、八区では旧通貨が流通した。臨清県では、一、四区が連銀券区ではなく、また六、八、九区も時に中共の潜入しての騒動もあり、旧幣が使用されていて連銀券の流通は五二パーセントにとどまった。

2　日本軍の掃蕩戦——第二次魯東（膠東根拠地）作戦など

第四次治安強化運動と並行して、独立混成第五旅団、第六旅団は、山東半島東部および海岸地帯の中共根拠地（膠東根拠地）に対して、三月二五日から四月一五日まで掃蕩作戦（第二次魯東作戦）を行い、山東縦隊第五旅のいた鋸

地図２　山東半島方面の形勢（1942年３月中旬）

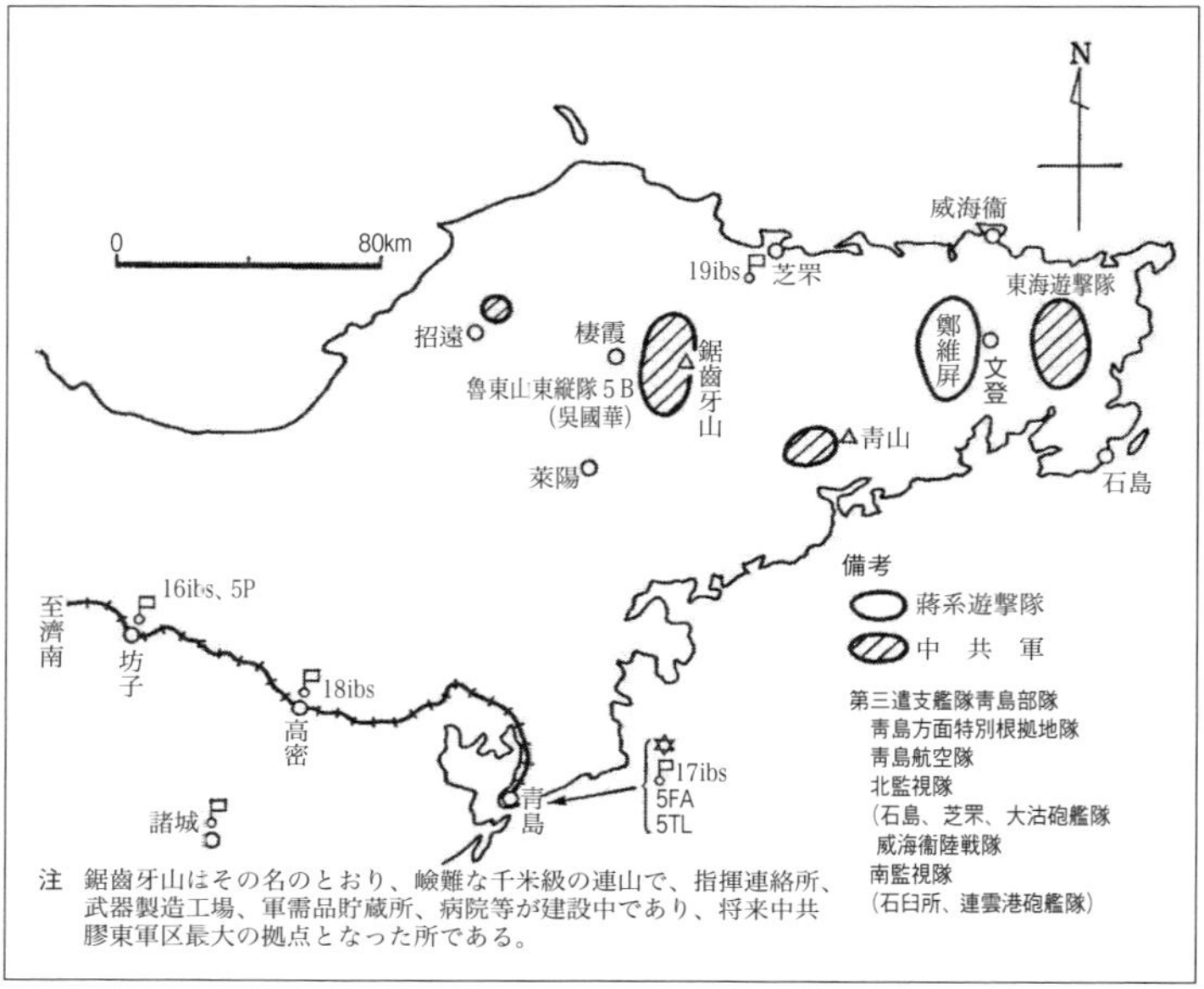

Ibs は独立歩兵大隊、p は工兵、または工兵連隊、TL は通信隊、FA は不明、中共側の B は旅。〔出所〕『北支の治安戦』〈二〉198頁。

歯牙山（棲霞県）、青山、並びに招遠の根拠地を攻撃し、頑強に抵抗する八路軍を撃破し、三月末までに占領し、その後、四月中旬まで根拠地の覆滅、残敵の掃蕩を実施した。一方、半島東部では、所在警備隊、海軍部隊と協力し、威海衛、文登、石島付近を掃蕩した。

しかし地域が広大であるため徹底的な打撃を与えることができず、日本軍の帰還とともに中共や八路軍が再び活動を開始した。そこで独立混成第五旅団は、五月二一日から一週間、さらに第四次治安強化運動後の七月七日から約一週間にわたり魯東中部の八路軍剿滅作戦を実施した。[28]

3　国民政府軍への掃蕩戦
——第三次、第四次魯中（于学忠軍）作戦

魯中の山岳地帯にいる魯蘇戦区総司令于学忠の率いる国民政府軍は、十分な補給を受けられず、しばしば日本軍の討伐を受け、かつ八路軍の蚕食にあい、前述したように正規軍や地方軍の中から日本軍に帰順する部隊が続出し、勢力を弱体化していた。

第一二軍は、第四次治安強化運動の五月中旬から魯中山区の益都、沂水道東側地区の山東の国民政府軍の主力于

学忠軍へ攻撃し打撃を与えた。この間、于軍はしばしば日本軍の打撃を受け、かつ八路軍側からの蚕食を受け、日本側に帰順する部隊が続出し、四月には一四七〇人を率いて莫正民が帰順し、六月には三〇〇〇人を率いて張歩運が日本軍に帰順申し込みした。

その後第四次治安強化運動後の八月三日には、中共側の働きを受け第一一一師が于軍の総部（本部）を包囲する兵変が生じた。この原因については、日本軍側は第一一一師が処遇に不満を持ったからであるとしているが、中共側は師長常恩多（中共地下党員）が当時蔣介石の命令による中共党員万毅の逮捕を拒むために行った行動であるとしている。于学忠はかろうじて包囲を脱した後、五日夜、反乱部隊を鎮圧した。一方第一一一師は師長常恩多に率いられて、国民政府軍を離脱し八路軍に参加し、後に八路軍浜海支隊となった。

このよう于学忠軍は日本軍への帰順者への増加、八路軍への離脱者の発生により兵力を削減し弱体化していった。第一二軍は于軍の内部分裂に乗じて、于学忠を捕まえようとして、独立混成第五、第六旅団が、八月一二日から一五日にかけて作戦を行った（第三次魯中作戦）。一三日未明には、莒県東方約三〇キロの坪頭を中心とする半径数キロの包囲網を形成するよう前進したが、南部包囲部隊の行動が遅延したため、ついに于学忠を逃してしまい、軍は続いて坪頭南方地区の掃蕩剔抉を行い、于軍に精神的打撃を与えた。その後、軍は八月二〇日から三〇日まで、于軍に対する第四次魯中作戦を行い、二一日には于軍の主力を沂水北東約五〇キロの唐王山付に撃破し、その司令部を補足して追及した。この戦いにおいて于軍高級参謀を含む七三三の俘虜を得、国民政府側の一八六一の遺棄屍体があり、国民政府軍に大きな打撃を与えた。于学忠自身も重傷を負って脱出した。

そして九月には、諸城、日照一帯の土匪李永平の帰順申し込みがあり、その後浜海警備軍となった。また元国民政府山東省政府主席の沈鴻烈の部下であった保安第一二旅第六団長の張希賢の投降申し入れがあり、一〇月からの第五次治安強化運動の中で実際に投降し、後に諸城保安隊に編成された。(29) これらの帰順した部隊は、日本軍の掃蕩戦に協力して、抗日根拠地に攻め込んでいった。

六　第五次治安強化運動と日本軍の掃蕩戦

1　第五次治安強化運動

第五次治安強化運動は、一九四二年一〇月八日から一二月一〇日にかけて行われ、「滅共」を第一として、「農産確保」、「物価低減」、「生活革新」を目標とし、軍、官、会、民の総動員を行い、華北の建設工作を促進しようとした。中国側では封鎖を強め、抗日根拠地を蚕食した、とする。

第五次治安強化運動については、山東省公署の実施後の報告書を手に入れていないので、「山東省第五次治安強化運動実施綱領」に沿って述べると[30]、まず華北の建設と「大東亜戦争」の完遂を掲げている。その中では、「大東亜戦争」の意義および発展の現状の民衆への宣伝、過去の英米依存の思想の誤謬を明らかにするとともに、中日合作の信念を強化し、衷心よりの協力、そして総動員の体勢を完成し、同時に国防資源に対しての全力での開発増産を述べている。

「滅共」に関連しては、「剿滅共匪、粛清思想」を掲げ、「共匪盤踞の乙（準治安地区）丙（未治安地区）」に対して徹底的に討伐するか、連合して討伐し、甲（治安地区）乙地区にさせる。甲乙地区に対しては、思想の粛清工作を充分に実施すべきであるとし、思想工作を重視している。具体的には、共産党の残酷な行為、活動状況、陰謀策略を徹底的に宣伝し、民衆の積極的自発的剿共の信念を誘発し、各地方機関の団体と協力して、共産党の下層組織を破壊する。また「護郷」「愛家」「敬老」「扶幼」「節婦孝子」などの美徳を提唱し、民心に順うとともに反共意識を醸成しようとしている。総じて武力と政治を並進させて「共匪」を根絶させるとしている。また根拠地への物資の封鎖に関連する恵民壕および望楼の構築に関しては、友軍の指導下に継続して増強するが、民夫を徴用するについては、事前にその時期および方法を充分に考慮し、農事や予想外の分担を避けると、実行されたかどうかは不明であるが、農民への配慮を示している。

「農産確保」「物価低減」に関連して、今回の運動が秋収後の時期に当たるので、飢えと貧窮に迫られた共産軍（八路軍）が糧食を奪いに来るだろうから、民衆の自衛組織を強固にするとともに、軍・警の協力のもとで農産を確保し、対共食糧封鎖を徹底的に実行する。都市および城門外の一帯の地域では、華北緊急物価対策にもとづき、ずるがしこい商人の投機活動を排除するとともに、軍・商・民の農村での合作社を利用しての活動を擁護し、物価の低廉を保持させせると述べている。

2　日本軍の掃蕩戦

①東平湖西方（魯西根拠地）剿共作戦

魯西地区の東平湖西方には中共の魯西根拠地があり、そこには第一一五師教導第三旅がおり、日本側は正規軍兵力約六五〇〇と推定していた（なおこの根拠地は一九四一年七月、山東根拠地から離れ、冀魯豫根拠地に所属したが、范県、濮県、観城周辺のこの地域はその中心であった。教導第三旅は、第一一五師の序列のもとで、一九四一年七月より八路軍第二縦隊兼冀魯豫軍区に所属した）[31]。教導第三旅は、魯西に強力な地盤を築き、日本軍の圧力が強ければ退散潜伏し、圧力が弱まれば、日本に協力した中国側武装団体への襲撃、准治安地区からの糧秣の奪取、民衆に対する政治工作等を続けていた。特に五月に山東省を担当していた日本軍第三二師団の華中転用の隙をついて、勢力を拡大していた。

第一二軍は、土橋司令官統裁の下（土橋司令官はかねての研究と一九四二年四月から第一二軍の行った冀南作戦の経験から作戦を立案した）、石田支隊（第三二歩兵団の歩兵五大隊と軽装甲車中隊）、大熊支隊（第五九師団歩兵五三旅団の歩兵五大隊と軽装甲車中隊）、高原支隊（騎兵第五二連隊の騎兵二中隊と軽装甲車中隊と騎砲兵中隊）の三つの支隊を動員した。この作戦は第五治安強化運動直前の九月二七日から一〇月五日まで二期に分かれて行われた。またこの東平湖西方剿共作戦は、日本軍の急襲包囲作戦の典型として行われ（中共側は鉄壁合囲の掃蕩戦と称した）[32]、かつ比較的に日本側の資料[33]が残されていて実施状況がわかるものである。

第一期では、作戦開始前に、大熊支隊は北方の東昌、莘県に、石田支隊は東南の鄆城、鉅野、済寧に、高原支隊は西側の濮陽に兵力を集中し、二六日夜間自動車による機動により二七日払暁までに約四〇キロメートル先の展開線までに移動し、ほぼ円周上の包囲網を形成した。その際、展開正面は一個分隊の間隔を三〇〇〜五〇〇メートルとして包囲網の全周を算出した。その後、各隊は徒歩による昼間攻撃距離にあたる約二四キロメートル先の根拠地を目指して包囲網を縮小した。そして各隊は一六時過ぎに単堂を中心とする半径約三キロメートルの地域内に攻撃前進した。この地域にいたのは、第一一五師教導第三旅とそれに所属する第七団の主力、および冀中南下支隊であった[34]。東南から包囲網を形成した石田支隊方面で有力な敵の一部と旧范県付近で遭遇して激戦の上撃破したが、それ以外の八路軍のほとんどは軍服ではなく便衣（平服）を着用し、兵器を隠匿して、難民を装って逃避した。一方中共側によれば、包囲された八路軍は、一五時に教導第三旅政治委員曾思玉の指揮の下で、四つの部隊に分かれて突撃し、日本軍一個中隊を撃破し、八、九〇〇メートルの隙間をつくって包囲を破り、そこから数千人が南に向かい黄河故道を越えて脱出したという[35]。これが石田支隊と衝突した戦闘かもしれない。その後二九日まで日本軍は作戦地域内での掃蕩剔抉をした。その際には専任部隊として政治工作班（新民会支援）、特務工作班（憲兵支援）を編成した。

その後、第二期作戦として、范県付近の掃蕩に一部の部隊を残置し、それ以外の部隊は、范県や単堂より東側の

地図 3　東平湖西方（魯西根拠地）剿共作戦（1942年 9 月27日～10月 5 日）

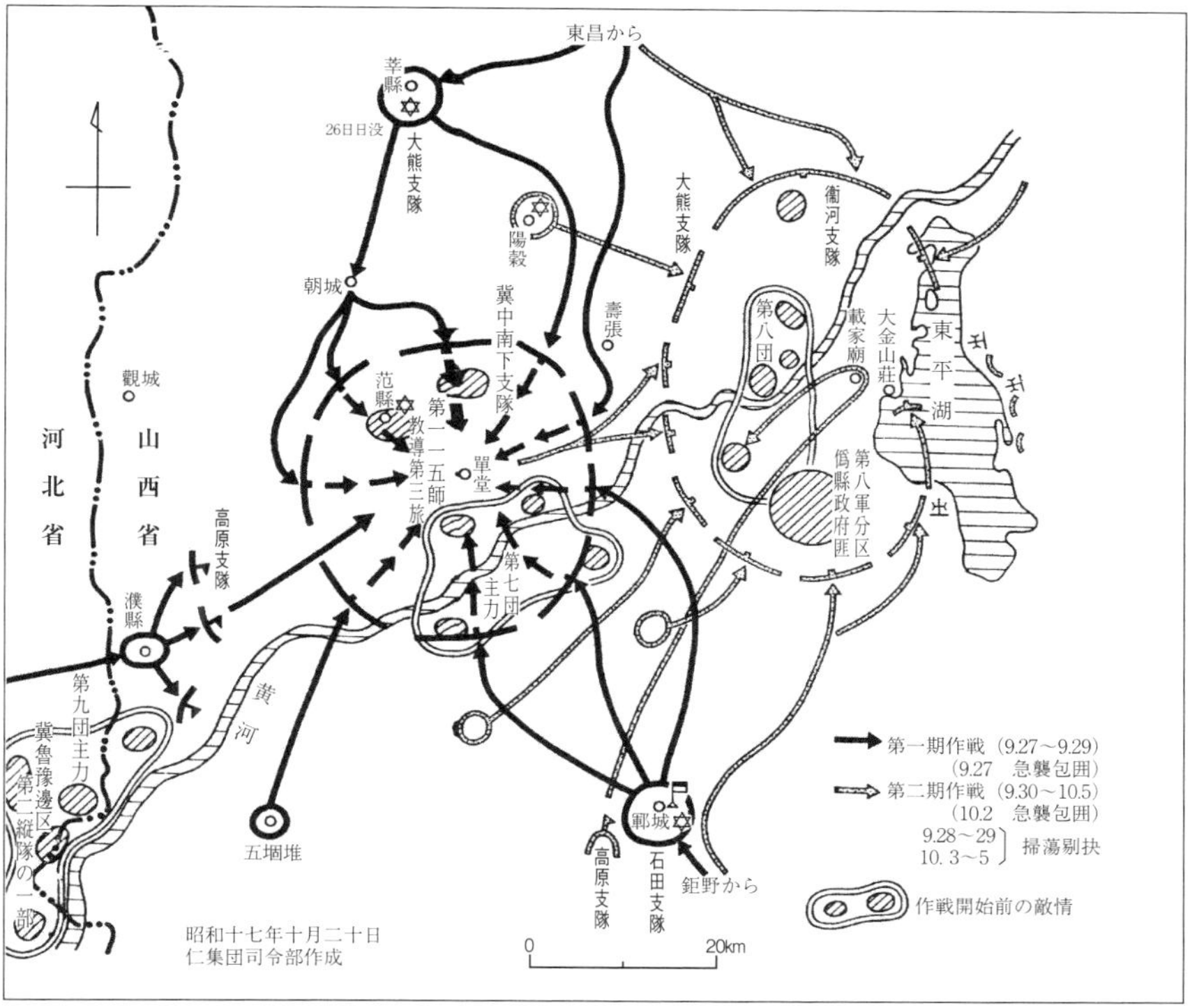

〔出所〕『北支の治安戦』〈二〉239頁。

東平湖西岸の八路軍二五〇〇人（教導第三旅第八団、衛河支隊、第八軍分区県政府所属の部隊などがいた）[36]に対する掃討作戦を行った。九月三〇日、各隊主力は原駐地帰還を装いながら、大熊支隊は北方の東昌付近に、石田支隊は南方の鉅野付近に、高原支隊は南方の鄆城付近で、秘かに次の作戦を準備した。諸隊は一〇月一日夜、隠密に行動を開始し、二日朝、予定していた円形の包囲線に展開し、その後東側の東平湖西岸に向けて、包囲線を圧縮して攻撃前進した。この間、東平湖東岸には華北政務委員会側と思われる県警備隊と石田支隊砲兵隊が阻止線を構成し、八路軍の脱逸防止、補足を行い、また東平湖上の島嶼および湖岸の掃蕩、民船の抑留に務めた。さらに第一二軍は飛行機も動員し、第六直協飛行隊が指揮連絡、敵情偵察を行った。八路軍側はこの攻撃を予期していなかった模様で、徹底的退避と便衣化に務めたが、有力な一部が北方から包囲網を形成した大熊支隊と交戦して撃破された。諸隊は八路軍主力を第三次包囲圏内に圧縮して、一八時以降猛攻を加え、その大部分を撃滅した。中共側によれば、教導第三旅第八団と第八軍分区機関の一部が包囲圏を脱出したが、県や区の地方武装が大小安山一帯に圧縮され、一部が殲滅され、大部分が離散した(37)。その後第一二軍は索敵と掃蕩を行い、一〇月五日に作戦を終了した。中共側によればその後日本軍は、現地に五百余人を残し、傀儡軍の掃蕩を援助し、一〇月中旬までトーチカや拠点二六カ所を設置した。また基層の抗日組織と民兵の連合防衛組織を破壊し、昆山、張秋地区を敵占領区（日本側の治安地区）に変え、それと同時に駐朝城の傀儡軍文大可軍もこの地域を蚕食した(38)。

二期にわたる作戦で、交戦した八路軍側の総兵力は七三六〇、遺棄屍体一二五二、俘虜一二五〇に対し、日本軍の戦死九、戦傷七二であった。中共側によれば日本軍と傀儡軍の死傷ならびに俘虜は三百余人であり、百余挺の武器を奪ったとしている。日本軍の被害から考慮してこれらの多くは、傀儡軍の被害だと思われる。さらに中共側によれば、冀魯豫軍区、軍分区の後方機関、陸軍中学校、地方武装の死傷二七九人、俘虜一一六人、離散八七九人、地方幹部の死傷、離散五五二人、民衆の捕らえられた者六百余人であり、大車三百余両、一〇〇〇頭近くの家畜の損失を被った(39)。これらから死者の多くは、教導第三旅などの主力軍よりは、後方機関や党政幹部、地方軍などであり、かつ俘虜についても同様な傾向があり、かつその半分は民衆であると推定される。ただ第一二軍側はこれは従来の対共戦に比して、極めて効率がよく、顕著な成果をあげたと評価している。ただ索敵剔抉に手間取っている間に、教導第三旅の二〇〇〇人は分散して便衣で西走し、河北、河南省境の井店鎮根拠地に逃走したと、教導第三旅の壊滅には成功しなかったことを自認している。そのため第三五師団が、一〇月三一日払暁に井店鎮を急襲し、その後その地域を掃蕩剔抉した。

②第三次魯東（膠東根拠地）作戦

第五次治安強化運動の最中の一一月一九日から一二月二九日にかけて、第一二軍は、独立混成第五旅団の主力と第五九師団、独立混成第六、七旅団の一部を動員して、山東半島の膠東軍区の山東縦隊第五旅、第五支隊（この作戦の前の一九四二年七月、中共側は第五支隊の名称を膠東軍区に改称し、これを軍区所属部隊にする）[40]に対して、山東半島一帯の治安の回復、特に青島－芝罘道の確保を目的として、掃蕩戦を行った（第三次魯東作戦）[41]。

この地域は魯西の平原地帯と異なり、山岳地が多く、三面が海に面した地域である。第一二軍は、西方から東方に遮断網を推進して、八路軍を半島東部に圧迫殲滅する戦法をとり、海軍部隊と協定して沿岸の警戒を厳重にした。

第一期は、一一月一九日から二九日までで、参加部隊は青島―芝罘道間に遮断線を構成しつつ東進した。八路軍は鋸歯牙山（別名牙山、棲霞県）、その他の山岳地帯では相当頑強に抵抗したが、平地部ではほとんど交戦することなく退避した。一方中共側によれば、日本軍には国民政府軍の反共頑固派趙保原も呼応し、牙山（棲霞県）、馬石山（海陽県北部）を中心に連合して包囲し、膠東の党政機関や主力部隊は密かに包囲網を越えて東進した。ただ二四日、日本軍が馬石山を包囲したときに、膠東軍区第一六団、第一七団、地方武装は一部の大衆を率いて包囲を突破したが、二五日、日本軍が馬石山を占領したとき、逃げ遅れた大衆五百余名が全員日本軍に殺される「馬石山惨案」が起きた[42]。

第二期は、一一月三〇日から一二月一二日までで、牟平南北の線に遮断網を構成し、文登、栄成で活動している東海区の遊撃隊、各県の武装部隊を包囲圧縮しつつ半島の東端地区まで進出した。作戦開始以来、一二月八日までの戦果は、遺棄屍体一一八三、俘虜八六七五であった。中共側によれば、膠東軍区機関およびこちらに移動していた第一六団、第一七団は、少数の部隊に分かれて包囲を突破し西進した。だが日本軍は栄成県嶗山村で三百余名の大衆を虐殺する事件を起こした[43]。遺棄屍体の中には、このように殺害された大衆が多かった者と思われる。

第三期は一二月一三日から二九日までで、各隊は反転して西進し、一部は海路輸送により敵の背後を遮断しつつ、主として青島—芝罘道以西の平度、掖県、招遠付近で山東縦隊第五旅、西海区遊撃隊を追求した。二二日以降各地で掃蕩戦を行い、相当の成果をあげた。中共側によれば、第五旅の主力は、包囲を突破し外線に出て、日本軍に打撃を与えたが、西海軍分区は日本軍の連合包囲にあい、政治委員于寄吾などが殺害されるなどの被害を受けた(44)。

この作戦では、根拠地側に打撃を与えたが、八路軍の主力を包囲殲滅することが、他の作戦に比べてもできなかった。その原因について、日本軍側も、魯西平原と異なり、山岳地帯での包囲作戦の困難さを述べている。すなわち兵力に比し地域が広大であり、山岳地帯内に網を張りつつ前進することは困難であり、包囲網も薄く破られやすく、特に夜間敵に脱出されたことが数回あったとしている。

おわりに

以上華北政務委員会下の山東省公署が表面に立ち五回にわたって、主として治安地区、準治安地区に対して行った治安強化運動は以下のようにまとめられる。

①区や基層の郷村レベルでの自治組織の強化——自衛団や保甲制の拡大、戸口調査の実施、中共組織の破壊。②合作社や青少年団、婦女会、労工協会などの民衆組織の拡大とそれによる民衆の組織化。③華北政務委員会下の山東省公署が独自に警備隊、警察、自衛団を動員したり、日本軍と協力しての中共、八路軍討伐。④各県の勦共班による中共の情報収集とその組織の破壊と帰順工作の実施。⑤塩、食料、衣料を含む重要物資の抗日根拠地に対しての経済封鎖、それを保障するために農民を動員しての根拠地との間の遮断濠の構築、さらにトーチカ、検問検索所による経済封鎖の監視。ただし、経済封鎖は治安地区、准地安地区の物資の流通活動を阻害する面があった。⑥通

貨として華北政務委員会が発行した連銀券を使用し、国民政府の法幣や抗日根拠地側の辺幣などを使用させないようにした。ただし、連銀券が流通したのは限られた地域であった。⑦東亜新秩序の理念の宣伝、反共大会や大東亜戦争下での中日合作の信念、国防資源に対しての全力での開発増産などの大規模な思想宣伝キャンペーンの実行。アジア・太平洋戦争が、一九四二年六月のミッドウェー海戦の敗北までは、日本が英米に対して有利であったという戦局の影響もあり、これらの試みは、中国の民衆をたとえ受動的、消極的であれ[45]、かなり動員した。

一方、未治安地区に対しての日本軍の掃蕩戦は、抗日根拠地に対して数方向から急襲包囲して、中共側の八路軍を始めとする武装力を殲滅することを企図していた。しかしながら八路軍は一部が打撃を受けたが、往々にして包囲を突破し甚大な損害を被ることを免れた（特に山岳地帯にある膠東根拠地とか魯中の泰山区、沂蒙山区）。その後日本軍は数日かけて包囲した抗日根拠地に残された中共党員や民衆を俘虜にしたり、捕らえたり（その中には満洲など外地に労働力として送られた者もいた）、殺害をした。さらに二度と抗日根拠地にならないように、食糧などの物資を略奪し、家屋を焼き払った（三光作戦の実施）。抗日根拠地では、中共党員が捕らえられたり、逃亡したり、日本軍に投降して、郷村での組織が破壊され、折からの自然災害も加わり、食糧の十分な確保もできず、大きな被害を受けた。

治安強化運動と日本軍の根拠地への掃蕩戦の結果、日本軍は「勦共（共産党討伐）」と「治安の維持」をすることに一時的に成功した。そしてそれは日本軍の根拠地への掃蕩戦のみではなく（これが主要なものであったことは否定できないが）、治安強化運動とあいまってこの目的が達成されたことを強調したい。

当時八路軍第一一五師政治部主任であった蕭華は、山東の状況を以下のように述べている[46]。一九四二年末、根拠地の周辺の敵の「拠点は二四〇〇余カ所、道路は七〇〇〇キロに達した。……わが魯南基本区は『南北一〇里、東西は一本の線』にまで圧縮された。平原地区では敵は拠点、トーチカを支点とし縦横に交錯する道路網をつくり、点と線に沿って封鎖溝、封鎖壁を築いた。冀魯辺区では敵は四五六カ所の拠点をつくり、平均二平方キロ、八カ村について一個の拠点があった。封鎖溝壁は一三〇〇余キロに達した。各県、区、郷が分割されていくつかの小さなかたまりとなり、……敵から徴糧、納税を迫られない村はほとんどなかった。従来の抗日根拠地は完全に抗日遊撃区に変じ、わが軍の活動は極度に困難となった。魯中、膠東、清河、浜海、湖西地区でも広大な地区を敵に『蚕食』され、厳重な分割と封鎖にあっていた」。「一九四二年、わが根拠地の面積は三分の一に減少し、部隊は四分の一に減員した」。

さらに日本軍の掃蕩対象は国民政府軍にもおよび、打撃を受けた孫良誠軍は日本軍に投降して汪精衛国民政府軍に参加し、魯蘇戦戦区総司令于学忠軍の中からも日本軍に投降する部隊が続出し、彼らの一部は日本軍の掃蕩に呼応し、抗日根拠地に攻め込み、中共、八路軍に打撃を与えた。

中共、八路軍側にとって、以上述べたような苦境は一九四三年夏まで続いた(47)。

注

（1）防衛庁防衛研修所戦史室『北支の治安戦』〈一〉、朝雲新聞社、一九六八年、防衛庁防衛研修所戦史室『北支の治安戦』〈二〉、朝雲新聞社、一九七一年が、日本側の史料を用いて治安強化運動について総論的に述べている。また宍戸寛が、宍戸寛・内田知行・馬場毅・三好章・佐藤宏『中国八路軍、新四軍史』（河出書房新社、一九八四年）の第一部第四章第二節、第五章第一節で比較的総体的に論じている。

（2）最近のものとして、笠原十九司『日本軍の治安戦——日中戦争の実相』（岩波書店、二〇一〇年）は労作であるが、中心は日本軍の中共側の抗日根拠地に対する「三光作戦」にある。

（3）中国第二歴史档案館編『中華民国史档案資料滙編』第五輯第二編　付録（上）、江蘇古籍出版社、一九九七年、中央档案館・中国第二歴史档案館・吉林省社会科学院合編『華北治安強化運動』中華書局、一九九七年。

（4）江沛『日偽〝治安強化運動〟研究』南開大学出版社、二〇〇六年。

（5）特に本稿の時期と関連しての中共側の対策、および日本軍に協力した傀儡軍などを述べたものとしては、馬場毅「山東抗日根拠地における財政問題」（『史観』第一一〇冊、一九八四年三月）、馬場毅「山東省の傀儡軍について」（『社会科学討究』第一一五号、一九九五年三月）、馬場毅「華北における中共の軍事活動、一九三九〜一九四五――山東抗日根拠地を例として」（波多野澄雄・戸部良一編『日中戦争の国際共同研究2　日中戦争の軍事的展開』慶應義塾大学出版会、二〇〇六年）、馬場毅「山東抗日根拠地における民兵」（『軍事史学　日中戦争再論』第四三巻第三・四号、二〇〇八年三月）。

（6）前掲『北支の治安戦』〈一〉、五三三、五三五頁。

（7）前掲『北支の治安戦』〈一〉、五二八、五三五頁。

（8）前掲『北支の治安戦』〈一〉、五二八〜五二九頁。

（9）前掲『北支の治安戦』〈一〉、五三五〜五三六頁。

（10）多田部隊参謀長田辺盛武「華北に於ける治安強化運動総合成果報告の件」一九四一年五月（JACAR（アジア資料センター）Ref. C04122990800、昭和一六年「陸支密大日記　第一七号　1／3」（防衛省防衛研究所））

（11）前掲『北支の治安戦』〈一〉四九四頁〜四九六頁、劉大可・馬福震・沈国良『日本侵略山東史』山東人民出版社、一九九〇年、二二〇頁。

（12）模範地区については前掲『北支の治安戦』〈一〉、三九七頁の地図を参照。

（13）多田部隊参謀部「治安強化運動総合成果一覧表」（前掲多田部隊参謀長田辺盛武「華北に於ける治安強化運動総合成果報告の件」所収、一九四一年五月）

（14）前掲『北支の治安戦』〈一〉、五三八頁、辛瑋・尹平符・王兆良・賈蔚昌・王伯群主編『山東解放区大事記』（山東人民出版社、一九八二年）一一九頁。

（15）「偽山東省長唐仰杜編送山東第二次治運総合報告（一九四一年九月一九日）」（前掲『中華民国史档案資料滙編』第五輯第二編　付録（上））四四一頁。

（16）前掲「偽山東省長唐仰杜編送山東第二次治運総合報告（一九四一年九月一九日）」四四二〜四四三頁。

（17）前掲『北支の治安戦』〈一〉、五八八〜五八九頁、『中共泰山区歴史大事記』一七〇〜一七二頁。

（18）前掲『北支の治安戦』〈一〉、五八九頁。

（19）前掲『北支の治安戦』〈一〉、五七三頁。

（20）前掲『日本侵略山東史』二二一頁。

（21）「偽山東省長唐仰杜編送山東省治安強化運動本部本部報告書（一九四二年一月一七日）」（前掲『中華民国史档案資料滙編』第五輯第二編　付録（上））四七三頁〜四七四頁。

（22）山東省物資対策委員会「防止物資流入匪区要領（一九四一年一一月二一日実施）」（前掲『中華民国史档案資料滙編』第五輯第二編　付録（上））四七六〜四七七頁。

（23）この戦闘について、日本側の動きは前掲『北支の治安戦』〈一〉、五八九〜五九一頁による。また八路軍側の動きは、軍事科学院軍事歴史研究部編著『中国人民解放軍戦史』

第二巻、抗日戦争時期、軍事科学出版社、一九八七年、二八九～二九二頁と中共泰安市委党史資料徴集研究委員会編『中共魯中区魯中南区党史大事記』山東人民出版社、一九九〇年、一〇二～一〇五頁による。
(24) 前掲『北支の治安戦』〈二〉、四五頁。
(25) 前掲『北支の治安戦』〈二〉、四五～四六頁。なおこれ以前に山東省では、魯南の泗水県に駐屯し国民政府の山東独立第一一旅を自称していた于恵民軍、魯西北の臨清県に駐屯し山東独立第四旅を自称していた馮寿彭軍が、一九四一年春、汪精衛国民政府に収編された。その後馮寿彭軍は、山東省警備隊第一大隊に改編された。一一月、正規軍である第三九集団軍所属の第六九軍軍長畢沢宇、教導師師長文大可が、部隊を率いて韓城（？）で日本軍に帰順し、文大可の部隊は汪精衛国民政府の暫編第三一師に改編された。その後一九四二年一月一日、徳平に駐屯していた国民政府の保安第三旅曹振東が、日本軍に帰順した（馬場毅「山東省の傀儡軍について」〔『社会科学討究』第一一五号、一九九四年三月〕七四～七五頁）。孫良誠の動きは、このような動きを加速させた。
(26) 前掲『北支の治安戦』〈二〉、一三二～一三三頁、五〇六頁。前掲『日本侵略山東史』二二〇頁。
(27) 「山東省各県第四次治安強化運動実績表（一九四二年七月）」（前掲『華北治安強化運動』）五三一～五四六頁。
(28) 前掲『北支の治安戦』〈二〉、一九七頁。
(29) 前掲『北支の治安戦』〈二〉、一九八～一九九頁、前掲『山東解放区大事記』一四一頁。
(30) 「山東省第五次治安強化運動実施綱領（一九四二年九月）」（前掲『華北治安強化運動』）七一三～七一六頁。
(31) 前掲『山東解放区大事記』一一九頁。
(32) 冀魯豫辺区革命史工作組『冀魯豫辺区革命史』山東人民出版社、一九九一年、二八九頁。
(33) この掃蕩戦に於ける日本軍第一二軍側の行動については、前掲『北支の治安戦』〈二〉、二三七～二四〇頁による。
(34) 前掲『北支の治安戦』〈二〉、二三九頁の地図（地図3参照）には、単堂を中心とした包囲網の中に、第一一五師教導第三旅と第七団、および冀中南下支隊が記されている。中共側の資料によれば、第一一五師教導三旅のもとには、一九四二年秋の時点で、第七、第八、第九団が所属していた（軍事科学院軍事図書館編著『中国人民解放軍組織沿革和各級領導成員名録』軍事科学出版社、一九九〇年、三〇三～三〇四頁）。
(35) 前掲『冀魯豫辺区革命史』二八九頁。
(36) 前掲『北支の治安戦』〈二〉、二三九頁の地図による。
(37) 前掲『冀魯豫辺区革命史』二九〇頁。
(38) 同前。
(39) 同前。
(40) 前掲『中国人民解放軍組織沿革和各級領導成員名録』三〇六頁。

(41) この掃蕩戦での日本軍側の動きについては、前掲『北支の治安戦』〈二〉、二四〇～二四一頁による。
(42) 前掲『山東解放区大事記』一四六頁、山東省地方史志編纂委員会編『山東省志・軍事志下冊』山東人民出版社、一九九六年、七九〇～七九一頁。
(43) 前掲『山東省志・軍事志下冊』七九二頁。
(44) 同前。
(45) 軍高級参謀（兼政務主任）であった折田正男大佐は、山東省の状況を回顧し、以下のように述べている。勦共については「中国側県長以下の活動は思わしくなく、県公署、新民会、合作社等を指導する日本人並びに朝鮮人通訳の能力が低いため成果があがらず、あるいはこれらが悪事を働き、また日本軍下級部隊の中には中国側に無用の干渉を行うものがあり、かえって日華親善を害することもあった。従って表面は治安良好な地方でも、内面を見ると彼我相法に通ずる農民をかかえているのが実情であった」（前掲『北支の治安戦』〈二〉、二四九頁）。
(46) 蕭華「英雄抗戦的山東軍民」（『星火燎原』選編之五、中国人民解放軍戦士出版社、一九八一年）三三六～三三八頁。
(47) 「山東区概況」（『抗日戦争時期解放区概況』人民出版社、一九五三年）九二頁。

汪兆銘の満洲国訪問

一九四二

三好　章

はじめに　汪政権研究への視角の提示と若干の研究史整理

満洲国はもちろんのこと、汪兆銘政権をはじめ冀東防共自治政府や中華民国臨時政府、中華民国維新政府、さらに蒙古連合自治政府などは、久しく「漢奸」「傀儡政権」と一括りにされ、歴史の「汚物」であり、「唾棄すべきもの」という「評価」を下されてきた。こうした状態は、冷戦の終結と「社会主義」の破綻という時代の変化に伴って、イデオロギーの呪縛や革命史観からの解放が進みつつある現在でも、完全に払拭されているとは言いがたい。取分け、冷戦体制下にイデオロギー国家として呱々《ここ》の声を上げた中華人民共和国は、日本帝国主義と国民党に対する勝利を、当初から政権の正統性の根拠としてきた。そして、毛沢東時代の失政による混乱の後、「改革開放」政策の展開によって経済発展を目指したが、それと引き替えに激化する格差の拡大を放置してきた。このため、二一世紀の現在、各地で所謂「群体事件」と称される「民草」の反発と抗議を受けて統治の正統性が揺らぎ、またチベットや新疆などでは民族政策の行き詰まりが明白となっている。これらは、国家統合の視点から見れば、求心力を失った状態であることは、誰しもが理解するものではないだろうか。既に四半世紀以上前に平等を理念とした社会主義イデオロギーを放棄した中国共産党（以下「中共」）にとって、中華人民共和国における「国民」統合の用具は抗日ナショナリズム以外にはなくなってしまっているのである。従って、現在の中共にとって、自らが勝利したと主張する相手である日本帝国主義の「手先」「操り人形」に成り下がったとしてきた汪兆銘評価を、理由は何であれ変更することはできない。自らの存在理由を否定することになるからである。汪兆銘は、永遠に「漢奸」であり、その政権は絶対に「偽政権」なのである。こうした見方は、National Historyやそれが由来するNationalismに国家の枠組みを依存し続けて居る現在の世界では、その対象が汪兆銘類似の場合、中国以外でもなお一定の「理解」を得られる「見方」なのかもしれない。

しかし、近年、汪兆銘政権に対する研究が急速に進展し、それに伴って、旧来の、予定調和的に結論として不動の位置を与えられ、確定されてきた「漢奸」「傀儡」という価値判断を多分に含む評価から自由になろうとする動きが、次第に明確なものになってきているように思われる。もちろん、そうした研究動向の変化に影響されるより前に、華中や華北、満洲と地域や担い手を異にするそうした諸政権を、一律に「傀儡」という言葉で括って良いものだろうか、という素朴な疑問が当然ながら歴史研究に際して起こってくる。本稿に限らず、筆者は汪政権を「対日協力政権」として位置づけ、単なる日本の「傀儡政権」「偽政権」とする見方とは異なる立場に立ちたい。そうすることで、汪自身の主観的意図を明らかにし、汪を首班とする政権樹立に尽力した日中双方、とりわけ日本側の錯綜した思惑の展開、そこには日本陸軍内部の意思不疏通と混乱、汪工作を行った影佐禎昭・今井武夫らとそれをとりまく諸勢力との関係、また中国側では汪政権に先んじて存在したいくつかの対日協力政権との関わり、そして戦時期華中社会における汪政権のあり方という、大小取り混ぜた問題を解きほぐす手がかりを得たい。こうしたことは、ひいては孫文の遺嘱を書き取った国民党の若き指導者であった汪兆銘が、日本との関わりによって必要以上に貶められてきた評価への異議申立てとなるのではないだろうか。

さて、そうした脱イデオロギーの立場に立った日中戦争研究の動きは、周知のように一九七二年のJohn Hunter

Boyle[1]に端を発する。Boyleは“Collaboration”という概念を用いることにより、日中戦争期の汪兆銘政権を客観的に評価しようとしたのである。それに刺激を受けたRobert O. Paxtonによるヴィシー政府研究[2]によって戦後史に関わる第二次世界大戦期の見直しを、イデオロギーから自由な立場から議論しようとする傾向が明確に始まった。さらに、D. P. Barret および Larry N. Shyuらの共同研究[3]や、占領地域での「郷紳」層の対日協力を検討したTimothy Brook[4]、国民党撤収後の長江下流域に取り残された多くの中国経済人の活動実態を検討したParks M. Coble[5]など、英語圏の研究では、対日協力政権とその周辺に関する総体的な研究が進んでいる[6]。取分け上海とその周辺に限定したものとしてはPoshek Fu[7]が、受容・抵抗・協力の三類型に上海の指導層を分類して検討している。また、Wen-hsin Yeh編集の“Wartime Shanghai”[8]は、後述の高綱博文編集の『戦時上海１９３７－１９４５』[9]と同一のタイトルであり、共同研究であることも共通している。

日本では、二一世紀に入って柴田哲雄[10]『協力・抵抗・沈黙――汪精衛南京政府のイデオロギーに対する比較史的アプローチ』（誠文堂、二〇〇九）、堀井弘一郎[11]『汪兆銘政権と新国民運動――動員される民衆』（創土社、二〇一一）、土屋光芳[12]『「汪兆銘政権」論――比較コラボレーションによる考察』（人間の科学社、二〇一一）など力作が汪政権の総体的研究を進めている。さらに、小笠原強[13]『日中戦争期における汪精衛政権の政策展開と実態――水利政策の展開を中心に』では　汪政権の具体的政策そのものに焦点をあて、「統治」の検討を行っている。また、夏井春喜は『中華民国期江南地主制研究』（汲古書院、二〇一四）において、汪政権下において展開された清郷工作前後の農村状況を、近代中国史を通観する視野に立って「田賦徴収」問題を軸に、詳細な一次史料をもとに検討している[14]。なお、拙編著『『清郷日報』記事目録』所収の解題では、汪政権と日本軍とが行った治安確保政策である清郷工作が一定程度の成功を収め、華中の共産党軍である新四軍も国民党軍である忠義救国軍も、いずれもまともに活動できなくなったことを明らかにした[15]。

中国でも若手を中心に、汪政権の実態研究が本格化している。最初期のものとしては蔡徳金[16]に始まった本格的な対日協力政権研究においては、なおイデオロギーからの完全な自由はなかったものの、近年のものとしては江蘇省に関する潘敏[17]をはじめ、潘健[18]などが汪政権の内部構造や財政基盤を詳細に検討している。また、張根副・岳欽韜[19]は浙江省における対日協力に関して、日本に協力せざるを得なかった人々に関心をむけている。一部、標題などにイデオロギッシュな表現が散見するのとは裏腹に、対日協力政権内部の統治、経済政策とその実態分析など、第二歴史檔案館をはじめ、地方檔案を活用した中国ならではの新たな研究が進みつつある。これは、中国においても「革命史観」の清算、あるいは相対化が進んでいることを期待させる動きではある。

筆者は、南京陥落後という当時の歴史状況を考えると、国民国家をめざしていた国民党や、その先に社会主義革命を目指していた共産党が、中華民国という国家の枠組みをナショナリズムを掲げて維持しようとし、中国の民に自己犠牲を呼びかけていたのに対し、汪兆銘はそうした民を戦火から救うことを目的に掲げて「対日協力」の道を選んだのであり、結果的に手を結んだ相手である日本に裏切られ[20]、さらに対米戦争への参加以後は国際的にも選択肢が更に狭まっていく中、政権としての主体性を如何に確保するのかを志向していたと考える。これは、政権自体のレーゾン＝デートルにも関わる重大な問題であった。筆者は、汪政権を対日協力政権と位置づけ、その自立性などを検討することを当面の課題としているが、この問題は、さらに一歩進んで、近代中国における各政権と対外勢力との関係を如何に考察するかにも拘る、重要な問題をはらんでいる。現段階ではまだ仮説の域を出ないが、「買弁」の概念で汪政権をとらえることが可能なのではないだろうか[21]。すなわち、近代中国において外来勢力との間で「仲介役」としての存在となり、外来勢力のために中国での業務を請け負うものが買弁[22]であるが、これを実際に存在した政権の性格規定に援用することが可能であると考えるのである。根岸佶の言う「国際化せる士大夫」としての買弁[23]という概念規定からすると、汪兆銘政権は、正統政府であった国民党撤収後の華中において、外来勢力である日本と中国民衆との間に立って利害の調整を図りつつ、自らの政治的目的を遂げようとしていたわけであり、まさしく買弁政権と言えるのではないだろうか。

本稿では、上述の「対日協力政権」研究の進展と蓄積、さらに試論段階であるが買弁政権論を踏まえて、日中戦争の解決策として模索された各種各様の和平工作のうち、最大の結果、一九四〇年三月に誕生した汪政権について一考することを目的としている。具体的には、汪政権自身が目指した自立性の表出である「国際関係」の構築のうち、「満洲国」との関係に焦点をあてたものである。もちろん、これは後ろ盾となっている日本の容認する範囲内であったという制限付きであるが、汪兆銘の満洲国訪問が行われた一九四二年という時期を考えると、国共両党ともそれぞれが対日抗戦を維持しながらもそれが別々の行動をとっていた現実[24]を踏まえれば、汪政権の存在は国共両党とは別に、自らの統治地域の人々の生活を守ろうとし、租界の返還なども実現している。対日協力をしながら自らの主体的取組をし続けたのである。それだけでも再検討の余地があると言わざるを得まい。

日本にとっても、汪政権は重慶政権合流の受け皿として想定しているわけであり、独立中華民国の国家元首としての汪兆銘が満洲帝国を公式訪問して皇帝溥儀の謁見を受けること、つまり相互に独立を承認し合うことは歓迎すべき事態であった。汪政権にとってみても、対日交渉の要件となり得る訪問であったと言えよう。日本・満洲国・南京国民政府の対等な関係を内外に顕示することが三者共通の目的であったが、三国の要となる日本から見た場合、国際的には三者それぞれが独立国でなければならなかった。それはまた汪政権が求めていたものでもあった。

すでに、一九四〇年三月に南京に成立していた汪政権は[25]、日本との関係は同年一一月三〇日に調印された「日華基本条約」によって日本との正式な「国交」を結び、また同日調印された「日満華共同宣言」によって満洲国とも「国交」を取り結んでいた[26]。繰り返せば、汪政権の成立は一九四〇年三月三〇日、日本による承認は同年一一月三〇日。この時間差に対して様々な評価、判断が下されてきた。汪兆銘は、しかし、一貫して蔣介石政権との合流こそが本道であると主張し、日本側の対重慶交渉に関してもこれを承知していた。[27] 当初から、汪は南京に「還都」したと宣言することで政権の正統性の一端を保持し、重慶政権が合流するならばその位置を譲るとしていたのである。

その後、一九四一年六月一六日から二四日の日程で汪兆銘は日本による政権承認後初の日本訪問を行った。[28] 従って、満洲国訪問は残るもう一カ国への最初の公式訪問であったということになる。しかも、一九四二年は「満洲国建国十周年」にあたる記念すべき年でもあった。

ここでは、こうした汪兆銘政権の「国際関係」のなかで、重要な同盟国であった満洲国（訪問当時はすでに「満洲帝国」）訪問を当時の主な邦字紙、すなわち『大陸新報』・『朝日新聞』外地版・『満洲日日新聞』という中国における日本語新聞が、南京政府主席としての汪兆銘の動静をどのように伝えたのかを中心に検討した。結論的に言えば、そこでは、汪兆銘の動きを分単位で報道し、さらに若き日の旧交を温める姿など、政治面・社会面総動員という熱いものであった。その報道スタイルは、現在の日本の一般紙と何ら変わるところはない。ところが、合わせて検討した、南京政府治下の華字紙である上海『新中国報』・南京『民国日報』・南京『京報』・蘇州『江蘇日報』などでは、確かに汪兆銘の動きについて報道はするものの、その扱いは比較的小さく、記事も極めて事務的であった。なお、重慶政権はこうした動きを完全に無視しており、従って蔣政権の主要紙である『中央日報』には汪兆銘満洲国訪問に関しては何ら言及はない。なお、日本内地の新聞も『朝日新聞』（東京版）も用いたが、こちらの扱いは小さくはないものの、中国における邦字紙各紙に比べると、やはり小さい。[29]

汪兆銘、満洲帝国訪問

1　旅程概要

さて、南京国民政府主席汪兆銘は、一九四二年五月四日、空路南京から大連へ、五月五〜六日旅順・大連、五月七日列車にて新京へ、五月八〜九日新京、五月一〇日満鉄特別列車にて大連へ、五月一一日空路、南京帰着という日程で満洲帝国を訪問した。(30)

今回の満洲帝国訪問の随行者は、国民政府委員兼外交部長褚民誼・参謀総長楊揆一・宣伝部長林柏生・華北政務委員兼教育総処督弁周作人・僑務委員会委員長陳君慧・航空署長陳昌祖・外交部政務次官周隆痒ならびに秘書、随員総勢一六名であった。一方、満洲国側の関係者も呂栄寰駐華大使・田原理事官が南京より随行していた。さらに日本関係者も日本大使館附武官野田謙吾中将・同樋澤中佐・平岡大尉、国民政府最高軍事顧問影佐禎昭少将・同顧問住谷悌主計中佐・同海軍主席顧問寺岡謹平少将・同顧問沖野中佐ならびに倉岡嘱託が南京から随行している。(31)この陣容は言うまでもなく汪政権の主要人員であるが、周仏海などが留守を預かる形となっている。これはこの訪満の持つ重要性の表れであった。日本関係者のトップに汪政権の生みの親でもある影佐禎昭の姿がある。以下、やや詳細に汪兆銘一行の満洲国訪問の流れを見ていこう。

2　南京から大連へ

五月四日午前九時六分、汪兆銘一行は南京城内飛行場から大連に向けて飛び立った。空港では、陳公博立法院長・周仏海行政副院長・温宗堯司法院長以下汪政権および軍関係者、スターマー＝ドイツ大使はじめ満洲国張参事官等枢軸国海外使臣、日本側では日高信六郎代理大使、後宮淳支那派遣軍総参謀長以下顕官多数が見送った(32)。そして同日午前〇《（ママ）》時三〇分、大連周水子飛行場に到着、「モーニング、シルクハット」という正装の汪兆銘を関東軍代表、全権大使代理、三浦直彦関東局総長、田尻旅順要塞司令官、中村旅順警備部司令官、柳井義男関東州長官、大村卓一満鉄総裁、別宮秀夫大連市長等日本側、駐満中華民国大使廉隅氏、駐華満洲国大使館関屋貞三郎参事官、ドイツ領事ビショップ氏、イタリア領事ルラルスチー氏、ナチス大連支部長キリシバム氏等が出迎えた(33)。

この汪兆銘の満洲訪問を、『朝日新聞』南満洲版は「隣邦の元首迎ふ感激　汪主席へわが朝野熱誠の歓迎(34)」と題して、その意義を以下のように伝えている。

> 中華民国国民政府主席汪精衛氏は、首席随員外交部長褚民誼氏以下十五名を従へ新興満洲国訪問の途についた。汪主席今回訪満の目的は、大東亜戦争下において満華両国の国交親善関係を一段と強化するとともに、さきに調印された日満華三国共同宣言に基づく三国枢軸関係の大義を明徴するにあるが、……昭和十五年十一月三十日南京において日華関係基本条約と同時に調印された日満華三国共同宣言は……支那が満洲事変以来の対日満感情を一擲して晴れて満洲国を承認するといふことであつた。従つて、満洲事変以来日満華三国間の国交を阻んでゐた根本障碍は、これがために完全に排除されたのであ

大連周水子飛行場に着いた汪兆銘（『朝日新聞』東京版、昭和17年5月5日）

る。……満洲国皇帝陛下には中華民国国民政府主席の資格において汪精衛氏を帝室の貴賓としてご歓待あらせられることになつてをり、……満洲国が大東亜戦争下の日本に対して全力をあげて寄与し、かつ共栄圏建設の重大なる責務をすでに果たしつゝあることも、今回の訪満を機とし汪主席一行によつて現実に観察されるわけであるが……さらに看過できない政治的作用としては、国民政府は日満華共同宣言によつてすでに満洲国を独立国として承認してゐるとはいへ、満洲事変以後蔣介石政権は満洲国を支那の「失地」と称してあくどい宣伝を続けて来たが、今回汪主席が一国の元首として満洲国を訪問し満洲国皇帝陛下が汪主席が隣邦の元首として迎へられることは、とりもなほさず満華両国がそれぞれ独立国家たるの真面目を両国民の前に改めて明示し、国家としての善隣友好関係をいよいよ緊密ならしめる点にあつた。

また、汪兆銘を送り出した側にある『大陸新報』も、一面に「汪主席の訪満」と題する社論を掲載し、その目的を「いふまでもなく、満華国交の敦睦を図ると共に、建国以来既に十年の歴史を閲した満洲国の現状を親しく視察せんとするにあるであらう。……今や新生中国の元首として汪精衛氏が満洲国を訪問せることは、日満華三国間に結んで解けなかつた過去の誤解や行掛りが完全に払拭されたことを世界に示す(35)」のであると主張している。『満洲日日新聞』では、五月五日付朝刊で社説「汪国家主席を迎ふ」を掲げ、さらに「盟邦の元首汪主席□の来満第一歩印す」と一面ほぼ全面を占める扱いで、「〝二度の花見〟大連の桜に喜ぶ汪主席」「日本趣味の一色　汪主席の居室へ心尽し」など、詳細にその動向を報じている。第2面には連載評論「最近の満華関係」を掲載し、さらに第3面では「汪主席を出迎へる沿道の女学生達」の写真を載せ、「ようこそ汪主席　懐かしき人々の思出」として建国大学教授中山優(36)・満鉄参与伊藤武雄、さらに日本亡命時代に汪兆銘が泊まったホテルの帳場や番頭夫人であった広瀬ミキという市井の人までがその思い出話を語る。同じく第3面では褚民誼・楊揆一・林柏生・周作人という同行した主要随員のプロフィールを紹介している。[37]

さて、大連到着当日、満鉄公館に一泊[38]した汪兆銘一行は、翌五日、大連に隣接する旅順を日帰りで訪問した。[39] 旅順では、中村旅順警備府司令官、細川旅順市長が出迎え、[40] 辛亥革命前にテロ行為で逮捕され、死刑になるところだった汪兆銘の助命を執り成した粛親王善耆の三女で旅順広徳高等女塾塾長愛新覚羅顕珊とも面会し、[41] 共に白玉山や水師営、旅順博物館などを参観したことを報じ、[42] 一行が旅順博物館を見学する際の茶の接待役を担った旅順高等女学校生徒も、具体的に名を挙げて報じている。[43]

五月六日、大連市内各処を参観した汪兆銘一行は、翌七日宿舎となった星が浦を発って午前七時半、満洲国差し回しの満鉄臨時特別列車七両編成で満洲国の首都新京へ向かった。なお、大連滞在中、汪兆銘は楊揆一参謀総長に信書を持たせて朝鮮「京城」に派遣し、政権成立に関わった板垣征四郎朝鮮軍司令官を表敬訪問させている。[44]

3　新京にて

五月七日、汪兆銘一行は新京に到着する。『満洲日日新聞』は汪兆銘満洲国訪問の特集を組み、普段は四頁立ての朝刊を六頁とした。[45] また、『朝日新聞』（南満洲版）では「国都に高鳴る歓迎歌　汪主席へ心尽くしの明粧も成る」として歓迎準備に忙しい新京の様子を報じ、「車窓の春色に瞑想　沿道に爆発する歓呼の嵐」と、七日に通過した関東州と満洲国との「国境」である瓦房店近辺の駅での歓送の様子を報じている。[46]

五月七日午後五時三〇分、汪兆銘一行の特別列車が新京駅に到着すると、三番線ホームには張景恵満洲帝国総理、熙合宮内府大臣、ワグネル（ドイツ）、ネローネ（イタリア）両公使、さらに廉隅大使以下中華民国大使館員が待ち受け、[47]「山田少校指揮の満洲国軍軍楽隊、張上尉指揮儀仗兵約七十名[48]」が出迎え、一番線ホームには満洲国各部次長以下各簡任官以上が立ち、列車到着一〇分前に梅津美次郎関東軍司令官が駅頭に到着し、三番線ホームに向かって

新京駅に到着した汪兆銘、梅津関東軍司令官との握手（『朝日新聞』東京版、昭和17年５月８日）

仮皇宮を出る汪兆銘一行（『朝日新聞』南満洲版、昭和17年５月12日）

いる。

五月八〜九日は全日新京に滞在した。宿舎は、新京駅前のヤマトホテル(49)。そこから、当時満洲帝国皇帝となっていた溥儀を仮皇宮に訪ねて謁見し、その後溥儀の答礼を受け、さらに帝宮での午餐の招宴(50)に与り、午後は関東軍司令官兼駐満洲国日本大使梅津美次郎を関東軍司令官官邸に往訪した。一つの行事ごとに宿舎を出入りしている。自動車での往復になるが、新京駅北西方向の仮皇宮も、宿舎から南東にある関東軍司令官官邸(51)も、何れもせいぜい自動車で片道一〇分程度であり、極めて儀式性を重視した行動であった。但し、仮皇宮(52)往訪時には溥儀が自ら汪兆銘を内宮まで誘導し、すぐさま汪兆銘に答礼したり、さらに随員にも「単独接見の栄」が与えられるなど、丁重な扱いが際立っている。夕刻からは、梅津美次郎が関東軍司令官および駐満日本大使の資格で晩餐招宴を関東軍司令官官邸で開き、ここにも多数の顕官が列席した(53)。

翌五月九日は満洲国国務院を訪問し、総理張景恵の午餐の招宴に与った(54)。『満洲日日新聞』は、これを第1面のトップ記事で扱い、「躍進大満洲国の姿に　汪主席、驚嘆の眼瞠る　張総理と交す固き握手」と五段抜きの大活字で報じている。さらにリード文を読むと、張景恵総理午餐招宴に続いて午後二時三〇分からは「協和会主催の南嶺運動場における歓迎大会に臨」み、「若き世代が躍動する生命に東亜興隆の血潮を沸らせて繰り展げる体育絵巻に若き満洲国の姿をそのまゝに眺めて驚嘆の眼を瞠り……」と情形を描写している。『満洲日日新聞』も一種の国策新聞であり、その点から見れば、満洲国側が何を見せたかったのか、が明らかになろう。それは「躍進大満洲国の姿」であり、「若き満洲国」であった。これは、汪政権への当時の日本側の評価である「甦生支那」「明朗支那」「新生中華民国」に対応する言葉といってよいであろう。なおこの時、南嶺運動場には各地の学校から児童生徒四〇〇〇人を動員したもので、席上汪兆銘は「満華民族は過去に於ても同胞であり、現在に於ても同胞であり、未来もまた同胞である」と述べている。(55) 読みようによっては、中々意味深長ではある。

感激に沸く汪主席歡迎大會

南嶺運動場での汪兆銘歓迎大会（『朝日新聞』南満洲版、昭和17年5月15日）

4　南京帰還

新京滞在は三泊四日の強行日程であった。五月一〇日午前八時三〇分、汪兆銘一行は「国軍、協和青年団、国婦その他各種団体の満華両国旗を打振つて叫ぶ嵐の如き万歳の歓呼に、厚い感謝の会釈を送りながら……駅に到着。畏くも皇帝陛下御差遣の御使熙宮内府長官は駅貴賓室で主席の訪満を感謝遊ばされる畏き帝旨を伝達、

大連を発つ汪兆銘一行（『朝日新聞』南満洲版、昭和17年５月15日）

主席は皇帝陛下の御殊遇に対し、厚く御礼言上方執奏ありたき旨を述べ」、満鉄特別列車にて大連へ向けて出発した(56)。最後まで、対等な国家間関係を主張し続ける、儀式の連続であった。

同日、大連に戻った汪兆銘一行は、その日は大連星が浦泊。翌五月一一日午前一〇時、周水子飛行場より空路、南京に帰着した。午後一時二〇分であった。出迎えは「陳公博立法、温宗堯司法両院長を始め周仏海行政院副院長、梅思平実業、陳群内政両部長、葉蓬武漢綏靖行署主任ら国府首脳、満洲国張参事官、スターマードイツ大使、日高代理大使、後宮総参謀長ら」であった(57)。

到着後の午後三時、汪兆銘は『大陸新報』の記事タイトルでは「満洲国の発展を衷心より敬服」との談話を発表し、一般向けの帰国報告とした(58)。また、『朝日新聞』東京版は「今次訪満の結果は日本を盟主とする東亜新秩序建設途上に大いなる寄与をなすであらうし建国十年の満洲国を概察した結論はやがて新中国の建設に新たなる構想として建設と政治の上に繁栄を約束されるものと期待される(59)」と、日本側の意図を明示している。両者を比較すれば、共に邦字紙であることから当然と言えば当然であるが、汪兆銘は一見、日本の思惑とさほど異ならない発言をしていることになる。

汪兆銘満洲国訪問のほぼ一カ月後の六月八日、答礼使として満洲国の張景恵総理が南京を訪問し、汪兆銘との会談を済ませ、孫文を祀った中山陵を参拝し、さらに汪政権中央軍官学校、陸戦部隊の閲兵を視察し、さらに支那派遣軍総司令部を訪問して畑俊六総司令官に会っている。[60] こうして、汪兆銘の満洲国訪問そのものは、訪問から答礼使の受入れまで、全日程が終了したことになる。

5　南京政府内部の不協和音

上述のように、汪兆銘の満洲国訪問には外交部長褚民誼など政府要人が同行した。ところが、一行に同道しなかった周仏海は、彼の『日記』に、初めから汪の満洲国訪問に不同意であったと次のように記している。[61]

一九四二年五月二日（土）

……午後、住谷（悌）大佐が来訪し、汪先生に随行して満洲に行き、ついで北京にも立ち寄るので、汪先生の満洲訪問に対する感想及び北京で何かして欲しいことがあるかどうかを尋ねて来た。汪先生の満洲訪問に対し、余は終始賛成せず、それは無益であるのみならず損失もあるとして、その理由を詳述した。彼は、早くからそうと知っておれば、余も随行する必要はなかったという。……

五月四日（月）

八時起床。満洲に行く汪先生を見送りに飛行場に行くが、日、独、伊大使及び日本軍参謀長みな見送りに来ていた。

五月一一日（月）

……午後一時半飛行場へ行き、汪先生を出迎える。三時半、公博とともに汪先生に拝謁し、一時間話す。汪先生は概略的に、満洲の状況を告げる。……

これは、この訪問の是非をめぐって汪政権内部に不協和音があったことをうかがわせ、その後の汪政権の経緯を考えると、重慶との関わりもあり、興味深い反応ではある。『日記』では、五月五日から一〇日の間、即ち汪兆銘一行が満洲国に滞在している期間、一行に関する記述は一切ない。連日邦字紙がその動静を詳細に報じていたことは既に示した通りであり、華字紙も日程に関しては報じている。主席汪兆銘が留守の間、立法院副院長である周仏海のもとに一行の情報が入らなかったはずはない。無関心を装っているのか、敢えて無視しているのか不明である。この点に関しては、さらなる史料的検討が必要である。また、汪政権内部のみならず、支那派遣軍内部にも一定の矛盾、あるいは見解の相違があったことを窺わせる記述もある。それは、住谷悌大佐との会話に顕れている。住谷悌は昭和一四年陸軍経理学校研究部員、一六年一一月支那派遣軍附となった人物であり、満洲国成立当時の軍政部顧問として経理部門を担当していた。周仏海とは、財政関連で関係が深かった。住谷は、経理担当将校の故に周仏海の発言を理解し、同行しなかったと述べている。高級将校の出張は、当然軍命で行われるのであり、個人的な立場で拒否はできまいが、周仏海の言を信ずれば、それが可能とも読める。これも、南京にあった支那派遣軍総軍を検討する際、避けて通れぬ課題となろう。

小結

汪兆銘の満洲国訪問を、中国において発行されていた邦字紙の報道からたどってみた。当時、翼賛選挙として衆議院議員選挙が行われていた日本国内では、汪兆銘満洲国訪問の初日を報ずる五月五日は第1面で報道するものの、六日の新京入りは第3面、しかもコレヒドール作戦のあとの掲載であり、細かな動静が伝えられることはあまりなかった。また、八日の皇帝溥儀との会見は第1面とはいえ九日の夕刊であり、トップ記事ではなかった。新聞の販売戦略としては、如何に同盟国であるとは云え、購読者の関心の度合いは衆議院議員選挙の方が高かったからであろう。それに対して、『満洲日日新聞』と『大陸新報』は連日1面で動静を報ずるだけでなく、相互の贈り物を写真入りで掲載した。特に汪兆銘への贈り物については、「上から「写真帖と満鉄製の興亜刀[62]」「長白山特産の人参」「満洲豆稈パルプ製の縮緬」」と写真入りで『満洲日日新聞』・『朝日新聞』南満洲版等、邦字紙各紙に掲載されている[63]。また汪兆銘が旧知の人を訪問したり、当時朝鮮軍総司令官であった板垣征四郎陸軍大将に書翰を送ったことなども報じている。

一方、汪政権下の華字紙である『京報』・『新中国報』・『民国日報』・『嘉興新報』・『江蘇日報』は、汪政権の国策通信社である中央通訊社からの配信として、ほぼ、同一内容の記事を連ねるにとどまり、その内容も公的日程のみで汪兆銘の動静の詳細は報道していない。華字紙の熱の低さが際立っている。当然、検閲下での発行であり、報道しないわけにはいかないが、通り一遍のお付合い以上ではなかった。これは、それぞれの新聞の読者対象などの分析が不十分なので確かなことは言えないが、汪政権そのものとの距離感を感じさせる報道姿勢ではある。

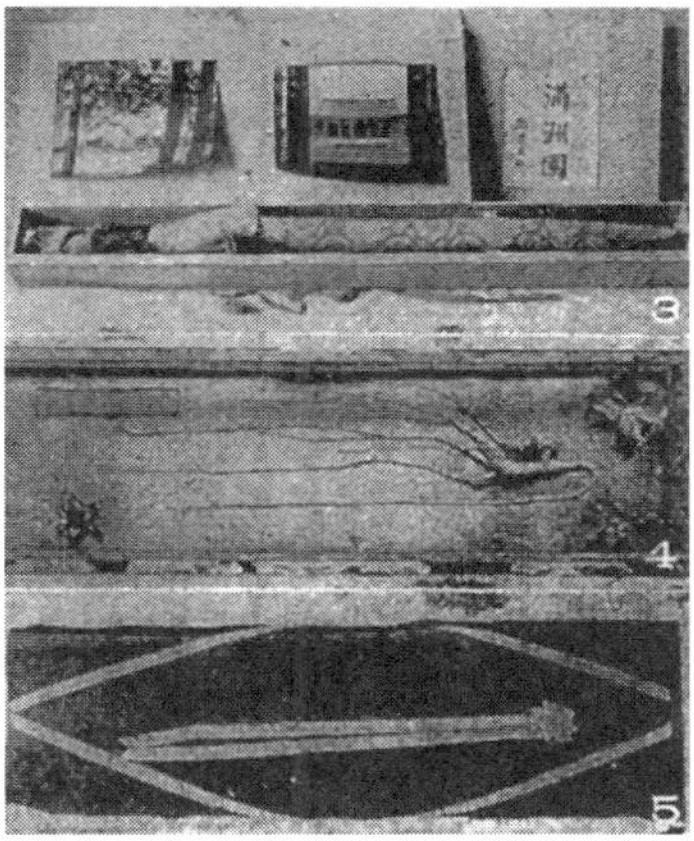

満洲国から汪兆銘への贈り物（『朝日新聞』南満洲版、昭和17年5月12日）

ところが、同様の華字誌である『華文大阪毎日』は、汪兆銘の満洲国訪問そのものを全く報道していない[64]。これは、同誌が何よりも文芸雑誌であり、編集部が大阪にあって刊行が月二回という、タイムリーな報道を求められていなかった故であるかもしれない。しかし、他の汪政権下の華字紙同様、汪政権擁護のスタンスである以上、たとえ「誌面の三分の一以上を文芸欄に割[65]」いていたにしても、それこそ国家的公式行事を無視することは理解に苦しむ。これに関しては、汪政権下のメディア統制とその実態という別の問題が背景にあり、別の視角が必要とされるかも知れない。なお、重慶では国民党の『中央日報』でも中共の『新華日報』でも、汪兆銘の満洲国訪問そのものへの言及が全くない。完全に無視している。こちらはこちらで、きちんと検討すべき問題である。

本稿執筆最終段階であった去る二〇一四年八月九日、大妻女子大学において上海史研究会主催のワークショップ「占領地・植民地における〈グレーゾーン〉を考える―国際比較の視点から―」が開催された。そこでは、故古厩忠夫が提起した「グレーゾーン」概念の歴史的現実への適用の有効性を、ヴィシー政権を含めて検討しようとするものであった。古厩の提起した「グレーゾーン」とは戦後の漢奸裁判を検討する際に出されたもので、「どこまでが親日派か、誰が親日派か。……ひと口に対日協力者といっても多用である」。そこで被侵略地域、特に戦時上海に残留した人々を「A．積極的な対日協力者、B．行政機構や経済機構の末端に在って日本の支配と関わらざるを得なかった人々、C．日本の支配下で対日協力を強いられ、受動的に生きざるを得なかった多数の人々、いわゆる「小漢奸」」の三つに分類し、タイプBの人々を検討する際の区分概念であった。[66]古厩はタイプAを完全なる「大漢奸」とし、タイプCはまた「共産党も早くから「小漢奸」の問題として、「大漢奸」とは厳しく区別して保護すべきことを主張していた」とする。従って、タイプBが「グレーゾーン」とされるわけであり、古厩自身は「地域エリート」としてのブルジョアジーや知識人などを検討の対象とするなかで、鄭振鐸の「この上もない不道徳と恥知らず、おしひしがれた激しいうめき声、この二つは鮮やかな黒と白の対照をなしていた」との言葉に対して「実はこの白と黒の間には、相当のグレーゾーンがそんざいしていたのである」と指摘していた。[67]

こうした被占領地域の人々に対する見方は、単純な善悪二元論ではない歴史の見方として重要であり、且つ有効性を持つ。先にあげたPoseck Huは、戦時上海に残留した文化人の選択をPassivity（受動）・Resistance（抵抗）・Col laboration（協力）の三類型に分ける[68]。古厩は、戦時上海のブルジョアジーや資本家を「大漢奸」「小漢奸」を除いたタイプB概念を「グレーゾーン」とすることで、新たな視角を提示した。しかし、「グレーゾーン」概念は、それにとどまるものではないと思う。即ち、一人の人間が、例えば戦時上海において一九三七年から一九四五年の八年間にどのように変化するのか、「大漢奸」は除くというが、汪政権は終始内部に重慶や延安と通じる者がいたわけであるし、途中から通じた者もいたはずである。「小漢奸」にしても、抗日根拠地と呼ばれた中共の勢力圏では、根拠地設立当座はともかく、中共の勢力が強大化し、独自の路線を追求し始める一九四〇年秋以降、特に一九四二年以降では、蘇北の新四軍根拠地における対地主減租減息が地主への事実上の土地革命となり、中共の地方組織に煽られた農民が地主をつるし上げ、言うことを聴かないと「漢奸」扱いしている[69]。タイプCであっても、時と所が変われば、扱いが異なってくるのである。

汪兆銘自身をとってみても、初めから自ら進んで「漢奸」になろうとしていたわけでは全くないし、汪の「曲線救国」路線が破産したのは、その結果である。日中和平工作の過程を考えても、複数の路線が交錯し、相互に牽制しあい、時には妨害工作すらあったのである。出先で活動していた人々、影佐禎昭や今井武夫らが市ケ谷の諒解のもとに従来から提示していた「二年以内の占領地からの撤兵」が一方的に破棄され、それこそ「二階に上がってハシゴを外された」状態になってしまったのが、影佐・今井そして汪兆銘なのである[70]。従って、汪政権を評価する際に、「傀儡」「偽」だけでよいはずはあるまい。汪政権成立に向けての和平工作のプロセスの検討、これには史料的には影佐禎昭の『曾走路我記』の読み直しはもとより、憲政資料室に収められている今井武夫文書等の再検討が必要となろう。また、検討すべき内容としての、満洲国承認や日本軍の中国大陸からの撤兵問題など和平条件に関わる東京と上海の認識のズレについても、いまいちどの検証を不可欠ではないだろうか。

そして、汪政権と溥儀による満洲国、徳王の蒙疆政権などを同列に語れるかという問題も避けては通れまい。

Boyleに始まり、古厩忠夫、Huなど、多くの研究者はナショナリズムとの関わりでこの問題を論じてきた。「指導層」というべきエリート、知識人、文人、民族ブルジョアジーなどはそれでよいかも知れない。しかし、市井の「民草」はどうであろうか。毎日の暮らしを、日常として過ごしている民草にとって、大切なことは明日の朝、自分のベッドで目を覚ませることであり、一日に三度の食事である。ナショナリズムではない。そうした民草を敵との戦いに動員する側から観れば、意識の低い存在である故に「民草」は教化の対象であり、組織の対象である。中国共産党の根拠地であれば、中小の地主もほとんどがこの範疇に入るのではないだろうか。しかし、一度状況が変化すれば、簡単に敵対的存在として打倒対象となる。人民共和国成立後の度重なる政治運動の中で、日中戦争時の古傷を身に覚えのあるなしを問わずに暴かれて攻撃され、迫害を受けた人々は枚挙にいとまがあるまい。

現在、中国各地の檔案館では史料の「整理」が行われ、デジタル化が進んでいる。一見検索等が便利になっているようであるが、はたしてそれが「檔案」なのか、現物が見られない以上、確認のしようがない。また、オーラル＝ヒストリーの上での証言史料も、記憶が時間と共に作られること、集団的記憶は一つのナショナルストーリーになりがちであることなどを考えると、これもまた「檔案」との突き合わせが不可欠である。

注

（1）John Hunter Boyle "China and Japn at War 1937-1945 The Politics of Collaboration" Stanford Univ. Press. 1972

（2）Robert O. Paxton "Vichy France : Old Guard and New Order,1940-1944" Knopf.1972（邦訳：渡辺和行・剣持久木『ヴィシー時代のフランス―対独協力と国民革命　１９４０－１９４４』柏書房、二〇〇四年）

（3）D.P. Barret & Larry N. Shyu ed. "CHINESE COLLABORATION WITH JAPAN 1932-1945 : The Limits of Accomodation" (2001)。および "China in the Anti-Japanese War, 1937-1945" Peter Lang,New York,2001。

（4）Timothy Brook "Collaboration : Japanese Agents and Local Elites in Wartime China" (2005)

（5）Parks M. Coble "Chinese Capitalism in Japan's New Order : The Occupied Lower Yangzi, 1937-1945" California Univ. Press.2003.

（6）なお、蒙古聯合自治政府とその周辺に関しては、森久男『徳王自伝―モンゴル最高の夢と挫折―』（岩波書店、一九九四年二月）、『徳王の研究』（愛知大学国研叢書、創土社、二〇〇〇年五月）、『日本陸軍と内蒙工作』（講談社選書メチエ、二〇〇九年六月）を嚆矢として、鈴木仁麗『満洲国と内モンゴル―満蒙政策から興安省統治へ―』（明石書店、二〇一二年五月）などがあり、研究が深化する中、楊海英『墓標なき草原　内モンゴルにおける文化大革命・虐殺の記録（上・下）』（岩波書店、二〇〇九年一二月）、暁剣（多田狷介訳）『中国共産党外伝　滄桑』（中国書店、二〇一〇年一一月）などで示されたように、冷戦構造構築の中で米ソ両大国から切り捨てられ、中国から抑圧されたモンゴルの自立という観点からのアプローチも進んでいる。

（7）Poshek Fu "Passivity, Resistance, and Collaboration:Intellectual Choices in Occupied Shanghai, 1937-1945" Stanford University Press,1993.

（8）Wen-hsin Yeh ed. "Wartime Shanghai" Routledge, London, 1998.

（9）高綱博文編『戦時上海　1937〜1945年』研文出版、二〇〇五年三月。

（10）柴田哲雄『協力・抵抗・沈黙――汪精衛南京政府のイデオロギーに対する比較史的アプローチ』成文堂、二〇〇九年。

（11）堀井弘一郎『汪兆銘政権と新国民運動――動員される民衆』創土社、二〇一一年。

（12）土屋光芳『「汪兆銘政権」論――比較コラボレーションによる考察』人間の科学社、二〇一一年。

（13）小笠原強『日中戦争期における汪精衛政権の政策展開と実態――水利政策の展開を中心に』専修大学出版局、二〇一四年。本書は、筆者の博士学位論文である。

（14）夏井春喜『中華民国期江南地主制研究』汲古書院、二〇一四年二月。

（15）三好章『『清郷日報』記事目録』中国書店、二〇〇五年。筆者は、日中戦争期の華中の共産党軍である新四軍の検討を重ねてきたが、『摩擦と合作　新四軍1937〜1941』（創土社、二〇〇三年）でその研究を一段落させた。それは、皖南事変後の新四軍は、すでに一九四〇年秋から始まっていた八路軍との一体化、さらに比較的安定した根拠地であった蘇北区などでは共産党の一党独裁的統治が延安と同じく進められ、新四軍としての独自性が失われていくことによる。抗日民族統一戦線も、一九四一年一月の皖南事変によって実質的に崩壊した。その結果、華中地域の社会変容を考察するには、汪政権との関係を見なければならないとの考えから清郷運動を検討し、その先に研究対象として汪政権があったのである。

(16) 蔡徳金『歴史的怪胎』広西師範大学出版社、一九九一年。

(17) 潘敏『江蘇日偽基層政権研究（１９３７－１９４５）』二〇〇六年。

(18) 潘健『汪偽政権財政研究』二〇〇九年。

(19) 張根福・岳欽韜『抗戦時期浙江省社会変遷研究』上海人民出版社、二〇〇九年五月。本書のタイトルは、エキセントリックではない。日中戦争中の浙江社会の分析も、実証的である。

(20) これは、結局林銑十郎内閣と陸軍中央によって反故にされてしまう事ではあるが、影佐禎昭・今井武夫・犬養健らの「梅機関」が示した満洲国の承認と、日本軍の二年以内の中国撤兵という条件が真実であると信じて汪兆銘が重慶から脱出した事、近衛文麿首相もそれを認めていた事からも明らかであろう。汪兆銘工作を行った影佐・今井・犬養等はじめ、汪兆銘も二階に上がってハシゴを外された状況に置かれてしまったのである。

(21) 汪政権＝買弁論という考え方は、早稲田大学教授本野英一氏とのやりとりの中で、本野氏から得た。汪政権をどのように評価するのかについてのヒントであり、他の「対日協力政権」への分析視角ともなる。もちろん、ヴィシー政権や現在のアフガニスタンのカルザイ政権等を見る時にも有用な視角と言えよう。この見方を採ると、汪政権が日本の買弁政権であるなら当時の中国共産党はまさしくソ連の買弁であり、国民党はアメリカの買弁ということになる。

(22)『大漢和辞典』では、買弁とは「㈠貨物の仕入れを司る者。㈡㋑外国人の設立した商店、又は銀行会社に雇はれて売買の仲介をなす者。もと中国にのみ存した中間商人の一種。㋺汽船の貨物・乗客の搭載業務を司る者。㋩用達」と説明されている。一般には、「㈡㋑」の意味で歴史的には用いられるが、もちろん日本を含め近代に入り、西欧世界と接触した地域では、多かれ少なかれ発生した存在である。これについて、根岸佶『買弁制度の研究』（日本図書株式会社、昭和二三年）では、明代に「買弁」という呼称が「朝廷の需要する貨物の買入」を指すものとして用いられ始め、清代に至って「外国商人のSteward又はPurserに過ぎなかつた買弁が一八四二年の南京条約以降外国対華貿易上竝に企業上重要なる地位を占めるに至つた」（三五～三六頁）もので、「買弁の本質は牙行の変種であつて、その性格は国際化せる士大夫型の商人」（七頁）であり、しかも本質としての「中国の紳士なるものは社会から尊重せられ、其資望の大小に依つて郷村乃至一省を動かし得るものであつて、領導階級に属するものである」（一二頁）。そして「私利を追求するのが商人の道であるとのことだ」が、紳士となった買弁は「其職分を尽すこと彼等（本来の紳士）に劣ることなく、其衆人を領導する力量も彼等に優るものが出現するようになつた」（一三頁）。本稿では「買弁」論をする余裕はないが、「中国研究と言ふことは中国人研究と言ふことに帰せねばならぬ」（七頁）はまさに半世紀以上前の根岸佶の至言であり、現在もなお有効であろう。

(23) 前掲、根岸佶『買弁制度の研究』七頁。

(24) すでに別処で指摘したが、一九四一年一月の皖南事変によって国共合作、すなわち抗日民族統一戦線は、国共両党間の相互連絡のための事務所運営はともかく、それ以外はほぼ終結していた。これは、その前年秋からの「蘇北摩擦」を中共側が積極的に拡大し、根拠地での独自路線、すなわち実質的土地革命路線を展開していたこと、その中で以前なら抗日的地主としてもてはやした人々を、中共に従わねば「漢奸」とのレッテルを貼って打倒しようとしたことなどからも明らかであろう（前掲、拙著『摩擦と合作』参照）。

(25) 言うまでもないが、汪政権の成立過程については、それこそ汗牛充棟の研究や関係者の回顧の蓄積がある。しかし、これらを踏まえた総括は未だ行われてはいない。本稿でのスタンスでこの問題を整理するには、筆者自身もう少し時間が必要である。

(26)「日華基本条約（日本国中華民国間基本関係ニ関スル条約）」昭和一五年一一月三〇日調印、「日満華共同宣言」昭和一五年一一月三〇日調印。（外務省編『日本外交文書　日中戦争　第二冊』六月書房、二〇一一年五月、一一三四〜一一四四頁。以下、上記の日華基本条約および日満華共同宣言の引用は、同書による。

(27) 影佐禎昭『曾走路我記』五三〜六〇頁。本書は、愛知大学図書館霞山文庫所蔵の原本である。なお影佐は、失敗に終わったとはいえ、汪政権承認までの間に進めてきた宋子良工作・銭永銘工作などを「如何に日本が和平の実現に焦慮し努力したかを示す貴重にして誇るべき史実であると信ずる」（同前書五七頁）とし、当然ながら肯定的に評価する。そして、汪政権「承認に依て重慶政府の性格に変化を来したか否かの問題である。……承認に依て重慶政府の転向を閉め出すことになりはせぬかの問題である。……元々汪氏の思想は全面和平は重慶政府の合流に依りて達成せらると考へて居り承認に依て其思想の変る理由はない。……重慶、南京両者の合流は日本政府も汪政府も最も待望してゐる所である」（同前書五八頁）と、両者の合流による全面和平を主張している。もちろん、ここでの合流は重慶政権が抗日政策を放棄してのことであることは言うまでもない。

(28)『近代日中関係史年表』岩波書店、二〇〇五年一一月、六〇八頁。

(29) 新聞記事の引用に際しては、旧漢字を新字に改め、句読点を適宜変更し、あるいは補った。

(30) 日程概要については、必要に応じ言及するが、主要には本文中に示した『満洲日日新聞』『大陸新報』『朝日新聞外地版』による。

(31)『朝日新聞』（東京版）五月五日第1面。

(32)『朝日新聞』（東京版）昭和一七年五月五日、南京特電四日発。

(33)『朝日新聞』（東京版）昭和一七年五月五日、「大連にて稲葉、仁尾、井之丸特派員四日発」とある。なお、本文中に掲げた写真は同紙面に掲載されたもの。「旅順要塞司令部検閲済＝新京電送」とある。また、人名表記は、原文のママとした。
(34)『朝日新聞』（南満洲版）昭和一七年五月六日。これは「新京電話」とあり、取材した記者からの電話記事、および電送写真によったものと考えられる。
(35)『大陸新報』昭和一七年五月五日。同紙は一面に「きのふ空路大連へ　満華の友誼愈よ深し」を「南京支社四日発」として報じ、加えて「宣伝部公表」「満洲国政府公表」、「蜿《えん》蜒《えん》長蛇の歓迎陣　飛行場に歴史的第一歩」を同じく「南京支社四日電」「大連にて四日□特派員」、「手を携へて和平に貢献　林柏生氏声明発表」を「大連にて四日□特派員発」、「日高代理大使談（要旨）」「駐華大使呂栄寰氏談」を掲載している。
(36)なお、中山優は「汪主席訪満の意義」と題する文章（インタビューか否かは不明）を『満洲日日新聞』康徳九年五月八日第4面に掲載している。
(37)『満洲日日新聞』昭和一七年五月五日。
(38)『大陸新報』昭和一七年五月五日。
(39)『大陸新報』昭和一七年五月六日。汪主席旅順に向かふ【旅順大連五日発】。
(40)『朝日新聞』（東京版）五月六日。
(41)『満洲日日新聞』昭和一七年五月六日朝刊「中国随一の愛国者　汪主席讃ふ　粛親王の息女」。『大陸新報』昭和一七年五月六日「縁りの旅順で　奇しき対面　汪主席の粛親王の息女」。なお、汪兆銘帰国後の『満洲日日新聞』康徳九年五月一二日夕刊第2面には「縁の女塾に奨学金　感激する粛親王第三姫金顕珊女史　汪主席、往年の恩に報ゆ　雪齋翁に私淑　汪主席・若き日の振東学社」を写真付きで報じている。
(42)『満洲日日新聞』昭和一七年五月六日夕刊。「旅順の英霊に黙禱　汪主席来満第二日」。『大陸新報』昭和一七年五月七日「旅順の戦跡へ　訪満第二日の汪主席」「博物館は文白玉山は東亜の武の表徴　汪主席・感想を語る」「瞑想に耽る　星ケ浦公園の一夜」
(43)『満洲日日新聞』昭和一七年五月六日夕刊。九人の女生徒がその役を務め、さらにその中の二人へのインタビューが掲載されている。
(44)『大陸新報』昭和一七年五月七日「汪主席楊参謀総長派遣　板垣朝鮮軍司令官に敬意を表す」。なお、楊揆一は六日午前に特別列車で京城に向かい、当日夕刻、特急「のぞみ」で同処を発っている。
(45)『満洲日日新聞』康徳九年（昭和一七年）五月八日。第1面左下に、ことわりの広告がある。
(46)『朝日新聞』（南満洲版）昭和一七年五月七日。
(47)『満洲日日新聞』康徳九年（昭和一七年）五月八日第3

面では、梅津司令官は列車到着一〇分前に、新京駅に到着したとある。なお、『朝日新聞』（南満洲版）昭和一七年五月七日では、梅津司令官到着時刻には言及しておらず、当初から汪兆銘一行を待ち受けていたように読める。

(48)『満洲日日新聞』康徳九年五月八日第3面。同紙は第3、4面を汪兆銘の満洲国訪問報道に全面を当てている。その記事一覧は以下の通り。

第3面
汪主席・輝く国都入り　善隣同胞の元首を貴賓として御歓迎
宮内府大臣帝旨伝達
大連の歓送譜
興亜の歴史に一大時期を画す　張国務総理大臣、汪国民政府主席歓迎談
主席が驚嘆の眼　建国十年飛躍の姿に
協力精神の強化へ　林宣伝部長談発表
楽土満洲描出す　沿道の風景を激賞　主席列車埋めた歓迎陣【主席車中にて西村特派員発】
自身で身支度　几帳面な主席の朝
大連を出発する汪国民政府主席（旅順要塞司令部検閲済）
汪主席、歓迎受けて一路新京へ

第4面
火の如き鉄の団結に逞しき獅子の躍動　堂々国民政府の威容
汪主席訪満の意義　建国大学教授　中山優　筆者略歴附
若々しい血色　大きな体軀に威厳のあるお方　接待役乙女達の話し
汪主席歓迎記念スタンプ
（『朝日新聞』南満洲版昭和一七年五月一〇日『大陸新報』より図版が鮮明なので、こちらを用いた。）

汪主席歓迎記念スタンプ（『朝日新聞』南満洲版、昭和17年5月12日）

(49)『大陸新報』康徳九年五月九～一〇日。

(50)昼の宴に招待されたのは、「中華民国各随員、廉隅中華（駐満）大使、笠間参事官、同行者野田中将、影佐、寺岡両少将、日本側関東軍各将星、花輪大使館参事官、三浦関東局総長、満洲国側張国務総理以下各部大臣参議等特任官以上約九十名」であった。宴は、午前一一時五〇分開宴、お開きは午後一時三〇分であった（『満洲日日新聞』康徳九年五月八日）。

(51)汪兆銘が往訪したのは関東軍司令官官邸であり、関東軍司令部ではない（『満洲日日新聞』康徳九年五月八日）。なお、周知のように旧関東軍司令部跡は現在中共吉林省委員会の建物となっており、入口も旧司令部の状態に復している。蛇足ながら、建物は同じ目的にしか使えないが、これはその典型かも知れない。

(52) 本文中には「帝宮」とある。周知のように、溥儀が執政から皇帝となって以来、皇宮の建設が課題となっていたが、満洲国崩壊時まで完成することはなく、一九四三年に中断された。現在長春市にある吉林大学地質博物館の建物(「地質宮」)となっている大型建築物が本皇宮、即ち新宮殿として建設されていた。地質宮が完成するのは、一九五〇年代に入ってからである。なぜ、中共が権力を掌握した人民共和国になった後も建設を再開、継続したのか、不明である。

(53) 「梅津司令官兼大使ほか關東軍將星、政府、特殊会社首脳者、外国使臣の出迎へ」で「汪主席を主賓に褚外交部長、楊参謀総長、林宣伝部長等随員全部に同行の野田中将、影佐少将……を始め竹下中将、松永海軍武官、三浦関東局総長、大村満鉄総裁、鮎川満業総裁、満洲国政府側張国務総理、武部総務長官、熙宮内府大臣以下各部大臣、臧参議府議長、枢軸国側からワグナー独公使、ネローネ伊公使ら外国使臣」が参加した。具体的な人数は記載されていない。宴は汪兆銘が在新京の外国使節を引見した後、午後六時一五分にヤマトホテルを発ち、六時二五分会場着、六時三〇分開宴、お開きの後午後八時三〇分宿舎帰還であった(『満洲日日新聞』康徳九年五月八日)。

(54) 『満洲日日新聞』康徳九年五月九日、第1面。

(55) 『朝日新聞』(南満洲版)昭和一七年五月一三日。写真入りでの報道である。写真には、各学校名を記したプラカードを持った、運動着姿の生徒達が写っている。

(56) 『満洲日日新聞』康徳九年五月一二日、第1面。

(57) 『朝日新聞』(東京版)昭和一七年五月一二日、第2面。同日付『大陸新報』では不鮮明でよく読めなかったので、『朝日新聞』を引用した。

(58) 引用は『満洲日日新聞』に拠った。『大陸新報』昭和一七年五月一二日、朝刊第1面所載の同談話とは、内容はほぼ同じだが、表現に若干の出入りがある。原文はおそらく漢語であろうが、未見。『大陸新報』に拠れば、談話は宣伝部を通じ午後三時半に発表されたという。

(59) 『朝日新聞』昭和一七年五月一二日朝刊、第2面「汪主席、南京帰着」。

(60) 『朝日新聞』昭和一七年六月一二日、第1面。

(61) 蔡徳金編『周仏海日記』(上、下)、中国社会科学出版社、一九八六年。訳文についてはみすず書房版(村田忠禧・劉傑等訳、一九九二年一月)を引用した。周知のように、周仏海の日記は当日ではなく、後日記した場合が多く、しかも後々他人が見ることを前提に執筆していたため、本文中でも触れたが、微妙な部分に関しては述べていないし、本心を記しているとは限らない。

(62) これは「満鉄刀」とも呼ばれた満鉄大連刀剣製作所で大量生産された「日本刀」であり、戦地の将兵が使用したという。所謂「軍刀」である。『朝日新聞』(南満洲版)昭和一七年五月六日付に拠れば、昭和一〇年に満鉄中央研究所で試作されたもので「満州国産の鉄ではじめて日本刀原料としての優れた純鉄製造を完成、その後純満州国産の日本刀として満鉄が大量制作にのりだしたもので、支那事変についで大東亜戦争に広く皇軍勇士の破邪顕正の剣として愛用」されている、という。しかし、横浜国立大学名誉教授鶴見尚弘氏のご教示に依れば、全く切れない粗悪刀であった。ちなみに、鶴見氏は、大連で旧制中学を卒業されており、軍事教練でこの刀を実際に使い、切れ味の悪さで怪我をしかけたことがあるという。なお、「満鉄刀」が汪兆銘に贈られたことは、『大陸新報』五月六日付夕刊でも「満鉄刀の光栄　汪主席の贈呈品に選ばれる」として報じられている。

(63)『朝日新聞』(南満洲版)昭和一七年五月二〇日。写真が最も鮮明なものを選んだ。

(64)『華文大阪毎日』については、羽田朝子「『華文大阪毎日』の文芸欄にみるドイツ占領下のヨーロッパへのまなざし」(奈良女子大学日本アジア言語文化学会『叙説』第40号、二〇一三年三月)に手際よくまとめられている。なお、同論文の注に南雲智等「『華文「大阪毎日」』短編小説案内(一)〜(三)」(『人文学報』351〜353号、二〇〇三〜二〇〇五年)、張泉『抗戦時期的華北文学』(貴州教育出版社、二〇〇五年、六二一〜六五頁)、岡田英樹「中国語による大東亜文化共栄圏—雑誌『華文大阪毎日』・『文友』の世界」(『中国東北文化研究の広場』2号、二〇〇九年三月)が掲げられている。羽田氏は、『華文大阪毎日』の「「海外展望」と「世界文化消息」からは、『華毎』の中国人編集者たちが日本の国策宣揚に加担しながらも、逆にこの媒体を利用して、閉ざされた祖国に情報をもたらそうとする努力の一端を窺うことができるのだ」(二八一頁)と主張する。羽田氏は、『華文大阪毎日』全体について述べているのだが、一九四二年五月頃の『華文大阪毎日』の置かれた状態についても検討する価値がある。

(65)前掲、羽田朝子、二七〇頁。なお、羽田氏は「『華毎』自体は国策宣伝を主体とするものではあったが、文芸欄に掲載された文学作品は、必ずしも日本や軍部の政策に迎合したものではなかった」(二七一頁)とする。

(66)古厩忠夫「戦後地域社会の再編と対日協力者」(姫田光義編『戦後中国国民政府史の研究』中央大学出版部、二〇〇一年一〇月、三四四頁)。古厩氏の戦時上海研究と「グレーゾーン」概念を高綱博文氏が分かりやすく整理しているものに高綱博文「総論に代えて」(高綱博文編『戦時上海一九三七〜一九四五年』研文出版、二〇〇五年三月、三〜二〇頁)がある。

(67)古厩前掲論文、三五〇頁。なお、鄭振鐸の言葉は安藤彦太郎・斎藤秋男訳『書物を焼くの記』岩波新書、一九五四年、二頁。鄭振鐸は日本占領下の知識人として、抵抗の文学者であり、その間の屈折がこうした二元論的な怒りとなって表出したと言えるのではないだろうか。

（68）Hu前掲書。HuがIntellectualとしているのは、英漢辞典では「知識分子」と訳すものであるが、実態としては「文化人」よりも「文人」に近いのではないだろうか。

（69）前掲、拙著『摩擦と合作　新四軍一九三七〜一九四一』創土社、二〇〇四年。

（70）前掲、影佐『曾走路我記』、今井武夫『日中和平工作回想と証言一九三七〜一九四五』みすず書房、二〇〇九年三月（同『支那事変の回想』みすず書房、一九六四年九月の増補版）参照。和平工作自体が各路線入り乱れており、また日中戦争の際も大本営と参謀本部、前線の支那派遣軍等は、はたして意思の疎通があったのかと疑いたくなる程の、よく戦争をやったものだと思える程の機能不全状態であった。

戦時下晋綏辺区における紙幣製造について

洪濤印刷廠の西農幣印刷を中心に

楊　韜

はじめに

戦時下、中国各地の印刷業は、流通網の崩壊により原材料（とりわけ印刷用紙）の供給が不安定に陥った。また、物価・人件費の上昇に加え、空襲／空爆など戦時下特有の損失も発生した。このような状況は「国統区」、「解放区」、「淪陥区」に多く共通したものである。これまで、戦時下の印刷業に関する先行研究は多くない。貴志俊彦（二〇〇八）は『芸文印刷月刊』を用いて、上海の印刷業の状況に関する緻密な考察を行っている。拙稿（二〇一三）は、『店務通訊』（生活書店内部向け機関誌）を用いて、重慶・桂林などいわゆる「大後方」地域の印刷にかかわる生産コスト・輸送・空襲対応などについて考察を行っている。以上の二篇の論文はともに日中戦争期前期（一九三七〜一九四一年）を考察の主要時期とし、また言及する印刷製品もほとんどが一般出版物（書籍や新聞・雑誌など）である。戦時下は、一般出版物に加え、戦時宣伝のためのビラや冊子も大量に印刷・生産されたが、忘れがちなのは、紙幣や債券などの金融財政商品も大量に製造されたことである。本稿では、中国共産党根拠地の一つである晋綏辺区における紙幣製造について、洪濤印刷廠による西農幣（西北農民銀行発行の紙幣）の印刷を事例に、当時の状況を考察する。

以下、まず晋綏辺区の政治的・経済的背景を踏まえたうえ、洪濤印刷廠の設立経緯について述べる。次に、洪濤印刷廠の組織形態を取り上げ、とりわけその厳しい管理規定について分析する。さらに、戦時下における印刷製造の困難と対応（生産コスト、原料確保、輸送などの各側面）をピックアップし、当時の製造現場における洪濤印刷廠の発明事例を紹介する。最後に、洪濤印刷廠において西農幣がどのように印刷・製造されたのかについて、製造工程からその詳細を明らかにする。

本論へ入る前に、本稿で用いる一次資料である『革命戦争年代的洪濤印刷廠』について紹介しておく。『革命戦争年代的洪濤印刷廠』は、洪濤印刷廠の後身である陝西省印刷廠が編纂した資料集である。この資料集では、洪濤印刷廠の設立から解体までの状況が整理され、当時のデータとともに詳しく記述されている。また、当時の従業員たちによる「回顧録」及び当時の関連報道記事（『抗戦日報』や『晋綏日報』の記事）も収録されている。この資料集のもう一つの特徴は、当時印刷された西農幣や食糧配給券などの写真資料も大量に収録されていることである。戦時下の紙幣印刷状況を論じるとき、その歴史資料を『革命戦争年代的洪濤印刷廠』だけに依拠したのでは不十分であろうが、筆者が調査した限り、これほど詳しく記録しているものはほかにない。印刷業に関する通史類の資料集もあるが、その対象はやはり書籍など一般出版物に関するものが多く、日中戦争時期の紙幣印刷についての記述もおおむね概説に留まる。この意味で、『革命戦争年代的洪濤印刷廠』は非常に貴重な資料集だといえよう。なお、抗日根拠地の財政については膨大な資料及び数え切れないほど多くの先行研究があるため、ここでは紙幣の印刷・製造に関連するものの一部のみに言及するに留め、深く掘り下げないことをあらかじめ断っておきたい。

一　洪濤印刷廠設立の背景と経緯

晋綏辺区には、二つの紙幣印刷廠があった。一つは興県農民銀行印刷廠、いまひとつは洪濤印刷廠である。一九四〇年以後、興県農民銀行を母体とした西北農民銀行が設立され、紙幣の発行が始まり、続いて、西北農民銀行幣を印刷・発行するため洪濤印刷廠が設立された。(1) この一連の動きは、一九四〇年一月に成立した晋西北行政公署の指示によって実現した。

周知のように、一九三七年八月の洛川会議において、日本軍の後方で独立自主の遊撃戦を起こし抗日根拠地を建設する方針が決定された。(2) その後、晋察冀抗日根拠地をはじめ、次々に根拠地が作られ、各地域における辺区政府が成立した。辺区は、井上久士が指摘するように二元的性格を内包している。すなわち、辺区が抗日民族統一戦線を前提とした「中華民国の一構成部分」であったことと、共産党に指導された相対的に独自な地域政権であったことである。(3) このように、二者が互いに反発しあいながら共存していたことは辺区の大きな特徴であろう。このような特徴がもっとも鮮明に表れているのは、辺区の財政構造である。(4) そしていうまでもなく、抗日根拠地における通貨及びその政策は辺区政府財政の重要な軸の一つであった。しかし、都市部とは異なり、抗日根拠地はいずれも山岳地帯などの辺境地域に設けられており、岩武照彦が指摘しているように、物資の生産や流通は少なく、通貨も価値の不安定な地方雑票以外はあまり流通していなかったという事情があった。そのうえ、日本軍による「粛清」が頻繁に行われ、辺区の経済状況は決して安定したものではなかった。したがって各辺区においては、まず辺区独自の通貨を発行し、日本軍の通貨攻勢を排除し、不安定な辺区の経済を確立・強化することが何よりも緊要事であった。(5) 本稿で中心に取り上げる西農幣もそのような通貨の一つであった。

表1　各「解放区」の紙幣印刷機関一覧

地区	主要金融機関	主要発行紙幣	主要紙幣印刷機関
陝甘寧地区	陝甘寧辺区銀行	光華代価券	財政部印刷廠、光華印刷廠
晋綏地区	西北農民銀行	西農銀行幣	興県農民銀行印刷廠、洪濤印刷廠
晋察冀地区	晋察冀辺区銀行	晋察冀辺区銀行幣	辺区行政委員会財政処印刷局、冀中印刷分局、人民自衛軍軍需処印刷所
晋冀魯豫地区	冀南銀行、魯西銀行	冀南銀行幣	冀南銀行及び魯西銀行直轄の印鈔廠
山東地区	北海銀行	北海銀行幣	胶東印鈔廠、魯中印鈔廠、浜海印鈔廠、清河印鈔廠
華中地区	淮南銀行、江南銀行、大江銀行	江南銀行幣、大江銀行幣、豫鄂辺区建設銀行幣	江淮印鈔廠、淮南印鈔廠、塩阜印鈔廠、淮北印鈔廠、江南印鈔廠、大江印鈔廠、豫鄂辺区建設銀行印鈔廠

〔出所〕張樹棟ほか（1999）、674〜676頁に基づき、筆者作成。

表1は当時の各根拠地で発行された主要な通貨とその発行金融機関・印刷機関を示したものである。この表からわかるように、複数の金融機関が同時に存在する華中地区と比べると、晋綏地区では、西北農民銀行一行が主要な金融機関であった。西農幣の印刷を担当したのは洪濤印刷廠であった。洪濤印刷廠が正式的に設立されたのは、一九四〇年五月一日だった。それに先立ち、一九四〇年春節頃、晋西北行政公署財政署（責任者：湯平）は八路軍一二〇師が作戦中に接収した晋興出版社第二組の従業員と印刷設備などを興県石楞子村へ移した。その後、八路軍一二〇師から数人の幹部（保管処長李吉宇、軍法処看守所長董之心、保安幹部張仁金、会計係劉炳焜など）を派遣し、湯平の指導のもとで印刷廠の建設準備に着手した。そして、一九四〇年五月一日、湯平は全職員を集め、「われわれの印刷廠を洪濤印刷廠と命名し、本日より正式に生産開始する」と宣言した。湯平から洪濤印刷廠の人員組織も発表された。(6)「洪濤」の名は山西省燕北地区の洪濤山に因んで決められたといわれている。洪濤印刷廠の設立後は、日本軍の「掃蕩」によって四度の移転を余儀なくされたが、その間、徐々に人員や印刷機器などの設備を増やし、少しずつ規模を拡大していった。

表2で示したように、職員の数は当初の三七人から約五〇〇人

表2　洪濤印刷廠規模の拡大

年	職員数	所有設備	西農幣印刷可能規模
1940	37人	石印機（小）4台、鉛印機2台	
1945	約80人	石印機（小）16台、鉛印機6台	726万元相当
1948	約500人	石印機（大）1台、石印機（小）37台、鉛印機8台、裁紙機2台	5,026億9,000万元相当

〔出所〕常徳魁（1994）、29頁に基づき、筆者作成。

にまで増加した。また、印刷機器も大幅に増えた。それに伴い、印刷する西農幣の量も次第に増えている。表の「石印」とは、石版印刷（石版刷り、リトグラフ）のこと、そして「鉛印」とは活版印刷であることを付言しておく。このような状況は、同時期のほかの印刷廠とほぼ同じである。たとえば、冀南銀行の印刷廠が立ち上げられた当初は、故障した石印機（小）が二～三台、及び僅かな道具しかなかった[7]。

二　洪濤印刷廠の組織形態と厳しい管理規定

洪濤印刷廠の組織としては、主に三つの系統が見られる。一つ目は、洪濤印刷廠の管理決定権をもつ「廠部」、二つ目は、主に製造・保管・輸送に関わる実務機関である「工務科」、三つ目は、従業員の日常生活を管理・支援する「総務科」である。洪濤印刷廠の組織形態について**表3**に示す。

表3からわかるように、洪濤印刷廠では一般企業によくみられるような組織が作られている。ほかに、政治指導員（のちの政治協理員）が配置されている。この政治指導員は、共産党員であり、工場内の政治思想工作を担当していた人物である。当時、洪濤印刷廠の従業員の多くは共産党員ではなく、内部の共産党組織もまだ脆弱だったと考えられる。従業員たちの回顧録によると、政治指導員は主に従業員へ文字や文化を教えたり、愛国抗日教育をしたりしたということである。また、政治指導員のなかには人柄が非常によく、従業員から好かれた者も少なくなかった。

表3　洪濤印刷廠組織図（1944年）

洪濤印刷廠組織図		
部署名	役　職	主要職務
廠部	廠長、副廠長、政治指導員（のちに政治協理員へ変更）	各部署間の調整、生産計画の制定、生産状況の監督、政治思想教育の実施、工場の安全の確保、新入職員の政治審査、規定違反職員の処罰など
工務科	工務股長（のちに工務科長へ変更）	月単位生産計画の制定、生産進度の監督、品質検査など
総務科	科長、副科長、会計係、出納係、炊事係、事務員、仕入れ係、保管係	職員の日常生活の管理及び支援、生産原料の仕入れ及び保管など

〔出所〕常徳魁（1994）、18～19頁に基づき、筆者作成。

洪濤印刷廠は根拠地のほかの生産工場とは異なり、特殊な製品（紙幣や食糧配給券など）を生産していた。その特殊性から、非常に厳しい経営管理規定が定められ、厳格に実施されていた。以下、その経営管理条例にあたる『晋綏辺区洪濤印刷廠廠規』（写真1）を見てみたい。

『晋綏辺区洪濤印刷廠廠規』には、以下の十条の規定が設けられている。

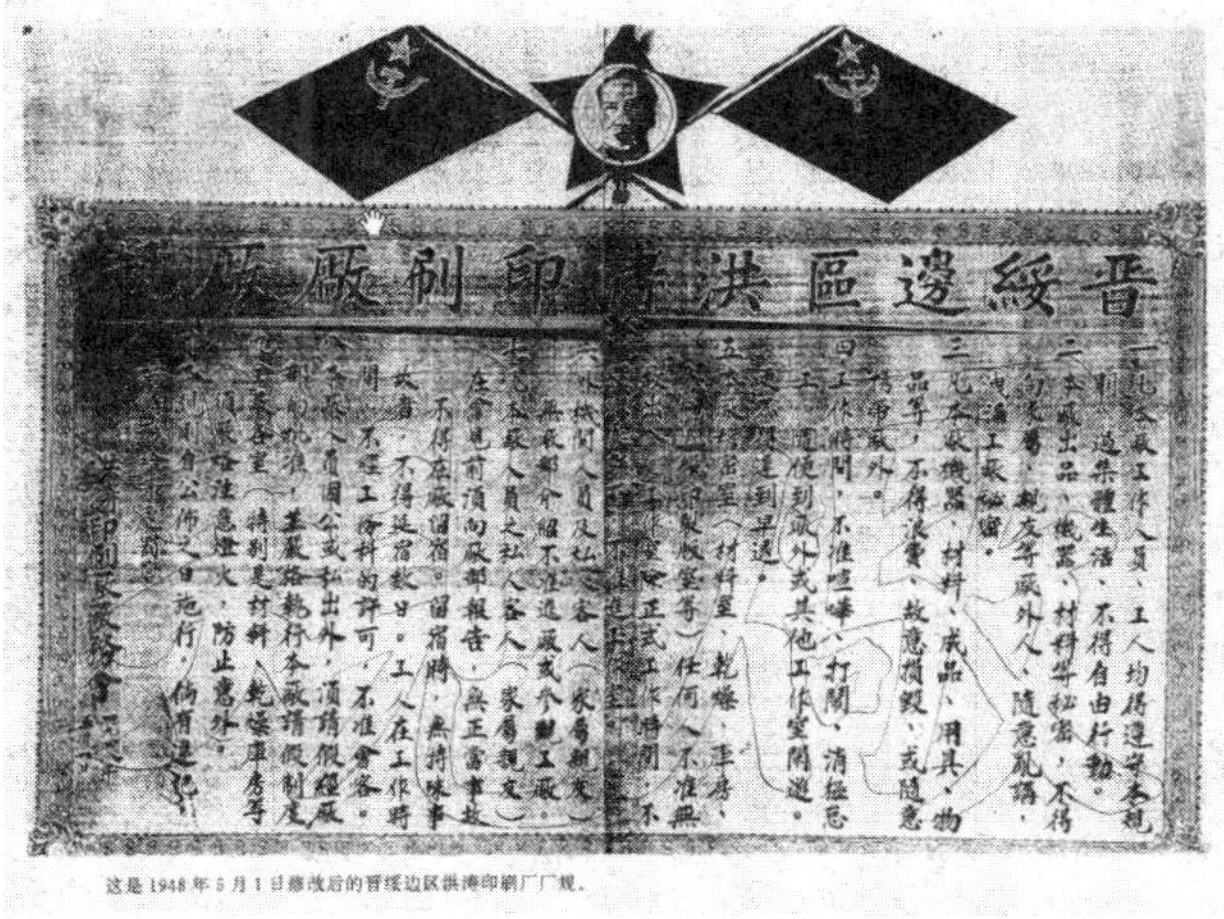

写真1　『晋綏辺区洪濤印刷廠廠規』（出所：常徳魁、1994）

第一条、職員全員が本規定を厳守し、集団生活を送ることとし、自由行動を認めない。

第二条、生産にかかわる製品、設備、原料などについて、家族や友人など部外者に話してはならない、秘密を漏洩することを禁じる。

第三条、設備機器、原料、完成品、道具などを浪費してはならない、故意に損害を与えることや無断に外部へ持ち出すことを禁じる。

第四条、勤務中に業務を怠るこ

とや無断で他部署に移動することを禁じる。遅刻や早退を禁じる。

第五条、機密室（材料室、乾燥室、倉庫、完成室、鉛印製版室）への無断侵入を禁じる。組長の許可なしに勤務時間外に作業場へ出入りすることを禁じる。

第六条、廠部の紹介状なしに、部外者及び個人的な訪問客（家族や友人）が出入りすることを禁じる。

第七条、従業員の来客の際は、廠部への報告を義務付ける。理由のない宿泊を禁じる。勤務時間中の来客面会は、工務科に許可を申請しなければならない。

第八条、外出時廠部へ休暇の申請をしなければならない。

第九条、各部署（とりわけ材料室、乾燥室、倉庫など）の火災予防に細心の注意を払わなければならない。

第十条、本規定は公布日より実施する。規定に違反した者は処罰する。

以上の規定から二つ重要なことが読み取れる。第一に、守秘義務を厳守すること、第二に、火災予防を徹底することである。火災予防に関しては、印刷工場ということを考えれば当然のことであろう。そして、守秘義務は、特殊な製品である紙幣などの性質からくるものであろう。当時、日本軍によって発行された「偽札」をめぐる事件が多く、通貨の安全性は辺区の財政に大きくかかわる重大な問題であった。ここでいう「偽札」は「偽鈔」とは異なる。当時「偽鈔」と呼ばれたものとして、日本側が発行した聯銀券や傀儡政権が発行した通貨がある。[8]また、一九四一年から一九四二年にかけて日本軍が抗日根拠地を困窮させるために、価値の暴落した法幣を用いて根拠地から大量に物資を買い集めた動きもあった。[9]一九三九年、日本軍は国民政府中央銀行発行の「法幣」を模倣した「偽法幣」を大量に発行し、辺区の金融に混乱をもたらした。のちに「偽冀南銀行幣」なども大量に発行し、辺区の財政へ打撃を与え続けた。辺区政府、とりわけ各根拠地金融機関は「緊急通報」や「緊急指示」などの通達を出し、民衆に注意を呼び掛けるとともに、関連行には厳しく対処した[10]。このような状況下において、洪濤印刷廠に厳しい管理規定の必要性があったことは明白であろう。

三　戦時下における印刷現場の困難と対応　洪濤印刷廠の発明事例を中心に

洪濤印刷廠は、戦時下において直面したもっとも大きな困難は印刷用紙及び印刷用インクの不足である。前述したように、根拠地は地理的な条件が悪いうえ、日本軍による「粛清」及び「封鎖」などにも阻まれ、外部から物資を調達することが非常に難しかった。洪濤印刷廠の原料（主に印刷用紙とインク）や設備などの仕入れは、以下の三つのルートを通して行われた。第一に、辺区政府による資金を使い、日本軍占領地域から仕入れるルートである。その際は、主に当該地域に潜伏している共産党地下党員、あるいは「進歩的民主人士」及びその商社を経由して物資を購入し、根拠地へ輸送していた。第二に、洪濤印刷廠から直接バイヤーを派遣し、「解放区」各地で購入するルートである。第三に、晋綏辺区の軍隊や行署に依頼し、各部隊が戦場で発見した印刷設備などを収集し、根拠地まで運んでもらうルートである。洪濤印刷廠には四人のバイヤーがいたが、そのうちの一人は占領地域とゲリラ戦展開地域に長期滞在し物資を買い付けていた。一九四二年、各地から仕入れた物資をいちはやく洪濤印刷廠へ運送するため、桑湾村に中継輸送のための「物資転運駅」が設けられた。一九四五年に抗日戦争が終結した時点で、バイヤーは六人まで増員されていた[11]。また、洪濤印刷廠が幾度も移転したのは、当時の戦局状況だけでなく、物資調達の利便性とも関係している。一九四〇年七月から一九四二年五月にかけて、生産物資と従業員たちの食糧、そして生産した紙幣などの運送はすべて人力に頼るほかなかった。一九四二年五月以降、「毛驢（体軀の小さなロバ）」を使って運送することが可能となった。一九四五年以降は、運送条件が大幅に改善された。輸送員六人と馬車二輌を

洪濤選出勞動英雄
閻敬齋榮獲第一
這是1943年11月20日《抗戰日報》的報導。
洪濤印刷廠的發明故事
這是1943年5月1日《抗戰日報》的報導。

写真2　洪濤印刷廠の発明に関する記事（出所：常徳魁、1994。初出は『抗戦日報』1943年5月1日）

有し、独立した「運輸班」を立ち上げ、すべての生産物資と生活物資を馬車で運ぶこととなった[12]。

このような困難な状況のなか、洪濤印刷廠がもっとも力を入れたのは「自力更生」の対策であった。従業員による徹底的な「浪費排除」が呼びかけられ、できる限りの無駄遣い防止運動が行われた。一方、仕入れ困難な物資や設備を自ら作る試みも盛んに行われた。以下、一九四三年五月一日の『抗戦日報』に掲載された記事「洪濤印刷廠的発明故事」（写真2）を取り上げ、そこで紹介された洪濤印刷廠の職員による数々の発明を覗いてみたい。当時、洪濤印刷廠以外の印刷廠でも、このような発明活動があり、なかでももっとも突出した人物は「労働英雄」と称された牛歩峰であった[13]。各根拠地は一九四一年前後、内外の様々な問題によって財政が非常に困窮した局面に陥っていた。その時に打ち出された「精兵簡政・自力更生」の指針に呼びかけられ、人々は積極的に資源の節約や代替品の発明運動を展開した。洪濤印刷廠の職員による発明運動も「自力更生」運動の一環と看做すことができよう。

この記事のなかで、次の五つの発明が紹介されている。

第一に、ドイツ製ロールの代替品の発明である。一九四〇年夏、洪濤印刷廠では印刷機のドイツ製ロール（当時の印刷機用ロールはほぼドイツ製であった）の在庫をすべて使い切ってしまったが、根拠地が日本軍により封鎖されていたため、外部から新しいロールを仕入れることができなかった。そこで、従業員の宋文瀛が簡易ロールを発明した。彼は、木製の棒をロールの形に整え、布で包み、さらに自転車のチューブを取り付け、簡易なロールを作った。この発明は、ドイツ製ロールにあった気温の変化に弱い（夏は柔らかく、冬は硬く変質する）という弱点を克服しただけでなく、仕入れの費用を抑えることにもつながった。

第二に、石印機の「圧板」の代替品の発明である。当時の石印機の「圧板」は楠と「高麗紙（桑皮を原料として造った厚手の紙）」によって製造されたものである。しかし、根拠地ではなかなか楠と「高麗紙」が手に入らなかった。そのため、従業員の馬景昌が「圧板」の特徴である「硬さ」と「平たさ」を念頭に置き、入手可能な材料の中からもっとも硬い「棗木（なつめ材）」を楠の代わりに使用した。「平たさ」の追求のため、新たに「砂紙（サンドペーパー）」を作って磨いた。最終的には上等な「圧板」が造られた。

第三に、ゴム糊とブラシの代替品の発明である。当時使われていたゴム糊の原料であるアラビアゴムとブラシの在庫が少なくなると、多くの従業員がアイデアを出し合い、代替品の開発に挑戦した。彼らは、楡の皮を挽いて粉砕し、三日間にわたりじっくり煮込んだ。その中からおりを取り除いて、少量のアラビアゴムを足すと、ゴム糊ができあがった。また、木材と馬の尻尾を使ったブラシも造られた。

第四に、印刷インクかすの再利用である。当時、印刷機に使われていたインクは使用後に大量のインクかすを排出していたが、インクかすはそのまま処分されていた。従業員の任直卿が生産会議において、それらを再利用してリサイクルインクを絞り出すことを提言した。この提案は同僚たちの賛同を得たが、実際に実験してみるとうまく絞り出すことができなかった。何度も実験を繰り返し、試行錯誤の末ようやく成功した。リサイクルインクは、洪濤印刷廠の印刷インクの節約へとつながった。当時の概算によると、排出されるインクかすは年間二〇～四〇ポンドで、一ポンドのインクかすから五〇〇元相当のインクがリサイクルされたとして計算すると、年間一・五万～二万元の節約になったということである(14)。

第五に、「大青石」の代替品の発明である。石印機を磨くために使われていた「大青石」はほとんど外部から仕入れたものであったため、一ポンドあたり二～三元のコストがかかった。従業員の祁徳勝がほかの従業員に呼びかけ、山奥に入って代替の石材を探した。そして、手に入れた様々な石材からもっとも「大青石」に近いものを選び、印刷機の研磨に適したものを造った。

以上のような多種多様な発明は、洪濤印刷廠の生産現場で採用され大いに役立っただけでなく、辺区やほかの根拠地の印刷工場などでも活用されたといわれている。

四　洪濤印刷廠における西農幣の印刷・製造

西農幣の発行の意義について、晋綏辺区の貿易総局による『一九四〇年至一九四七年金融工作総結』のなかで次のように述べられている。「まず、辺区貨幣の陣地を建設し安定させることで、蔣幣（蔣介石国民政府が発行した貨幣）、閻幣（閻錫山地方政権が発行した貨幣）、偽幣（日本軍側が発行した貨幣）による辺区金融市場への侵入を防げ、解放区の資金と物資を強奪されることが避けられた。次に、現地の財政赤字を相当程度に補うことができ、供給を保障し、戦闘への支援を一定程度に果たすことができた(15)」。西農幣は主に洪濤印刷廠で製版・印刷されていた。以下、西農幣の種類、巻面、及び製造過程における具体的な工程を見てみたい。まず、一九四〇年から一九四八年にかけて洪濤印刷廠で印刷された西農幣の種類を下記の表4に示す。そして、三つの券面の例を写真3に示す。

洪濤印刷廠で印刷された西農幣は表4に示したとおり、一九四〇年の五角券と一元券そして一九四一年の五分券と二角券に始まり、その後は五元、一〇元、五〇元と券面額の増額を経て、一九四八年の五万元券にいたるが、その種類は合計二六種類に及んでいる。写真3からわかるように、紙幣のデザインや色使いは多種多様であり、型式はほとんど横型であった。表面には漢字で銀行名（「西北農民銀行」）と券面額が記され、発行年次（中華民国歴）が示されている。裏面には英文で銀行名（「SIBEI NUNG MIN INXANG」）と券面額が記され、発行年次が西暦で示されている。

表4　1940～48年洪濤印刷廠が印刷した西農幣の種類一覧

	1940	1941	1942	1943	1944	1945	1946	1947	1948
5分券		1							
2角券		1							
5角券	1	1							
1元券	1								
2元券		1	1						
5元券			1						
10元券			1				1		
50元券			1	2		1			
100元券				1		2			
500元券						2			
1,000元券							1		
2,000元券								2	
5,000元券								1	
10,000元券									2
50,000元券									1
合計	2	4	4	3		5	2	3	3

〔出所〕常徳魁（1994）、29頁。

写真3　洪濤印刷廠が印刷した西農幣の例（出所：常徳魁、1994）

洪濤印刷廠における西農幣の製造過程は主に下記の四つの工程からなる。(16)

第一に、製版工程。製版（デザイン）は、紙幣生産の最初の作業であり、非常に高度な技術を要する工芸作業である。洪濤印刷廠は西北農民銀行から新たに発行する紙幣の指示及び細かなリクエストを受け、券面のデザインを行い、見本を造る。見本が銀行側による確認と了承を経たら、銅版作りの作業へ進む。当時は写真撮影による製版設備がなかったため、工程はすべて製版技術者の手作業に頼られており、一種類の新しい紙幣を発行するためには、六枚の銅版を手工で彫り上げる必要があった。すなわち、表面・表面図案・表面飾り罫・裏面・裏面図案・裏面飾り罫の六つである。これらすべての作業に間違いがあってはならないのは言うまでもない。銅版が出来上がったあとは、銅版のデザインを石印機へ移し、インクとゴム糊で固定化し石印版を造る。最後に石印版を密封して保存する。

第二に、石印工程。これは石印版を用いて券面の図柄を用紙に印刷する作業である。倉庫から出来上がった石印版を石印機に設置し、印刷開始前のスタンバイ（倉庫から用紙とインクを用意するなど）を行う。印刷中は、一台の石印機に二人の従業員（技工と見習い）を配置する。技工はインクの投入、用紙の設置、印刷の圧力調整をする。見習いはロールを動かすなどの作業を行う。一色の印刷を終えるたび、乾燥させる。一枚の紙幣の印刷でこの工程を六回繰り返す。

第三に、鉛印工程。これは、色付けの工程を終えた紙幣にナンバーや図案などを打ち込む作業である。一枚ずつ丁寧に打ち込み、もちろん間違いは許されない。この工程においては、守秘義務が厳重にされる。

第四に、完成工程。これは紙幣印刷の最終工程である。最初に出来上がった紙幣は大版用紙に印刷されているため、規定の大きさに裁断する。その後、裁断された紙幣を検査し、不合格品（裁断サイズが合っていないもの、ナンバーなどが不鮮明なもの、皺があるものなど）を取り除く。最後に、枚数を数えて封をし、倉庫に保管する。封をした付箋には枚数確認をした担当者と部署の責任者の印鑑を捺さなければならない。

以上は、洪濤印刷廠における西農幣の印刷・製造の流れだが、当時、洪濤印刷廠では西農幣のほかにも「糧票」、「草料票」などを印刷していた。「糧票」は食糧配給券の一種である。「草料票」は輸送時に使う馬やロバの飼料（草）を受け取るための配給券である。限られた設備のため、当時の製版工程の技術には限界があったが、製版技術者はできる限りの工夫を凝らした。たとえば、多様化するため、飾り罫には「小米」や「麦」などの文字を入れ込むなどして区別を図った。

結びに

以上の考察を通して、戦時下の洪濤印刷廠における西農幣の印刷・製造の状況を垣間見ることができた。一九四〇年晋西北行政公署財政署の指導のもとで設立された洪濤印刷廠は、晋綏地区の通貨である西農幣の印刷・製造を担った。そこでは、厳しい経営管理の規定に従い、従業員全員が守秘義務を厳守し、特殊製品である紙幣の生産に取り組んだ。印刷用紙やインクなどの生産原料が極めて入手困難な状況のなか、従業員らによる発明が盛んに行われ、不足している設備を自ら造り、印刷工程において様々な工夫が凝らされ、製造現場の難題に対処し、克服していた様子がわかる。そして、このような紙幣の印刷・製造は辺区の金融財政の重要な一環となり、根拠地の長期にわたる抗日闘争を支えていた。辺区の印刷業の状況を全面的に考察する際、洪濤印刷廠と同時期のほかの印刷廠との比較は欠かすことができないだろう。しかし、現時点では資料に限界があるためそれを多角的・体系的に明らかにすることは困難である。たとえば、本稿でも言及した冀南銀行印刷廠は、その八年間の状況を概説した資料を見ることができるが、細部までの様子については不明である。今後、新しい資料の発掘及び新しい档案資料の公開を待って、さらに掘り下げていく必要があるだろう。

注

（1）張樹棟ほか（一九九九）、六七四頁。
（2）石島紀之（一九八四）、六九頁。
（3）井上久士（一九八七）、一五九頁。
（4）井上久士（一九八七）、一六三〜一七二頁参照。
（5）岩武照彦（一九八三）、四二七頁。
（6）常徳魁（一九九四）、一二頁。
（7）張存泰（一九九〇）、八一二頁。
（8）小林孝純（一九九五）、四三頁参照。
（9）馬場毅（一九八四）、五六頁参照。
（10）晋冀魯豫辺区財政経済史編輯組（一九九〇）、八七一〜八八二頁参照。
（11）常徳魁（一九九四）、二五頁。
（12）常徳魁（一九九四）、二七頁。
（13）『晋察冀日報日報』一九四五年二月六日。
（14）原文は「年間一・五万〜二万元の節約」となっているが、一ポンド五〇〇元とすれば、「年間一万〜二万元の節約」の間違いだと考える。
（15）常徳魁（一九九四）、二八頁。
（16）常徳魁（一九九四）、三〇〜三一頁。

参考文献

〈日本語〉

石島紀之『中国抗日戦争史』（青木書店、一九八四）
一谷和郎「革命の財政学——財政的側面からみた日中戦争期の共産党支配」高橋伸夫編著『救国、動員、秩序——変革期中国の政治と社会』（慶応義塾大学出版会、二〇一〇）：一七九〜二〇一頁
井上久士「第八章　辺区（抗日根拠地）の形成と展開」池田誠編『抗日戦争と中国民衆——中国ナショナリズムと民主主義』（法律文化社、一九八七）：一五七〜一七七頁
岩武照彦「抗日根拠地における通貨および通貨政策—晋察冀辺区および晋冀魯豫辺区の実例」『史学雑誌』九二・四（一九八三）：四一五〜四四八頁
貴志俊彦「日中戦争前期上海の印刷業界の苦悩と希求——『芸文印刷月刊』（一九三七〜一九四〇）を通じて」西村成雄・田中仁編『中華民国の制度変容と東アジア地域秩序』（汲古書院、二〇〇八）：一二一〜一三七頁
小林孝純「抗日戦争時期における晋西北根拠地の財政問題」『社会文化史学』三四（一九九五）：三四〜四六頁
馬場毅「山東抗日根拠地における財政問題」『史観』一一〇（一九八四）：四三〜六〇頁
馬場毅ほか編訳『日中戦争史資料——八路軍・新四軍』（龍渓書舎、一九九一）
楊韜「戦時下における生活書店の経営管理について」『多元文化』一三（二〇一三）：一三九〜一五五頁

〈中国語〉

倉夷「苦心鉆研的牛歩峰―報社印刷廠労働英雄」晋察冀日報史研究会編『1938-1948『晋察冀日報』通訊全集 一九四五年巻（上）』（中共党史出版社、二〇一二）二〇七～二一二（初出：『晋察冀日報』一九四五年二月六日）

常徳魁編著『革命戦争年代的洪濤印刷廠』（陝西人民出版社、一九九四）

范慕韓主編『中国印刷近代史』（印刷工業出版社、一九九五）

華葉「抗戦時期的華中造紙廠和「抗幣」」『紙和造紙』一九九五年第5期

晋冀魯豫辺区財政経済史編輯組編『抗日戦争時期晋冀魯豫辺区財政経済史資料選編（第二輯）』（中国財政経済出版社、一九九〇）

田建平・張金鳳『晋察冀抗日根拠地新聞出版史研究』（人民出版社、二〇一〇）

張樹棟ほか『中華印刷通史』（印刷工業出版社、一九九九）

厳帆『中央蘇区新聞出版印刷発行史』（中国社会科学出版社、二〇〇九）

馮田夫ほか『中国財政史・革命根拠地巻』（中国財政経済出版社、二〇〇六）

楊世源主編『晋綏革命根拠地貨幣史』（中国金融出版社、二〇〇一）

張存泰「印刷廠八年来発展概況」晋冀魯豫辺区財政経済史編輯組編『抗日戦争時期晋冀魯豫辺区財政経済史資料選編（第二輯）』（中国財政経済出版社、一九九〇）

中共山西省委党史研究室ほか編『晋綏革命根拠地大事記』（山西人民出版社、一九八九）

〈英語〉

Reed, Christopher. Gutenberg in Shanghai : Chinese Print Capitalism, 1876-1937. Honolulu : University of Hawaii Press, 2004.

Ting, Lee-hsia Hsu. Government Control of the Press in Modern China, 1900-1949. Cambridge, Mass.: East Asian Research Center, Harvard University, 1974.

抗日舞踊と育才学校の接点

陶行知、戴愛蓮、呉暁邦の合作

星野幸代

はじめに

本稿は、教育家・陶行知（一八九一～一九四六）の抗戦教育に舞踊家・戴愛蓮[1]（一九一四～二〇〇六）および舞踊家・呉暁邦（一九〇六～九五）の抗日舞踊が如何にコラボレーションしたかについて考察することを目的とする。

筆者の目的は二段階に分けられる。まずマクロな意味では、従来の抗日文芸運動研究においては文学・絵画・漫画分野は既に蓄積があり、次いで音楽・話劇・映画研究が進みつつあるが、そこへ舞踊という分野を拓き、さらにそれが教育と関わっていることを示したい。ミクロな視点からの目的は、抗戦期に起きた陶、戴、呉をめぐる、従来バラバラに記述されてきた事象に脈絡を見出すことにある。その事象を時系列順に記述すれば、次の通りである。

一、呉暁邦が、陶行知の思想に基づく新安旅行団（後述）に抗日舞踊を教えた。
二、呉暁邦と戴愛蓮が合同で抗日義援金コンサートを開いた。
三、陶行知が育才学校に舞踊組を設け、戴愛蓮を教員に招聘した。
四、育才学校の音楽組と舞踊組が合同で、チャリティー・コンサートを開いた。

これらに因果関係を見出す、すなわち、戴、呉が如何なる経緯で陶行知に協力したか明らかにし、抗日舞踊と抗日教育のネットワークとして描き直すことが本稿の目的である。その際、重慶知識人ネットワークの関与、また中国における西洋音楽・西洋現代舞踊受容の問題を絡めて進めたい。

先行研究をまとめておく。陶行知について、中国では一九四六年に陶が亡くなって以降建国までその思想が人民教育発展のためのよりどころとなった。文革で否定された時代を経て、一九八〇年代以降、陶行知の教育理論研究は現代中国社会における問題に即して展開されつつある。[2] 一方日本では、陶行知と同時代に研究を始めた斎藤秋男が総体的な陶行知研究を行い、文革前後も絶えることはなかった。戦後を代表する研究者牧野篤は、「生活教育」理論の形成過程とその構造を分析している。[3] しかし、これらは当然ながらもっぱら教育学研究者により、文芸研究の立場から陶の影響を論じたものはないといってよい。[4]

戴愛蓮、呉暁邦については、中国における舞踊辞典、舞踊史はいずれも現代舞踊史における第一人者として項目を立て、多くの紙幅を割いてはいるものの、建国後の功績に偏重するきらいがあり、また二人の自叙伝以外の客観的資料に乏しい。[5] 中国、米国で出た戴愛蓮伝記のいずれも、自叙伝の内容をなぞるだけである。[6] 筆者は「中国バレエ前史」の重要人物として戦前の戴愛蓮を扱い、また彼女が陳友仁、宋慶齢を通じて保衛中国同盟に協力した抗日舞踊活動について論じたことがあるが、戴と呉との合作については言及するにとどまった。[7] 呉暁邦に関して、中国では大判の舞踊写真集が出ているが、[8] 研究対象とするものは見られず、日本では皆無である。

本稿は次のような手順で進める。上記の四つの事象のうち、「一」「二」は「三」の前段階と位置づけられるため、「三」を中心にこの三つを扱った後、「四」を考察する。方法としては、適宜新資料で裏付けつつ、背景と関わった人物などにより彼らの行動の必然性を考察し、上演された演目内容を検討する。本稿のスタンスは第一に舞踊史研究であるが、戴、呉の一九四〇年代の活動は舞踊史の枠におさまらず、舞踊教育を通じた抗日活動という点で陶行知と深く関わり、さらに言えば抗日期重慶に移動した多くの知識人たちに関わっていた。従って、本稿は舞踊史に軸を置きつつ、抗日教育、舞踊作品研究および知識人交流研究に資することを目指す。

一　育才学校に「舞踏組」が出来るまで

まず、育才学校について概要をまとめておく。(9) 陶行知は日中戦争勃発後の戦災孤児の急増を憂い、兼ねてより難童（戦災児童）学校を計画していた。一九三九年一月香港の難民救済委員会より難民救済基金からの援助を得られることになり、難童学校の設立が決定した。その後重慶に移動した陶行知は、この「育才学校」構想を実現するため、かつて彼の学生であった共産党員たちに援助を求めた。中国共産党南方局もこの学校を抗日民族統一戦線推進の基地とすべく積極的に支持したため、育才学校は同年七月には開校に至った。教員は、文学組の艾青（一九一〇～九六）、音楽組の賀緑汀（一九〇三～九九）、絵画組には魯迅の学生であった陳煙橋（一九一一～七〇）ら共産党員、地下組織党員もしくはそれに近い立場の人材が占めていた。翌一九四〇年九月に周恩来、鄧穎超夫妻が育才学校を訪問し、資金を提供している。以上の通り、育才学校は中国共産党の援助で成立した。一方で、国民政府教育部が国統区の学校にはすべて国民党員を派遣するよう定めていたため、名目上、育才学校では共産党員と非党員を国民党員として登録していた。

当初重慶市郊外の北温泉に設立された育才学校は、同年八月合川県草街子郷の鳳凰山にある寺の廟に移り正式に発足した。落ち着く間もなく一九四一年皖南事変が起こり、国民党による反共攻撃が激しくなると、一校舎で教育を続けられなくなった。そのため組ごとに別々の場所で教学を行い、あるいは旅行団を組織して専門家を訪問し直接指導を受けては「抗戦建国」宣伝公演を行う等により、運営費を確保した。舞踏組の開設はそのような時期よりも晩く一九四四年である。

これまで育才学校研究においては言及されなかったが、舞踏組には前史がある。これを担ったのが舞踊家の舞踊家呉暁邦、盛婕夫妻であった。一九四一年八、九月、陶行知は「育才学校暑期自学団」として、音楽、戯劇、語学などの自学団も設けていた。この時「舞踏自学団」顧問として招かれたのが、重慶に来ていた呉暁邦と、彼の元門下生で妻となった盛婕である。[10]

では、陶行知はこのときなぜ呉、盛夫妻に舞踊指導を頼んだのであろうか。それはおそらく、この前年に二人が新安旅行団の子どもたちに舞踊を教えたのが縁になったと考えられる。

二　新安旅行団における呉暁邦の舞踊教育

呉暁邦、盛婕は、一九四〇年六月、陶行知の教育思想を継ぐ新安旅行団の招聘で同団員に舞踊指導を始めた。[11]この事実については、陶行知研究の中では扱われたことがないため、以下呉暁邦の回想をもとに、その実態を再現してみたい。

まず、新安旅行団について簡単に紹介しておく。[12]新安旅行団とは、各地を救国抗日宣伝して回った子どもたちの団体である。陶行知が設立した新安小学を母体とし、陶の教え子汪達之（一九〇三〜八〇）を団長として一九三五年に正式に結成され、共産党地下組織に秘密裏に支持される一方、国民党から折々資金援助を受けた。当初は映画の上映を主な宣伝手段としたが、各地で専門家の指導を受け、演劇、合唱、舞踊、大道芸など多様な宣伝形式を身につけていった。桂林に滞在した一九三八年から一九四一年二月は、団員は一〇〇名ほどに増え、桂林の子どもたちも現地の宣伝隊として組織し、農村や戦災孤児施設で宣伝活動をし、兵士を慰問するなど、最も充実した活動期であった。[13]

呉暁邦は、新安旅行団が宣伝手段を身に付けるため教えを請うた専門家の一人だったと考えられる。呉は陶行知の「生活はすなわち教育である、社会はすなわち学校である」という思想に賛同し、彼らの招聘に応えたという。呉が接触した際、団長の汪達之も二十代前半、メンバーは九歳から二〇歳まで五十人余り、その大多数は一三〜一五歳だった。レッスンは週に三時間×二回、後には三回に増やし、まずは四肢を柔軟にする基礎訓練を積ませ、一カ月半の後に以下二つのレパートリー、「春の消息」と「虎爺」を振付けた。

「春の消息」[14]　振付　呉暁邦　音楽　陳歌辛（一九一四〜六一）
第一曲「冬」子供たちは大自然の風雪の中で飢えと寒さに耐え、肩を寄せ合ってかたまり、厳しい冬を乗り切る。
第二曲「カッコウが飛んできた」　厳冬が子どもたちを脅かしているとき、遠くからカッコウの声が聞こえ氷と雪が解け、温かい春風が子どもたちの顔に吹いてきて、みな鳥の歌声に合わせて踊り始める。
第三曲「進め、苦難の子どもたち」　春は子どもたちに生きる望みを与え、子供たちは団結して未来へ立ち向かう。大地の母が踊りながら踊る。（所要時間一五分）

呉暁邦は、V・エロシェンコ（一八九〇〜一九五二）「桃色の雲」にインスピレーションを受けてこの作品を作った。[15]「桃色の雲」の中国語訳は、まず一九二二年魯迅訳で『晨報副刊』『覚悟』に連載され、ついで一九二三年北京・新潮社から出版され、当時上海の若者の中では評判となった。[16]魯迅がこれを訳した意図が「虐待された者の苦痛の叫びを広く伝え、わが国の人々に強権を有するものへの憎悪と憤怒とを沸き立たせることだけにあった」[17]とすれば、呉暁邦はそのメッセージを受け取り、この舞踊のテーマとしたと言える。いっぽうで顧みれば、この原作は日本語の童話なのである。それが二〇年後に抗日舞踊の題材として採用された事実には、「日貨排斥」のようには割り切れない文芸の作用が表れている。

「虎爺」[18]　呉暁邦振付、音楽：劉式昕［不詳］

第一幕「古い生活」　地主の趙福（綽名：虎爺）と二人の妻は農民を圧迫している。彼の長男徳光は国民党軍の参謀で、彼は日本軍が来ると聞き、父に日本軍と一緒に逃げるように言う。趙福は財産が惜しくただ祖先に祈る。日本軍は村に侵入すると趙福の妻を犯し家屋敷を焼く。

第二幕「旧いものの壊滅」　趙福の二男徳興は愛国青年たちの影響でゲリラとなり、父にも抗日に参加するように言うが趙福はきかない。抗日ゲリラが村から出発するのを村の婦女たちが送る。

第三幕「新しいものの息吹」　徳興の指揮でゲリラは活動を続ける。趙家の女中であった倩姑は徳興と恋仲である。倩姑は村の婦女を率いて農作業をし、ゲリラ活動を支える。倩姑はじめ農民たちは、ゲリラを祝福する歌を歌う。

第四幕「新しいものの実現」　敵は徳興たちの活躍で滅び、村民は家屋を取戻し、勝利を祝う人々に交じって趙福はこっそりと国旗を掲げ、ともに新生活を打ち立てる行進曲を歌う中、幕となる。

「春の消息」に比べ、「虎爺」はかなり日本を悪、抗日ゲリラを善とする勧善懲悪を図式化した内容になっている。またいずれも舞踊というよりは、歌って踊るミュージカルのようなものであったことが分かる。この二つのレパートリーを新安旅行団は身につけ、一九四〇年秋から上演し、観衆から好評を得た。その後、呉暁邦は新安旅行団が活動を続けている桂林を発ち、長沙、広東省を経て重慶へ移動している。一九四一年四月、同地で呉、盛は結婚し、結婚式には戴愛蓮、葉浅予夫妻が同席、陶行知は二人の結婚を祝す詩を送っている。[19]

まもなく一九四一年六月一七、一八日、[20]戴愛蓮と呉暁邦、盛婕は重慶の抗建堂で中国製片廠が公債募集のために開いたコンサートに出演している。当初六月五、六日の予定であったが、五日重慶で日本軍の爆撃のもと大隧道窒息事件[21]が起きたため延期された。主催は国民党政府政治部第三庁の傘下にあった中国製片廠、出演は戴愛蓮、呉暁邦、盛婕、中華交響楽団、中国製片廠合唱団、演目は「思郷曲」、「東江」、「国旗進行曲」、「合力」等、いずれも戴もしくは呉の創作舞踊であった。これらは、「この新しい舞踊は古い廃墟から新たに生まれた芸術の一つだ」と好意的に評されたものの、呉と盛の舞踊が「中国人の気概に合致する」と讃えられたのに対し、戴には「「バレエ」の技術は卓越しているけれども、この古典の遺物を徹頭徹尾新舞踊に発揮し、さらにそれを新中国の舞踊に発揮し、合わせて検討し、新たに「民族舞踊」の基礎を打ち立てて欲しい[22]」と注文がついた。

同四一年夏、上述の「育才学校暑期自学団」が開かれて呉暁邦、盛婕が舞踊自学団を担当したが、年末には呉暁邦、盛婕は四川省江安の戯劇学校へ移動した。育才学校の舞踏組の構想は三年ほど中断することになる。

三　育才学校に舞踏組開設

育才学校に戴愛蓮を招聘するに先立ち、陶行知はいつ、どのように戴と知り合ったのであろうか。一九三六〜三八年欧州の華僑に抗日宣伝を呼びかける代表として陶行知が渡欧した前後、戴愛蓮は英国で抗日宣伝活動を行っていたから、少なくとも戴は陶行知の名をこのとき知ったに違いない。また陶、戴に共通する友人、宋慶齢に即してみれば、まず一九三〇年代前半より宋慶齢と陶行知は抗日活動をめぐって共鳴しており、[23]一九三八〜三九年陶行知が欧州の帰りに宋慶齢のいる香港に滞在した際、育才学校設立のため計画を練った。[24]その後まもなく戴愛蓮は英国から香港へ到着し、宋慶齢と知り合っている。このタイミングから、育才学校の舞踏組の創設に際して、宋慶齢が戴愛蓮を推薦した可能性も残る。

従来、舞踏組の本格的な開設は一九四六年とされてきたが、後述する音楽舞踊大会の開催時期より、一九四四年末か四五年初頭と考えられる。一九四一年、呉、盛と合同コンサートを開いてから一九四四年舞踏組教員に就任する間、戴愛蓮は重慶で何をしていたのであろうか。

戴によれば一九四二年重慶に至り、まずは国立歌劇学校[25]舞踏教研組を担当した。彼女はここでバレエとモダンダンスを教えたが、給料の不払いによりこれを約一年で辞し、一九四三年クラスの学生たちを連れて国立社会教育学院に移った[26]。戴の夫であった漫画家・葉浅予によれば[27]、当該学院に映画に従事する人材を育成する電化（ラジオ）教育訓練班があり、戴はその舞踏教師に招聘されたのだという[28]。その宿舎である北温泉に戴・葉夫妻は住んだが、北温泉はまさに育才学校が発足したところでもある。このころ、戴愛蓮は国民党要員のパーティ等に呼ばれ、ダンスホール付きの所謂「舞女[29]」扱いされるなど不快な経験をして、国民党勢力と距離を置くようになった。そんな折、彼女は陶行知の招聘に応じたらしい[30]。育才学校へ赴任する際、戴愛蓮は陶の許可を得た上で国立歌劇学校時代の学生、隆徴丘、黄子龍、彭松（一九一六〜[31]）、呉芸、葉寧[32]らを伴った。彼らは舞踊教授の助手を務めるとともに、舞踊コンサートで主要なダンサーとして、育才学校運営に貢献することになる。

四　舞踊組・音楽組合同音楽舞踊大会

一九四四年一一月重慶の抗建堂で、育才学校舞踏組と音楽組は学校運営資金のためのチャリティー・コンサート「合同音楽舞踊大会」を行い、成功裏に終わった。従来この事実については当事者戴、葉夫妻および陶の「致民政公寧[33]」書簡以外客観資料がなかった。本稿では新資料[34]を解読し、内容を検討したうえで、このコンサートの意義を考察していく。

陶行知は音楽組舞踏組の音楽舞踊大会開催に際し、「私立育才学校校長」として重慶市長に次のような申請書(35)（中華民国三三年一〇月三〇日付）を提出した。

本校為選抜今次由中原及湘桂戦場内移具有特殊才能難童、予以適応其天賦之教養、俾能蔚成専才儲為国用、爰請舞蹈家戴愛蓮先生領導中国舞蹈芸術社暨本校音楽組於十一月三日至七日假黄家椏口抗建堂挙行舞蹈音楽会、籌措教養経費、業経呈請

鈞府鑒核准予挙行在案。

具有特殊才能之儿童乃国家元気、能多育成一名則国家多増一份力量、此次演出、照預算可収十八名、倘蒙豁免娯楽捐、則依例可能在加十二名、共為三十名。査人才宜従小培養以樹其基、搶教応与搶救拼重、時不我待、用特備文申述縁由、懇祈

鈞長格外施仁、准予豁免全部娯楽捐税、移充増加是項難童教養名額之経費、俾能多為国家培育専才幼苗、以宏造就、臨文禱祝、不勝迫切待命之至。

（本校はこのたび中原および湘桂の戦場で特別な才能のある戦災児童を選抜し、その天賦に相応しい教養を与え、大成を促しております。

そこで舞踊家戴愛蓮先生が率いる中国舞踊芸術社及び本校の音楽組が一一月三日から七日まで假黄家椏口抗建堂で舞踊音楽会を開催し、教育の経費に当てたく存じます。実施案をご高覧いただきご承認をお願いいたします。

特別な才能を備えた児童は国家の活力であり、一人の人材育成は国家に資する一財産となります。この度の

上演により一八名の教育を見込んでおり、もし娯楽税を免除して頂ければ、さらに一二名を育成することができ、計三〇名となります。人材を判断するには幼時からの教育が基盤となります。教え救うことが急務であり、猶予がありません。本文をもってお願いする次第です。)

本文にある「中国舞踊芸術社」は、戴愛蓮が構想していた、彼女と門下生による抗日舞踊宣伝隊と考えられる。[36]またこの舞踏音楽会のチケット代は、育才学校の新入生一八名の学費に充てることになっており、もしも娯楽税を免除されれば三〇名分の学費になることが読み取れる。この書類に続く財政局の批准書で、免除が認められている。[37]新資料の一つであるプログラムの表紙には「招収新生［新入生募集］」欄があり、舞踏組二〇名、音楽組一〇名、合計三〇名を募集している。これも娯楽税が全額免除されたことを裏付けている。さらに陶行知はこの全額免除批准に応じてプログラムとともに招待券四枚と審査札を送っている。[38]この「審査」は、何らかの順位付けのためだったのか、それとも重慶市社会局がコンサートの主旨と内容の一致をチェックする意味だったのかは、定かでない。陶行知の税免除請願の書簡の文面から、またプログラムとチケットを贈るなどの配慮にも、育才学校の存続のための施政者との緊張関係がうかがえる。

五　プログラムの内容

育才学校は運営費の足しにするため、有料の音楽会をしばしば開いていた。一九四三年には音楽組主任の黎国荃（一九一四〜六六）[39]のバイオリン・ソロ・リサイタルを開き、[40]一九四四年には毎月最終金曜日、学校で音楽の夕べを設けている。曲目はベートーヴェン、モーツァルトのほか育才学校の学生が作曲したもの等であったが、空席が目

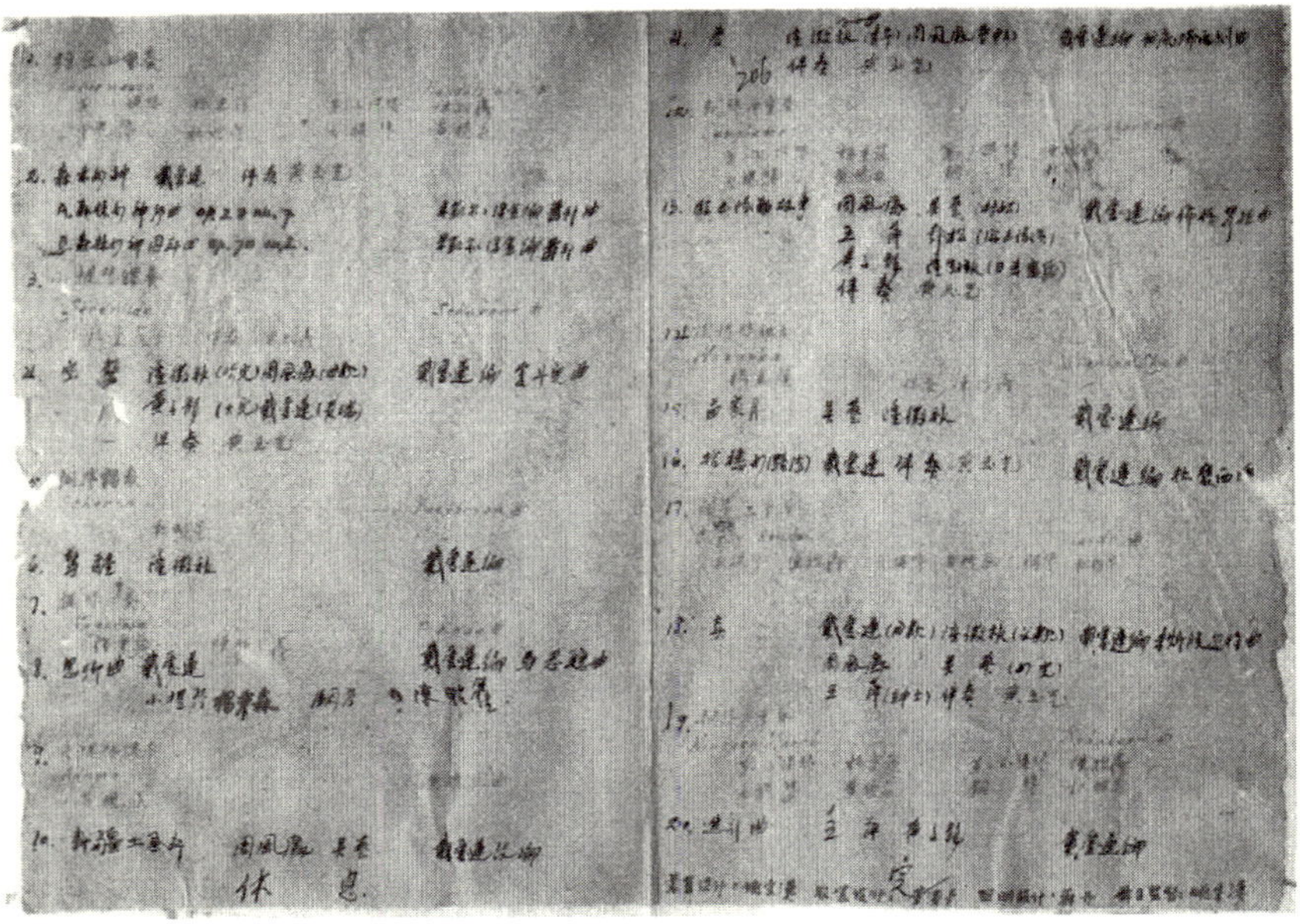

写真１　プログラム中国語版　重慶市档案

立ったらしい[41]。

本節では合同音楽舞踊大会プログラムの内容について考察する。筆者が入手したプログラムは中国語版（**写真１**）、英語版いずれも手書きであるため、両方合わせても内容が不明なところもある。出来る限り解読し、一般的な日本語表現にしたものを以下（プログラム日本語版）に示す。

プログラム日本語版

「　」内は作品名、〃　〃は本来の曲名

第Ⅰ部

一　〃弦楽四重奏曲第二番イ短調作品十三第三楽章インテルメッツォ〃メンデルスゾーン作曲

Vn　楊秉蓀[42]、陳貽鑫[43]　Cello：黄暁[44]×　Va：杜鳴心[45]

二　「レ・シルフィード」　舞踊：戴愛蓮　ピアノ伴奏　黄玉光

振付：ミハイル・フォーキン、ショパン作曲

〃プレリュード〃　イ長調

三　〝ワルツ〟第11番変ト長調作品　70－1

〝セレナーデ〟シューベルト作曲

Vn　楊秉蓀　Pf 伴奏　陳貽鑫

四　「空襲」　舞踊：戴愛蓮　エドワード・マクダウェル作曲

母親…周風風(46)

息子たち…隆徴秋、黄子龍

娘の幽霊…戴愛蓮

Pf　伴奏　黄玉光

五　〝スケルツォ〟ベートーヴェン作曲

Vn　杜鳴心

六　「驚醒」　振付：戴愛蓮　音楽：打楽器

舞踊：隆徴秋

七　〝マエストーソ〟＊作曲者不鮮明＊

演奏　楊秉蓀、陳貽鑫

八　〝思郷曲〟振付：戴愛蓮　馬思聡作曲

舞踊　周風風、呉芸

九　〝アレグロ〟　＊作曲者、演奏者ともに不鮮明＊

十　「新疆民族舞踊」　改編：戴愛蓮

舞踊　周風風

—休憩—

十一　「夢」振付：戴愛蓮、パデレフスキ作曲　Pf 伴奏　黄玉光
　　　舞踊　青年…隆徵秋　夢の中の娘…周風風
十二　〝弦楽四重奏曲第十一番ヘ短調Op.95第四楽章セリオーソ〟ベートーヴェン作曲
　　　Vn 楊秉蓀、陳貽鑫　Cello 黄暁×　Pf 杜鳴心
十三　「ゲリラの物語」振付：戴愛蓮　ブルグミュラー作曲
　　　舞踊　村娘…周風風、呉芸　ゲリラ…王××［不祥］　彭松
　　　日本軍兵士…隆徵秋、黄子龍
十四　〝マズルカ〟ヴィエニャフスキ作曲
　　　Vn 楊秉蓀　Pf 伴奏　黄玉光
十五　〝ロマンス〟戴愛蓮振付　音楽：打楽器
　　　舞踊　苗族の青年…隆徵秋、苗族の娘…呉芸
十六　「落ち穂を拾う女」戴愛蓮振付　ドビュッシー作曲　Pf 伴奏　黄玉光
　　　舞踊：戴愛蓮
十七　ピアノ三重奏曲第39番ト長調「ジプシー・トリオ」ハイドン作曲
　　　Vn 陳貽鑫　Cello 黄暁×　Pf 杜鳴心
十八　「身売り」戴愛蓮振付　ヴェステルホウト作曲　Pf 伴奏　黄玉光
　　　舞踊　父親…隆徵秋、母親…戴愛蓮　娘…周風風、呉芸　富豪…Wang Chuing-Yin
十九　〝軍隊行進曲〟シューベルト作曲

二十　Vn　楊秉蓀、陳貽鑫　Cello　黄暁×　Pf　杜鳴心
「行進曲」戴愛蓮振付　音楽：打楽器
舞踊　王××　黄子龍
舞台装置：Yao Tsung-Han［不詳］　衣装：葉浅予

なお、このプログラムのうち少なくとも舞踊の演目は、舞踏組指導者の戴愛蓮が選択したと考えられる。英語版手書き版があることも、英語を母語とする戴愛蓮がプログラム作成を主導していたことを裏付けている。以下、プログラムから読み取れる点を四つに分けて指摘し、周辺事実を合わせて考察を試みる。

1　重慶知識人のコラボレーション

衣装は葉浅予が担当している。ただし葉浅予自身はこの時期を回想する際、「育才学校」にはしばしば言及するものの陶行知の名は一切出さない。その理由は、上述の通り中国では陶行知批判の時期が長かったためであろうと推測される。このほか、抗日期の舞台演出協力者として戴愛蓮は漫画家丁聡（一九一六～二〇〇九）、英国留学帰りの映画監督黄佐臨（一九〇六～九四）、ジャーナリスト馮亦代（一九一三～二〇〇五）の名を挙げているが[47]、詳しい役割は不明である。ただし上演の場となった抗建堂は、話劇を通じた抗日活動の要所の一つであった[48]。その話劇に深くかかわっていたのが、上述の国立社会教育学院で教鞭をとっていた陳白塵（一九〇八～九四）、洪深（一八九四～一九五五）、焦菊隠（一九〇五～七五）、鄭君里（一九一一～六九）ら演劇人、映画人たちである。彼らはいずれも国民党とは微妙な立場にあった[49]。これより、共産党の色濃い育才学校の開催する「合同音楽舞踊大会」も、あくまで抗日戦で生じた戦災児童を育成するという目的に終始することにより、国共両党と微妙な距離感を取っていたことがうかが

われる。

2　「敵性音楽」という差別がなく、多彩な曲目

日本では「敵性音楽」を禁じた時期がある。情報局と内務相は一九四三年一月以降、「米英音楽作品蓄音機レコード一覧」を発表し、それらの楽曲の演奏禁止を要求した。(50) それに対し、「表　育才学校での音楽組・舞踏組コンサート演目作曲者国籍」に見る通り、本プログラムは芸術を作家の所属する国籍によって差別していない。もっとも、メンデルスゾーンはナチスによって「退廃音楽」とされており、それを敢えてオープニングで使っている点、ポーランド亡命政府の指導者として亡くなったばかりのパデレフスキの曲を用いていることには、反ファシズム的な主張が感じられる。だが、ハイドン、ベートーヴェンら、ドイツ系の作曲家を多く取り上げている一方、オランダのヴァステルホウト、米のマクダウェル、馬思聡等、作曲家の国籍が日本と同盟国であるか否かといった差別をしていない。またクラシック音楽の古典派、ロマン派、印象派から現役の馬思聡まで、広く選ばれている。こうした多彩なラインナップが、国際都市上海ではなく重慶で演奏されていたことを指摘しておきたい。

表　育才学校での音楽組・舞踏組コンサート演目作曲者国籍（星野作成）

ショパン（1810〜49） パデレフスキ（1860〜1941） ヴィエニャフスキ（1835〜80）	ポーランド
エドワード・マクダウェル（1860〜1908）	アメリカ合衆国
シューベルト（1797〜1828） ハイドン（1732〜1809）	オーストリア
馬思聡（1912〜87）	中国
ベートーヴェン（1770〜1827） ブルグミュラー（1806〜74）	ドイツ
ドビュッシー（1862〜1918）	フランス
ニコラ・ヴァン・ヴァステルホウト（1857〜98）	イタリア（オランダに移住）

　戴愛蓮によれば、馬思聡作曲「思郷曲」は北碚で初演、その後成都で踊った際は馬思聡自ら(51)のバイオリン演奏で踊ったという。この音楽舞踏会の時点では、馬は既に桂林に移動していたが、育才学校音楽組で教えた李凌は馬の門下生であり、馬思聡に書簡で育才学校音楽組の学生のことを書き送り、馬の

方も深い関心を寄せていた。[52]

3 抗日期重慶でのロマンティック・バレエ上演

「レ・シルフィード」（Les Sylphides、一九〇七年ロシア、マリインスキー劇場初演）は、白いロマンティック・チュチュ（薄いチュールを重ねた長めのスカート）をつけたダンサーが風の精（Sylphide）に扮し、幻想的に詩想を舞うというクラシック・バレエで、物語はない。当時の重慶の大半の観客にとっては理解困難であったと考えられる。それにも関わらず戴愛蓮がこれをプログラムに組み込んだことには、ロシア・バレエ芸術の神髄と言われるこの作品を通じて国際的芸術を民衆に伝えたいという彼女の意志、また正統なクラシック・バレエを学んだという彼女の自負が伺われる。しかし、翌年には戴愛蓮は中国舞踊のルーツをたどりに辺境へ向い、戻ってから演目の全てが民族舞踊のコンサートを開いたことから、本演目に対する観客の反応は芳しくなかったらしい。

4 新進芸術家を輩出

このコンサートに、後に中国のクラシック音楽界を牽引する人材が出演していることは注目に値する。音楽家ではまだ十代であった楊秉蓀、杜鳴心がおり、音楽学習歴は、たった四、五年だったはずである。彭松ら、後に名を残す舞踊家たちもまだ二十代であった。後年の彼らの活躍は、注（42）〜（46）を参照されたい。

以上、プログラムから注目される点をまとめ、若干の解説、補足および考察を加えた。

当該音楽舞踏大会の興行収入は、育才学校の舞踏組発足のため如何に役立ったのであろうか。陶行知のメモによれば本大会は九〇万元の収入があったから、[53]仮にすべてのチケットが四〇〇元であったとして計算しても（チケットは四〇〇元と二〇〇元の二種あった）、二二五〇名もの観客を動員したことになる。納税した余りが二四万で、それで舞踏組に戦災児童八名を迎えることが出来、これを以て舞踏組は発足したと考えられる。

その後、舞踏組は順調に存続したわけではなく、戴愛蓮は舞踏組教員に就任してまもなく、陶行知の支持を得て、辺境へ民族舞踊採集に向かう(54)。戴愛蓮は陶行知の思想に賛同したものの、厳寒の屋外で踊らざるを得ないこともあり、加えて食糧不足など劣悪な環境により慢性的に体調不良に陥った。舞踏組の中断は日本軍の爆撃だけでなく、こうした困窮や自然環境による教学困難な状況が影響していよう。一九四五年、戴愛蓮は民族舞踊採集の最中に日本の敗戦を知り、重慶に戻って舞踏組教員に復帰する。翌四六年春には、舞踊採集の成果を以て辺疆音楽舞踏会を開き、四四年の公演と同じく入場券の娯楽税を全額免除された(55)。同年七月、陶行知は各地で内戦反対を講演して駆け回るなか、脳溢血で急死した。

結び

以上見てきたとおり、一九四〇～四一年、呉暁邦がまず舞踊教育を通じて陶行知の教育活動に協力し、呉と戴との抗日舞踊活動における合作をみた後、呉を引き継ぐ形で戴愛蓮が育才学校の舞踊教育に従事した。この舞踊教育チームは、宋慶齢の抗日活動、重慶知識人の抗日話劇ネットワーク等に支えられていた。

本研究の意義を、抗日運動研究、舞踊史研究、また陶行知研究の各分野ごとにまとめておく。従来の抗日文芸運動研究において、文学研究は枚挙にいとまがなく、抗日絵画・漫画がそれに続き、昨今音楽家・劇作家・映画人の研究が盛り上がりつつある。本稿は、そこに舞踊を加え、それは戦災児童教育ないし救国抗日教育と深く関わっているという事実の一端を明らかにした。抗日舞踊は抗日芸術教育と連携し、プロパガンダの媒介としての役割を果した。それだけにとどまらず、戦時にあって次世代の国際的に通用する芸術家を育てたという意義も大きく、その影響は現代にいたる。

舞踊史的側面から見れば、まず戴愛蓮にとって育才学校前後の活動は、舞踊家から民族舞踊研究家及び教育者への転換期となった。呉暁邦については、ソロ舞踊家活動が主であった上海時代から、舞劇振付家への転換期と言える。抗日舞踊の内容をみると、一九三〇年代上海で中国人観客を前に踊ってきた呉暁邦が一般受けする舞踊のプロットの図式化に慣れていたのに対し、戴愛蓮は自分の学んできたものと中国人観客が求めるものとのギャップを埋めようと模索したという点で異なる。

陶行知は、教育家として初期に試みた暁荘師範学校（一九二七〜）より体操遊戯の授業を設けるなど、一貫して音楽と舞踊、劇などを教育に組み込んできた。これらを抗日と結びつけた活動が、新安旅行団である。舞踊はデューイの芸術分類によれば身体を媒介とし、時間・空間との継続的・蓄積的相互作用による芸術的経験と位置づけられる。陶行知は、当時少なかった西洋舞踊家を育才学校に招聘した。この事実には、陶がデューイの経験論に基づき、外の芸術形式と同様に舞踊を尊重していたことが伺われる。[56] 定説によれば、陶行知はあくまでも大衆生活に密着した芸術を提唱したといわれる。しかし、一見中国民衆の生活とはかけ離れている「レ・シルフィード」を音楽舞踏会で上演することを彼は容認した。これより、陶行知が民衆の生活と芸術との完全なる結合に固執するのではなく、クラシック・バレエの芸術性を認め、子どもの天性の観賞力を信じてそれに触れさせる柔軟性を有していたことが分かる。[57]

本稿において、陶行知、戴愛蓮、呉暁邦の三者ともに基本的には権力に従属せず、その時／場合／相手／目的に応じて、態度を決めていたことをある程度示したつもりである。だが、その背景に如何なる権力ないし圧力が作用し、彼らは如何にしてそれに対処していたか、検討することが出来なかった。発展的課題としたい。

注

（1）戴愛蓮、呉暁邦は日本での知名度が低いため、両者の口述自伝（戴愛蓮口述、羅斌／呉静姝記録・整理『戴愛蓮我的芸術与生活』人民音楽出版社、二〇〇三、呉暁邦『我的舞踏芸術生涯』中国戯劇出版社、一九八二）に基づき、簡単に紹介しておく。

戴愛蓮はトリニダード・トバゴ生まれの華僑。英国でバレエ、ドイツ表現舞踊を学び、一九四一年香港へ渡り、抗日舞踊公演を行いつつ桂林を経由して重慶に至る。建国後は中央国立バレエ団ミストレス、中央国立バレエ学校初代校長。文革中は迫害されたが、後にもとの職務に復帰した。

呉暁邦は江蘇省太倉県の人。一九三〇年代日本で表現舞踊を学ぶ。上海で舞踊研究所を主催したのち、抗日期は桂林、重慶などで抗日舞踊活動。建国後は天馬舞踏工作室を主催。文革中は迫害されたが、晩年は舞踊家協会の重職を歴任した。

（2）張鵬「陶行知の創造性教育実践に関する考察―現代中国における位置づけについて―」『早稲田大学大学院教育学研究科紀要　別冊』二〇号―二、二〇一三年。

（3）張鵬、前掲、六二九頁。牧野篤『中国近代教育の思想的展開と特質――陶行知「生活教育」思想の研究』日本図書センター、一九九三。

（4）芸術をキーワードとする陶研究としては、李燕『陶行知の芸術教育論　生活教育と芸術との結合』（東信堂、二〇〇六）があるものの、あくまで教育研究のスタンスをとっている。

（5）戴、呉の自伝は前掲注（1）。事典類としては主に中国大百科全書総編編集委員会「音楽・舞踏」編集委員会編、中国大百科全書出版社、一九九二、王克芬ほか編『中国舞踊大辞典』文化芸術出版社、二〇一〇を参照した。

（6）李妍紅『戴愛蓮伝　永不停息的舞者』江蘇人民出版社、二〇〇九。Glasstone, Richard. The Story of Dai Ailian: Icon of Chinese folk dance, Pioneer of Chinese ballet. Dance Books, Hampshire : 2007

（7）拙稿「中国バレエ史」『言語文化論集』二六巻二号、名古屋大学国際言語文化研究科、一一一～一二一頁、二〇〇八、及び「抗日運動における舞踊家・戴愛蓮――陳友仁、宋慶齢との関わりを中心に」『東方学』第１２４集、東方学会、二〇一二。

（8）于平／馮双白主編『百年呉暁邦』北京文化芸術出版社、二〇〇七。

（9）本節の育才学校成立の流れに関する記述は、特に注がない限り牧野篤『中国近代教育の思想的展開と特質』前掲、六一一～一六三頁による。

（10）『陶行知全集』十一集、九一五頁。

（11）呉は新安旅行団に来た時期を一九四〇年六月からとするが、陶行知の呉宛て書簡一九三九年一一月一五日は、呉が桂林から育才学校へ向かうことを歓迎する内容であるため、一年前である可能性が残る。なお、本節の呉の新安旅行団に対する指導の証言は、呉暁邦『我的舞踏芸術生涯』前掲、四一～四四頁による。
(12) 牧野篤、前掲、第二節「新安旅行団の闘い」四七九～五〇六頁。
(13) 牧野篤、前掲、五〇二頁。
(14) 王克芬ほか編『中国舞踏大辞典』文化芸術出版社、二〇一〇、七一頁。
(15) 呉暁邦、前掲、四三頁。「桃色の雲」日本語版は秋田雨雀編『最後の溜息』叢文閣一九二一に収録。
(16) エロシェンコ「桃色の雲」の中国における受容については、藤井省三『エロシェンコの都市物語』みすず書房、一九八九、一四四～一五〇、二二四頁による。
(17) 「雑億」『魯迅全集』第一巻、人民大学出版社二〇〇五、二三七頁。初出『莽原』第九期、一九二五年六月。
(18) 王克芬ほか編『中国舞踊大辞典』、前掲、二〇四頁。
(19) 「美与真愛、歩楽入愛。生児曰善、代勝一代」。(「賀呉暁邦、盛婕先生結婚」『陶行知全集』第7巻、四川教育出版社二〇〇五、七三八頁)
(20) 拙稿「抗日運動における舞踊家・戴愛蓮」二〇一一(前掲)ではこれを当初の予定通り六月五、六日公演としていたが、当日に大隧道窒息事件(次注参照)が起きたため延期された(洛名「関於新舞踊表演――十七、十八在抗建堂」『新華日報』一九四一年六月一九日)。ここに訂正したい。
(21) 一九四一年六月五日夕刻、日本軍機による重慶空襲の中、日ごろ防空洞の一つとなっていた較場口隧道に最大定員の倍以上の人々が逃げ込み、通風機の故障が重なり、数千人もの人々が窒息死した(前田哲男『戦略爆撃の思想ゲルニカ―重慶―広島』朝日新聞社、一九八八、三〇〇～三一九頁)。
(22) 洛名「関於新舞踊表演――十七、十八在抗建堂」、前掲。
(23) 鄭瑛「〝就像燎原之火一般地伝播開来〟――宋慶齢与陶行知」『宋慶齢与中国名人』中国人民出版社、一九九九、三〇八～三一五頁。
(24) 牧野篤、前掲、六一一頁。
(25) 戴が「国立歌劇学校」と語る(戴愛蓮、前掲、一〇七頁)当該学校が、国立歌劇院を指すとすれば、その前身は山東省省立劇院で戦争のため重慶に移転。一九四〇年に国立実験劇院と改称、四二年にその訓練部を基礎として国立歌劇学校を設立。重慶から北碚に移転し、王泊生を校長とした。
(26) 戴愛蓮、前掲、一〇七～一〇八頁。
(27) 葉浅予は一九三九年、重慶の国立劇校での抗日演劇に協力している。(阿部幸夫『幻の重慶二流堂』東方書店、二〇一一、一一八頁)その後向かった香港で戴愛蓮と出会い結婚。建国後しばらくして二人は離婚した。
(28) 葉浅予『葉浅予自伝――細叙滄桑記流年』中国社会科学出版社、二〇〇六、一六四頁。

(29) 当時主に上海で「舞女」といえば娯楽の場としてのダンスホール付きダンサーを指し、娼婦からの転職者もいる等、猥雑な意味合いを帯びていた。（鈴木将久「ダンサー」菊池敏夫・日本上海史研究会編『上海　職業さまざま』勉誠出版、二〇〇二）
(30) 戴愛蓮、前掲、一一七～一二二頁。
(31) 彭松は一九四三年重慶の国立歌劇学校で学び、一九四四年には戴愛蓮に師事するようになり、育才学校での教育に当たった。彼は戴愛蓮の辺境舞踊収集にも同行した。建国後は舞踊教師および舞踊史学家として活躍している。（王克芬ほか編、前掲、三八二頁）
(32) 葉寧はもともと国立音楽学院でピアノを学んだが、舞踊に転じ、建国後は舞踊教育に従事し、舞踊理論を教えた。（同前、六三四頁）
(33) 『陶行知全集』前掲、第九巻三八五頁所収、「籌募増加難童学生経費—致民政公司」。
(34) 本稿で挙げる新資料の発見は、重慶市档案館での資料収集をお世話下さった邵迎建先生（徳島大学教授）のお蔭であり、この場を借りて感謝申し上げたい。
(35) 『陶行知全集』前掲には未収録。前掲「籌募増加難童学生経費—致民政公司」に内容が類似するが、文言が異なる。
(36) 戴は国立社会教育学院で教えていた時期に「舞踏研究協会」を組織し、学校外で出演する際はその名義を使い、国立社会教育学院の名前を使わなかったと回想している（戴愛蓮、前掲、一〇九頁）。この「舞踏研究協会」は中国舞踊芸術社を指すのではないかと思われる。
(37) 「重慶市政府財政局」用箋三三年一一月四日から八日までの間に課長、服長、擬稿員、秘書、所長、副所長、秘書長、秘書、市長の押印あり（重慶市档案館蔵）。
(38) 「私立育才学校用箋」に陶行知の署名で、「貴局批准現送上節目単二□歓迎券四張」とあり（□は判読不能）、別紙で「審査席　第一排第一位至第四位」とある。
(39) 遼寧省瀋陽の人。北京美術学校音楽系、広州国立芸術専科学校の音楽系に学ぶ。抗戦期は重慶中央電台楽隊、国立歌劇学校、国立音楽院実験管弦楽団、中華交響楽団などでコンサートマスターやバイオリン講師をつとめた。（中国大百科全書出版社編集委員会『中国大百科全書　音楽舞踏』中国大百科全書出版社、一九九八、三七〇頁、執筆者「楊秉蓀」）
(40) 呉樹琴宛て陶行知書簡。『陶行知全集』第九巻、三二四頁。陶行知自ら二七〇枚のチケットを売りさばいた。
(41) 笪移今宛て陶行知書簡。『陶行知全集』第九巻、三六〇頁等、陶行知の重慶時代の書簡には、頻繁に育才学校での音楽会について言及がある。
(42) 同姓同名のバイオリニスト楊秉蓀（一九一四～六六）がいるが、ここでは陳貽鑫の証言（「従難童到小提琴家」「一次不尋常的演出」『戦闘的育才少年』四川少年児童出版社、一九八四、一二三～一二八頁）より、一九二九年生まれの楊秉蓀の方を指すと考えられる。

楊秉蓀（一九二九～）一九三九年、重慶歌楽山大日坎第一児童保育園からスカウトされ、初めは育才学校社会科学組に入る。音楽の才能を見出され、四一年から音楽組でピアノ、バイオリンを習う。建国後、上海交響楽団（上海工部局交響楽団の後身）の団員となる。五七年ハンガリーのリスト音楽院に留学。帰国後は中央交響楽団のコンサートマスターに。作曲家としてはピアノ曲の作曲多数。文化大革命で迫害され、文革後中央交響楽団のコンサートマスターに復帰（以上、前掲「従難童到小提琴家」）。その後、米国テキサスに移住したらしい。http://www.ireneeng.com/?p=1535　二〇一三年八月七日アクセス。

(43) 中国語版不鮮明。英語版「Chen Yihsin」。陳貽鑫「従難童到小提琴家」「一次不尋常的演出」前掲より、陳貽鑫であると判断した。

(44) 中国語版不鮮明。英語版「Huang HsiaoChuan」、不詳。諸氏のご教示を請いたい。

(45) 杜鳴心（一九二八～）作曲家。三八年に親を亡くし児童保育院で育つ。三九年陶行知の育才学校の生徒として選抜され、音楽組で賀緑汀、黎国荃に学ぶ。四七年学校の移転に伴い上海へ。建国後中央音楽学校で教える。五四年モスクワ国立チャイコフスキー音楽学院に留学、作曲を学ぶ。六九年中央バレエ劇院で作曲に従事。『紅色娘子軍』（共作、一九六九）等の舞劇及びピアノ曲等の作曲で知られる。（中国大百科全書出版社編集委員会、一九九八、一四六頁）

(46) 周風風、黄子龍、隆徴丘、呉芸は、国立歌劇学校舞踏教研組における戴愛蓮の門下生。それ以外の点は不明。（戴愛蓮、前掲、一〇七～一〇八頁）

(47) 戴愛蓮、前掲、一〇六～一〇七頁。

(48) 育才学校の「音楽舞踊大会」の上演は一九四四年一一月三日～六日重慶、抗建堂。その前後、抗建堂では次のような劇が上演されている。四四年九月二七日～　徐昌霖『重慶屋檐下』演出　史東山　勝利劇社。四四年一二月一六日～アンドレーエフ原作、師陀／于伶訳『大馬戯団』業余劇社（阿部幸夫、前掲、巻末上演年表）

(49) 彼らの重慶での活動について昨今の先行研究には、阿部幸夫、前掲に詳しい。

(50) 戸ノ下達也『音楽を動員せよ　統制と娯楽の一五年戦争』青弓社、二〇〇八、一〇三頁。

(51) 戴愛蓮、前掲、一〇四頁。

(52) 馬思聡「両通信」一九四二年五月二九日、張静蔚『馬思聡年譜』中国文聯出版社、二〇〇四、五〇頁。

(53) 『陶行知全集』第九巻、前掲、三八九頁。

(54) 戴愛蓮、前掲、一三三頁。

(55) 重慶市財政局批准書、一九四六年五月八日（重慶市档案館蔵）。

(56) 西園芳信はデューイの芸術論を解説して次のように論じている。芸術を「媒介（Medium）」によって分類する際、舞踊や歌および歌と結びついた文芸の原型などは、肉体を媒介とする自動的芸術（automatic arts）に属し、彫刻や建築など肉体を働かせて作るものは形成芸術（shaping arts）に属する。いずれにせよ芸術的経験は、有機体なる自我と外界との継続的・蓄積的相互作用の産物である西園芳信「J・デューイの芸術論にみる芸術の分類についての考え方」鳴門教育大学研究紀要、第二七巻、二〇一二、三一二頁。

(57)　陶行知は『新華日報』（一九四四年一一月五日）で、子どもに音楽の情緒を感受し、ふさわしく踊る天性の力があると発見した体験について述べている。

第二次大戦期中国とカイロ会議における東アジア秩序の再構想について

蔣介石日記を基礎討論として

呂 芳上／野口 武 訳

一　中国を「四強」のひとつとする

「この言これを聞くに、恥を恐れるのみである」[1]

国際外交は、当時大国間の駆け引きであった。弱小国家は列強の一枚のカードどころか、しばしば俎上の贄となっていた。中国は小国と呼ばれることはなかったが、清末以来、帝国主義者に威圧された弱国の命運からむしろ逃れられなかった。アヘン戦争後の百年は、中国の国運の開始には転変があり、一九四一年末の太平洋戦争勃発は、一大転換点にあったと言える。

清末時、知識分子は大声で「救国図存」を叫んでいた。それは、民国初年に「反列強」から「反帝」まで、日々壮大な民族主義を植え付けていこうとするものであった。一九三七年の盧溝橋事件まで、国民政府が提示し得たのは「抗戦自衛」の声明だけであり、強国の多くが手をこまねいて傍観し、欧州大戦勃発（一九三九年）、真珠湾攻撃（一九四一年）に至るまで、中国は弱き大国として、苦戦を強いられたまま数年が過ぎていた。一九四二年一月、アメリカ大統領ルーズベルト（Franklin D.Roosevelt）は中国に「四強」の名を授けると同時に、蔣中正を招聘しタイ、ベトナムを含む「中国戦区」の最高責任者に任じた。蔣はもとより「国家と個人の栄誉と地位は、実に有史以来空前唯一の勝利の局面」（国家与個人之栄誉与地位、実有史以来空前唯一優勝之局）であるが、「有名無実を恐れ、虚名を盗んで実禍を受けることに、戒め慎まずにおられるだろうか」[2]（甚恐有名無実、盗虚名而受実禍、能不戒慎乎哉）と認識していた。ルーズベルトは理想主義と現実主義を兼ね備えた政治家で、中国を抗日戦線に置いた上で、欧州大戦の解決を先に求めた。これもアメリカの作戦策略から出されたものであり、殖民地帝国の時代が終わりを告げたと見なされるだけであったため、「大国」として中国を扱うことは誠意を示すものでもあった。[3] しかし、蔣は過去に強国と交えた経験から、アメリカ国務院と軍事面の一部の人物、イギリスのチャーチル（Winston Churchill）やソ連のスターリン（**Joseph Stalin**）を含め、必ずしもこうした胸のうちは見せず、後のインド問題や香港問題、ヤルタ密約などの交渉過程と体験には、「恩寵」と「蔑視」が織り成した矛盾が入り混じり、弱国の指導者として、世界四強としての心理的負担から、「慚惶」（恥じ恐れること）や「恐れ堪えな」[4]かったことが想像できる。

蔣中正は北伐統一後にはじめて真の政治的核心に触れた。「安内」の期間に、精力的に国際外交に傾注していたわけではなかった。しかし、一九三一年の「九一八」の後、日記からの考察によれば、彼は明らかに国際的な仕事に入り込んでいた。[5] 抗戦時期の日記には彼の外交認識と主張がはっきりと見て取れる。軍委会参事室と国防最高委員会の「国際問題討論会」は、明らかにみな彼の外交的なブレーン集団であった。[6] 第二次大戦初期、蔣が弱国に求めた「大国夢」である、彼の「アジア・コンプレックス」（亜洲情結）と「カイロ構想」は、戦後東アジアの新秩序再構想に深刻な影響を与えた。

この論文はスタンフォード大学フーバー研究所に収蔵された「蔣中正日記」をもとに、台北国史館に収蔵されている「開羅会議専檔」のうちの、中国代表団員の随行日誌を参考として、中国内外に関連する研究をなすものである。蔣のカイロ会議期間（一九四三年一一月二一～二七日）の日記には、会議後に重慶へ戻った一二月初頭に補記が存在する。その信憑性に問題は無く、内面世界が細かく表現されて書きこまれており、検討に値する。

二　カイロ逗留の七日「余の外交舞台の第一幕である」[7]

第二次大戦初期、独日枢軸国が風上に立ち、ドイツがフランス、北欧、アフリカ地中海へと侵入した後、ソ連・モスクワへと進攻が及ぶと、日本は華北・華中を擁し、また太平洋戦争を進めて、いくつかの東南アジアを統べ、ニューギニア・ソロモン諸島へと迫った。しかし、一九四二年の後には変化し、この年の六月、日本が途上の各島で敗れ、制海権を失うと、一一月のガダルカナルで敗戦し、凶事は途絶えることとなった。一九四三年初め、ドイツ軍がスターリングラードでつまづくと、大規模戦闘能力を喪失する。五月、アフリカの虎・ロンメル（Erwin Johannes Eugen Rommel）が殲滅され、ドイツ軍の勢力は大いに挫かれた。同年九月、イタリアが投降すると、七月の後、ソ連軍は西進し、アメリカ軍は太平洋で逐島戦術を取り、ソロモン諸島で勝利すると、マッカーサー元帥（Douglas MacArthur）がニューギニアを攻め、アメリカ海軍も真珠湾攻撃前の戦闘力が快復した。日本の南洋勢力も衰退しており、本土ではすでに脅威を受けていた。こうして連合国の勝利が望まれるようになると、カイロ会議（一九四三年一一月二二〜二六日）と、続くテヘラン会議（一九四三年一一月二八〜一二月一日）の討論内容も、最終勝利の戦略的措置と戦後問題の処理を争うこととなった。[8] 太平洋戦争後、ルーズベルトはアメリカ国家の利益から出発し、戦後アジアの秩序を安定させることで、アジアでは民主的中国をもって日本にとって代えようとした。[9] このため、彼は中国を世界四強のひとつとして引き抜き、さらに友好の手を差し伸べ、一九四三年一〇月に英米が不平等条約を排除する交渉を進める声明を出して、翌年一月一一日に平等にワシントン・重慶のサインをそれぞれ調印した。百年の痛みに、四強のひとつとして指導者にされた蔣中正は「思うことがある」としている。[10] 一九四〇年一〇月、中国はモスクワでの米英ソ三カ国の外相会議に決して参加したくなかったにもかかわらず、アメリカが「中国を大国にさせよう」と強く出てきたことで、招聘を受けて、駐ソ大使傅秉常が全権資格によりモスクワで「普遍的安全宣言」にサインすると、さらに「大国」の役割を担うため、地ならしをしようとした。[11] この宣言によって、中国政府は権利と責任をもつ各大国が戦争に集結した協調行動と、戦後の国際組織に参与することとなった。このため一九四四～四五年の連合国設立に参与し、安全保障理事会常任理事の席を得たのであった。

一九四二年冬から翌年六月まで、蔣夫人宋美齢の訪米期間および在米の外交部長宋子文は、滇緬路（雲南ビルマルート）プランの混乱、および予見し得る戦争終結後のアジア秩序再建問題の打開に配慮して、数度にわたりルーズベルトに四強首脳の対面会談の即時召集を検討しようとした。一九四三年六月から一一月初旬まで、電報の往復連絡を通して、遂に一一月二二日に中米英三カ国の指導者がまずエジプトのカイロにて三巨頭会議を挙行することを決定した。一一月二七日、米英ソの指導者が続けてテヘランにて面会した。[12] そして、中国の指導者は第二次大戦期に一四回に及ぶ最高指導者会議にただ一度だけ出席したのも、[13] また蔣中正が自ら誇らしげに国際的「外交舞台の第一幕」に上り始めたということであった。

事実上、一九四二年に中国が国際外交舞台に登場して、「大国」となった時、蔣ははっきりと「アジア・コンプレックス」を抱いている。[14] この民族主義の出発による「アジア・コンプレックス」にはいくつかの特徴がある。ひとつは、帝国主義または帝国主義に依存する者に反対することであり、蔣は「四強」に対して「愛」や「憧れ」の入り混じった矛盾した心理状態にあった。二つ目にはアジアの民族国家解放と独立を積極的に扶植することであったが、しかしアジアの「指導者」を自任していたわけではなかった。一九四一年八月、英米指導者は「大西洋憲章」を発表すると、「各民族の自由を尊重し、その生存を以て頼るところの政府の形式的権利を決定し、各民族におけるこの項の権利を剝奪された者は、もとから有していた主権と自主政府を快復することをともに希望する」[15] べきであると指摘した。続けて態度を示したチャーチルは、この話はナチスに征服された地に対して発したものであり、イギリス帝国治下のインド・ビルマには適用されないと述べている。[16] 蔣はこの普遍的原則を認め、「アジア各民族の伏線を解決し、皆平等と自由を得さしめん」として同類の「太平洋憲章」制定した。[17] 一九四二年八月、蔣はインドを訪れた。彼はこの地域へ行くにあたり、「済弱扶傾」（弱きを救い貧しいものを助ける）の旅として、アジアの圧迫された民族を解放することを心に留め、中国を含めて、民族主義が帝国主義に対抗するのだということを突如として現した。興味深いのは彼が帝国主義者（英・米）の配慮を受けて、四強へと身を進めておきながら、むしろ帝国主義の是非を批判し、自ら覇を唱えずにすむよう常に意識していることである。[18]

蔣中正はアジアで殖民化された国家の戦後の独立における主張を極力提起し、ひいては黄白人種闘争の意識へと派生させたため、外国人の黄色人種に対する排外的疑念を引き起こすことは免れ得なかった。一九四二年八月、渡華したアメリカ特使カリー（Lauchlin B. Currie）は、民主主義を推進すべきであると指摘し、「中国がアジアの指導者となる」との言葉を少なからず述べて、疑いを晴らそうとした。[19] 蔣は以後、やはりアジア指導者への自任を何度も否定し、アメリカを馬首として仰ぎみていた。一九四三年カイロ会議の際、蔣中正は琉球の回収を放棄し、ルーズベルトが中国に日本を占領させようとする要求を拒絶し、少なからずみなアメリカの懐疑を招くことを恐れていた。[20] 会議が開かれずにいると、蔣は「余がこのルーズベルトとチャーチルの会談に行って、無欲となって、人にひとつの方針のみを求めないように応じるということは、やはりその身を辱めてしまうことである。対日処理の提案や賠償損害などの事は、イギリス、アメリカが先に提示するのを待ち、私が自ら提案することは決してない。これはイギリス、アメリカが何らはばかることがないだけでなく、かつこれを畏れさせることで、私にはやはり世界大戦においていささかも私心がないのである」と述べている。[21] ここに蔣の「アジア・コンプレックス」が現れている。

三　会議の結果

「政治の収穫を第一とし、軍事はこれを次とし、経済はまたこれを次とする」(22)

一九四三年一一月初め、アメリカ、イギリス、中国の三カ国の指導者はカイロの取り決めがすでに成立したものとして、ルーズベルトがまずパトリック（Patrick Jay Hurley）を私人の代表として中国に派遣し、カイロ会議の要点を説明した。英露はチャーチルとの互いの意図を理解し、中英、中露の関係に対して歩調をあわせた。蔣は続いてルーズベルトに対する誠意に感動している(23)。蔣はその後、所属する会議資料および提案を準備させると、一一月一四日、参事室に「我方が提出すべき問題」（我方応提出之問題）を提示し、会議は対日反攻戦略や、日本が無条件降伏する時に接収すべき条件、戦後の国際的重要問題、および中米、中英関係など簡潔に説明を提供することを決定した。これと蔣の七月以降の日記における記述にはほとんど差がない(24)。一一月一八日、蔣は中国側代表団の一八名と出席した。正式な名簿として、蔣中正夫妻を除く一六名を記すと表のとおりである(25)。

姓名	当時任じられていた職務
王寵恵	国防最高委員会秘書長
商　震*	軍事委員会弁公庁主任
林　蔚*	侍従室第一処主任
周至柔*	軍事委員会航空委員会主任
董顕光	宣伝部副部長
楊宣誠*	軍令部第二庁庁長
郭斌佳	外交部参事
兪済時*	侍衛長
蔡文治*	駐美軍事代表団団員
朱世明*	駐華盛頓陸軍武官
黄仁霖*	軍事委員会戦地服務団総幹事
陳希曾	侍従室組長
陳平階*	侍従武官
兪国華	侍従秘書
左維明	随従医官
陳純廉	蔣夫人英文秘書

これら代表団に注意すべきことは、一、陣容を比べると少なく、イギリス側が四〇〇人、アメリカ側が一四〇人であるのに対し、少数精鋭であると言える。二、軍事の人員（＊印部分）は文官職の人員に比べると多く、重心をほぼ軍事に置いている。三、国際的最高指導者の会合や国府外交部に参与する人員が少なかった。当時外交部長宋子文がアメリカから帰

国して任じられると、スティルウェル（Joseph W. Stilwell）の去就問題と蔣との齟齬によって、冷遇され、未だその件を留めたままでいた。その時の代表団は各員の任務として以下のように定められていた。政治―王寵恵、郭斌佳、軍事―商震、林蔚、周至柔、楊宣誠、朱世明、蔡文治、新聞―董顕光、国際要聞―郭斌佳、交際―朱世明、陳平階、文書―兪国華、警衛―兪済時、陳平階、庶務―黄仁霖、陳希曾。[26]一行は一一月二一日にカイロのペインフィールド（Paynefield）飛行場に至ると、エジプト西南の一五キロメートル先にあるナイル川西岸のメナ（Mena）ホテルに入った。同日チャーチル首相が到着すると、翌日ルーズベルト大統領も到達した。

蔣中正日記によれば、重慶からカイロまでの旅程は、彼はやはり読書をしつづけており、行きにアメリカ外交白書の「平和と戦争」（和平与戦争）を翻訳閲覧しつづけ、帰途も梁啓超の「自由書」を読み、梁の学問に対して敬服を示している。一一月二一日から二七日にかけてエジプトの行程がまとまった。「日記」の記載によれば、彼はチャーチルと五度にわたる面会を経ており、接待を除くと、その多くはビルマ反攻の協議を進めたが、何ら結果は得られなかった。チャーチルは自らを「悪い老人」であると認めているように、蔣の彼に対する印象は過去に見ないほど悪く、彼は「アングロサクソン民族の典型的人物」であると述べ、評価も低く、「狭隘でうわべを飾り、利己的で頑固」（狭隘浮華、自私頑固）と形容している。[27]蔣はルーズベルトとも五度にわたり会談しており、談話の内容は広範で、かつ会話時間も長かった。蔣のルーズベルトに対する印象は非常によいものであり、初見のときにも、彼は「重厚さが深く刻まれた政治家で、自らある種非凡な風格がある」（陰沈深刻之政治家、自有一種不凡風度）と述べている。数度にわたる会談を経た後、中国の独立平等の地位を目指す誠意が確かに彼にあることを認めると同時に、今回の大戦がルーズベルトの政策や精神にはないことを認め、今日の優勢が困難であるが故に、またその人格の偉大さに敬服している。[28]当然、これとは対照的に、別の人物は蔣に対して異なる見方もしており、チャーチルは蔣を保守的で落ち着きのある堅物だと見ている。マーシャルと彼に随行した将軍たちは蔣を「世事に疎い老学者」（老学究）と見なしていた。[29] この三首脳の会談が、真に対面討論したのは二三日昼の三巨頭会議のみであり、その後は蔣とルーズベルト、蔣とチャーチルの双方の会談であった。このほかは参謀長連席会議が二回、情報会および新聞連席会議が数回であり、みな幕僚人員によって進められた。

一九四三年一一月三〇日、蔣中正は日記に、カイロ会議は「政治の収穫を第一とし、軍事をこれの次に、経済をまたこれの次とする。然るにみな相当の成功を得、自らは後日さらに優美なる効果を得ると信ずる」（以政治之収穫第一、軍事次之、経済又次之。然皆能獲得相当成効、自信日後更有優美之効果也）と記述している。これが彼自らの評価である。事七〇年を隔て、今日我々が目にするものとして、彼の「カイロ構想」[30] には、彼の歴史的地位を成し遂げたものの中に、理想と現実の落差も含まれていた。仮に蔣の率いる代表団メンバーからみれば、軍事は政治において重要であったし、会議の成果からすれば、政治が軍事において重要であった。アメリカ国務院が公布したアメリカ外交文書によれば、ルーズベルト・蔣会談の主題は軍事ではなく、戦後の政治問題であった。[31] これははっきりと、蔣の会議に対する構想が、ルーズベルトとはまったく一致せず、中・米・英ひいてはソ連が、第二次大戦後にすでに東アジア地域の四大勢力となり、戦後東アジアの国際的秩序に対して、立場の見方が国家利益の実による「南轅北轍」（行動と目的の矛盾）であったということを示している。この時期の国際的首脳会談は、まさにこうした勢力の対抗・協力および妥協が現れた様相をなしていた。その間に若干の歴史的決議が、さらに東アジアの新たな局面を形勢し、鍵となる作用を生み出したのである。簡潔に言えば、四カ国の指導者の国際政治への信念が、東アジア新秩序の発展に直接影響したと言える。

ルーズベルトは民主的モデルの国際組織を信奉しており、自由貿易の金ドルパワーと信託統治制度によって、殖民地の帝国主義をすげ代えようと願っていた。故に彼は積極的に中国に「四角警衛」の構想をもって、伝統的殖民勢力の打破を期待したのであった。この側面から、ルーズベルトは中国の誠意に対して、蔣中正に深く感銘を受けていた[32]。チャーチルは一九世紀以来の「太陽の沈まぬ国」（日不落国）の帝国主義思想を固持することで、一貫して自らの利益に基づき外交政策を決定している。戦後東アジアの形勢に対しては、イギリスは二つの実質的思考があるだけであった。まずアジアの既得商業利益を保護することであり、次に戦後東方の殖民的地位を維持することであり、最終目標として大英帝国の基盤産業を擁護することにあった。これによりひたすら東洋民族主義に反対し、殖民地の独立運動を具体的に行動して抑えることができた。これが蔣の「アジア・コンプレックス」と衝突したのである。一九四二年二月、蔣の訪印、およびこの時のカイロ会議とチャーチルのビルマ反攻（反攻緬甸）の軍事問題としての取り組みに、蔣は深く感銘を受けている。

カイロ会議の経験は、無論経済、軍事と政治であるが、イギリスは幾ばくの利益も犠牲にすることを認めず、以て他人を救わんとする。アメリカの主張に対しては、また決して一定の譲歩も認めず、アメリカがイギリスを助ける意思に応えようとしているのに、中国の存亡生死に対しては、顧みることがない。これはルーズベルト大統領の海軍のビルマ登岸を保証するということが、確かに我が陸軍と行動が一致するとはいえ、余はその不可能を承知の上でひとまずこれを信任し、ならびにイギリス海軍が同時に上陸せぬことを決して願わず、すなわち我が陸上部隊がまた行動を停止するとの言葉を我々の口から出すということは、他日人のせいにする口実であると思うし、故にいくばくも躊躇せずしてこれに応ずるのである。しかしながらビルマ反攻の時期は、この心が来年秋季に実施することを決して望むものではないということを断言しておく。イギリスの我がままと害は、帝国主義の模範として誠に恥じないものである[33]。

ソ連については、中共問題との関連で、蔣はソ連にずっと警戒心を抱いていた。第二次大戦中、ドイツ軍の進攻を徹底的に受けたソ連において、スターリンの東側への目標は一九〇五年の日露戦争前の形勢を快復することであり、東側海湾内の港を見つけ、日露間の緩衝地帯を得ることであった。これらはヤルタ密約の中のひとつとしてアメリカ・イギリスの大国の承諾を得、中国が結局は四強のひとつとしてその害を被ったのであり、「重蘇軽華」（ソ連を重んじて中国を軽んずる）、「重欧軽亜」（西欧を重んじてアジアを軽んずる）の政策の下で、スターリンは四強の顔合わせを避けたため、中ソ・国共問題は後日決定的に難しいものとなった。蒋中正は東アジア秩序の再建に対して、「東側」の方法で解決することに賛成したが、これは東側の帝国ではなく、アジアの指導者になるわけではないということであり、孫中山の「存亡継絶、済弱扶傾」（傾いた国を助ける）の王道思想に従って東アジアの国際関係や、反共反帝を処理し、東側民族の建国を支持したのであり、これがイギリス・ロシアとの衝突を避け得ないものとした。[34]

一九四三年一一月二三日、ルーズベルト、チャーチル、蒋の三巨頭はカイロ会議の会合において、ルーズベルトが開幕の歓迎の詞に、「この度の歴史的会議は四カ国宣言の具体化であり、その結果近日の将来に影響し、後世に伝え残すものとなるであろう」[35]と述べた。ルーズベルトの期待、チャーチルの対処、蒋の構想が、もともとの会合の初志としてあり、三カ国を交えた戦略と政略において共通認識が求められていた。しかし解散した後は、人々に相変わらずと思わせるものとなってしまった。[36]その中には数多く討論すべきものがある。まず軍略問題について述べれば、蒋がこの会議に対して最も大きな期待を寄せたのはビルマ反攻の国際的交通ラインを通すプランであった。一九四二年五月、日本軍が中英連合軍に敗北した後、中国とビルマ間の陸路の交通線が途絶したため、いかに快復すべきかが中国の望みであり、駐緬イギリス軍の期待するところでもあった。会議の中で東南アジア連合軍総司令官のイギリスのマウントバッテン（Lord Louis Mountbatten）はビルマの日本軍に反攻する方案を提出した。すなわちこのとき議論されたのがバッカニア作戦（Operation Buccaneer）[37]である。このプランの主な内容は、英印軍の第一方面軍がエーヤワディー川（宛河）の西岸に出て、再度北ビルマのモガウンから前進し、中国駐印軍とミッチーナーで合流することであった。第二方面軍はチッタゴンに進出することによって、ブティダウン（布迪当、布提当）まで到ることであった。中国の軍隊は利に従って多くがミッチーナーに進攻し、遠征軍は龍陵・畹町からラジオ・カーサ（卡薩）へ進攻した。このプランはイギリスがインドの安全を確保することにはじまり、中国遠征軍をラシオ・マンダレーの日本軍主力に覆われたもとへと置くことであった。このプランはまた北ビルマでの作戦において、海上の統制が及ばないベンガル湾に限定し、南北ビルマから水陸同時に挟撃する計画と、中国の滇緬（雲南―ビルマ）線をつなごうとする構想が一致していたわけではなかった。このため、蔣はビルマ進攻の勝敗ポイントを、陸海軍の協力作戦において、同時に発動し、空軍が敵の交通ラインの破壊を請け負うものと考えていた。また中国軍隊のビルマ進攻作戦では、イギリス海軍にベンガル湾で制海権を得させることで、水陸両面で同時に進行することを前提条件とする必要があった[38]。イギリス側のチャーチルは当時、イギリス海軍は一九四四年春夏間（五月）まで待って、はじめてつづけて結集し始めることが可能となり、同時に海軍の能力がタイ―ビルマ間の陸上補給線で切断できないことが心残りであることを表明すると、ルーズベルトはバンコクの占領を良しと認めたのであった。一一月二三日から二六日まで、蔣はルーズベルトとチャーチルを除いてビルマ進攻問題を討論し、同時にマウントバッテン、マーシャル、スティルウェルと頻繁に意見を交換し、中米英の第二次連合参謀会議を開いている。蔣が最後まで堅持したベースラインは以下のとおりである。（一）ビルマ進攻作戦は海上行動とし、陸上と同時に、イギリス側の海上での準備内容と時間を確定すべきものとする。（二）中国が最初に定めた輸送量は、毎月一万トンであり、必ず維持しなければならない。（三）ビルマ進攻作戦の第一期は、少なからずマンダレーを目標とし、第二期はヤンゴンを目標とし、ヤンゴンを占領し、中印の通路を疎通すべきである[39]。ルーズベルトは大体蔣の見方に賛成した。

イギリス側の原則は連合軍のビルマ進攻に賛成したとはいえ、中国西南の国際的交通ラインを疎通させることについては、その態度は決して積極的なものではなかった。その原因として、まずチャーチルが対日作戦の勝利には、主として海上における日本の交通ラインを打ち砕き、封鎖することで日本を締め出すものと決定し、そして遠く離れた日本とのビルマ密林での悪戦において、連盟軍を泥沼に陥れるべきではないと見ていた。次に「先欧後亜」の戦略部署により、チャーチルはビルマの両面作戦が多くの上陸用舟艇を占有する必要があったため、企図していたフランスへの上陸とイタリア戦役を弱体化させるものと捉えていた。第三に、イギリスが東南アジアにおいて重なる目標はシンガポールと香港の権力を再建することであり、南アジア方面はインド殖民地を確保することを基準としていた。ビルマはただ大英帝国の前哨であって、戦略を備えた重要地域ではなかったのである。しかしながら、蔣からすれば、中国の戦場における生死の瀬戸際は、一にビルマであり、二に華北、三に東四省なのであった[40]。ビルマ戦役が勝利し得るか否かは、中国軍隊の外的支援ルートが疎通し得るか否かに直接関係しており、これが中国が日本を撃破する策略なのであった。中英双方の利益は各々異なり、戦略的観点が相違している。チャーチルが積極的な協力的態度を認めなかったことに、蔣は非常に気憤をあげており、「イギリスの我がままと害は、帝国主義の模範として誠に恥じないものである」と責め立てている。ビルマ反攻問題が中国戦区と東南アジア戦区の戦略戦術問題に及ぶと、当時解決しなかった懸案は、少しした後に中国と連合軍の東アジア戦略のさらなる分岐点となった。

カイロ会議中に、蔣夫人の宋美齢は第一夫人として、宋子文に代わり外交部長の役割を帯び、その色が会全体に深く印象づけると、蔣中正本人はこの上大いに肯定した[41]。この会議において、蔣の切迫した望みは英米の借款問題であった。イギリス側は、すべての借款問題は財政部の協議へ棚上げすることを表明した。対米においては、蔣は「中国経済の方法を救済する」(救済中国経済之弁法)として提出し、継続してアメリカから一〇億アメリカドルを借りて、物価を抑制し、貨幣を安定させることを望んでいた[42]。このため、蔣と夫人は当初の設計として、一一月二六日の晩に、蔣と夫人の商談の後、「やはり妻がまず未明に単独でルーズベルトへその件の探りを入れたことで決まったもので、彼の態度を見て、その後再び進退と多寡の計画を決定したのである。これら重大事件の進行の成敗と栄辱の瀬戸際で、思うに夫婦二人でよく検討したところ、諸事誤りなく、また思うにこの方、征途憂慮した感情を慰めるに足るものである」と述べている。二七日午後、蔣とルーズベルトが会談し、その要旨の一部には「借款と経済の危急の状況にあり、その支援を認めたことと借款の対処に感謝を示し、すでに妻と協議した際には彼はすでに大綱を認めていた(43)」とある。明らかなのは蔣夫人とルーズベルトが先に会見し、すでに成功を見ていたということである。蔣は日記の中で「妻が今日一一時からルーズベルトを訪問して経済を協議した後に、ホプキンスのもとへ行った。この十数時間において、ほぼ一息の間もつかず、かつその時にみな全身全霊をもって一言も緩めることなかった。ゆえに一〇時になるとすでに疲労に堪えず、かつて未だこのような状況は見たことがなかった。彼女は目を患い皮膚病にも苦しんでおり、実に常人に耐えられるものではなかった(44)」。アメリカの一〇億アメリカドルの貸款がやはり非常に困難であるにもかかわらず、結局最後には当てがはずれ、ルーズベルトは礼儀上返答したが、蔣はすでに中国に対する誠意を悟ったのである。

日記において、蔣はカイロ行を、政治的成就が最も大きかったとして認めている。確かに、この三巨頭会議は戦後東アジア秩序の再構築に対して、影響を与えた。さらに考察するならば、蔣は「アジア・コンプレックス」のもとで、会議の参加および戦後の計画に対して、自身に理性的思考を備えていた。まずはアジアの「大国」となることであり、東アジア問題に対して積極的に発言権を争ったとはいえ、態度は慎み深く恐懼したものであった。ルーズベルトはカイロにおける中国の国際的地位に対して、次ぐ「四カ国宣言」の後に再度肯定した。蔣とルーズベルト二者の共通認識は、中国が四強の地位に取って代わり、かつ平等に国際組織に参与すること、および共に国際安全制度を創設すべきであるということであった(45)。これはしばらくして後に連合国の創設と中国の国際的地位の確立の基礎となるものであった。しかしチャーチルからすれば、そうすべきではないと考えていた。「イギリスはすべて中国が強国となることを願わず」[46]、ルーズベルトは会議における蔣のこの談話に対して、蔣の「擁羅靠美」(ルーズベルトを擁護しアメリカに頼る)の心理を強めることができた。そして、蔣はこうした情勢を理解し、カイロ会議の準備や主張に対して的確に「低姿勢」の手段を採った。[47] 彼は一一月一三日の日記に「今回のルーズベルトとチャーチルの会談は、そもそも求めたものではない。予の精神や軍事政治経済の各種意見に誠意をもって交換したものではなく、いささかも得失のある見方をすべきではなく、すなわち些細なことであった」(此次与羅邱会談、本無所求、無所予之精神与之開誠交換軍事政治経済之各種意見、勿存一毫得失之見、則幾矣)。一七日の日記には、蔣は再度、中国利益の提案に積極的に提出に動かない方針を確認し、「余がこのルーズベルトとチャーチルの会談に赴いたのは、無欲となって人に求めないようにするということをただひとつの方針とすべきで、すべてその身には恥じないものである。対日処置の提案や損害賠償などのことについては、英米が先に提示したものを待って、私が積極的に自ら触れることは決してなかった。これは英米に遠慮させるところが無いというだけでなく、かつ私のいささかも私心無き世界大戦をもって、これを畏れ敬わせるのである」(余此去与羅邱会談応以淡泊自得無求於人為惟一方針、総使不辱其身也、対日処置提案与賠償損失等事、当待英美先提、切勿由我主動自提、此不僅使英美無所顧忌、而且使之畏敬、以我乃毫無私心於世界大戦也)。蔣のこうした消極的態度が残した後遺症は、機を捉えて即断しなければならない問題に懸念を残したということであり、東アジアの「脱植民地化」の棚上げと波瀾に対して、再び後の難題となったのである。

カイロ会議の期間、中英の交渉が中国領土に論及した点は二つある。ひとつは香港問題であり、もうひとつはチベット問題であった。香港回収の問題に関しては、この年一月に中英が新たに調印を交わしているが、イギリスは港九・新界の返還を拒否し、中国は外交に照らして主権を保つことができただけであった。一一月、蔣がカイロに赴く前(一四日)、日記には蔣夫人の訪米期間におけるルーズベルトとの会談に触れており、会談で「港九問題は自由港として中国に返還する」(港九問題帰還中国為自由港)[48] ことになったが、しかし次の日の日記には「チャーチルの談話に対して中米英との協力関係の問題を除けば、皆語らぬことで良しとした。もしアメリカが対談の中で港九問題、チベット問題、南洋華僑の待遇問題などに論及したならば、既定の原則に照らしてこれに応じたが、しかしこれら論争には与せず、仮に同意できなければ、ひとまず懸案を作成する」（対邱吉爾談話除与中美英有共同関係之問題外、皆以不談為宜。如美国従中談及港九問題、西蔵問題、南洋華僑待遇問題等則照既定原則応之、但不与之争執、如其不能同意、暫作懸案）[49]と述べている。二一日の日記の「上週反省録」には対英談話の要旨について、はっきりと「港九問題は暫時棚上げ」と注記している。このためカイロ会議声明には何ら香港の報告が見られない。これは蔣がカイロ会議において低姿勢をとった一端である。チベット問題に関しては、一九四三年五月、宋子文外交部長が訪英した際に、チベットの主権交渉を提出していた[50]。蔣も了解していたチベット問題はイギリスの背後で操られており、七月の間にルーズベルトが蔣へ問題を棚上げするよう勧めた。蔣は日記の中で英米が「大西洋憲章」と異なり他国の内政に干渉するきらいがあることを咎めだてているが、我慢するのみであった[51]。カイロ会議の期間、一九四三年一一月二六日、王寵恵はイギリス外相イーデン（Robert Anthony Eden）、外務次官カドガン（Sir Alexander Cadogan）と三者で会談し、王が先に蔣の意思を告げると、チベットが中国領土の一部として係わり、その中国との関係が中国内政にすべて属することを認め、イギリスは過去の対チベット政策を改めるものとして応じた。イーデンはこれが現実的問題として、中英の意見が互いに遠ざかっており、もし中国がチベットの完全な自治を認めるならば、イギリス側の立場は自らこれを出発点とするものとして捉えた。王はイギリス側が中国の主権を侵犯していると告げると、イギリスは主として別にプランがあり、新たに立場を考慮するということであった。双方は意見を固持したため、争うまま散じることとなった[52]。

カイロ会議以前、国民政府はすでに戦後問題を解決するプランを決定している。その主な内容は、（一）対日処理方案、（二）中国周辺国家の未来、に取り入れられている。（一）の内容は領土問題、未来の国体問題、賠償問題および日本の占領問題を含むものであった。(二)は朝鮮独立の支持、タイの独立およびベトナムの建国と独立を保障することであった。領土問題に関しては、主として東北、台湾、琉球の回収問題であった。「九一八事変」以前の状態を快復することが「徹底抗戦」の根本的要求であった。このため東北を回収することが戦後には当然のものとなった。「蔣中正日記」によれば、蔣はすでに一九三二年九月一三日、一九三三年二月一八日、一九三四年三月二三日において、いずれも台湾を取り戻す決意をした記載がある。[53] 一九四三年三月、蔣は『中国之命運』を出版し、その中で台湾、澎湖諸島に触れ、一九四三年九月二五日には、国民参政会の報告の内政外交において、領土の完成は日清戦争以来喪失した日本の土地を含むものであり、台湾、澎湖諸島および東北四省は必ず回収するものであると正式に宣言しており、これが一致する。[54] 東北、台湾・澎湖を回収することはその後のカイロ声明の中に見られる。言い換えれば中華民国が戦後の台湾と東北の失地を回復することについて、蔣の立場は固まっており、国際的保証を得たものでもあった。しかしながら、琉球に対しては、蔣の政策が揺れ動いている。

近年、尖閣諸島での領土紛争のため、学術界もカイロ会議前後における琉球主権問題の討論に特に留意している。[55] 蔣中正は早くから琉球回収の意思が一九三二年九月一三日の日記にある。その後国民政府は外交事務の宋子文に責を負わせ、一九四二年一一月に中国が東北四省、台湾および琉球を回収すべきであると提起した。続けて蔣は再び台湾、琉球を中国に返還すべきであるとの声明を出した。翌年三月、蔣夫人の訪米期間に、ルーズベルトと会談し、中国が琉球を回収したいとの意向を伝えると、ここに至って、カイロ会議においてルーズベルトが蔣に琉球帰属の由来に対して数度にわたり質問することが可能となった。一九四三年三月、蔣は『中国之命運』を出版し、再び琉球、台湾、澎湖が中国国防の要塞であり、かつ領土は不可分の一部であることを提起した。[56] しかし、この見解はカイロ会議前にゆらぎがあったと言える。一九四三年一一月、蔣中正はカイロ会議およびルーズベルト、チャーチルとの会談資料を準備する際に、極東政治問題の提案に関して、以下の三点を提出した。(一)東北四省と台湾、澎湖は中国に返還すべきであること。(二) 朝鮮の戦後独立を保証すること。(三) タイの独立およびインドシナ半島各国と華僑の地位を保証すること。[57] ここで、蒋は琉球を回復することを再度提起しなかった。その理由については、蒋の解釈として「琉球と台湾は我が国の歴史的地位と異なり、琉球を一王国とし、その地位は朝鮮と相等しく、故に今回琉球問題に対しての決定を取り下げることを提案した」(琉球与台湾在我国歴史地位不同、以琉球為一王国、其地位与朝鮮相等、故此次提案対於琉球問題決定不提) と述べている。[58]

とはいえ、カイロ会議の際には、ルーズベルトはむしろ自発的に提出し、さらに再三琉球問題の中国の態度を尋ねており、蒋はアメリカと共同での琉球占領を願い、委託管理制度とアメリカの共同管理に依拠すると答えている。[59] これは「東北四省と台湾、澎湖諸島はみな中国に返還すべきであり、思うに琉球は国際機構による中米の共同管理に委託すべき」(東北四省与台湾、澎湖群島応皆帰還中国、惟琉球可由国際機構委託中、美共管) であるとの言葉がもとになっている。蒋はこれによりそうした決定を出すと、「一にアメリカの心を安んずること、二に琉球が日清戦争以前に日本に帰属していたこと、三にこの地域はアメリカによる共同管理とすることで、私的専有に帰すよりも妥協することとしたのである」(一以安美国之心、二以琉球在甲午以前已属日本、三以此区由美国共管、比帰我専有為妥也)[60]。明確であるのは、蒋が領土関連においてアメリカの懐疑を招きたいのではなく、中米関係への影響を避けようとしたことである。これは蒋の「アジア・コンプレックス」がアメリカに罪を着せなかったこと、アジアの指導者を気取ろうとしなかったことに関連する。

戦後日本の問題に関しては、カイロ会議での蒋とルーズベルトの会談において、中米双方が一致同意したのは以下の点である。(一) 日本が奪った中国の土地は中国に返還すること。(二) 太平洋上で日本が占領した諸島は永久に剝奪すること。(三) 日本が敗れた後、朝鮮に自由と独立を与えること。(四) 戦後日本における在華の公的私的産業は完全に中国政府が接収すべきであること。[61] 一二月一日、中国、アメリカ、イギリスの三国首脳は連合の声明

（カイロ宣言）を発表し、「日本にかすめ取られた中国の領土、例えば東北四省、台湾、澎湖諸島などは、中華民国に返還する」（日本所窃取於中国之領土、例如東北四省、台湾、澎湖群島等、帰還中華民国）[62]と明確に指摘した。

一九四三年一一月二三日の晩、蒋とカイロ会談の首長らは四時間ほど、会談にてさらに日本の未来の国体問題、および戦後の対日処理問題に及んだ。国体問題に関しては、会議記録に以下のような記載がある。「談話の中で、ルーズベルト総統はかつて日本の天皇制度を排除すべきか否かの問題について、蒋委員長の意見を求めた。委員長はすぐに、今回の日本戦争の元凶は、若干の軍閥のせいであることを示した。私が思うに日本の軍閥は必ず根本から排除し、再び日本の政治で問いただされることが無いようにする以外に、他の国体如何に至っては、戦後の日本人民自らによって決定する最もよい時期である。同盟国は今回の大戦において、みな民族間の永久の過ちを生み出すべきではない。ルーズベルト総統はまたこの問題を明日のための会議で討論を提出すべきか否かと問いかけたが、委員長は正式な討論にはしないほうがよいとした。ルーズベルト総統は深く肯き、ついにホプキンス（Harry Hopkins）に今回の会議で決めた事項をもとに、声明を起草するよう命じた」（在談話中、羅斯福総統曾以日本天皇制度応否廃除問題、徴求蒋委員長意見。委員長当即表示、此次日本戦争之禍首、為其若干軍閥。我以為除了日本軍閥必須根本剷除、不能再讓其起来預問日本政治以外、至於他国体如何、最好待戦後由日本人民自己来決定。同盟国在此次大戦中、総不要造成民族間永久之錯誤。羅斯福総統並詢以此一問題明日会議応否提出討論、委員長答謂、最好不作正式討論。羅斯福総統深以為然、遂命霍布金斯根拠此次商決各項、起草公報）[63]。

その次に、日本の賠償問題に関しては、蒋が日本の工業機械、軍艦、商戦、鉄道、車両などの実物補償を議論すると、ルーズベルトも同意を示した。日本投降後の三島の駐軍監視に対する問題に関しては、ルーズベルトは中国が指導的地位を担うよう希望したが、蒋は中国がなおこの任務の力量を担うことに乏しく、「アメリカが主管すべきで、もし中国が派兵に協力すべき必要があるなら可能である」（応由美国主持、如果需要中国派兵協助亦可）と主張した。

蔣はルーズベルトが中国に日本の軍事占領を請け負わせようと判断すると、「深意がある」（有深意存也）として「未だはっきりとした可否を表さな」（亦未便明白表示可否）かった。蔣のこの裏の「深意」が具体的に何を示すのかは、蔣の日記には明確な記述がない。ある研究者は、蔣がルーズベルトに懐疑を抱いたのは、蔣が日本に対する領土的野心があるのではないかということを試そうとしたことにあり、このため、日本占領の急先鋒を拒絶したのだとしている。[64] これは蔣がアメリカの前で「アジア・コンプレックス」を強く抱いていたことと関連するであろう。

一九四三年一一月二三日、蔣とルーズベルトの会談の中で、「蔣中正日記」に共産主義と帝国主義問題に触れた記載があり、「余（蔣）はルーズベルトの対露共産主義政策に深く賛同し、すでに初歩の結果が成功を収めている。対イギリス帝国主義の政策がまたよく成功するよう祈るのみであり、世界の圧迫された人類を解放することで、まさにアメリカの今回の世界戦争に対する貢献を報酬とし得るものである」（余〔蔣〕甚賛羅対俄国共産主義之政策、已得到初歩効果為賀、惟希望其対英帝国主義之政策亦能運用成功、以解放世界被圧迫之人類、方能報酬其美国此次対世界戦争之貢献也）[65] と述べている。蔣とルーズベルトは旧式の殖民地主義への蔑視や没落に対して、心が動かされていたのかもしれない。対露政策の問題に関しては、蔣とルーズベルトの意見はことごとく一致しなかったようである。この点は蔣日記あるいはカイロ会議の起案にも、更なる説明はない。[66]

四　カイロ会議声明の期日どおりの発表　「これは国家百年来の外交における最大の成功となった」[67]

一九四三年一一月二六日、中英米三巨頭会議が正式に終結し、事実上、会議声明（連合国宣言）の起草が一一月二四日に正式に開始した。英文草案はアメリカの租借方案を主管したホプキンス（Harry Hopkins）の起草責任により、中英米の三国の代表が修正した。二四日、中文の原稿訳が蔣に進呈された。幕僚人員が「小笠原」を「澎湖諸島」

と間違っていたことを見つけると、すぐさまアメリカ側に改正を求め、蔣はその後の草稿の内容に同意した[68]。二五日、中英米三者の人員は、中国側の王寵恵秘書長、アメリカ駐ソ連大使ハリマン（Averell W. Harriman）、イギリス外相イーデン、外務次官カドガンを含め、会議声明の草案修正会議を開いた。細部の文字簡略化を除くほか、特に注目すべき点としては王寵恵秘書長の文書解釈であり、中国主権の擁護、朝鮮独立の主張に対して、会場において宴席のもと折衝したことが、絶大に寄与した。蔣の日記では、以下のように述べている。

今回のカイロ三カ国宣言成立の経過は追記する必要がある。それは成立以前の三国代表が討論を提出する際に、イギリスのカドガンが最も反論したことである。とりわけ朝鮮独立の問題については取り下げを堅く主張した。そして東北問題に対してはまた日本が満洲を放棄するのみとの文言を入れて、中国に返還すると明言せず、我が代表亮疇（王寵恵）の激論を経て、アメリカ代表がまた努めて賛同し、ようやく原案通りに通過した。ただ夫人が参加した会議に関しては最終的に削除され、ルーズベルト総統が不満の色を示したが、これは概ね関係なく、我方は賛同し、全文を通過させ、ここにおいてカイロ会議がこれによりようやく終結した[69]。

草案の重要討論および修正要点は以下のとおりであった。

一、もとの草案の第三段目には、元来「例えば満洲、台湾や澎湖諸島は当然中国に返還すべきである」（例如満洲、台湾与澎湖群島当然応帰還中国）としている。修正案では、「当然中国に返還すべき」（当然応帰還中国）との部分が「当然日本に放棄させるべき」（当然必須由日本放棄）と改められている。もともと提案した人物のイギリス外務次官カドガンは、改正すべきであるとの意見を示した。これはつまり、イギリス国会あるいはイギリス政府によって、なぜその他の占領された地域に関して、満洲、台湾のみで、どの国にも返還する説明がないのかを問われてしまうということであった。要するに中国に返還するとの声明を出したのである。上述した各地はもとより中国に属していたが、言明する必要はなかった。イギリス外相イーデンはその場において一言も発さなかった。中国代表の王寵恵は、「このように改正したが、しかし中国は賛成せず、世界その他各国はまた疑念が生じた。『日本に放棄させるべき』であるとまとめたが、しかし、日本が放棄した後、どの国に返還するのかを明言しなかったことが、転じて疑惑を生じさせたのであり、世界の人士が均しく今回の大戦を知ることとなったのである。それは日本の我が東北への侵略によって立ち上がった、吾人の作戦目的が、また反侵略主義を貫徹することであった。いやしくもこのような含みを持たせているのであれば、中国人民ひいては世界人民が、みな疑惑を解くことはなく、故に中国側ではこの改正の文字を受け入れがたいのである」（如此修改、不但中国不賛成、世界其他各国亦将発生懐疑。『必須由日本放棄』固矣、然日本放棄之後、帰属何国如不明言、転滋疑惑、世界人士均知此次大戦、由於日本侵略我東北而起、而吾人作戦之目的、亦即在貫徹反侵略主義、苟其如此含糊、則中国人民乃至世界人民、皆将疑惑不解、故中国方面対此段修改之文字碍難接受）と指摘している。カドガンはまたメッセージの前文に、すでに「日本が中国より掠め取った地」と説明していたのは、つまり日本が放棄した後は当然中国に返還するものであり、説明する必要がなかったのである。王寵恵は「言葉の扱いにこうした含みを持たせるならば、会議声明はほぼ意味がなくなり、完全にその価値を失うであろう。閣下の意にあっては、もとより言わずとも中国に返還すべきであると分かるが、しかし外国人士には、東北および台湾などの地に対して、以前から各種奇怪な言論があった。その主張は閣下がまた悉く聞いたことであったと思う。故に中国に返還することを明言しなかったように、我ら連合国の共同作戦は、侵略に反対する目標がさほどはっきりしなかった。故にもとの草案の字句を維持して主張することとなった」（措詞果如此含糊、則会議公報将毫無意義、且将完全喪失其価値、在閣下之意、固不言而喩応帰中国、但外国人士、対於東北及台湾等地、嘗有各種離奇之言論、其主張想閣下亦曾有所聞悉。故如不明言帰還中国、則吾聯合国共同作戦、反対侵略之目標、太不明顕、故主張維持原草案字句）と反論して述べている。王寵恵の意見はハリマン大使の賛成を得て、彼は続けて、吾人が世界各国へ言葉に含みを持たせたように、我ら連合国は平素から宣布の原則に対して、まさに信を置かなかったのであると指摘した。ハリマン氏の主張は原文を維持しており、建議はまさにその段の言葉にあるとおり「日本の武力あるいは侵略的野心によって征服された土地は、概してそれを分離し掌握せしめるべき」（日本以武力或侵略野心所征服之土地、一概需使其脱離其掌握）であり、第三段の後に置いて、別に一段を立て、残りは一切原案に照らして動かさなかった。カドガンは完全に説き伏せられたが、とはいえ討論した結果、中米両者の主張が改められることはなかった。故にもとの草案が維持された。

二、戦後の朝鮮問題が関連する。もとの草案の第五段目には、「朝鮮を自由と独立の国家とする」（使朝鮮成為一自由与独立之国家）との一語の修正案に関して「朝鮮を日本の統治から離脱せしめる」（使朝鮮脱離日本之統治）と改正された。王寵恵は賛成できないことを示し、朝鮮がもとは日本の侵略によって併呑されて、日本の大陸政策は、朝鮮を併呑することから始まったのだと彼は説明した。「日本の統治から離脱」（脱離日本之統治）するとだけ説明してそのほかの事は言わず、ただ将来の重大問題に留め、特に計略が得られるものではなかった。この主張はこのときに将来の自由と独立の地位を決定することを当然のものとし、また声明の中でこの点に関して述べ、中国および極東方面においてこれを判断することが、非常に重要であるとした。カドガンは朝鮮問題に関して、イギリスの閣議を経ずして、この間に決定したことは、殊さらなすべきではなく、しかもソ連のこの問題の態度と反感に対して、事前に折衝しておらず、知りようがなく、配慮する必要があると説明した。このため主張は修正案に照らし更改できず、全段にわたって削除された。ハリマン大使は、ルーズベルト総統の意見に照らし、この問題がソ連とは無関係のようであり、ソ連と相談する必要はないと説明した。討論の結果はもとの草案の文字が維持された。

三、もとの草案第五段目の下部には、修正案に、参加国とも領土的野心はないとの一段が声明に加えられている。

各々特に討論することもなく、賛成した。[70]

以上の討論の意見はチャーチルが目を通した後、改めて新たな稿を送った。全文は比較的短かったが、軍事面に関してはやや冗長で、敵に軍事情報を渡すことは免れないということを簡略化して短縮した。新稿は中米双方が支持した意見について、みな受け入れたため、三者とも賛成した。ただそのうち「満洲と台湾を包括する」（包括満洲与台湾）との語のみ、王寵恵が「たとえば満洲台湾と澎湖諸島」（例如満洲台湾与澎湖群島）と改めるよう提議し、各々はみな異議なく、これにより原稿が成立した。

声明の草案に当たっては、三カ国首脳および蔣夫人との会談の中で、会議声明の草案は最後に送られ、会議で一度朗読し、三カ国の指導者が賛成すると、ついに原稿が確定した。当時スターリンの意見を求めたため、ルーズベルト、チャーチル、スターリンの三首脳は、テヘラン会議の終了を待って、その後再び期日どおりに発表した。ルーズベルトとチャーチルは一一月二七日にテヘランでスターリンと会談した。スターリンも異議がなかったため、一二月一日に正式に公布した。[71]この連合宣言は、当時署名されなかったとはいえ、中米英三カ国の元首が、みなその職権の範囲内において具体的に承諾してつくられたものであり、拘束力を持っていた。当時会議に参与したイギリス外相イーデンは、その年一二月一四日に下院でカイロ会議を討論した際に、ロンドン側では自ら宣言の拘束を受けると考えていることを述べた。[72]そしてアメリカもカイロ会議を国際条約にまとめて受け入れた。カイロ会議は一九四三年一二月に発布し、一九四五年七月のポツダムでの公示に続き確定した。ポツダムでの公示は、カイロ会議で定められた条約が必ず諸々の実施に伴い、日本が無条件投降し、領土を返還したら、均しく具体的に実施するものと唱えられたものであった。一九四五年九月の日本の敗戦、ひいては一九五二年の中華民国と日本の講和は、事実上みなカイロ会議の内容を実行したものであった。

五 「今後自ら奮励努力できなければ、一紙空文となりはて頼り得るものではなくなる！」[73]

（一）もし中国が「大国」の素振りで国際外交の舞台に躍り出て、戦後の国際連合機構の発起とその組織、戦後の日本問題の処理に参与し、ひいては中国が主権と領土を取り戻し、並びに朝鮮の独立を扶植し、ベトナム、タイの独立を支持したものとして述べるならば、蔣中正が参加したカイロ会議では、当然悲願を達したのであって、さらには「その結果は予期した上で[74]」自覚したものですらあった。彼は日記の中で、カイロでの行動について以下のように評価している。

東三省と台湾澎湖諸島はすでに失うこと五〇年あるいは一二年以上の領土であり、そして英米の共同声明、我が国への返還、かつ朝鮮の戦後独立と自由への承認を得ることができた。このいかなる大事、いかなる提案、いかなる希望も、従って今ついに三カ国の共同声明の中において発表することができた。実に中外古今におい て未だかつてない外交的成功をなすものとなった。然るに今後もし自らが奮励努力しなければ、一紙空文となり、頼るに足るものではなくなるだけである。いかに自強するのか、いかに勉励するのかについて、将来の和平会議の中で我が国最難関の問題にして、最重要の基礎に関して、みなこのカイロ会議の数日において、一挙に解決するものとなろう。[75]

しかしながら、国際政治の現実的背景のもと、第二次大戦の勝敗が確実に迫っていたとはいえ、蔣の英米の「先欧後亜」における政策に対しては微塵も動揺させなかった。[76] 会議の期間は、チャーチルの古き帝国利益を守ろうとする態度が依然としていた。このためルーズベルトが平等に中国を助けようとする心理を持とうとしても、現実の判断の下で、南北ミャンマーの水陸挟撃作戦における背面での同意や、国軍九〇個師の装備案および一〇億アメリカドルの貸借案の心変わりによって、随所ではっきりとカイロ精神を失わせる結果になってしまった。英米の「重蘇軽華」の政策の下で、中ソの疑心暗鬼が解けないことに加えて、テヘラン会議後の情勢は、すでに中国に挽回しようがないものであった。国際政治の理想と実現において、蔣中正は早期から以下の考えを持っていた。

政治の全ては実際にあることを基礎として、理想に依存すべきではない。然るにまた全ては理想をなくすることはできない。理想がなければ政治目標もなくなり、政治は進歩することができなくなる。私は事実と理想の実現において、政治的理想の要因の多くが三割を占め、実際の要因が七割を占めるべきだと考えている。しかし、およそ実力あるいは有力なくして相手と比較できなかったときは、それは決して他言するものではない。また強者に屈せずにいるには、一時の痛みは放棄して退くのみである。たとえ一度屈服したとしても、やはり潔しとするものではない。しかし、その国家の根本的問題がその生命と主義に及ぶならば、決して動揺のままにしてはならず、その実力が快復する時期の到来を待って、その後に再び実際に行動するものである。故にそれが今日香港やシンガポールにおいてみなどれほども放棄することを認めないと示すものならば、このルーズベルトのアメリカと太平洋沿岸の軍事基地における共同利用を求める政策には、すでに明白に反対していた。イギリスの政治手段の悪辣さと利己性は、人を痛憤させるものであるが、しかしまたその老練さと実際の行動には仰がざるを得ないものであり、自ずと学ぶべきものがある。(77)

蔣はカイロ会議の際、常に低姿勢なやり方を採っていたが、概ねはこのように理解すべきであろう。実際の国際的事務の側面に参与したことにおいては、蔣がもともと西洋人とつきあうのが得意ではなかった[78]。彼がこの時こうした大規模な国際会議に随員を伴って出席したことは、幕僚人員からして会場の実務に困難であったことを除いても、帰路の視察で基地の人員を訓練した際に、中国の「近代国家」としての距離が依然として遠く、少なからず二〇年の訓練と努力を必要として、はじめて西洋人と対等となり、人を軽んじなくなるのだと深く感じ入っている[79]。

(二) 本論文の主たる史料は蔣中正日記であり一面性や主観を免れない。しかし蔣個人の体験は真実味を持つものである。第二次大戦初期、枢軸国は都市を攻め領地を掠めた。ドイツは欧州にて、日本はアジアにて、みな広く切り取って、日本は中国の華北、華中を占領し、また太平洋戦争を発動し、ニューギニアやソロモン諸島を直接攻め、ほぼすべての東南アジアを統べた。しかし、一九四二年末に至ると転換し、この年六月、日本が中途の島々での海戦で利を失うと、制海権を失し、一一月ガダルカナル戦で失敗すると、進攻する力は限界に達した。一九四三年秋、日本の軍事力は確実に衰勢に向かい、年末に連合国側で勝利が望まれると、中米英ソの四カ国指導者がそれぞれにカイロ、テヘランにて会議を召集し、最終勝利の戦略的措置および戦後問題を討論した。蔣中正日記によれば、一九四三年六月から、蔣は準備の着手ならびに出席の手はずを考えている。一一月、二〇名近くの代表団を率いて、戦時一四回の同盟国指導者の最高会議に、中国を代表してただ一度だけ会議に参加したのも、中国を四強として望む声が最高峰に達していた時期であった。席上では蔣中正とチャーチル、ルーズベルトが東アジア問題について広く意見を交換し、そのうち、三カ国協働でのビルマ反攻の問題、中国領土の回収問題、中国周辺国家の特に殖民地をどのように決定するかの問題、同盟国の戦後における日本処理の問題、戦後中米の軍事提携および経済協力の問題を含むものであった。会の後、一二月一日に聯合宣言を正式に発表し、会議はようやく正式に幕を閉じた。

蔣中正の日記では、カイロ会議の召集が、中国外交の一大勝利であり、会議は「政治の収穫を第一とし、軍事はこれを次とし、経済はまたこれを次とする。然るにみな相当の成功を得」たとしている。中国が大きくて弱い国家であったため、「決して自身の利を図るものではない」ということを誓ったが、しかし欧米大国の「重欧軽亜」政策が頭によぎり、また現実の中国に対する偏見があり、カイロ会議の多くの決定は、英米ソの大国が眼前から全く見えなくなっていた。会議の結果には当然積極的意義やその影響が存在するが、しかしその期待とは相当に落差があるところにあった。理想と現実は政治においては往々にして容易ではないところに付け込まれるものである。会議前の二月二八日に、蔣は日記の中で以下のように述べている。

連合国の四カ国のうち、我々は最弱である。弱者が誘拐者や無頼漢、土覇に出遭うことは危ないと識るのも、人は自ら強いものではなく、いかなる人もまた助けることができないからである。国家が自強を求めずに、敵味方を問わず、みながお前を俎上の肉としているというのに、警戒しないわけにはいかないではないか？[80]

文中の誘拐者（拐子）、無頼漢（流氓）、土覇は大約すればルーズベルトやチャーチル、スターリンを暗に指している。蔣の日記にあるこれら多くの体験には、弱国の指導者の内なる苦痛が表れており、弱国と大国の外交的駆け引きも述べている。これらは瀬戸際で危機が分かれていた。カイロ会議の一部始終は、まさにこうした事実に尽きるものである。

（三）一二月初め、台北でいくつかのカイロ会議七〇周年を記念した活動が催された。それは学術的討論と史料展示会が含まれるものであった。注目すべきことは、世論や学術界が歴史問題や現実に関連して起きた論争に対して、ややもすれば立場が分かれ、各々に議論がなされたことである。七〇年前のカイロ会議を例として、海峡対岸の中華人民共和国は、国民政府及び蔣委員長の出席した国際会議について、旧来のやり様を改め、今までになく正面から肯定的に活動を記念した。[81]それらに関する意義は、忘却された歴史的記憶を呼び起こしたことにある。当然重要な歴史的記憶も拾いあげることができた。台湾では、カイロ会議に対して長らく異なった扱いがなされてきたが、政治的カラーとして、カイロ会議の「声明」の有無や「宣言」の効力が関連してきたようである。戦後の台湾がいかなる地位に置かれてきたのか。国家のアイデンティティが不明瞭な状況下で、それぞれの学理の、それぞれの名称によって、[82]歴史的解釈のその趣旨を大いに食い違わせ、近代史の難題としてことごとく露《あらわ》にさせていったのである。カイロ会議の歴史的記述は、まさにその一例であったと言える。

注

(1)「蔣中正日記」(以下「蔣日記」と簡略)、一九四二年一月三日、手稿影本、現在はスタンフォード大学フーバー研究所所蔵。

(2)「蔣日記」一九四二年一月三一日、「本月反省」。

(3) Barbara W. Tuchman, Stilwell and the American Experience in China, 1911-1945 (N.Y.: Russell & Volkening, Inc., 1970), chapter 10.

(4)「蔣日記」一九四二年一月三日。「我が国は四カ国共同宣言に署名した。ルーズベルトは対の文に特に『中国が四強のひとつとなることを歓迎する』と述べており、この言葉を聞くと慙愧に堪えない」(我国簽於四国共同宣言、羅斯福対子文特別表示称『歓迎中国為四強之一』、此言聞之、但有慚惶而已)。「反侵略戦線の各国署名の共同宣言は、我が国は始め世界四強のひとつとして列ねた。名に実が伴わないことを非常に恐れることに加えて、さらに自重しきれないところがある」(反侵略陣線各国簽訂共同宣言、我国始列為世界四強之一、甚恐名不符実、故更戒懼不勝也)。「蔣日記」一九四二年一月三日、「上星期反省録」。未刊稿。

(5)「蔣日記」一九三一年九月二〇日。

(6)「為戦後中国外交綢繆:国防最高委員会「国際問題討論会」的組織与運作、(1941-1945)」に見える。未刊稿。

(7)「蔣日記」一九四三年一一月二八日、「上星期反省録」。

(8)一九四三年七月八日、「蔣日記」の中で、蔣のカイロでの決定の目的を見ると、「ルーズベルト総統の電稿には秋季の会談での取り決めに賛成すると返電した。それは余の妻との会談で欧州大戦が秋の後あるいは明春に収束できるとの文言から、欧州第二戦場の始まる時間が遠からず存在するということであり、彼が急いで余と会談し、余の覆電を得ようとする理由は、ごく短期間の内に真っ先に面会したスターリンと戦後問題を約束しなければならないがためである」と述べている（擬覆羅斯福総統電稿賛成其秋季会晤之約、拠其与余妻談称欧戦将於秋後或明春可以結束之語、則其開闢欧洲第二戦場之時間必不在遠、彼之所以急於与余約会、欲得余覆電者、乃必欲最近期内先晤史大林与史約束戦後問題也）。

（9）Tang Tsou, American's Failure in China, 1941-1950 (Chicago : University of Chicago Press, 1963) : 齊錫生『剣抜弩張的盟友　太平洋戦争期間的中美軍事合作関係、１９４１－１９４５』（台北：中央研究院、聯経出版事業股份有限公司、二〇一一年）、二二一〜二二六頁。

（10）「双十節に英米が我が中国の治外法権を自ら放棄したことを受け、新約を再度定めるよう通告した。これは〔孫中山〕総理の革命以来、終生奮闘の最大目的のため、今ついに我が手によって達成することができたのは、心からの慰めであり、実に一生涯唯一の幸事である」。（双十節接獲美英自動放棄我中国治外法権、重定新約之通告、此乃為総理革命以来畢生奮闘最大之目的、而今竟能由我親手達成、衷心快慰、実為平生惟一之幸事也）。「蔣日記」一九四二年一〇月一〇日、「上週反省録」。

（11）傅秉常の日記の中では、「我が国自らが今回の宣言に加わった後は、すでにアメリカ、イギリス、ソ連の三強と平等であり、そして世界政治を指導する地位にあっては、敵を壊滅することおよび世界平和を再建することに対して、均しく大きな関係性を有しており、我が国歴史の最重要の文書であるのみならず、世界平和史上やはり一大転変の文献である」と述べている（我国自加入此次宣言後、已与美、英、蘇三強平等、而居領導世界政治之地位、対於撃潰敵人及重建世界和平、均有莫大関係、不独為我国歴史之最重要之文件、即世界和平史上亦一極大転変之文献。余得参加簽名於此、実為一生最大栄幸之事）。傅秉常著、傅錡華、張力校注『傅秉常日記：民国32年（１９４３）』（台北：中央研究院近代史研究所、二〇一二年）、一七二〜一七三頁。

（12）一九四三年六月初め、ルーズベルトは三カ国指導者の会談を約束し、蔣は一時の虚栄、遠慮を認めている。その後蔣は宋子文に電報し、ソ日がなお決裂しないものと見て、スターリンと面会した。スターリンは困らせるかの如く、米英ソの先の会談を考慮すべきであるとした。七月四日、ルーズベルトは蔣に電報し、蔣夫人との建議のもと、国民政府と重慶間で適当な場所を選んで会談すべきであるとした。七月八日、蔣はルーズベルトに電報し、会談に同意し、また九月以後ならばよしとした。八月、蔣は宋子文に電報し、ルーズベルトの提案にアフリカで会談することに同意した。一一月九日、ルーズベルから蔣への電報で、一一月二一日にカイロで会談することを約束し、二六日に別にスターリンと会見することを取り決めた。同時に一一日チャーチルがまた蔣に電報し、会談を表明すると、「いかに早く共同の敵に打ち勝つか、および同盟国の将来の各分野を推進することができるかを協議し、至って興奮している」（得以商討如何早日克服共同敵人及策進同盟国将来各方面之合作、至為興奮）と述べている。以上の電報檔案はみな「革命文献―同盟国聯合作戦：開羅会議」、革命文献―同盟国聯合作戦、『蔣中正総統檔案』国史館蔵、典蔵号：002-020300-00023-001〜016に見える。

(13) 梁敬錞の統計によれば、第二次大戦期の最高指導者会議の発動はルーズベルト、チャーチルにおいて、一四回の会議の中で、チャーチルの参加は一三回半、ルーズベルトは一一回、スターリンが五回、蔣中正、トルーマンが各一回、イギリス外相イーデンが半分だけの回の参加であった。梁敬錞「開羅会議之背景」『中央研究院近代史研究所集刊』期三、上（一九七二年七月）、一〜四頁。

(14)「アジア・コンプレックス」（亜洲情結）のこの用語は、段瑞聡の文中で提示されている。段瑞聡「太平洋戦争前期蔣介石的戦後構想、1941-1943」『国史館館刊』第三二期（二〇一二年六月）、一二五頁。

(15)「尊重各民族自由、決定其所頼以生存之政府形式之権利、各民族中此項権利有横遭剝奪者、倶欲使其恢復原有主権与自主政府」。秦孝儀主編『中華民国重要史料初編――対日抗戦時期第3編：戦時外交（三）』（台北：中国国民党中央委員会党史委員会、一九八一年）、七九三〜七九四頁。（＊訳注：大西洋憲章の日本訳は以下のとおり。「両国ハ一切ノ国民カ其ノ下ニ生活セントスル政体ヲ選択スルノ権利ヲ尊重ス。両国ハ主権及自治ヲ強奪セラレタル者ニ主権及自治カ返還セラルルコトヲ希望ス」『日本外交年表並主要文書』下巻、外務省、五四〇頁）

(16) 同上、秦孝儀主編、七九六頁。

(17)「蔣日記」一九四二年三月一四日、「上星期反省録」。

(18) 蔣は常にイギリス人を「自分勝手なやつら」、「狡猾なグループ」と見て（「蔣日記」一九四二年五月一六日）おり、アメリカに対しても警戒している。一九四二年五月、スティルウェルとの付き合いがうまくいかず、彼は友好に対して疑いを持つと「今而して後に知るところとなる所謂同盟と互いに助け合うことはすべて虚構の言なのであり、アメリカはまたこの他にもれないものである。幸いにも今日我が中国はなお自尊を図ることで一片の土地と相当な兵力を有しているが、しかし未だ帝国主義者の完全な犠牲となってはいない」（今而後知所謂同盟与互助皆為虚妄之言、美国亦不能外此例乎。幸而今日我中国尚有一片土地与相当兵力以図自存、而未為帝国主義者完全犠牲耳）。「蔣日記」一九四二年五月三一日、「本月反省録」。

(19) 秦孝儀主編『中華民国重要史料初編――対日抗戦時期第3編：戦時外交（三）』七〇三頁。蔣の黄白人種闘争の意識に関するものが「蔣日記」に見える。「蔣日記」一九四一年五月二〇日、六月一六日、八月一七日、八月二〇日。

(20) 段瑞聡「太平洋戦争前期蔣介石的戦後構想、1941-

１９４３」を参照。

(21)「蔣日記」一九四三年一一月一七日。

(22)「蔣日記」一九四三年一一月三〇日、「上星期反省録」。

(23)「蔣日記」一九四三年一一月一二日。

(24) 軍事委員会参事室が決定した「我方応提之問題」の原資料(一九四三年一一月)は、「革命文献―同盟国聯合作戦：開羅会議」革命文献―同盟国聯合作戦『蔣中正総統檔案』典蔵号：００２－０２０３００－０００２３－００２。蔣中正は一九四三年七月初め、ルーズベルト、チャーチルとの会議で注意すべき事項に配慮しており、大西洋憲章の運用、戦後国際平和機構の再建、中米英連合参謀本部の設立、戦後日本の公営私営産業の処分、中米財政経済の協力問題を重点的に対処していた。「蔣日記」一九四三年七月九日、八月九日、一一月二、五、一二、一四日を参照。

(25) 正式な名簿は王寵恵の、「開羅会議日誌」(一九四三年一一月二一～二七日)。原資料は「革命文献―同盟国聯合作戦：開羅会議」革命文献―同盟国聯合作戦『蔣中正総統檔案』典蔵号：００２－０２０３００－０００２３－０２１。

(26) 林蔚「開羅会議日記」、原史料は国史館蔵、典蔵号：００２－０８０１０６－０００２２－００１。

(27) 二一日、「亮疇(王寵恵)とチャーチルのところへ訪れ半時ほど談話し、非常に打ち解け、それ以前の想像と比べると明らかに良かった」(与亮疇訪邱談半小時、頗融洽、比未見以前想像者較優也)。「蔣日記」一九四三年一一月二一日。二二日、午前にチャーチルが蔣に会い、蔣夫人と談話しつづけ、「彼がまず余の妻に、『あなたがいつも私(チャーチル)に対して必ず思い起こすのは最も悪い老人であるということでしょうか?』と問うた。妻は『あなた自身が自ら悪人と思うかどうかをお聞きします』と答えた。彼は『私は悪人ではない』と述べた。妻は『それならば良いのですよ』と言った。その言葉の多くは余の妻が困らせようとしたものであった」(彼首問余妻曰：你平時必想我邱某是一個最壊的老頭児乎? 妻答之曰：要請問你(本身)自己是否為壊人? 彼答曰：我非悪人。妻曰：如此就好了。其言多為余妻所窘)。「蔣日記」一九四三年一一月二二日。一一月二四日、蔣とチャーチルがビルマ反攻を会談したことには、「この数日にチャーチルと会見し、すでに四度に及び、イギリス式の政治家のため、実にアングロサクソンの民族性を失わない典型的な人物であると見ることができよう。そしてその思想と精神の気迫および人格は、決してルーズベルト総統と運命を同じくすることはできない。狭隘でうわべを飾り、自分勝手で頑固な運命であろう」(日来已与邱相見、已有四次之多、認定其為英国式之政治家、実不失昂克爾薩克遜民族之典型人物。而其思想与精神気魄以及人格、則決不能与羅斯福総統同八字語矣。狭隘浮華、自私頑固八字尽之矣)と記している。「蔣日記」一九四三年一一月二五日。

(28)「蔣日記」一九四三年一一月二二、二六日。

(29) Winston Churchill, The Second World War : Closing the Ring (Boston : Houghton Mifflin, 1951), p.329; Forrest Pogue, Marshall : Organizer of Victory, 1943-1945 (N.Y. Yiking, 1973), p.304.

(30) この言葉は、趙自輝「開羅会議新論」『世界歴史』二〇〇四年第五期、五頁による。

(31) Foreign Relations of the United States(FRUS), 1943 : The Conference of Cairo and Teheran, Washington, D.C. : Government Printing Office, 1960.

(32) 一九四三年一一月三〇日。蒋中正日記の中の「本月反省録」に、「ルーズベルトのこの言行、およびその国民一般の言論と精神によって、我が中国に協力して独立と平等の地位をもたらした誠意が確かにある」（以羅斯福此言行、及其国民一般之言論与精神、確有協助我中国造成独立与平等地位之誠意也）。

(33) 同上。「開羅会議之経験、無論経済、軍事与政治、英国不肯犠牲絲毫利益、以済他人。対於美国之主張、亦決不肯有所遷就、作報答美国救英之表示、対於中国之存亡生死、更不値一顧矣。是以羅総統雖保証其海軍在緬甸登岸、必与我陸軍一致行動、余明知其不可能而姑且信任之、並不願以英海軍如不同時登陸、則我陸上部隊亦停止行動之語出諸吾口、以為他日推諉之口実、故絲毫不躊躇而漫応之。然而緬甸反攻時期、此心断定其非至明年秋季決無実施之望也。英国之自私与害人、誠不愧為帝国主義之楷模矣」

(34) 一九四二年の早くにインドを訪問した後、蒋中正は東方民族には東方の特殊な環境と伝統的精神の力量があることを悟ると、彼は帝国主義に反対を示すことが「中国の自由と平等」（中国之自由平等）であって、「アジアを指導する」（領導亜洲）必要はなく、同時に「中国は東方式の帝国主義あるいはいかなる方式の鎖国主義も望まず、西方の帝国主義に代え」（中国不期望以東方式之帝国主義或任何方式之閉関主義、代替西方之帝国主義）、「中国の理想が国際間の積極的協力を促し、「四海に達することで一家の大同の治」（中国之理想為促進国際間之積極合作、以達四海一家之大同之治）とすることを、さらに強調した。蒋中正「孫中山先生的革命理想与戦後世界」一九四二年一一月七日、秦孝儀編『総統蒋公思想言論総集』第三五巻、二〇〇四～二〇五頁。

(35) 「軍事問題会商経過」一九四三年一一月二三日、第一次会議、開羅会議巻、国史館蔵、典蔵号：００２－０２０３００－０００２３－０２１。林蔚「開羅会議日記」（一九四三年一一月二三日）、開羅会議巻、国史館蔵、典蔵号：００２－０８０１０６－０００２２－００１。FRUS, 1943, p.310.

(36) 梁敬錞の分析によれば、カイロ会議を前後として、イギリスはソ連と疎通を図り、アメリカは反帝であり、観点は異なり、アメリカは共産主義と親しく、中国はソ連を疑い、アメリカがソ連に媚び、中国は防共であり、対象は未だかつて改変しなかった。「その時アメリカは戦独、戦日、反帝の三つの目標があった。中国はまた抗日、反帝、防蘇、中共コントロールの四カ条の戦線であった。前二つの戦線は、なおアメリカに理解させることができたとはいえ、残りの二つの戦線は終始アメリカに体得させることができなかった。このため、アメリカは媚蘇容共（ソ連に近づき共産主義を容認する）にふるまった。中国から見れば、特に無邪気に近づかなくとも、その被害を招くであろうことは必然であった。しかし中国は中共を防止することはソ連とロシアを切り離すやり方であり、アメリカから見れば、また自ら内に争い始めるだけでなく、かつ公局を破壊することになるであろう。中・米の間にはすでに生まれついた隙間が存在し、会場では、未だこの隙間を徹底して修復できずに、会はついに人の散じる時となり、互いに矛盾してしまう日となったのである」（其時美国有戦徳、戦日、反帝三種目標、中国亦有抗日、反帝、防蘇、制服中共四条戦線。前両戦線、雖猶能為美国所了解：後両戦線則始終未能為美国所体会。因是之故、美国媚蘇容共之挙措、在中国観之、不特太近天真、且必将招至禍害。而中国防遏中共、疏離蘇俄之作風、自美国視之、亦不但自啓内争、且亦将破壊公局。中美之間既有此先天之罅隙、会場之上、未能将此罅隙澈底修補、於是会終人散之時、即是此矛彼盾之日）。梁敬錞「中美関係起落之分水嶺」『中美関係論文集』（台北：聯経出版、一九九〇年）、一一〜一二頁。

（37）Ronald I. Heiferman, The Cairo Conference of 1943 : Roosevelt, Churchill, Chiang Kai-shek, and Madame Chiang (McFarland & Co., Publishers, 2011), pp.105-116.

（38）梁敬錞『開羅会議』（台北：台湾商務印書館、一九七四年）、一一三頁。

（39）「軍事問題商談経過」、王寵恵「開羅会議日誌」開羅会議巻、国史館蔵。この日誌はすでに、秦孝儀主編『中華民国重要史料初編――対日抗戦時期第3編：戦時外交（三）』五三五〜五四六頁に収められている。

（40）王寵恵「開羅会議日誌」一九四三年一一月二三日、第一次高峰会紀録。カイロ会議召集の前は、蒋は一〇月一九日から二〇日までに、東南アジア戦区の統帥マウントバッテン将軍と重慶黄山にて出会っており、タイ、ベトナムを東南アジア戦区に引き込むことを議論している。蒋は中国戦区の原計画にはいかなる改変も拒否し、同時にビルマに反攻することに対しては、一部の共通認識を得ただけであった。会議の結果は決して円満ではなく、蒋はこのため前例になくマウントバッテン将軍と別れた。「蒋日記」一九四三年一〇月一九〜二一日。

（41）イギリスのチャーチルと外相イーデン（Anthony Eden）およびその他幕僚らはみな蒋夫人の魅力に引き込まれた。Ronald I. Heiferman, The Cairo Conference of 1943, chapter 7.「蒋日記」の中には数多くの夫人の売り込みが見られる。例えば、以下のとおりである。

一一月一九日　本日夫人の眼疾が軽減したが、しかし皮膚病の湿気が激しくなり、気候が暑くなったのと関係がある。思うに上帝に加護を祈れば速やかに良くなるであろう（本日夫人目疾略減、而皮膚病湿気為患更劇、以気候転熱関係也。惟有黙禱上帝保佑速痊也）。

一一月二二日　夫人の茶会での際の応対と仕事の苦労は、もしこれを見ていなければ、国への貢献が大であったことは想像できなかったであろう（夫人在茶会時之応酬与工作之辛苦、若非見此、不能想像其為国貢献之大也）。

一一月三〇日　今回の各種交渉の進行は、言論の態度と手続きがみな条あって紊れずであり、故にその結果はやはり予期した上で出すことができたものである。これはその間にまさに二つの要因があり、そのひとつは平時の人格が感じたしるしのためであり、二つめには余の妻が良く助けた力のためであり、そして余が任じた訳手と手配の功が大きかったためである。さもなければこのような成功を得ることはできなかったのである（此次各種交渉之進行、言論態度与手続皆能有条不紊、故其結果乃能出於預期之上、此其間当有二因、其間為平時之人格所感応之効、其二為余妻治助之力、而其為余任訳与佈置之功更大、否則当不能得此大成也）。

（42）「救済中国経済之弁法」。内容は、秦孝儀主編『中華民国重要史料初編――対日抗戦時期第3編：戦時外交（三）』五三三～五三四頁。

（43）「蔣日記」一九四三年一一月二五～二六日。

（44）「蔣日記」一九四三年一一月二四日。

（45）FRUS, 1943, pp.323-387.

（46）「蔣日記」一九四三年一一月二六日。蔣とルーズベルトの会談は「彼（ルーズベルト）が余に慨嘆して言うには『現在最も人を苦しめるのはチャーチルの問題であり、またイギリスはすべて中国が強国となることを望まぬ』ことを述べ、言葉の裏には頗る憂いの色を帯びていた。余はその情態が今回の談話に比べて、さらに親しみが増すのを覚えた」（彼〔羅斯福〕対余慨嘆曰：現在所最令人痛苦者就是邱的問題、又称英国総不願中国成為強国、言下頗有憂色。余覚其情態比上次談話時、更増親切也）。

（47）こうした側面の分析は、王建朗「信任的流失、従蔣介石日記看抗戦後期的中美関係」『近代史研究』二〇〇九年三期、五五頁に見える。

（48）「蔣日記」一九四三年一一月一四日。

（49）「蔣日記」一九四三年一一月一五日。

（50）一九四三年五月二一日、宋子文とチャーチルはチベット主権問題で論争となり、五月二二日蔣から宋への電文で「チベットは中国の領土とし、チベットの事は中国の内政とする。今チャーチルが互いにこのように言い出して、中国内政に干渉することに異を唱えないのであれば、これは真っ先に大西洋憲章を破壊することである。中国はこれに対して通常事と見ることはできず、必ず反対を堅持し、並びに無視しがたいものである」(西蔵為中国領土、蔵事為中国内政、今邱相如此出言、無異干渉中国内政、是即首先破壊大西洋憲章。中国対此不能視為普通常事、必堅決反対、並難忽視)。五月二五日の蔣から宋への電文には、チベット問題に関して「もしルーズベルト総統がこのために予想外な言葉を発することがなければ、我々はさらに主権を要とする立場を表明すべきであり、さもなければその他軍事の要求や我々の主張は、さらに軽視されて、以後一切の交渉は、みな必ずこれに従って失敗するであろう」(如羅総統有勿因此発生意外之語、則我更応申明立場主権為要、否則其他軍事要求与我之主張、更被軽視、以後一切交渉、皆必従此失敗矣)と述べている。その月、宋子文はまたルーズベルトとイギリス外相イーデンと別々に会談した。アメリカは当時チベット問題の態度について、チベットは中国の領土における主権の一部であることを承認し、アメリカはチベット問題に介入せず、チベットの地方当局とは異なる政府の連携を確立し、とりわけ当然中国が対日戦争を継続する必要がある、というものであった。以上の資料は、呉景平「風雲際会：宋子文与抗戦時期的外交」二〇一三年一一月一五日、国史館講演大綱稿。

(51)「蔣日記」一九四三年七月一七、一八日。

(52)「王寵恵報告開羅会議経弁事項紀要」(一九四三年一二月二五日)、重要会議巻、国史館蔵、典蔵号：002‐080106‐00021‐008。

(53)「中華民国三十一年の中秋節に、東三省を快復し、朝鮮を解放し、台湾、琉球を回収することを期待する」(預期中華民国三十一年中秋節、恢復東三省、解放朝鮮、収回台湾、琉球)「蔣日記」一九三二年九月一三日。「倭寇の伝統的政策は、満蒙を併呑し、東亜の覇主となっている。我が党の伝統的政策は、世界において王道を行くことにより、やはり朝鮮、台湾などの失地を快復することである」(倭寇之伝統政策、在併呑満蒙、為東亜之霸主。吾党伝統政策乃在恢復朝鮮、台湾等失地、以行王道於世界也)。「蔣日記」一九三三年二月一八日。「蔣日記」一九三四年三月一三日の「雪恥」の欄には、「台湾、朝鮮を取り戻し、漢唐固有の領土を快復すれば、まさに黄帝の末裔に恥じぬものとなる」(収復台湾、朝鮮、恢復漢唐固有領土、方不愧為黄帝之裔也)とある。

(54)蔣中正は第三届国民参政会第二次大会報告に出席している。秦孝儀総編纂『総統蔣公大事長編初稿』第五巻(上)、(台北：中央文物供応社、一九七八年)、二二〇頁。

(55)戦後琉球問題は、学術界に近年の討論が多く、台湾研究者の許育銘、林泉忠、任天豪が、大陸の学術界では石源華、王海濱、王建朗、汪暉、侯中華、褚静涛等が、みな専論を発表している。

(56)『大公報』一九四二年一一月三日を参照。宋子文談話は、「蔣日記」一九四二年一一月九日、一九四三年一〇月二四日補記。蔣中正『中国之命運』(台北：正中書局、一九五三年）六〜七頁。王建朗「大国意識与大国作為：抗戦後期的中国国際角色定位与外交努力」『歴史研究』二〇〇八年六期。

(57) 秦孝儀総編纂『総統蔣公大事長編初稿』第五巻（上）四三一頁。「研究与英美会談要旨及目的」、「蔣日記」一九四三年一一月二一日。

(58)「蔣日記」一九四三年一一月一五日。

(59) アメリカ外交史料の記載は、FRUS,1943, p.324. 中央研究院近代史研究所所蔵「外交部檔案」の蔣とルーズベルトの会談記録および分析については、林泉忠「論開羅会議中的琉球議題与蔣委員長之応対」未刊稿、作者の提供に謝意を表する。

(60)「蔣日記」一九四三年一一月二三日。

(61) 秦孝儀主編『中華民国重要史料初編——対日抗戦時期第3編：戦時外交（三）』五二七頁。「開羅会議概述」同盟国聯合作戦、開羅会議巻、国史館蔵、典蔵号：002－090199－00015－001。

(62) 同上、五四六頁。

(63) 同注（60）。後に蔣は『蘇俄在中国』の中でカイロ会議について論及し、「カイロ会議では、私は日本の天皇制が天皇の命令に従って、武装解除投降することを極力主張した。同時に日本国内の秩序は、また天皇を以てこれをつなげば、混乱と破壊を免れることができる」（在開羅会議中、我力主日本天皇制能遵照其天皇的命令、繳械投降。同時日本国内秩序、亦以其天皇為之維繫、得免於混乱与破壊）。秦孝儀主編『先総統蔣公思想言論総集』第九巻、一五頁。

(64)「蔣日記」一九四三年一一月二三日。また、段瑞聡「太平洋戦争前期蔣介石的戦後構想」一四七頁。

(65)「蔣日記」一九四三年一一月二三日。

(66) カイロ会議中、中米首脳会談は、意見の大半が一致したが、ただし中共の抗日態度および国軍堵共の議題に対して、中国側はルーズベルトの同情を得られなかった。Elliott Roosevelt, As He Saw It (N.Y., Dwell, Sloan and Pearce, 1946) p.163.

(67)「蔣日記」一九四三年一二月三一日、「本月反省録」。

(68)「王寵恵報告開羅会議経弁事項紀要」（一九四三年一二月二五日）。楊宣誠がかつて「澎湖諸島」を入れるべきであると提起した記載については、楊秋華「開羅会議上的楊宣誠将軍」『縦横』二〇〇八年三期、六四頁。

(69)「此次開羅三国公報成立之経過応有補述之必要、当成立以前三国代表提出討論時、以英国賈徳幹弁難最多、尤以対於朝鮮独立問題、堅主不提。而其対東北問題亦只言日本応放棄満洲為度、而不明言帰還中国、後経我代表亮疇力争、美国代表亦竭力賛助、乃将原案通過。惟関於夫人参加会議一段終被削去、羅総統乃有不満之色、然此無関大旨、我方表示賛同、乃即将全部文字通過、於是開羅会議従此乃告結束矣」。「蔣日記」一九四三年一二月九日。

(70) 王寵恵「関於開羅会議的日誌」、開羅会議檔、国史館蔵、秦孝儀主編『中華民国重要史料初編——対日抗戦時期第3

編：戦時外交（三）』五二八～五三三頁所収。

(71) カイロ会議生命の稿が確定した後、三国は共同で一二月一日に発表することを約束した。国民政府は一二月二日午後六時四五分に公布し、イギリス、アメリカが一二時間遅れてこれに続いた。董顕光「工作日誌」同注(67)。

(72) Parliamentary Papers, 1943. 葛勇平「開羅宣言及其約束力」『河北法学』二〇〇四年六期、七〇頁。

(73)「蔣日記」一九四三年一一月三〇日、「本省反省録」。

(74) 同上。

(75) 同上。「東三省与台湾澎湖島為已経失去五十年或十二年以上之領土、而能獲得美英共同声明、帰還我国、而且承認朝鮮於戦後独立自由、此何等大事、此何等提案、何等希望、而今竟能発表於三国共同声明之中、実為中外古今所未曾有之外交成功也。然今後若不自我努力奮勉、則一紙空文、仍未足為憑耳。至将如何自強、如何自勉、以将来和平会議中関於我国最艱難之問題、最重大之基礎、皆於此開羅会議之数日中、一挙而解決矣」。

(76)「蔣日記」一九四三年九月三〇日、「本省反省録」には、「外交の侮辱は徐々に激しくなり、イギリスの中国に対する遺棄、ロシアの中国に対する嫉妬が固定化しないことを恐れるのみである。そして、アメリカの我らに対する蔑視と強制もまた益々顕著であり、もし我々が自強できなければ、来る日の圧迫は必ず耐えがたいものとなろう」（外交之侮辱漸烈、英国対華之遺棄、俄国対華之妒嫉惟恐不至固矣、而美国対我之藐視与強制亦益顕著、如我不能自強、則来日之圧迫必更難堪）とある。カイロ会議後、情勢は未だ改められていなかった。

(77)「蔣日記」一九四三年八月三〇日。「政治全在実際為基礎、而不可専憑理想、然亦不能全無理想。無理想即無政治目標、則政治不能進歩。吾以為事実与理想之於現実、政治理想之因数最多只可占三分、而実際之因数只少応占七分、此乃為合理之政治。吾観於英国之政治全重現実而有感也。所謂現実者即時与力也、凡無実力或有力而不能与対方相較之時、則其決不多言、亦不崛（倔）強、惟有暫時忍痛放棄退出。即使一時屈服、亦所不屑。但其国家根本問題即其生命与主義則決不因之動揺、以待其実力恢復時機到来、而後再作実際行動。故彼於今日対香港与星嘉坡皆表示不肯絲毫放棄、此与羅斯福美国要求太平洋沿岸軍事基地共同使用之政策、已明白反対矣。英国政治手段之毒辣与自私、令人痛憤、然亦不能不仰佩其老練与実際之行動也、応自勉之」。

(78) 蔣中正は日記の中で、数多く、彼個人が英文を好きではなく、「粗野で拙」く（粗直短拙）、外人との交流に興味がなかったことを挙げている。「蔣日記」一九四三年六月一三日、八月一九日。

(79)「蔣日記」一九四三年一一月三〇日。蔣の帰国途中、インドでの閲兵において、中国軍将校の精神、態度、学術はみな人に及ばず、「平心これを論ずるに、実に人と争うことがない。古人の言うには、人ゆえに争うことなく、この二十年以内において、もし積極的に体力を養い、人材を訓練しなければ、国家がさらに平等となる時はない。言葉や考えがこれに及び、憤り恥じる地がなくなったならば、いかに後進の人材を育成するのか、国のために心晴れて、民族の真なる解放を求めることができよう」(平心論之、実無法与人争衡。古人謂無競惟人、在此二十年以内、若不積極培養体力、訓練人才、則国家更無平等可期矣。言念及此、不禁憤愧無地、如何培植後進人才、為国吐気揚眉、以求得民族真正之解放也)と記している。齊錫生『剣抜弩張的盟友：太平洋戦争期間的中美軍事合作関係、1941-1945』三五八～三六二頁。

(80)「聯合国中之四国、我為最弱、甚以弱者遇拐子、流氓与土霸為可危、也識知：人非自強、任何人亦不能為助。而国家之不求自強、則無論為敵為友、皆以汝為俎上之肉、可不戒懼？」「蔣日記」一九四三年一二月一八日。

(81)資料の指摘については、中国大陸にて二〇一三年に挙行した検討会は三つ存在する。①北京、「『開羅宣言』70周年会議宣言書」。主催は、中国政策科学研究会国家安全政策委員会、中国社会科学院、北京大学、北京語言大学、国際関係学院、外交学院、中国伝媒大学、二〇〇人。②北京、「紀念開羅会議70周年学術研討会」。主催は、国家領土主権与海洋権益協同創新中心、武漢大学中国辺界、二〇一三年一一月八日から九日まで。③上海、「紀念開羅会議70周年学術研討会」。主催は、上海師範大学人文与伝播学院、二〇一三年一一月一六日。

(82)台湾でも三度の討論会が催された。①「開羅宣言70週年国際学術研討会」、主催は国史館、外交部、二〇一三年一二月一日。②「紀念『開羅宣言』70周年、捍衛一中框架座談会」、台湾大学校友会館3A会議室、呉栄元、王曉波等が主催、二〇一三年一二月一五日。③「紀念『開羅宣言』70周年討論会」、台湾大学法学院政治系が主催、二〇一三年一一月二五日。政治上広範な意味にわたるカイロ宣言の効力のおける質疑については、『自由時報』の文字を参考とした。

あとがき

ＮＩＨＵ現代中国地域研究の愛知大学拠点である国際中国学研究センター（ＩＣＣＳ）下の社会・歴史的アプローチ班の行っている日中戦争史研究会は、序文にも記したように二〇一〇年三月に始まってから五年経った。この間、二、三カ月に一回のペースで研究会を行ってきて、今年二月で二二回になった。研究会には毎回東海地区の二〇名前後の大学の教員、院生、学生、社会人が参加し、報告者も随時、関東および関西からもお呼びし、毎回報告者と参加者の間で白熱した議論が交わされ、しばしば予定した時間を延長している。そういう中で二〇一三年度に、研究会で論文集を出す計画をし、最初原稿締め切りを二〇一四年三月としたが、その段階では論文提出を希望しながら、間に合わない筆者が何人もおり、締め切りを何度も延ばさざるを得なくて、最終的に集広舎にすべての論文を送付したのは、一〇月になってしまった。その点では早くから原稿を提出された筆者の方にお詫びしたい。

これ以前に出版をどこの出版社にお願いしようかと思っていたときに、たまたま日本現代中国学会の大会で集広舎の川端幸夫代表にお会いして、本書の出版計画をお話しし、快く引き受けていただき、一挙に出版計画の実現化を進めることができた。この点で集広舎の川端代表には、大変感謝している。編集面では、花乱社の別府大悟社長・編集長、および担当の宇野道子氏に大変お世話になった。その他に国際中国学研究センター（ＩＣＣＳ）の小島祐輔、平野孝治、山口哲由、古澤文、宋暁凱の歴代の研究員各氏には研究会当日の準備、議事録の作成、また野口武愛知大学非常勤講師・愛知大学東亜同文書院大学記念センターポストドクターには、それ以外にも研究会員への連絡でお世話になった。また愛知大学国際中国学研究センター（ＩＣＣＳ）事務室の鈴木康浩職員、藤井雄一朗職員、崔捷職員には、研究会の運営の事務的なことや研究会の広報活動でお世話になった。以上の方々に感謝の意を表したい。

なお日中戦争史研究会は、二〇一四年四月以後、馬場の愛知大学定年退職に伴い、責任者が森久男愛知大学経済学部教授に変更になり、馬場は外部の方との連絡係となった。研究会は現在も継続している。

二〇一五年二月

愛知大学名誉教授　馬場　毅

索 引

▶あ行

▶か行

▶さ行

▶た行

▶な行

▶は行

▶ま行

▶や行

▶ら行

▶わ行

■執筆者（掲載順）

馬場《ばば》　毅《たけし》　　愛知大学名誉教授
菊池《きくち》一隆《かずたか》　愛知学院大学教授
張《ちょう》　鴻鵬《こうほう》　名城大学大学院院生
橋本浩一《はしもとこういち》　守口市立第三中学校夜間学級指導教諭
岡崎清宜《おかざききよのぶ》　愛知県立大学非常勤講師、愛知大学非常勤講師
森《もり》　久男《ひさお》　愛知大学教授
田中《たなか》　剛《つよし》　大阪教育大学非常勤講師
葛西《かさい》　周《あまね》　東京藝術大学非常勤講師
張《ちょう》　新民《しんみん》　大阪市立大学教授
三好《みよし》　章《あきら》　愛知大学教授
楊《よう》　韜《とう》　佛教大学講師
星野幸代《ほしのゆきよ》　名古屋大学准教授
呂《ろ》　芳上《ほうじょう》　台湾・国史館館長
野口《のぐち》　武《たける》*　愛知大学東亜同文書院大学記念センターポストドクター、
愛知大学非常勤講師

＊…翻訳者

多角的視点《たかくてきしてん》から見《み》た日中戦争《にっちゅうせんそう》
政治《せいじ》・経済《けいざい》・軍事《ぐんじ》・文化《ぶんか》・民族《みんぞく》の相克《そうこく》

2015年５月10日　第１刷発行

編　者　馬場　毅
発行者　川端幸夫
発行所　集広舎
〒812-0035 福岡市博多区中呉服町５番23号
電話 092（271）3767　FAX 092（272）2946
制　作　図書出版 花乱社
印刷・製本　モリモト印刷株式会社
ISBN978-4-904213-27-8